edition**blaes**

Michael Franz

Barbarossa

Im Trigon der Macht

Roman

edition**blaes**

Impressum
© Dr. Michael Franz, 2023
Umschlagdesign und Buchsatz: Renate Blaes
Druck: Print Group Sp. z o.o., 71-063 Szczecin (Polen)
Verlag: Edition Blaes
Am Steig 11, 86938 Schondorf
www.editionblaes.de
ISBN 978-3-949192-09-8

Begleitwort

Als erstes sind Gisela und Christian Leipert zu erwähnen, denn sie waren es, die mich mit Barbarossa zusammenbrachten. Oft und gern besuchte ich beide, auf Il Romitorio. Eines Tages wurde ich mit einem Ausflug in das nördlich nahe gelegene San Quirico überrascht.

Viele Jahre später begann ich tatsächlich, die damals erfahrenen und niedergeschriebenen Empfindungen als Ausgangspunkt für das Schreiben eines Romans zu nutzen. Dabei erfuhr ich bei Beginn wie während der Arbeit immer wieder Hilfen, für die ich sehr dankbar bin

Hervorgehoben sei mein Dank an die Familie, die mich beständig mit Aufmunterung und Entlastung begleitete. Meine Tochter, die auf einige Erfahrung als Probeleserin für Jugendbuchverlage verweisen kann, unterstützte mich zudem über Leseproben und Gestaltungsfragen.

Ebenso hervorgehoben sei mein Dank an Vladislava Friedrich, die über stete Anregungen und Ermutigungen hinaus bei der Korrektur und der Übersetzung lateinischer und italienischer Textteile eingehend mitgewirkt hat.

Ein besonderer Dank gilt auch Renate Blaes, Freundin wie Verlegerin, für etliche Ratschläge, ein weiteres Lektorat, den Buchsatz, die Umschlaggestaltung und die Aufnahme in ihr Verlagsprogramm.

Ein Roman kann völlig frei erfunden sein, ein historischer jedoch nicht, und so ist Recherche zwingend. Stellvertretend für die vielen Autoren, es ist eine recht lange Literaturliste zusammengekommen, danke ich Knut Görich, Lehrstuhlinhaber an der Ludwig-Maximilans-Universität.

Die schließlich aus der Zeit und dem Leben des Kaisers ausgewählten Ereignisse sind weitgehend authentisch und die ausgewählten Personen haben bis auf sehr wenige Ausnahmen tatsächlich gelebt. Die Zuordnung der Personen zu den authentischen Ereignissen ist recht gut belegt, sie erfolgte hier aber nie vollständig und gelegentlich auch erfunden. Die Dialoge sind freilich vollständig erfunden, ihre Inhalte jedoch sind belegt, mal mehr, mal weniger, sie leben somit besonders von der Recherche, also von den Bezügen der agierenden Person zum Ereignis, zur Zeit und zum eigenen Sein und Leben, überdies binden sie Alltägliches und Menschliches ein.

Bei aller empfangenen Hilfe und Korrekturarbeit, in Fragen der Grammatik trage selbstverständlich ich allein die Verantwortung, vor allem bei Groß- und Kleinschreibung sowie Interpunktion, ich trage sie selbstverständlich auch bei der Nutzung fremder Sprache, hierzu sei auf ein angefügtes Glossar verwiesen, und der Darstellung von Geschichte.

Nun bleibt mir nur noch zu wünschen, dass die Lektüre Freude bereitet.

Michael Franz
München, Dezember 2022

Prolog

»Due Campari lisci ... ma su ghiaccio per favore.« Zeitig sind wir da, und so finden sich eben auch noch freie Stühle, vor der Bar Centrale.

Ein herrlicher Tag, ich bin erwartungsvoll, dabei jedoch gelassen, und das vor allem deshalb, weil diese typisch pastoral stille Geschäftigkeit des Ortes schon nichts anderes als Gelassenheit überträgt, und der Ort auch nur eine solche akzeptiert. Allmählich aber geht es los, deshalb leeren wir die Gläser, bis auf die Eiswürfel, und mischen uns unter die Leute.

Trommeln und Fanfaren senden ihre Signale des Arriviamo, beginnend in noch naher Ferne. Doch dauert es nicht lange, da sind sie schon näher, sich bald ganz zu behaupten. Gewirbel und Geblase erfüllen nun die Gassen, vermischen sich und steigen auf, und so tönt es über den Dächern von überall her und überall hin.

Der Klang eines jeden Instruments gewinnt sich vollends zurück, sobald eine der Contraden in der Gasse oder Straßenschlucht zu sehen ist. Trommeln wuchten sauber ihre dumpfen Töne hervor, und die Fanfaren, goldene Blitze werfend, wenn von einem Sonnenstrahl erhascht, schmettern ihre blechige, dabei doch kräftige Leichtigkeit klar hinzu. Eine erhabene Stille, sie ist dennoch da.

Weiß und Grün, die Farben derer aus Prato, an der Spitze der Beintrommler, gleich danach der Herr und seine Frau, die Fahnenträger, die Bogenschützen, die Bläser. Die Contrada mit dem weitesten Weg beginnt, jede hat ihren eigenen. Die anderen folgen zeitlich so versetzt, dass sie alle auf der Via Dante Alighieri sich nahtlos einreihend aufeinandertreffen … schon ein Meisterwerk, wie das gelingt, Weiß und Schwarz, Weiß und Blau, Weiß und Rot kommen hinzu, del Borgo, dei Canneti, del Castello … eben eine jede des Ortes.

Alle Contraden versammeln sich letztlich vor dem Palazzo Chigi aus dem siebzehnten Jahrhundert. Ihre im Bogen flanierenden Fahnenträger mit den hoch in die Luft geworfenen und dann aufgefangenen Fahnen verzaubern die Menge, denn es ergeben sich wunderschöne Bilder, ein Höhepunkt, immer wieder. Dazu erscheint ein Kardinal in einem der oberen Fenster, der jeder Contrada göttlichen Segen spendet, der zwischendurch, selbst berührt und erfreut, der Menge einfach nur herzlich zuwinkt … die Contraden nehmen ihren Platz ein.

Dort liegt ebenso die Collegiata, ein romanisches Kirchlein, errichtet zum Ende des zwölften Jahrhunderts hin.

Umrahmt also von dieser Chiesetta und dem Palazzo, ist das der Ort, heute Piazza Chigi, wo sie nun aufwendig und mit Hingabe dargestellt wird, die Begegnung zwischen dem König und den päpstlichen Gesandten.

E' un giorno di giugno, scriviamo millenovecentottantacinque, c'è la festa del Barbarossa a San Quirico D'Orcia, come sempre nel terzo fine settimana.

Zurück in der Bar Centrale, vom Spektakel ergriffen und von einem Glas roten Weines zusätzlich belebt, kommt mir die eigentlich verrückte Idee, einen Roman zu schreiben.

Eccolo.

Eugen berät sich

Viterbo, ein Bistum aus dem sechsten Jahrhundert, das dem Heiligen Stuhl direkt untersteht, von ihm daher ohne Einschränkung verfügt werden kann. Nolens volens residiert dort gerade der Papst, in einem Palazzo nahe der Chiesa di San Sisto. Dort trifft er einige seiner Kardinäle, die zugleich engste Freunde sind.

»Jerusalem, jüngst Kind der Sorge unserer Heiligen Kirche es doch war, in guten Händen es schon lag, die hin zu einer zarten Blüte führten es, und jetzt ... in Händen König Balduins, die alles setzen fort«, eröffnet Bernardo di Pisa das Zusammensein, seit sieben Jahren der Bischof von Rom, »die Mutter Melisende daran aber sicher großen Anteil hat, wenn nicht sogar erheblich mehr als das.«

»Jerusalem uns Frieden und gelinden Aufstieg zeigt, das Gott sei Dank derzeit trifft zu«, erlaubt sich Kardinalpriester Giovanni Paparoni, ein besonders enger Vertrauter des Heiligen Vaters, etwas jünger, zu bestätigen und das Thema noch fortzuführen, »der ehrenwerte Fürst, im Kampfe einst er fiel, der Sohn jedoch zu jung noch war, doch, welch ein Segen, er als Mitregent schon war gekrönt ... und nun, nun Zeichen deuten kraftvoll an, wonach der Sohn der Mutter Vormundschaft nicht länger um sich haben will, sie aber unnachgiebig nur dem Bilde folgt, wonach der Krone weiterhin der Sohn noch nicht gewachsen ist ... darum zu beten also haben wir, auf dass das Königreich nicht doch in einen Sog gerät ... Bewegung dazu gab und gibt es ohnehin, und leider davon auch genug, was Schwert und Schilde anbelangt, um Nur ad-Din die meine Rede geht, denn seit das Fürstentum von Antiochia sich er eingenommen hat, wenn auch mit Ostteil nur, im Süden hin denn bis zum Mittelmeer, seit dem die Stimmen mehren sich, verhalten zwar, daher, es dringt sehr deutlich noch nicht vor, es reicht noch nicht bis hier nach Rom, dass nächstes Ziel nunmehr Damaskus könnte sein.«

»Die Ruhe also, sie besteht, doch sicher ist sie nicht, das Du damit uns sagen willst?«, fragt Eugen etwas besorgt nach.

»Sehr wohl.«

»Nachdem Edessa uns verloren ging, hier nun Teile auch, sodenn die Grafschaft Tripolis und unser Königreich Jerusalem allein von alledem noch uns verblieben sind, was einst der erste Zug unter dem Kreuz der Christenheit zur Ehre Gottes dieser Welt geschaffen hat«, fährt der Pontifex fort, wieder gefasst.

»Tripolis gefestigt steht, daran der Orden großen Anteil hat, im Crac des Chevaliers bekanntlich er denn sitzt, wenngleich vom Osten und vom Norden her das Grenzland stets Scharmützel sieht«, kommt Giovanni zurück, »Grund dafür die Assassinen sind, bedroht sie sehen sich, ein Schlag von Menschen, denen Dolch und Hinterhalt, so selbst die Araber sich sprechen aus, viel näher stehen denn als offener Kampf ... so bleibt auch hier dafür zu beten nur, dass Gutes weiterhin dem Fürsten widerfährt, denn, ebenso auch hier, der Sohn, er viel zu jung noch ist.«

»So Terra Santa weiterhin sorgenvollen Blick verlangt, damit die Deine Mahnung«, schaut Eugen dabei kurz zu Giovanni hin, »fehl nicht geht ... hinzu die Hoffnung füge ich, dass unsere Sorge um das Land und um Jerusalem nicht erneut zu einem

Zug unter dem Kreuz uns ruft«, zeigt Eugen sich nun nachdenklich, schweigt kurz und hebt dann seine Stimme, »es schwierig dürfte sein, wenn nicht unmöglich gar, derzeit dafür die Mannschaft und den Weg dorthin zu schaffen uns ... es schwer genug beim zweiten Zug schon war«, wird dann allgemein, »und ... eines darf nicht untergehen ... denn, bei allem, was an Orten dort uns heilig ist, Geschichte freilich schon geschrieben war, und diese immer wieder Geltung auch erheben wird«, wendet er sich nun um, schaut in wissende wie auch leicht irritierte Gesichter, »nicht einfach ausgelöscht durch alles ist, was irgendwann kommt mal wohin, wenn auch gewollt es oftmals ist, in letzter Sicht es nie gelang«, schließt Eugen seinen Gedanken ab und wechselt hin zu weiteren Fragenkreisen, »und, was denn sonst noch so in dieser Welt macht Sinn wie Not, was also, frei gewählt wie notgedrungen, wie denn beides auch, kann und wird zudem bewegen uns?«

»In Germania«, nimmt Corrado della Suburra, Kardinalbischof, als Erster die Aufforderung an, »nichts zum Vorteil hin sich neigt, Mangel, weiterhin, an Recht und Ordnung nur sich zeigt und breitet aus ... der Großen Streitereien, der Dux Saxoniae voran, zwar im Verlauf noch milde sind, ein Ende aber nicht erkennbar ist, die Großen also auf dem Weg nicht sind, sich neu zu finden, zu befrieden, und zum Wohle aller wieder Dienst zu leisten auch, so, wie sich es dem Volke gegenüber doch gehört.« Eugen nickt dazu dezent, durchaus ein wenig erleichtert, weil von Jerusalem abgelenkt, und schaut dann auf Nicholas Breakspear.

»Dem die confirmatio nur ich geben kann ... allein, ob König Konrad mit Byzanz ... oder auch nicht ... das weiterhin uns unscharf ist«, bringt Breakspear, ebenfalls im höchsten Rang eines Kardinals, dazu sehr kurz angebunden ein, und wechselt über, »sogleich darf aber schwenken ich, denn unser Blick nun über Wasser geht, hinüber nach Britannia, dem gut es nur ergeht, wiewohl auch dort unter den Großen Streit es gibt ... Re Eduardo Santa Sede jedoch sehr verbunden ist, er ist vom Volk verehrt, so nichts von dort uns zu befürchten steht.«

»Zu Hiberniae ich füge an«, erlaubt Kardinal Giovanni Paparoni sich eine Ergänzung über Irland, für das unter anderem er eben zuständig ist, »dort ebenso nur Friede herrscht, geeint das Land erblüht, so lange schon, dass nur von daher Sorge könnte kommen auf ... und Scotia, nun ja, die Scoten und Britannia ...«, und verschluckt verständnisvoll nun einen Laut, der ein Achselzucken bedeuten will.

»Anteil an dem Guten Werk Dir redlich zu nur kommt«, antwortet der Heilige Vater, dankbar lächelnd, »so dort genauso fahre fort, dabei Gott schütze Dich«, zeichnet ein Kreuz in die Luft und wendet sich leicht um, »und ... was, mein lieber Freund Ugo, hat schließlich Gallia uns beizutragen?«

»Mit Freude ich berichten kann, dass derzeit nichts an Aufruf droht, wiewohl wir alle doch in Sorge sind, nicht nur mit Blick auf den Islam, wenngleich, wie eben schon gesagt, Jerusalem sich halbwegs friedlich zeigt«, bringt Ugo de Chalon sich ein, zum Ärger des Bernhard de Clairvaux von Eugen inkardiniert, zudem noch ranghöchst, Ostia die seine Titelkirche ist, »doch aber alle sehen wir, wie eine neue Kraft der unseren Welt sich naht, mal hier, mal dort, und nun ... bemerkt das wohl, auch Großes in Paris geschieht, zu einem eigenen Institut sie alles dort zusammenschließt, was geistlich in der Lehre ist.«

»Dem Recht der Kirche nicht mehr unterstellt?«, spricht Ubaldo Allucingoli, ebenfalls Kardinalbischof, das Erstaunen aller aus, sogar etwas entrüstet, »soweit es doch nicht gehen darf ...«, weiß er jedoch zunächst nicht weiter.

»Geld auch eben Macht verleiht, hier immerhin für guten Zweck, doch Sorge stellt sich dennoch ein, wenn Lehre uns entzogen wird, was Absicht mag nur wenig sein, doch oft ein jeder Anfang eben weiter führt ... und nicht immer wie gewollt, selbst in die Irre manchmal auch, das oft genug«, fügt Kardinal Ugo an.

»Im weiteren, mit Blick in jede Richtung hin, zudem erfahren wir, dass Siegel auf das Wappen, auf die Stadt, Verwendung finden mehr und mehr, und aus dem Handwerk Gilden, Zünfte wie im Land Consortien entstehen«, ergänzt Odone Fattiboni, Kardinaldiakon von San Giorgio in Velabro, die Aufmerksamkeit auf schon stärkere und verbreitete Veränderungen der Zeit richtend, »wobei ... was den Consortien zugrunde liegt, die unseren Klöster haben vorgelebt, die Kirche also nicht nur Mutter ist, sie auch Vaterseiten hat«, fügt er durchaus zutreffend, doch auch etwas grenzberührend an, und kassiert dafür auch ein, zwei Blicke, freilich keine abgeneigten, denn der Hinweis besteht zweifelsfrei begründet, und nicht nur über diese Entwicklungen.

»Dem, was in Paris geschah, nicht wirklich hinterher wir sind, Bologna fraglos älter ist, denn schon seit Urban ius gelehrt dort wird«, greift Corrado noch einmal zurück und hält kurz inne, »ius nun aber allem wie auch allen nützt, und dennoch ... da ein Unterschied besteht, den länger nicht wir sollten übersehen«, der Kreis schaut aufmerksam auf, eine kleine Pause entsteht,

»dazu es gilt, im Blick zu halten, mehr noch als zuvor, Odo, Deine Sicht, so sehr sie teile ich, wie denn des Handels Mächte und die Seefahrt über ferne Lande hin Einfluss neu und viel bescheren, viel an Wert das allen bringt, vor allem aber dieser neuen Kraft ... so an die Montes doch nur denkt, die jedes Beispiel mächtig füllen auf, erst kurze Zeit bestehen sie, Strukturen neuer Art sie schaffen an und sammeln große Summen ohne Müh, am Zinsverbot vorbei sie mehren Kapital, so, wie es scheint, ganz grenzenlos.« Nun schauen sich alle recht beeindruckt und beipflichtend an, ahnend, ja wissend, und mit ernstem Blick.

»Banken, Handwerk, Seefahrt, Handel, so wird heute Geld verdient ... Anteil daran haben wir, aus eigener Kraft wie über Gottes Segen auch, wie gut ... er aber nicht so wächst wie bei den anderen, was durchaus ist gerecht, da mehr dort bleiben soll, wo Arbeit es verdient ... der Adel auch nur Anteil daran hat, wenn selber schön geschäftig er dabei denn ist ... ein neuer Stand, das Bürgertum, die Hand, die letztlich alles schafft, die Zukunft unserer Welt also bestimmen wird«, fügt Corrado, schon deutlich älter als der Pontifex, noch an.

»Geld, von Hand zu Hand es geht, so immer schon es war, jedoch, der Hände Anzahl nunmehr aber mehr und mehr nur wird, und dieses Mehr nicht aus den Kreisen kommt, in denen bisher es bewegt sich hat ... ein Kreis der Ursprung ist, der neu entsteht, er also nur zum Teil dem Gestrigen verwurzelt ist, er nicht so angebunden wirkt, ab ovo daher schon Entfremdung in sich trägt, die künftig könnte weiten sich ... das fürchte ich«, zieht Eugen mit sorgenvollem Blick einen Schluss aus alledem, und schweigt, Stille tritt ein, und Eugen, fährt fort, »Entfremdung ganz in einem weiten Sinn, so von Gemeinsinn gar und so von Werten weg, die doch und nur sehr menschlich, die der Seele Frieden sind ... so also von der Kirche auch ...« Die Stille dauert ob der Ernsthaftigkeit dieser Sorge an.

»Recursus hin zum Zins gestattet mir«, ruft Giovanni Paparoni den Kreis zurück in die Gegenwart, die Freunde nicken, Giovanni fährt dankend fort, »der Zins, aus langer Tradition verpönt er ist ... er aber wird verlangt, wenn Leihe denn aus Geld besteht ... das Zinsverbot, die Welt es also längst schon übergeht, was viel an Kummer breitet aus.«

»Der Zins, nicht einen Gegenwert er hat, jawohl, er keine Sache ist, die handelt man, und auch kein Dienst, der anderen nützt ... da aber er zu zahlen ist, er eine Quelle braucht, und die, die kann Verdienst nur sein, Verdienst, der anderen dann fehlt, er seine Quelle also darin hat, dass eingespart an Handel und an Diensten wird«, erläutert Nicholas seine Sicht, »der Zins, er unberechtigt Früchte fremden Ackers zieht.«

»So ein Verzicht ja keine Gegenleistung ist, was ist der Zins dann überhaupt?«, resümiert Eugen schlüssig, »der Zins, er zu verdienen ist, doch nie und nicht dorthin er fließt, wo der Verzicht entsteht, der Zins so also immerfort allein als Störenfried nur gut sich macht ... bei weitem ... und sonst nichts«, beschließt er diesen Punkt.

»Recursus hin zu dem, was Paris uns deutet an, was auch Bologna uns schon zeigt«, bringt Rolando Bandinelli sich ein, Kardinalpriester in gutem Alter, wie bis auf Corrado alle hier, der Heilige Vater liegt dazwischen, »einst einer von sich reden hat gemacht, Ihr alle wisst, Irnerius genannt, Bologna weiterhin er Ehre schafft, er Gottes Segen sicher hat, da gibt es nun der seinen Schüler vier, die vier Doctores seinen Ruhm nun führen fort ...

und nun, auch eine facultas der Medizin besteht, in Montpellier, Salerno früher schon, das nicht zu übergehen ist, Paris jedoch … sich uns entzieht, darin der Unterschied besteht.«

»Das παντα ρεϊ allgegenwärtig ist, es hoffentlich erschüttert nicht«, lenkt der Heilige Vater erneut nachdenklich ein, und führt sodann das Gespräch doch um, »so denn, der Blick uns zieht, wohin denn schon, nicht wirklich weit von hier, halt hin zu einem Ort, dem nahe doch so manches Mal nur weite Ferne inne liegt.«

»Mit Wehmut es die Augen trübt, was alles schon geschehen ist«, nimmt Giordano Bobone ahnend den Faden auf, ehemals Camerlengo und als einer der Orsini mit den irdischen Verhältnissen der Ewigen Stadt bestens vertraut, »Tumult, ja Krieg, der Stürze viel, des Raubes auch, all das in Rom … wie unerträglich noch, dass Schwerter Euch Sankt Peter haben streng verwehrt, sie Blut Euch haben angedroht, so Anarchie uns alle hat geplagt, und nicht mehr zu erkennen war die Hand, die all das hat regiert … derzeit, dem Herrn sei Dank, so arg nicht mehr uns es sich zeigt, doch die Communitas, sehr rastlos weiterhin sie strebt, dabei … ein zartes Licht, das zeigt sich doch, da Müdigkeit dem Volk sich wieder einmal breitet aus, und so, bei aller Absicht schon, die weiterhin wird hart verfolgt, die Stimmung könnte bald so sein, dass einer Rückkehr in die Stadt das Tor dann doch nicht länger ganz verschlossen ist«, fährt der Kardinalpriester fort, der dem Vatikan als Notar noch dienend ist, »wiewohl doch dieser vielgereiste, ja gescheuchte Mann, dieser Mann, der da aus Brescia kommt«, leichter Zorn mischt sich ein, »sich seinen Reden voller Gift unnahbar hingibt wie zuvor, benutzt auch wird und somit weiteren Aufschwung hat, was denn der zarten Stimmung könnte auch entgegen stehen, und somit wieder fraglich wäre dann, wann Rückkehr Euch kann offen sein.«

»Mir scheint ... nein, mehr, gewiss es ist ... zur Zeit«, sinniert Eugen sehr unmittelbar, »als Hirte Roms ich keineswegs des Petrus Schafe weide.«

»Wie wahr das leider ist«, pflichtet Giordano bei, die anderen nicken, und, bei aller Ernsthaftigkeit, die in des Papstes Bemerkung liegt, auch leichtes Schmunzeln zeigt sich bei allen, »quaestiones nisi quaestiones«, schwankt er noch zwischen ein wenig Belustigung und Ernsthaftigkeit.

»Nicht übersehen lasst uns denn«, kommt Nicholas zurück, schaut kurz zu Ugo hinüber, »dass viel von dem, was nun geschieht, in Worms doch schon ist angelegt ... was Gregor also uns geschaffen hat, dictatus auch für vieles ist, was außerhalb der Kirche liegt ... dort gab der Kaiser ab an Religion, die Kirche ab an Weltlichkeit, wen wundert da ein Vacuum, und nun, Mammona kommt hinzu, unaufhaltsam steigt sie auf ... und diese neue Weltlichkeit, ja alt schon ist, durchaus, sich neu nur paart, sich nicht dem Blick so leicht verbergen kann, und auch nicht will ...«, ein kurzes Innehalten folgt, »die Investitur, wie ex illo sie denn uns geregelt ist, den unseren Segen hat, ganz zweifellos, doch Räume auch sie bietet an, was, fürchte ich, den Bürgern, dieser dritten Macht, womöglich noch entgegenkommt, so ohne Absicht, unerwartet wie auch hilfreich nur, das eine schon erkennbar wie doch vieles noch verborgen, sogar unbekannt«, fährt er dann mit Worten der Sorge fort, mit Worten eines berechtigt kritischen Blicks, die aber auch überraschen, da ein Verfechter der Quod-Sätze sie spricht, Worte, die allein hier so fallen dürfen, Worte, die ein aufmerksames Schweigen schaffen.

»Diese neue Kraft nur angenommen werden kann, denn nicht mehr sie versiegen wird«, fügt Nicholas noch weise an, und beschwichtigt damit ein wenig.

»Was immer auch im Heute uns daraus als Handlung denn erwächst, dafür ich trete ein ... sie gegenwirken soll, so kein Senat in Rom an uns vorbei allein regiert ...«, äußert sich Odone Fattiboni erneut und kämpferisch, »und weiter uns die Tür zuschlägt ... das allemal in unserer Hand doch haben wir, da alle Bürger Roms ja letztlich gute Christen sind.«

»Und die Communitas ... was immer nur sie damit denn erreichen will, da ohne Augenmaß sie abverlangt, dass ihrer Güter und der Macht die Kirche sich begeben soll«, greift Ubaldo noch einmal zurück, von Innozenz zum Kardinal geweiht, »das doch unmöglich und auch ohne Sinngehalt nur ist, und wo an Unsinn so gefordert wird, gesät doch Neid und Streit nur treffen sich ... ein anderer nimmt, der nächste auch, so alles neu beginnt, wenn alle nur genügend ungenügsam sind.«

»Nur beizupflichten doch auch dem nur ist, da diese Menschheit immerfort uns allen hat schon vorgelebt, dass Streben oftmals doch umher nur irrt, wenn ganz wie überhaupt es von Erkenntnis wie von guter Absicht ist befreit, und daher dann in aller Welt nur also Schaden richtet an«, bringt Rolando sich jetzt wieder ein, »und ewig ist die Stadt, entseelt sie aber ohne Bischof ist, entseelt die Bürger dann auch sind, ob sie dagegen oder für mit ihrer Haltung stehen ... und ob der Kirche Herrschaft über Rom ein Vorzug hinzugegeben ist, bevor ein Kaiser sie erhält, ja mit Gewalt ergreift, nicht wirklich eine Frage länger ist, da jüngst die Kirche selbst den Bürgern Roms trotz ihres Strebens Schutz doch hat gewährt, und was damit als unumgänglich auferlegt uns nur erschien, hervor ein Gutes brachte ebenso, da es dem Capitol noch einen Dorn ins Auge trieb.«

»Fürwahr sich zeichnet ab, wonach ein Drittes mitregiert, wonach der Bürger Macht sich eigene Institute schafft«, führt Ugo kurz und einfach wieder zurück, den Gedanken des Freundes damit aber nicht widersprechen wollend, was eben auch nur hier in diesem besonderen Kreis so geschehen darf.

»Diese conflictatio, nicht als lösbar sie erscheint, heute nicht, und auch nicht morgen, nimmer mehr«, wiederholt Eugen, nur mit eigenen Worten, den einzig naheliegenden und bittern Schluss, weshalb die Kardinäle auch nur Zustimmung zeigen, »so richten wir zunächst den Blick auf das, was klein und deshalb auch zu richten ist, was Herrschern oft nur so verbleibt … so denke ich, es an der Zeit nur ist, praesentiam zu zeigen wieder dort, von wo aus Staat zu führen ist, wo unser Stuhl halt hingehört, wenn auch mit Wehr, zu der gewiss zu greifen haben wir … und diese Wehr, die hier vonnöten dürfte sein, für sie doch fehlen Geld und somit Heer, wie also uns sie zu erlangen ist?«

»Da bei uns kein freier Sold sich in den Büchern finden lässt, nur eines Freundes Schwert den Weg uns ebnen kann«, bringt es Ubaldo wieder einmal auf den Punkt, hält sich dann aber zurück, »dieser doch, wer das wohl denn kann sein … im Bunde schon zu uns er steht?«

»Nicht lange her, Re Rigor uns zur Seite stand … doch ihn erneut um Hilfe bitten sollten wir?«, erinnert der Heilige Vater an den einstigen Schutz durch den König von Sizilien, »denn dieser Schutz, er nicht von Dauer, aber voller Zweifel war, und diese Hilfe uns recht teuer kam, da Innozenz sich dafür denn gezwungen sah, dem Rigor eine Königswürde zu erkennen an, die von ihm als Usurpator nur und selbst zuvor geschaffen war.«

»Die Mitte und der Norden auch ... vereint sie ganz und gar nicht sind, der Leute Kräfte nämlich stückelt weiter auf, wo Ungeteiltes nichts mehr gilt ... so macht jedoch der Süden allen etwas vor, denn er allein ein Reich im Ganzen ist, der Länder viele einer Krone unterstellt, und diese Krone noch dazu der Bildung sehr verbunden ist, wohl prosperiert deshalb das Land«, mahnt Corrado gut unterrichtet an, als Vicar in besonderer Stellung stehend, »des Königs Macht und Reichtum daher auch ganz einzig derzeit sind ... wer also weiß, was seines Trachtens noch so ist, da viel das Land sich leisten kann«, hegt er das bestehende Misstrauen, spricht es nur deutlicher als die anderen aus, da alle unausgesprochen das Wort dazu ganz offenbar überließen, nicht von ungefähr, denn Alter wird geehrt, »vom Süden her, im Osten bis Spoleto hin, das Patrimonium Petri eng umklammert ist ... so wägen wir in Sorgfalt ab, wem überhaupt wir einen Handel können tragen an, den aber sicher es wohl braucht.«

»Ein anderes dazu noch besonders ist ... damit jedoch auch schwerer die Berechnung fällt«, rekurriert Ubaldo, er steht in einem noch guten Alter da, auf den normannischen König, »der Herrscher in Sicilia den Fürsten nahm den ihren Anteil an der Macht, ihn abzugeben in die Hände eines Magistrats ... damit ein Regiment geschaffen ist, das eher nicht in Adel oder Gut die seinen Wurzeln hat, nicht zwingend auf ein Lehen baut ... das eben anderen Grund für seine Herrschaft hat, das eine neue Art von Macht gebiert, das eher als der Adel dient, das Zuverlässigkeit und Pflicht, Gehorsam halt, dem eigenen Trachten über stellt.«

»Ein Institut derart, das durchaus könnte eignen sich, es Ruhe schafft, das leuchtet ein, und Sicherheit und Gleichbehandlung denn womöglich auch, in der Idee uns wohlvertraut ... der Welt der Fürsten heute aber neu es ist, und dort, in dieser Welt, womöglich dort es übertönt, was Menschen auch zu Menschen macht«, wägt Eugen ab, »die Freiheit nämlich von Gedanken und von Tat ... in einem Magistrat, recht eingeschränkt sie könnte sein.«

»Bedroht vermutlich noch ein anderes ist, denn, wer noch stellt sich hin und sagt, dass er die Sache zu vertreten hat, vor allem, wenn sie nicht gelang«, ergänzt Ubaldo.

»Dazu noch mir zu Ohren kam, dass Re Ruggero jenes Recht, das nach Gewohnheit Urteil spricht, abgeschafft er hat, denn ungleich es sich ja verteilt und Willkür möglich in sich trägt, allein Gesetze nun die Regel sind, da sie allein denn gelten für und gegen jedermann«, trägt Nicholas noch bei, und geht sodann aber gleich auf das Patrimonium Petri ein, »und nun zu uns zurück, im Norden die Toscana liegt, Spoleto grenzt den Osten ab, ja, beides einst, soweit Canossa damals untertan, der Kirche doch als Erbe übertragen war, nun aber den Germanen untersteht, die Güter also recht umstritten sind ... um uns herum, recht instabil doch vieles also nur sich zeigt ... das Meer dagegen ruhig ist ...«, bringt er noch ein wenig Humor ein, »für diese Jahreszeit.«

»Im Norden wie im fernen Osten auch, der Wölfe Laut von dort nicht den der Wölfe aus Sizilien hat, so scheint es mir«, sinniert Corrado, gerade hörbar, und führt so die Gedanken zurück auf die Spur einer Entscheidung, »doch hat bei aller Gier nach Reich, davon Apulien aus Erbschaft kam, Ruggero stets des Vaters Wort, verhandelt mit Gregorius, zuhöchst geehrt und nie verletzt«, endet er, gewendet in eine angemessene Lautstärke.

»Es abzuwägen dennoch bleibt, da stimme weiterhin ich zu«, übernimmt Eugen erneut, es ist auch seine Pflicht, und er dankt damit auch den Beiträgen, »der Deutschen König also letztlich bleibt, obwohl, Ihr alle das auch wisst, ein Bund mit Manuel bestehen soll, genauso aber Schutz und Treue uns der König doch versichert hat, so oft, wie keiner sonst … die Kirche und das Königtum in Eintracht nur er sieht, er allerdings auch beides gleichbedeutend stellt, und damit, da zudem als Kaiser designiert er soll doch sein, der Römer Krone wies er ab, er einzig uns doch zugehörig ist, er wie ein treuer Sohn höchst zuverlässig zu uns steht.«

»Ein Dokument dazu, das gibt es nicht, so heißt es sehr bestimmt, doch, sicher, Bindung schafft auch jedes Wort«, wendet Giovanni noch kritisch zum Vertrag ein, ein besonders enger Vertrauter des Pontifex, zum Kardinal geweiht unter Coelestin, »so jedenfalls es sollte sein.«

»Wir alle zu gut wissen nur«, kommt Rolando mit abgeklärtem, aber nicht arroganten Tonfall den anderen letztlich nur zuvor, »dass selbst gebrochen wird, was unterschrieben steht … die unsere Sorge jedoch deutlich an Gewicht verliert, gering das Maß, wenn nicht gar null, weil solch ein Bund für Konrad selbst, so er denn Kaiser endlich ist, nur großen Schaden brächte ein … daher Thessaloniki letztlich wie ein Schachzug wirkt.«

»Die Frage auch besteht, ob denn der Sohn dem Wort des Vaters jemals sich verpflichtet sah ... und heute sieht«, verweist Odone auf einen die Einschätzung der politischen Lage zu Byzanz nur weiter erschwerenden Aspekt.

»Indem der Süden unscharf steht, ein wenig Konrad mit dem Osten auch, ein Ausblick dennoch öffnet sich«, resümiert Corrado, und kommt damit dem Heiligen Vater sogar etwas zuvor, was ihm in der Lage jedoch nicht unrecht ist, sondern nur entgegen kommt, zumal Respekt und Vertrauen zwischen beiden, zwischen allen hier, überhaupt nicht in Frage stehen, »da der Kirche Söhne zwei derzeit hospitieren hier ... und diese zwei, sie nur geneigt und treu dem Stuhl verbunden sind, ambo veri filii ecclesiae sunt ... das einer Fügung gleich doch kommt, den Weg denn weiter zu bereiten uns.«

»Wibald, ja, er treu und klug es bisher stets verstand, und noch versteht, der Welten Unterschiede anzunehmen, wie sie sind ... und so zu überbrücken auch«, übernimmt der Heilige Vater erneut den Verlauf der Gedanken, »der Deutschen König über ihn uns somit durchaus näher steht, denn es der König von Sizilien vermag, erst recht ein Kaiser in Byzanz ... und somit haben wir den Weg ... fac mecum Domine signum in bonum«, beschließt er nun das somit einvernehmlich erarbeitete Diktat, »et ideo etiam caesar designatus est«, fügt er noch an, und ein Notar im Hintergrund hält auch diese Entscheidung gleich schriftlich fest.

Einsame Adela

Das Tagestreiben auf der Stauferburg ist längst eingestellt. Es ist schon recht tiefe Nacht. Über dem umliegenden Wald liegt eine besondere Stille. Wolkig ist es draußen, nasskalt und windig. In den Kemenaten, nur sehr wenige zeigen noch einen Lichtschimmer im Fenster, möchte ein jeder sich nur noch gemütlich und geborgen aufgehoben wissen.

»Wie kalt doch neben mir es ist, unter den breiten Decken wie zwischen all den Kissen auch«, denkt Adela hörbar, und damit unabweisbar ausgelöst, wirft sie gleich einen Blick hinüber zu dem schon längst wieder aufbereiteten Nachtlager, was die Gefühle nur bestärkt, die sie da gerade ihrer Gesellschaft anvertraut, die schon eine sehr gute Freundin ist.

»Wie sehr das ich nur weiß, wie sehr das denn auch mich betrübt«, flüstert die junge und ebenso hübsche Gesa von Zähringen einfühlsam, während Adela, ohne es wirklich zu bemerken, nach einem Glas mit Rotwein greift und wieder einen Schluck nimmt, das Glas ist nun schon fast leer.

»Ach, wenn es einen Spiegel gäbe doch, so groß, von Kopf bis Fuß mich ganz zu zeigen mir«, dreht Adela sich mit Schwung, sodass das dünne Schlafgewand in seinem Wirbel zu einer Blüte wird, lächelt dabei ihrer Freundin zu, streicht sich mit der Hand über ihren Busen, den das Nachtgewand nicht gerade verbirgt, sondern einen schon verführerischen Anblick nur noch erhöht, und seufzt, »an Jahren zarte ... nun ... na ja, zwanzig und gerade sechs es sind«, seufzt sie erneut, ein Grund dazu ist aber nicht ihre Erscheinung, »doch die Reize mein geschmälert überhaupt nicht sind, sehr umgekehrt es sich verhält, nur ... Friedrich ... Friedrich fehlt.«

»Erlaube, liebe Freundin, leicht zu sagen fällt es mir ... Dich, Adela, anzusehen, gewiss sehr vielen Männern Freude macht ... und hier und da ganz sicher auch mal mehr als das«, wendet Gesa schmunzelnd ein, womit sie eben nichts als die Wahrheit ausspricht, »wer das nicht sieht«, fährt sie recht aufheiternd fort, »der allein doch zu bedauern ist, der doch letztlich jener ist, der einen Mangel in sich zu beklagen hat«, Reste von Holz prasseln im Kamin, die Flammen flackern bereits, das in den Raum geworfene Licht ist schon schwach, einige noch brennende Kerzen ergänzen die Stimmung, »den sicher spätestens es gibt, wenn man in seinen Armen Dich denn nicht behüten darf.«

»Wie lieb gesagt, dafür Dir danke ich, das tut so gut«, antwortet Adela entspannt, und obwohl sie um ihr Erscheinen, ihre Wirkung als Frau freilich weiß, natürlich ist sie erfreut über diesen Zuspruch, diese Aufmunterung, »da er nicht sieht, er mag wohl nicht ... nun ja, zurückgeschaut ... so gut fünf Jahr, fünf Sommer ist es her, da König Konrad uns versprach, und wie es Brauch, ganz ungefragt, immaculata auch, ich daher in die Ehe ging, nicht ungewollt, das trifft schon zu, die aber, ach, nach kurzem Sturm nicht mehr als keine länger war«, dreht sich Adela dabei ein weiteres Mal, graziös erneut, wie eine Tänzerin, sie lächelt, und ihr Blick dabei, er verliert sich ein wenig im Nichts.

»Was jetzt in dem Moment Du denkst ... na? ... ist es so?«, setzt Gesa nach, vertraut im Ton, beide kennen sich ja gut, und sind sich gegenseitig nur voller Respekt und Zuneigung.

»Was schaust Du denn so keck und frech ... den Kopf noch neigst dazu frivol ... na ja, ich geb es zu ... Du voll hinein getroffen hast, durch Dich so also voll und ganz ertappt ich bin«, lacht Adela und dreht sich weiter, die Freundin lacht mit, steht auf, und lässt sich auf einen Reigen ein, den die beiden nach einigen Drehungen beenden und sich dann gegenüberstehen.

»Nun auch noch leichter Schwindel in mir ist ... was alles so den Kopf verdreht ...«, fasst sich Adela etwas gekünstelt an die Stirn, »bin ich denn Opfer nur?«, lächelt sie nun etwas selbstironisch, Gesa versteht, und richtet sich daher schaustellerisch auf.

»Adela, Eure Majestät ... ach, könntet Ihr doch mehr als meine Königin nur für mich sein«, spielt die Freundin mit dem Bemühen um einen männlichen Tonfall nun den Edelmann nach, den Adela in ihren Gedanken trägt, was beide Frauen unglaublich belustigt, sie kichern sich recht haltlos zu, »es übermächtig in mir ruft nach Euch, es brodelt, ja fast ungestüm, so es sich nicht verbergen lässt ... seid denn bitte gnädig daher mir und verzeiht dem Herz, dem wehrlos dieser Zustand doch nur folgt ...«, Gesa weiß eben mehr als nur bescheid, denn sie war dabei, als der Edelmann so sprach.

»Ihr wisst, mein Herr, um das, was uns geziemt ... vor allem Euch«, lockt sie sogar ein wenig, »nun aber denn, Eurem Begehr Verrat jedoch nicht folgen soll, darauf vertraut, Euch böse sein, das kann ich nicht, bei all der vorgetragenen Ehrlichkeit, jedoch es besser ist, dass jetzt Ihr geht, und das nur ganz geschwind«, spricht Adela mit kokettem Tonfall nach, was sie damals geantwortet hat, und aus der Belustigung wird Trubel, beide umarmen sich erneut und drehen sich wieder, dieses Mal nur fast bis zum Schwindel, nur also bis dahin, dass eine zufriedene Ermattung der Gefühle das Gelächter und den Tanz rechtzeitig noch beendet.

»Bei aller Ausgelassenheit, von der erfasst wir sind, ein wenig schon Du bist berührt …«, merkt die Freundin an, »es tiefer geht als unsere Heiterkeit vermuten lässt.«

»Nur Dir allein doch ich mich anvertrauen kann …«, gibt Adela zu, schaut dabei etwas fragend, unschlüssig, bedürftig, »zerrissen gar ich könnte sein …«

»Nun, ja, gar wirklich spät es ist«, ergreift Gesa wieder einfühlsam die Initiative, mit einem liebevollen Lächeln, »und … enden soll es stets, wenn Freude denn am größten ist.«

»Die Zeit verflog mit Dir, wie schön der Abend war, doch jetzt, jetzt schlafe gut und träume Gold«, geht Adela darauf dankbar ein und umarmt die Freundin, entlässt sie in ihr Gemach. Gesa dreht sich schmunzelnd weg und verlässt denn auch gleich das Zimmer, und Adela, sie wendet sich mit leicht funkelnden Augen wieder sich selbst zu.

»Oh, lieber Gott«, faltet Adela dabei ihre Hände und betet, im Stehen und überzeugend, mit Blick nach oben, »Dich bitte ich, vergebe mir, wo meinem Gatten doch nur treu ich bin … selbst, da hier und jetzt so fühle ich … und wenn doch damit ich sündige, die Sünde doch so klein sie ist, so klein, und Dir bekannt ja ohnehin … mein Gatte eben so sehr fehlt, auch das sehr wohl Du weißt, und auch, was das mit mir so macht … wenn meinen Sinn bei all dem Schmerz ich also öffne dann, es klar sich nur doch zeigt, nicht meinem Blicke nur, was Friedrich wirklich von mir hält, und diese Sicht Verständnis nur erbitten kann dafür, dass meinem augenblicklichen Gefühl sich etwas Frohmut zugesellen darf ... lieber Gott, Dir danke ich dafür ... amen«, bekreuzigt Adela sich, dreht sich ein wenig in den Raum hinein, kommt zurück in ihre Welt, schaukelt sich kurz darauf etwas selbstverliebt, streicht sich mit ihren Händen durch das lange Haar, sieht ihr Ebenbild im Geiste, schwebt dann die wenigen Meter durch den Raum zum Löschen der Kerzenreste, dreht sich weg im inzwischen nur noch schwachen Glühen des Kaminholzes, und geht zu Bett.

»Und nun beginnt sie wieder, eine nächste Nacht, die sich in jene Nächte einzureihen hat, die mittlerweile nur unsäglich unzählbar erscheinen mir ... doch, heute nacht, vielleicht ein wenig besser schlafe ich, da die Freundin liebevoll den Abend mir erleichtert hat und mir, so meine Hoffnung ist, auch Träume freigegeben sind«, besänftigt Adela sich selbst und spricht dann noch ein Nachtgebet.

Am Sterbebett des Onkels

Ein Schlafgemach, im Bistum zu Bamberg, im Lichtschein von Kerzen ist ein großes Bett ist zu sehen, eines Königs durchaus würdig, weitere Möbel, Bilder und Stoffe gestalten den Raum. Es ist etwas kühl, dabei sind die Fenster mit Läden verschlossen und von innen zusätzlich verhangen, in einem Kamin knistert Holz.

»Friederich ... mein Sohn«, belebt die Stimme Konrads leise und ruhig diese so besondere Stille, die sich nur einstellt im Nahen des Todes.

Der junge Herzog, er ist es, der die wenigen Schritte geht, nicht der leibliche und minderjährige Sohn gleichen Namens, der Herzog ist es, der sich auf den Bettrand setzt und die Hand des Königs nimmt. Und ein Bischof folgt, das ist an der Kleidung erkennbar, es ist Eberhard von Otelingen, kirchliches Oberhaupt des Bistums von Bamberg. Er, in einem guten Alter, und damit deutlich älter als Friedrich, zunächst im Hintergrund verblieben, tritt jetzt hervor.

»Eure Majestät«, verhält Eberhard sich in Ehrerbietung und schaut so in die Augen des Königs, »der Herrgott, stets von Euch verehrt, in Euch er immer einen treuen Diener fand, den nichts zum Schutz der Mutter Kirche hat zurückgeschreckt ...«, zufrieden schaut Konrad zurück, »Euch nun zu sich hin er ruft, und lässt mich sagen noch bevor, hier devot der Bote nur ich bin, Euch höchst willkommen denn er heißt, und sehr mit Freude

Euer Hirte weiterhin wird sein, und einen Platz Euch eingerichtet hat, auf dass denn wie dem eigenen Sohn Euch nimmer etwas mangeln wird«, Konrads Gesicht nimmt Glanz an, »und aller Welt sei kundgetan, dass Ihr vom Herrgott aufgenommen seid ... sehr wohlgefällig und in allen Ehren«, spricht Eberhard weiter, nicht nur aus dem Amt heraus, denn beide verbindet schon einiges, das Herz spricht also mit, Worte freilich sind es, die auch von Gewandtheit zeugen, was ja nicht verwundern darf, denn eine Fähigkeit für solche, die darf von einem Bischof freilich schon erwartet werden. Der König richtet sich nun leicht auf, die Augen weit geöffnet, ihren Blick in eine Ferne gerichtet, die schon nicht mehr jene der Bleibenden ist.

»Friederich ... mein Sohn«, haucht Konrad nunmehr, während Friedrich seine zweite Hand auflegt, sodass die des Königs jetzt fest umschlossen ist, und darin innehält. Eberhard tritt ein wenig zurück und schaut auf den jungen Herzog, Friedrich spürt es, blickt kurz zurück. Es bedarf keiner Worte, beide verstehen sich.

»Mein geliebter Oheim, tief verbunden Dir ich bin«, spricht Friedrich den Onkel mit leicht gefeuchteten Augen an, »nicht fassen kann ich, dass in dieser Welt Dein Weg denn hier schon enden soll ...« Konrad erhebt dazu wortlos seinen rechten Arm und zeigt auf den Nebentisch zum Bett. Gold glänzt, reflektiert Kerzenlicht, Steine glitzern, weiße, rosafarbene, grüne, blaue vor allem, eine Stimmung verteilt sich, die auch Feierlichkeit und Zuversicht vermittelt.

»Nun, Friedrich, nehme sie, die Zeichen königlicher Macht und Pflicht ... die Krone hier, nicht lange her es ist, dass neu gefertigt wurde sie, mit Blick auf Rom ... der Fürsten Wahl nur stelle Dich, ihr Treffen ja schon abgesprochen ist, wenn auch aus anderem Grund … so also nehme sie, Du ihrer würdig bist … wer sonst«, Friedrich erwidert den Blick und die Zuwendung, mit ehrlichem Ausdruck von Trauer, auch einem Zug von Entschlossenheit, »und so Gott will … die Wahl der Fürsten Dich erheben wird«, fährt Konrad fort, verstummt kurz, atmet flach und mit leichtem Röcheln, »zu festigen das Reich … was leider mir vergönnt nicht war …« Stille. Konrads Arm sinkt nieder, seine Augenlider, sie schließen sich, langsam zwar, doch unaufhaltsam, und dabei zufrieden friedlich weich. Friedrich spürt, wie die Hand, die er noch immer umschließt, Temperatur verliert.

»Requiescat in pace«, betet Eberhard, zeichnet mit seinem Daumen ein Kreuz auf die Stirn des nun Gegangenen, nimmt bedächtig die zuvor eingenommene Beuge zurück und bekreuzigt sich. Wiewohl der Tod des Königs nicht wirklich überrascht, von Malaria ist die Rede, seit Konrad aus Jerusalem zurück war, Eberhard ist berührt. Die Hand des Königs erkaltet jetzt schlagartig.

»Mit Euch den König und die Eure Huld verliere ich, so denn mein Herz dem Euren stets verbunden ist«, bekreuzigt sich Eberhard ein weiteres Mal. Treu und gern stand er Konrad tatsächlich mit Rat und Tat zur Seite, bei aller Treue auch zum Heiligen Vater, bei aber kritischer Haltung zur Kurie. Mit Konrad verliert er auch einen Gefährten, denn über einen Kreuzzug, er wirkte bei der Vorbereitung intensiv mit, da wächst man völlig ungeachtet der Hierarchien auf eine besondere Weise zusammen. Friedrich dagegen war auf dem Zug sogar dabei.

»Sed omnes una manet nox … et calcanda semel via leti«, bekreuzigt Eberhard sich erneut und tritt dann zurück. Friedrich hatte sich inzwischen neben das Bett gekniet, er bekreuzigt sich ebenfalls, Gedanken und Gefühle bemächtigen sich seiner, und die drängen nach Ausdruck.

»Mit dem Oheim derweil viel verbindet mich, allein das Treiben so am Hofe schon erlebt zu haben umfangreich, ihm doch nur verdanke ich ... arbeitsvoll all das, was Treffen des Regenten mit den Fürsten mit sich bringt, Geschäfte, Recht und Ordnung, Streitereien, Lüge wohl auch täglich ist ... und schon als Mittler so zum Dienen auch ich kam, dabei mich habe ich bewährt, so wurde mir gesagt ... und dann, der Gang unter dem Kreuz, dem Rufe Bernhard von Clairvaux ja fast geduckt dann alle sind gefolgt ... der erste Zug es war für mich, der zweite überhaupt, mit Ausgang von Unsäglichkeit ... all das, das bindet, schuf ein Band, das einfach nicht zertrennlich ist ... und nicht zuletzt, an meines Vaters Statt auch mir er stand ... mein Vater denn, für mich gerufen viel zu früh, die Mutter schon davor, einst mächtig war, geachtet auch, der Krone fast schon auserwählt, bedroht dann zuzufallen böser Zungen Spruch ... dem Kaiser Lothar Dank sei nachgesagt, er klug dem Vater viel an Demut hat erspart«, wendet Friedrich sich so selbst erleichternd an Eberhard.

»Friedrich ... lieber Sohn«, spricht hier wieder der Kirchenfürst, aber auch der eben deutlich Ältere, »so kennst Du diese Welt, das Wachsen und den Schmerz, vertraut sie Dir recht gut schon ist, lässt sich so sagen fast, da also Du in diesen jungen Jahren schon erfahren hast, wo Jugend auch schon eben schwinden mag, was diesem unseren Leben Lehren eigentlich sind«, sagt er mitfühlend und eben kraft seines Alters und Amtes, und mit ehrlichem Respekt vor dem schon erlangten Erfahrungsschatz, »ja … was allein auf diesem Wege Du erlebt schon hast, gen Osten, Länder, Berge, Sprachen, viel Kultur, es immer wieder anders ist, und dann Byzanz, die Stadt der Pracht und Macht der Christen Griechenlands, ja, schließlich dann Arabia und den Islam …«, ergänzt er gleich, »der Grund jedoch, weshalb Clairvaux die Christen rief, ja zwang, nun, ja, ein anderes Thema freilich ist«, erlaubt er sich, Kritik andeutend, an der Stelle noch anzufügen.

»Das alles wirklich war an Leben vollgefüllt, es hin und her sowie nach oben wie nach unten ging, manchmal recht ruhend, schleichend auch, und manchmal unbemerkt, und manches Mal sehr deutlich und gar furios … ja, dieser Teil der Welt, Arabia …«, unterbricht Friedrich sich selbst, denn noch weiß er dazu nur wenig zu sagen, und erinnert dann an die Kämpfe, »Edessa … in der Schande große Lehre wohl sich auch verbirgt«, nimmt er sogar den kritischen Faden des Bischofs auf.

»Sicher dem so ist, doch, freilich … immer wieder, leider, zuzugeben schwer«, fügt Eberhard an, nimmt den Herzog väterlich von der Seite her in den Arm und führt ihn weg, »so lass uns nun die Wege gehen, die für den Toten uns sind abverlangt.«

Arnold und Wibald kehren zurück

Im schwäbischen Alpenvorland, bei leichtem Schneetreiben. Ein kleiner, bescheidener Tross bewegt sich unbeschwert über einen ordentlich breiten Pfad hinweg, Wald im Hintergrund, leere Äcker an der Seite, er folgt zwei Herren, von denen der eine ein wenig prächtig, der andere einfacher gekleidet ist, beide zeigen sich also nur dem eigenen Stande ehrlich entsprechend.

»Guten Weges nun voran wir sind, gesund zurück die eigenen Lande haben uns, voll guter Dinge auch wir sind, wofür dem Vater Roms all unser Dank nur gilt«, beginnt Arnold von Wied nach längerem und stillem Ritt ein Gespräch, der erst seit Kurzem das Amt des Erzbischofs von Köln inne hat und gerade erst in Rom mit dem Pallium geweiht worden ist. Nicht von ungefähr ist Wibald dabei, Abt von Stablo und Corvey, denn er ist hochgeschätzt, daheim wie auch im Vatikan. Beide Kleriker sind guten und gleichen Alters, sie reiten Seite an Seite, die Alpen wurden über den Arlberg passiert.

»An Tagen wenige nur fehlen uns, auf dass nach langer Reise Ende neue Kraft für weiteres wir wieder können sammeln an … so, kaum in Speyer angelangt und etwas ausgeruht, ein Weg erneut gemeinsam uns denn tragen wird, da unser König seinen Sohn zum Mitregenten will erhoben sehen«, erweitert Wibald das Gespräch um eher belanglose Inhalte, denkt er zu dieser Zeit, »so unser nächstes Ziel, sul Meno, Francoforte ist.«

»Ihr recht es seht ... die Pflicht sogleich uns weiter führt, und dort, zudem, des Heiligen Vaters Wort, uns aufgetragen, zu verkünden haben wir, wonach denn bald des Konrads Haupt die Kaiserkrone tragen wird, welch eine Freude sicher das denn dort wird allen lösen aus«, erwidert der Erzbischof.

»Das, fürwahr, der Krönung Friedrichs einen ganz besonderen Glanz noch über legt«, bestätigt Wibald die Erwartung des Erzbischofs, »was die Freude aber auch bedrängen wird, Ihr sicher ebenso es seht, das ist in Rom der Bürger lauter Ton, das ist die Plebs, die grob und auch mit Plünderung die Stadt durchzog, selbst vor Sankt Peter keinen Halt sie hat gekannt, allein dem Ziel recht blind sie folgte nur, wonach man Anspruch stellt, sich mehr noch zu bestimmen selbst als wie bisher ... dem Ziel allein gewogen, und sonst nichts, und in der Wahl der Mittel immer wieder und höchst unbedacht ... den Papst sogar sie hat verjagt, der Stadt entfernt, dem eigenen Haus ... die frohe Botschaft also dadurch leidlich wird getrübt, da dort Bedarf an Schutz aus höchster Not sich zeigt, von dem man nicht genug bekommen kann, und das nur auch noch möglichst bald«, fügt Wibald besorgt an.

»So auch an Last die unseren Schultern also reichlich tragen mit, da die Communitas denn unentwegt und fast häretisch schon Santa Sede eine Bürde ist, so unser König daher gut für Rom zu rüsten hat, es zu den seinen auch der Fürsten Ritter viele also braucht ... dazu jedoch noch mir es sich verschließt, wie das zustande kommen kann, da leider viele hier im Land nur Augen haben für sich selbst«, bekennt sich somit nun auch

Arnold zu dem weiteren Auftrag der Kurie, und das berechtigt sorgenvoll.

»Der König sehr verlässlich doch der Mutter Kirche wird zur Seite stehen, er sich als Vogt ja immer hat erklärt, und nicht zuletzt, Ihr auch des Königs Kanzler seid, so Euer Wort besonderes Gewicht noch bringt, dem Ruf nach Hilfe Nachdruck zu verleihen«, gibt Wibald hoffend zu bedenken, und wechselt ein wenig die Sicht zu den Dingen, »die Quelle dieser groben Welle trefflich ist erkannt ... wo also Handel, Seefahrt, Handwerk, Banken wachsen an, all das Vermögen schafft und Macht, und das nicht nur zur Kirche und des Kaisers Hand.«

»Und zu bedenken auch des höchsten Bischofs Sorgen sind, die zu Sizilien an neuer Nahrung finden immerfort, und so gestärkt, bedrohlich kreisen weiterhin«, flicht Arnold ein, »bei alledem, so denke und so hoffe ich, dass letztlich nur Verschiebung denn von Macht, nicht eine Trennung von der Kirche diesem Drang den Antrieb gibt, und hoffe auch, dass diese Macht auf viele Stimmen sich verteilt, denn die Geschichte uns ja lehrt, dass furchtbar Schlimmes immer wieder doch geschehen kann, wenn eine seelenlose Hand unbegrenzte Mittel hat ... der Herrgott schütze diese Welt«, bekreuzigt er sich, »und nun, nun ja, zurück zum Jetzt, zu morgen und dem nahen Tag, bei alledem, zunächst doch voll der Freude nur wir dürfen sein, da Unsere Heiligkeit zur Krönung Konrads sich bekannt und diese anberaumt für bald schon hat.«

»Arnold, Eure Excellenz, nicht ohne Gottes Schutz und Kraft all dem Ihr dann entgegen geht, dazu, sofern Ihr meiner Euch dabei bedienen wollt, der Dienst nur ehren würde mich ... Ihr lang mich kennt, um mich Ihr wisst, die meine Treue ist bekannt … so, Euch zur Hand höchst gerne nur ich bin«, bietet Wibald sich an, beide sind sich tatsächlich alles andere als fremd, auch die Vorbereitungen zum Zweiten Kreuzzug schufen besondere Bande, Erzbischof Arnold hatte sogar an ihm teilgenommen.

»Mein lieber Abt … dafür Euch danke ich, Ihr eine große Hilfe sicher seid, denn was bereits bewegt Ihr habt, das freilich kenne ich, und angenehm Ihr mir auch seid, mit Euch also es Freude macht und damit einer jeden Pflicht ein Stück der Last doch schon genommen ist«, nimmt Arnold ohne Übertreibung an, »und Ihr, da Ihr wie ich ja gleich geladen seid, der Tage nächster Weg uns ohnehin recht weit ja noch zusammenhält, worauf mich freue ich«, und beschließt damit den Austausch, schaut dankbar und freundlich zu Wibald hin und sieht in dessen Gesicht neben Respekt und Zuversicht jetzt aber nur noch den Ausdruck von Müdigkeit. Wibald, umgekehrt, sieht nichts anderes. Der Abend naht, und so braucht es einen Gasthof, der sich beiden denn auch endlich zeigt.

Heinrich von Sachsen in kleinem Kreis

In Braunschweig, in einem durchaus herrschaftlichen Haus, ein Schloss ist noch nicht gebaut, die Burg Dankwarderode ebenso, der junge Herzog unterhält sich mit seiner Gemahlin. Es ist Februar, mit einem dem Monat wahrlich entsprechenden Wetter.

»Mein Schatz ... der Abschied Deines Vaters ... frisch noch immer alle Wunden sind, die Dir sein Tod gerad geschlagen hat ... wie sehr in Traurigkeit auch mich das hinterlässt«, spricht Heinrich von Sachsen liebevoll und umschließt dabei seine gleichaltrige Clementia, eine geborene von Zähringen, »so unerwartet auch, denn durchaus gut mit seinem Alter er inmitten seines Lebens stand«, schwenkt dann sogleich aber um, hin zu sich, »Dein Bruder ... nun die Würden übernimmt?«

»Mein lieber Mann, die Deinen Worte tragen mich, zumal ich weiß, wie sehr Dich selbst es einst getroffen hat, den eigenen Vater kaum erlebt Du hast, die eigene Mutter viel zu früh danach gerufen war ...«, antwortet Clementia ebenso einfühlsam, und dankbar zugleich, und erwidert Heinrichs Umarmung, »wenn einer mich in meinem Leid wahrhaftig denn versteht, dann Du allein das eben bist«, streichelt sie Heinrich und geht dann auf die Frage in Sachen Macht ein, »Berthold, ja ... bereits zum Herzog ist ernannt ... ob aber auch das Rektorat über Burgund er führen wird, wie unserem Vater es ja übertragen war, dazu der König noch zu hören ist«, berichtet sie gefällig, und in selbstbewusster Haltung, zu der sie durchaus berechtigt ist, denn sie vertrat ihren Gatten bestens als dieser in Bayern weilte, »da also kann auch anderes sich allen uns ergeben noch.«

»In dieser Sache kühn den König zu gewinnen suchen …«, hingehört hat Heinrich wohl nicht wirklich, nur so halb, denn er war ja kurz an den recht frühen Tod beider Elternteile erinnert, »ja, das sollten wir …«, macht er es für sich fest, in wieder gefasster Haltung, »zumal auch Bayern meine Liste füllt, das Konrad einst uns nahm … wie gut es also ist, dass nicht nur über familiäre Linie hin das Band zum König nun ein besseres ist, wie unser Pakt zum Stader Erbe ja schon hat gezeigt, wie sehr der Wichmann auch dagegen stemmte sich, der Hartwig ohnehin, als letzter Graf des Zweiges dort, warum so also denn Bavaria uns länger vorenthalten sollte sein, zumal Geschichte Recht uns gibt.«

»Geschichte manches Mal ja nur das eine ist, doch hier, Dir wahrlich Recht begründet sie«, bestärkt Clementia ihren Gatten, »kein Sollizitant Du also bist, und noch zudem, mein Herzenswunsch doch immerfort begleitet Dich … und wenn Burgund dann käme noch hinzu …«, hängt sie sinnfüllend noch an und schaut dabei etwas kokett, nein, eher etwas aufmunternd auf ihren Mann, wird dann aber unterbrochen, denn die Tür geht auf.

»Verzeiht, Durchlaucht, die Herren, die erwartet Ihr, sie hier nun sind.« Ein Diener tritt zur Seite, die Herren treten ein.

»Euch grüße ich, so näher doch Ihr tretet nur«, begrüßt der Herzog seine Vertrauten, die Herren erwidern, in einer Mischung aus dem Status eines Untertan sowie dem Verhältnis einer fast familiären respektive freundschaftlichen Vertrautheit heraus.

»Mein lieber Mann, erlaube mir, dass Dich ganz unter Euch nun lasse ich«, befolgt Clementia gekonnt eine unausgesprochene Regel, und auf Heinrichs zustimmendes und zugeneigtes Nicken hin wendet sie sich um, begrüßt die Herren mit freundlichem Lächeln und passiert sie. Der Diener hatte aufmerksam gewartet, und so ist die Tür noch geöffnet. Er schließt sie dann, den Saal ebenfalls verlassend, freilich nach seiner Herrin.

»Die Herzogin, wie zauberhaft sie immer wieder uns sich zeigt, und weitaus andere Seiten nur zu ihrem Vorteil sie dazu noch in sich trägt, erinnert Euch doch nur, wie klug das Land geführt sie hat, als sie mit einer großen Schar Graf Adolf konnte binden ein, den jüngsten Aufstand dort im Osten zu beenden uns«, äußert sich der zu Heinrich genau gleichaltrige Bernhard Bischof von Hildesheim.

»Das wahrlich recht Du siehst, mein Freund, dem Deinen Wort nur danke ich«, nimmt Heinrich das Kompliment geschmeichelt entgegen, »zu unserem Glück nur noch der Sohn uns fehlt … doch nun, nun bitte lasst doch uns beginnen gleich, tempus fugit, wie Ihr wisst … so gleich hin zum Land Burgund … das Rektorat, womöglich es verloren geht, nur, freilich, werben werden wir, mit großer Zuversicht sogar, da doch des Königs Stimme uns durchaus und weiterhin gewogen sollte sein, denn für den eigenen Sohn die unsere sicher nur willkommen ist, und das, zu Frankfurt hin uns führt, so Dich, mein lieber Gerold, lieber Freund, Dich bitte ich, dorthin begleite mich.«

»Mit großer Freude Deine Seite fülle ich«, erwidert Kaplan Gerold von Oldenburg, der dem Herzog fast gleichaltrig ist,

»zumal, bisher Du nie der Ladung Konrads bist gefolgt, vier Treffen zähle ich, nun teil Du nimmst ... dabei zu sein, von daher auch noch ganz besondere Ehre ist.«

»Es viere sind, jawohl, und jetzt ... dabei ich bin, es daher durchaus so und so, jedoch auch freudvoll für uns werden kann«, bestätigt Heinrich den Freund, wird dann aber gleich wieder nüchtern, »nun ja, die vier zu meiden immer guten Grund es gab, und Überlegung auch, wie dieses Mal, da nicht Burgund allein mich hinbewegt ... hinzu noch kommt das Bayernland, obwohl ... an meinem Herzen wirklich nah nicht mir es liegt, dem Beutel viel nicht ein es bringt ... der Titel aber zählt, denn beide Länder dann in einer Hand, das meine Macht der Macht der Krone reichlich näher bringt.«

»Womöglich Konrad bald den Weg nach Rom zur Kaiserkrönung geht ...«, hängt Poppo von Blankenburg an, Mitglied des herzoglichen Rates, in einem schon höheren Alter stehend.

»Davon im Clerus schon die Rede ist«, ergänzt Bernhard Bischof von Hildesheim.

»Wenn das geschieht, den König dann begleiten wir, mit einer Mannschaft, die auf diesem Weg und auch in Rom vergeblich ihresgleichen sucht ... all das dem Ziel uns auch nur näher bringt«, denkt Heinrich laut weiter, und wendet sich Bernhard zu, »die Deine Weihe dann, die Hartwig Dir versagt, von Eugen sie erbitte ich, und vieles spricht dafür, dass diese dann erfolgen wird.« Der Angesprochene zeigt dazu dezent seine Freude.

»Und Welf? Und Heinrich?«, kommt Anno von Heimburg, Kämmerer des Hauses und wie Poppo ein ehemaliger Lehrer und Erzieher des ja früh elternlos gewordenen Herzogs, noch einmal auf das Thema Bayern zurück, »der eine greift, der andere hält.«

»Gerechtigkeit versprochen ist, vom Herrgott schon, und irdisch auch mein Recht nur stark doch ist«, erwidert Heinrich selbstaufmunternd, »schaut auf die Schrift des Herrgotts wie des Richters auch.«

»Der Deutung solcher Dinge mächtig leider nicht ich bin«, zieht sich Anno, der sich angesprochen fühlt, jetzt zurück, Heinrich akzeptiert das wortlos, denn es ist bedeutungslos.

»Wer rechten Glaubens und dazu entsprechend auch belesen ist, verzeiht, ein jedes Ding sein Studium braucht, der sieht schon klar, dass Leben ungerecht sein kann, doch die Erlösung kommt am letzten Tag … Gerechtigkeit in dem Moment, dem unausweichlich irdisch nichts mehr folgt, doch jeder Seele wird gewährt«, nimmt der Bischof sich daher des Themas an, »Gerechtigkeit zuvor am Irrtum eines Richters scheitern kann, der Herrgott aber, er irrt nie … für alles, was den Menschen also immerfort bewegt, es eben weit aus mehr als einen Ursprung denn nur gibt.«

»Der Herrgott unseren Weg bestimmt, doch einen auch die Ahnen haben auferlegt, es eben Linien gibt, die Unser Gott uns überlassen hat, so denn der Babenberger meiner Sorgen Quelle ist … doch alle wir verwandt auch sind, da sollten Wege hin zu aller Wohl, die Hoffnung weiter hege ich, sich ohne Krieg und Richter zeigen auf«, resümiert der Herzog diesen Punkt.

»Vielmehr sogar zur Krone auch zeigt hin …«, bringt Anno sich nun doch wieder ein, und das auch noch recht bemerkenswert, »denn kaiserlich ja Deiner Mutter Linie ist, die Königskrone Deinem Vater auch schon angetragen war, die Kaiserweihe sicher wäre dem gefolgt …«

»Zunächst des Konrads Sohn zum Nebenkönig doch erhoben

wird, nur, sehr, sehr jung er eben ist, ansonsten auch, der Lauf der Dinge nicht nur immer doch den einen Ausgang hat, auf den man setzt, weil klug er zu begründen war«, relativiert Heinrich aufmerksam und selbstbewusst, nur augenscheinlich bescheiden, »daher ... mein Wort ... wonach denn Bayern also wichtig ist, wonach das unsere Recht darauf, wenn nötig mit Gewalt, wir bringen ein«, schließt er dann doch sehr verdeutlichend ab und strahlt dabei selbstgefällig in die Runde.

»Deinde propellamus causam nostram«, übernimmt Gerold, Heinrich ist es recht. Einige Tage später dann brechen der Herzog von Sachsen und der Kaplan Gerold von Oldenburg mit einem schon protzigen Gefolge auf. Dann, auf dem Weg, erfährt Heinrich vom Tode Konrads und der Kandidatur des Herzogs von Schwaben, zudem von dem Treffen auf der Arnsburg, zu dem er gleich geladen wird, und freilich, weiß er auch sofort, warum.

Carpe Momentum

Noch immer in Bamberg, im noch recht jungen, aber schon bedeutenden Bistum, mit Dom und Nebengebäuden, von einem Kaiser gegründet, und mit weiterer außergewöhnlicher Geschichte, denn vor etwa einhundert Jahren bestieg ein Bischof von dort aus sogar den Heiligen Stuhl. Eberhard und Friedrich schließen von außen die Tür des Gemachs, sie stehen jetzt in einem rechteckig angelegten Kreuzgang.

»Wachen kommt, zu zweit, gleich her, zu ehren und zu schützen diesen Ort«, ruft Friedrich, worauf tatsächlich und recht schnell zwei Soldaten erscheinen und sich wie befohlen postieren, »hier Zugang nur der Priester hat, und wir ... mit Eurem Leben steht dafür.«

Beide Herren wenden sich daraufhin wieder ihrem Wege zu, dabei begegnen sie einigen wenigen Mönchen und Novizen, die dem Bischof freilich ihre Ehre erweisen, ahnend, dass der König wohl nicht mehr lebt, da beide Herren eben allein unterwegs sind. Friedrich trägt die drei Reichsinsignien, in ein Tuch gewickelt. Eberhard bemerkt sofort, aber letztlich doch nur nebenbei und nicht wirklich mit Verwunderung, in Körperhaltung und den Bewegungen Friedrichs eine neue Sprache, die sich verständlicherweise ergibt.

»Meinem Vater, wie es ihm erging ... Ihr wisst es ja«, wendet sich Friedrich an Eberhard, und Eberhard deutet eine Geste der Zustimmung und Aufmerksamkeit an, einer wohlwollenden

Aufmerksamkeit, beide bleiben stehen und schauen sich an, »das prägt doch mit ... und nun, dem Oheim denn von Unserem Herrgott eingegeben war, dass ihm also ich folgen soll«, ein fester Blick zu Eberhard wird aufmunternd erwidert, beide gehen weiter, » ja ... ich verhehle nicht, für Eure Ohren aber nur, dem Vater der Gedanke an die Krone keineswegs ja fremd erschien, für sich, was freilich ist bekannt, erst recht für mich, was freilich sich vermuten lässt, so zeitig schon mich lehrte er, wie sehr doch meine Herkunft schon Empfehlung dafür sei, mir Pflicht dafür sogar sei auferlegt ... wie klug auch, letztlich schlüssig nur, dass mich dem Onkel er schon zeitig denn hat anvertraut.«

»Bezeugen werde ich des Königs Wort ... gelobet sei der Herr, der all dies lenkt ...«, bekreuzigt sich Eberhard, und fährt sogleich fort, »wonach des Königs Wille ganz auf Euch, nicht auf das eigen Fleisch und Blut gerichtet war ... so Euch mein Wort für Euren Weg, Euch gebe ich, gleich hier und jetzt, unmittelbar«, fügt er überzeugt an, schwer fallen diese Worte nicht, »Euch folge ich mit Wort und Tat, bis Unser Herrgott denn mich ruft.« Ob dieser wertvollen und bedingungslosen Zusage zu Gefolgschaft schaut Friedrich respektvoll zu Eberhard, gehofft hatte er, zu rechnen war schon auch darauf, Dank ist dennoch ebenso in seinem Blick.

»Und jetzt, fürwahr, es heißt zu handeln rasch, und Ränke auch zu schmieden, die noch nicht gefestigt oder nicht bestehen«, greift Eberhard den Faden auf, durchaus auch darauf setzend, für sein Bistum vom – so Gott will – künftigen König Schutz vor Mainz und sonst auch förderliche Schübe erhalten zu können, das wäre schon genug, denn nach mehr strebt er nicht.

»Des Einen oder Anderen Zuspruch zu gewinnen dort, wo Beistand über Bande, Freundschaft oder Pflicht nicht schon gelebt und zuverlässig mir besteht ... dies zu erreichen, in der Tat, mit Drang jetzt steht hier an, da ja Blut allein in unseren Landen nicht genügt, des Königs Krone zu erlangen«, entwickelt Friedrich das Gespräch weiter, und sein Blick wird dabei nur fester, nur entschlossener, »des Vaters Wort auch immer hat gelehrt, dass Stimmen man zuvor auf seine Seite lenkt ... und noch ein weiteres seiner Worte dazu in den Sinn mir kommt ... den Tod und so das Leben auch man nehme nur so an, wie auch den Tag und auch die Nacht ein jeder doch geschehen lässt ...«, kurz hält er inne, »obwohl nun also meiner Seele Streben nicht es wirklich inne ist, auch dort zu werben, wo man Ehre käuflich denn erwerben kann ... allein ... das Ziel wohl es verlangt«, Eberhard zeigt Verständnis, »des Hofes Lehren noch dazu ... kein anderer Weg sich daher zeigt, nur der, dass ohne Zaudern in Gehorsam wie auch mit Geschick dem Auftrag Gottes folge ich.«

»Erlaubt mir ... Friedrich, Eurer Mutter zu gedenken auch ...«, schließt Eberhard respektvoll und damit irgendwie auch sehr dezent, sehr einfühlsam auffordernd an.

»Der Vater litt ... ja, unter Tränen gar, kaum zehn ich war ...«, geht Friedrich nach einem kleinen Moment auf die Worte Eberhards ein, »mir sagte er, wie sehr an Worten er vermisst, das zu beschreiben, was so schmerzvoll ist, da all zu früh der Herrgott schon das Weib ihm nahm, jung und schön und klug, kaum dreißig Jahr ... und somit auch für mich die Mutter nicht mehr war, mit ihrer Liebe wie dem Sinn für Recht und Zuversicht, in mir sie fort, sie weiter lebt, so Halt mir ist ... der Herrgott bitte das bewahre mir«, erklärt Friedrich, mehr sich selbst, und bekreuzigt sich, ist ergriffen, »berührt ich bin, wenn der Verlust der Eltern sich erinnert mir, berührt auch bin, wenn das dem Onkel gilt, ergriffen jedoch auch von dem, was an Erwartung auf mich richten könnte sich, bereit ich aber bin, zu stellen mich, Verzug es also keinen geben darf, so, pflichtgesteuert dem Vermächtnis nach, das Amt, das fehlt ja noch, der Wahl also mich stelle ich ... und wer denn Sucht nach Geltung dabei mir wirft vor, der höre dann, dass Ansporn es schon braucht, allein die Ehre ihn gebietet doch, hier Ansporn aber auch vonnöten ist, ein solches Amt nicht zu erlangen nur, das nicht genügt, vor allem es der Krone Ehr wie auch des Volkes Wohl dann auszufüllen und zu halten ist.«

»Des Herrgotts Wege eben oftmals unergründlich sind, und was aus höchstem Sinne nunmehr Euch denn angetragen ist, aus dem Vermächtnis Eurer Eltern auch, Ihr zu erfüllen habt es doch, sodann, mein Fürst, zu Eurer Seite stehe ich, wie schon gesagt, nach diesen Euren Worten nur noch sehr viel mehr«, geht Eberhard auf die Worte Friedrichs ein, und nun, wenn überhaupt er je noch kleine Zweifel hatte, sie sind jetzt völlig weg.

»Der Eure Beistand trägt, es gar schon unerheblich ist, wohin«, erwidert Friedrich mit ganz besonderem Gewicht, gestärkt wie ein Sohn durch seinen Vater, gehalten, wie sein Innerstes es verlangt.

Der Bischof und der Herzog erreichen nun eine doppelt geflügelte Eichentür, ein Mönch steht eher zufällig bereit und ist gefällig, beide gehen durch sie hindurch und stehen dann auf dem Domplatz. Bamberg liegt in Strahlen der Sonne, es ist aber jahreszeitabhängig kühl. Beiden Männern, eben noch dem Tod so nahe, eröffnet sich vom leicht über den Dächern liegenden Domberg aus ostwärts ein Blick über die Stadt und den nordwestwärts durchströmenden Fluss.

»Wie schön das Umland hier doch ist, sein frisches Grün der Frühling noch verbirgt, dabei, die Luft er zaghaft schon erfüllt … recht früh in diesem Jahr«, genießt Eberhard den Ausblick, er trägt als zweiter den Namen des ersten Bischofs und Gründers der zum Bistum gehörenden Abtei, und erlebt so auch gleich den Gegensatz, »das Eine geht, das Andere kommt, der Wechsel ewig und unendlich wirkt und so uns täglich zeigt, mit Nachdruck wie Geduldsamkeit, für jeden denn, und so auch den, den die Gelehrigkeit lang nicht so sehr bewegt, was Werden wie das Sterben unzertrennlich macht, und also zeigt, was irdisch Leben wirklich ist.« Im Hintergrund schlägt eine Glocke, ein Spannungsbogen kann kaum größer sein.

»Des Grabes Lage, Eberhard«, nimmt Friedrich das Gespräch wieder an sich, der Ton ist schon vertraulicher, »bei aller Ehrerbietung, die ja in mir liegt … lange Wege etwa wie denn die nach Lorch, der Familie Kloster dort, die zu gehen wohl an Zeit es fehlt«, bringt Friedrich respektvoll, aber ohne Umschweife eine bedeutsame Fragestellung ein.

»Sehr wohl daran es fehlt«, erwidert der Bischof, und denkt kurz nach, »ein Platz da aber ist, er ehrenvoller kann nicht sein, gleich seitig an des Kaisers Grab, des Bistums Gründer seinerzeit … das zügig gleich bereden werde ich mit jenen, die da nahe stehen, und jenen, deren Hand hier einzusetzen ist«, schlägt er dann vor.

»Mein guter Freund, Ihr damit ungeprüft schon zeigt, wie wertvoll Euer Wort und zuverlässig Eure Treue sind, sich eine solche Last ganz unerbeten eigener Schulter aufzuladen gleich ... so meinen Dank hier gebe ich, wenn auch erst mit Worten nur«, gibt Friedrich die etwas heikle Mission frei, denn um ein Einverständnis ging es.

Beide betreten wieder die Abtei. Inzwischen findet ein pietätgetragenes Treiben zwischen den Mauern statt, eben nicht aufdringlich, aber pflichtbewusst, wie es sich auch nur gehört. Gleich ebenerdig in der Nähe der Eingangshalle betreten sie ein kleines und bescheidenes Arbeitszimmer, um weiter ohne fremde Ohren reden zu können.

»Vor allem jenen Tag zu nutzen haben wir, den Konrad anberaumt in Mainz schon hat, die Fürsten alle schon geladen sind, damit, wie es der Brauch so nahelegt, den Sohn des eigenen Blutes zu erheben an den Thron, heranzuführen ihn an das, was Königsein denn heute so bedeutsam macht«, spricht Eberhard aus, und Friedrich nickt, denn genau so waren gerade selbst schon seine Gedanken, »und da zu sehen ist, wie doch die eigene Frucht noch viel zu jung nicht nur an Jahren ist, des Kopfes Form das Maß der Krone lange nicht erreicht und educatio an Schritten viele denn noch vor sich hat ... zudem, auch im Gebet noch fragte ich ... das Wort des Konrad sicher Euch nur gilt, und ohne Frage gottgelenkt es kam.«

»Ihr tragt erneut da eine Sicht heran, die ganz in Einklang steht zu meinem Sinn, denn dort, wo einer vor der Pforte steht, doch Unseres Herrgotts Lenkung nur noch walten kann«, erwidert Friedrich, tritt weiterhin selbstbewusst auf, überhebt sich dabei aber nicht, und fährt dann fort, immer freundschaftlicher im Ton, »an Vorwurf aber wie Vertrauen auch, dennoch nicht es fehlen wird, so dorthin erst lasst denn uns gehen, wo Freunde treu versammelt sind, und dorthin dann, wo Unentschiedenheit das Zepter führt, wo abgewartet wird, was sich an Gut, an Stellung bietet an«, schlussfolgert Friedrich aus dem, was vorgegeben, und folgt damit auch dem, wovon er überzeugt ist.

»In alle Richtung hin, die Boten sogleich sende ich, damit in aller Munde ist, was hier in Bamberg uns geschah, und darauf folgen wird«, fügt Eberhard an, um die Vorbereitungen voranzubringen, »und dann, ein Treffen sehe ich, das unbedingt vor Frankfurt noch gelingen muss, so, wer denn von den Großen Stimme hat, er einzuladen ist, auch das den Boten denn ich gebe mit.«

»Was für ein guter Rat ...«, legt Friedrich sofort fest, »als Ort dafür die Arnsburg nennt, und auch den Tag«, und wendet sich voll des Dankes an den Gefährten, »mit Eurer Umsicht wahrlich höchste Treue Ihr schon zeigt, dafür Euch danke ich.«

»In Frankfurt, ja, der Mainzer Diözese untertan, wie Bamberg auch, den Erzbischof wir freilich treffen an ...«, legt Eberhard etwas indirekt nach, Friedrich schaut auf.

»Soll er doch gleich, wenn er nur mag, doch auch die Arnsburg suchen auf ... es ist ja einerlei für mich, denn seiner Stimme zu bemühen sich, gewiss nicht kleinsten Aufwand lohnt«, erwidert Friedrich und zeigt damit schon beste Einblicke, vor allem aber löst er damit ein leicht genüssliches Lächeln aus, was einer schon eingetretenen Entspanntheit nur noch weiter zuträglich ist.

»Nun Euch der Dank gebührt, dafür schon jetzt«, freut sich Eberhard, ganz ohne Übertreibung, über diesen Fingerzeig sehr und schaut daher beruhigt und bestätigt aus, »genügend Stimme denn in Mainz er hat ... genügend soll sie bleiben auch.«

Beide verlassen nun den Raum hinaus in den Hauptgang in die Richtung zu den Kammern hin.

»Euch wohl ergehe es und Kraft auch sammelt an heut nacht, da bald es früh uns in die Sättel hebt«, verabschiedet sich Eberhard, an seiner Tür angelangt.

»Gleiches Euch ich wünsche nur«, erwidert Friedrich, er hat noch etliche Meter vor sich, das gefüllte Tuch in Händen.

Kaum in seine Kammer eingetreten, geht Eberhard an seinen Schreibtisch und verfasst noch eine Note an seinen langjährigen Freund gleichen Namens, damals in Bamberg ein Student wie er, heute Erzbischof von Salzburg. Er setzt eine weitere Note an den guten Freund Ludwig auf, den Landgrafen von Thüringen, einen Schwager Friedrichs, und bittet ihn, sich doch sogleich auf den Weg zu machen, den Kreis der Fürsprecher zu vergrößern. Ein gerufener Mönch tritt ein, der noch Aufträge erhält, vor allem den zur Unterrichtung des Burgherrn zu Arnsburg.

Eher zufällig befinden sich zwei Herren in Bamberg, nämlich der Burggraf Poppo von Henneberg, Stauferfreund, und Konrad von Dachau, Vertrauter von Welf, einst Markgraf von Tuszien, verwandt mit Herzog Heinrich von Sachsen, auch die beiden werden instruiert.

Bertha in Byzanz

»Ein Tag war das …«, in Konstantinopolis, im Palast des Kaisers, »wie schön … für heute denn sein Ende mir erreicht er hat, und bei Dir nun endlich mich ich wiederfinden kann«, begrüßt Manuel seine Frau, die in den Anfängen der Dreißig steht, nimmt sie, Bertha, in den Arm, sie sind allein, in einem großen und prächtig ausgestatteten Schlafgemach. Bertha, hier heißt sie Irene, sie freut sich darüber, umarmt ihren Gatten und streichelt mit ihrer Hand durch sein Haar, und Manuel, er fährt mit einer Frage fort, »sag wie, wie geht es Dir? … ειρήνη, μάτιαμου … mein Augenstern.« Bertha ist geschmeichelt, denn sie ist ja etwas älter als ihr Gatte, der seine Worte freilich ernst meint, das weiß sie sicher, zudem, es trifft auch zu.

»Ἀγαπημὲνοςμου ἀντρας … mein so geliebter Mann …«, erwidert Bertha, es war nicht leicht für sie, aus Franken kommend, doch recht schnell hat sie dann doch die Sprache der Griechen erlernt, und eben den kaiserlichen Namen der Großmutter Manuels angenommen, einer gebürtigen Adelheid von Schwaben, »mein Herz, mir gut es geht«, lacht sie ihn an, »dabei, doch oft Gefühl und Kopf zu meinem Schwager heute sind gelangt, den damals Du hast aufgenommen und beschützt, vor allem auf dem Weg zurück«, nimmt sie sehr verkürzend und auch etwas beschönigend Bezug auf das Schicksal, das Konrad damals nach dem kläglichen Ausgang des Zweiten Kreuzzugs ereilt hatte, die Gegenwart aber zählt eben mehr, »wie dankbar dafür nur ich bin, zumal ... zuvor die meine Schwester ihm genommen war, er Gertrud nicht an seiner Seite hatte mehr ... den jungen Schwaben immerhin.«

»Mein Herz das tat, das ganz und nur nach Dir sich richtet aus ... das Deine Glück, es eben auch das meine ist«, erklärt Manuel seine Sicht und streichelt zurück, macht dann eine kleine Pause, »dabei, das schon gestehe ich, auch eine Freude es mir war, mit Konrad auszutauschen mich, denn schon ein Mann ganz nach Geschmack er ist ... und wie dann wir nicht wirklich wussten, wie, wir in dem Plan des meinen Vaters plötzlich wiederfanden uns, Italiens Süden in Gemeinschaft anzugehen.«

»Ein Wort dazu erlaube mir, geliebter Manuel«, gehörig fragt Irene zuvor, obwohl beide ja unter sich sind, »es schon ein großer Segen ist, dass unsere Liebe Tiefe und Bestand darin so unerschöpflich hat, wo doch die Absicht von Vermählung allzu oft ganz fremder Überlegung folgt«, lächelt sie, ein wenig dankbar sogar, Dank, an wen auch immer, vielleicht auch an ihren Schwager König Konrad, der sie arrogiert hatte, damit sie standesgleich in die Ehe gehen konnte.

»Untröstlich damals nur ich war, denn die Verhandlungen, so hin sie zogen sich, doch dann, wie sehr das hatte ich ersehnt, in meinen Armen endlich Dich ich fand ... Dein Wort, auch das ich liebe sehr, nicht nur in diesen Wänden hier, es stets willkommen ist«, geht Manuel dann noch auf seine Frau ein, wohlwissend, dass sie in Gesellschaft freilich die Form unbedingt einhält, »und ... was dazu noch mir fällt ein ... γλυκιάμου ειρήνη ... Irene, süße, mein ... auch ein besonderer Schatz Du bist, da bei Dir zu Wort ich kommen kann, ohne Mann zu müssen sein.« Irene lacht kurz und ungezwungen lieb.

»Ganz offenbar das eine deutsche Tugend ist, die keiner Frau was nimmt, doch allen Männern Freude macht«, geht Irene unmittelbar auf Manuel ein, schmunzelt dabei kokett und fährt dann fort, kommt auf das Thema Sizilien zurück, »und, was den Pakt angeht, wer weiß, wofür doch gut es ist, dass dieser bisher nicht ist eingelöst«, stimmt Bertha sich ein, »der Bürger Reichtum neue Macht nicht nur in Rom, im Norden noch viel stärker schon, er breitet aus und stellt sich auf, so dass ein Heer, das fürchte ich, das gegen Roger zieht, der dritten Macht nur neue Wege zeigt, und die ... die gegen uns auch richten könnten sich.«

»Ειρήνημου ... meine Irene ... sehr wohl du weißt, Apulia wie Calabria Byzanz schon waren zugetan, so, eigentlich, nun, ja ... in unser Reich zurück sie sollten nur«, umschreibt Manuel zutreffend, ein wenig energisch, da sehr kurz, und auch wieder nett, die Vergangenheit und die durch Konrad zugesagte Mitgift, »und zu Sicilia, nun ja, der Pakt ... zum einen leicht es fällt, da schriftlich nichts besteht, zum anderen jedoch, auch schwer es fällt, da dort, wie anderswo, der Spuren viele von uns sind ... so, von dem Plan sich abzusagen, einfach so, vielleicht doch mehr als nur zwei Seiten hat«, sinniert Manuel, seine wahren Gedanken bleiben dabei etwas verschlossen, womöglich auch, weil diese wegen der familiären Bande nach Franken und Schwaben Rücksichtnahme erfordern und die gute Stimmung belasten könnten, die aber dem Kaiser sehr bedeutsam ist, nicht nur eben jetzt, »auf ein Neues sollten wir bereden das, sobald der König Kaiser ist.«

»Mein so geliebter Manuel, wie klug und in der Sache so genau die Lage immer wieder Du beschreibst ... so Rechte an Sizilien auch, ja, wie den Griechen weit zuvor, bestehen uns, das

Land, es blüht, die Ahnen und Byzanz daran doch Anteil haben, wenn nicht mehr«, nimmt Irene den Faden auf, ist sich dabei der Brisanz ihrer Worte aber durchaus bewusst, »und, wie ich weiß, der Fürsten Ja dazu seit Würzburg ja gegeben ist, allein … das Pergament, es fehlt, und ja, ein Wiedersehen dann, allein die Hoffnung darauf schon an Freude viel bereitet mir.«

»Wo Pergamente fehlen, ist doch Platz für Schwert und Schild, die Lanze und Galeeren auch … nur, unser Handel mit Venezia, der unsere Kassen bestens füllt, er würde arg dadurch betroffen sein … die Münze eben stets zwei Seiten hat«, bringt der Kaiser die Ambivalenz für sich in Worte, die zwingend einem jedem Übergriff eigen ist, »vielleicht, es mag wohl sein, der Pakt auch überlebt sich hat … ein völlig anderes Land es auch schon immer war, und so vielleicht auch bleiben wird«, fährt Manuel fort, skeptisch ahnungsvoll, weitsichtig, beides, Leichtigkeit entflieht für einen kurzen Moment, »doch uns als Griechen, mir besonders, immer schon all das, was westlich so durchtränkt von hier aus ist, Kultur und unser Blut wir ließen dort, darum der unseren, der meinen Seele eben nahe steht, weshalb denn also nicht … zu meinem Reich das Land es doch gehören kann.«

»Das Deine Reich so groß doch ist, es Länder hat zudem, die unterstellt dem großen Rom ja einst gewesen sind … nicht also ohne Grund der Name Νεα Ρωμη unserer Stadt gegeben ist, was sehr hoch ehrt, Geleit für morgen auch es ist«, lächelt Bertha ihren Mann an, er erwidert das Lächeln, das Thema ist damit wortlos abgeschlossen, zumindest für heute, »nun treibt ein wenig noch die Sorge mich, wie Konrad es denn wohl ergeht, da nach wie vor, das wohl ich weiß, das Leid um den Verlust der Frau ihm schwere Last doch ist.«

»Morgen, Du mein Augenstern, früher noch als früh … wenn nur die Kissen, die dann sicher uns umhüllen noch, und alles sonst, was noch womöglich mich umschließt, dazu nur gibt mich frei, dann Boten sende ich, Dir Deine Fragen unverzüglich aufzuklären«, nimmt Manuel die indirekt ausgesprochene Bitte gerne auf, denn das Wohl seiner Frau trägt er eben sehr an seinem Herzen, beide nehmen von den Trauben und küssen sich.

»Der Deinen Nichte wie dem Gatten auch dabei höchst liebe Grüße gebe mit«, fügt Bertha an, »sie ist so wunderschön … wann werden wir sie wiedersehen?«

»Ειρήνημου … Irene mein … wie immerfort nur Herz und Kopf Du mir erfreust … nicht oft genug kann Dir es sagen ich, wie sehr Du Glück für mich nur bist, so schön wie klug und aufmerksam«, erwidert Manuel und nimmt seine Frau erneut in die Arme, die Griechen, so sind sie eben, auch dann, wenn sie es nicht so meinen, sie meinen es dennoch so, also meinen sie es doch immer so, »mein kleines, liebes Summ-Summ-Summ … ζουζουνάκιμου«, flüstert er und verliert sich dann in ihr.

Gebrüder von Henneberg

In Würzburg, dort im Bistum, in einem etwas prunkvollen, zumindest gut ausgestattetem Arbeitszimmer. Ein Diener tritt ein und sagt den Bruder an. Der Domvogt und Burggraf von Würzburg, der einen wirklich harten, weil schnellen Ritt aus Bamberg in seinen Knochen sitzen hat, überschreitet schon die Schwelle.

»Mein lieber Poppo …«, begrüßt Gebhard den Eintretenden, er ist Bischof hier, in gutem Alter schon, hinter seinem Schreibtisch sitzend, steht jedoch gleich auf und geht auf seinen Bruder zu, der erkennbar jünger ist, beide umarmen sich, wiewohl es nicht so lange her ist, dass sie sich sahen. Gebhard mag seinen Bruder, doch ist er heute nur begierig auf die Botschaft, die es offenbar zu überbringen gilt.

»Mein Bruder, ja, wohl Du schon weißt, nur über Trauriges Dir ich denn heut berichten kann, für andere, wer weiß, mag es sogar willkommen sein … den König Unser Herrgott hob zu sich empor, alle wir bestürzt nur sind«, äußert Poppo sich kurzgefasst, Schweigen entsteht, beide gedenken, »und heute schon er wurde beigesetzt«, löst er dem Bruder zu aller Betroffenheit nun auch noch Überraschung aus, dem es freilich dennoch gelingt, sich gleich zu fassen.

»Sid tibi terra levis«, spricht Gebhard, dabei an Konrad denkend, bekreuzigt sich, und nach einem weiteren Moment an Besinnlichkeit fragt er nach, »was noch kannst Du erzählen mir?«

»Drei Tage her sie ist, die letzte Nacht im Hier und Jetzt, allein der Bischof Eberhard und Herzog Friedrich waren da, als einzige dem Abschied beide wohnten bei ...«, ergänzt Poppo seinen Bericht über das Ereignis fragekonform, dabei kurz und klar.

»Semper mors certa ... sed hora ... semper incerta«, bekreuzigt sich der Bischof erneut, Poppo folgt darin, »doch ahnte Konrad wohl, da er bei Zeiten schon die Kaiserpfalz verließ.«

»Apfel, Krone, Stab ... er anvertraute Friedrichs Hand«, fährt Poppo fort, »all die Insignien er also übergab, was erst einmal Bedeutung keine hat, die Worte aber schon, die zum Geleit dazu er sprach, wonach der Herzog solle stellen sich der Fürsten Wahl ... er müsse folgen auf den Thron, nur er allein, nur er geeignet sei.«

»Nun ja, ein starkes Band zum Oheim schon gewachsen war, und so verwundert sie auch nicht, die Botschaft, die es geben soll, die sicherlich es gibt, denn auch der Herrgott Zeuge war«, wendet Gebhard ruhig und sonor ein, leicht nachdenklich dabei, »und Friedrich, denke ich ... pflichtgetreu er nahm sie an.«

»Sehr wohl, das beide Herren geben aus«, bestätigt Poppo kurz, und geht ein wenig in die Hintergründe, »und Friedrich ... durchaus vorbereitet er womöglich war ... der Vater, überrascht jetzt wäre sicher nicht, der Oheim, eher klug gehandelt hat, ja, Friedrich letztlich Gottes Wille nur erkennt und Treiben nun in Gänge bringt, denn sicher ist, der Fürsten Wahl in Frankfurt sich er stellen wird, getreu dem Recht, und dabei auf die Deine Hilfe, Deine Stimme auch er hofft, was anzutragen Dir mich auch er bat, da alle Zeit nur knapp erscheint«, beschließt Poppo seinen Bericht und greift nach einem Glas mit Wasser, entspannt sich dabei, denn sein Auftrag ist nun ganz erfüllt.

»Wohl wirklich einzig klug es war, wo doch der Sohn des eigenen Blutes nur im achten Lebensjahr gerade unterwegs erst ist, und Friedrich sehr wohl dazu taugt, den so erhofften Frieden hier zu schaffen uns, wie es nur gehen mag allweil ... zudem, das freilich nicht vergessen ist, was doch an Dank noch offen trage ich, so meiner Stimme kann der Herzog sicher sein, dem Freunde Eberhard ich folge mit«, stellt Gebhard fest und wendet sich ab, schaut aus dem Fenster, mit Trauer, nachdenklich, doch auch entschlossen und mit Zuversicht.

»Und, unser Bruder, schon davon er weiß?«, nimmt Gebhard das Gespräch wieder auf und dreht sich dabei zurück zu Poppo hin.

»Bekannt mir ist, dass schon am Tage zwei danach die Kunde hatte ihn erreicht, so denke ich, sein Weg dem unsrigen sehr bald sich einverleibt ... erneut wir drei dann wieder einmal sind vereint, wie eben sehr es mögen wir«, antwortet der Burggraf, der jüngste der drei Brüder.

»Welch eine Fügung da sich zeichnet ab, da Gutes der Vergangenheit, da Gestern heute Früchte trägt ... bereit in Einheit sodann stehen wir«, begeistert sich Gebhard und greift nach der Schulter des Benjamin, »es auch mein Herz erfreut, wie hier der Süden sich gar mächtig zeigt, mit Eberhard und uns, wir starke Stimme geben ab«, fährt er fort, ohne Zögern hat Gebhard sich so zu Friedrich bekannt, »nun, sicher denn, der Ruhe endlich Du bedarfst, Du kennst Dich aus ... auf später denn mich freue ich.« Poppo zieht sich daraufhin gern zurück, der Bischof bleibt noch tätig, von dem vorgelagerten Treffen auf der Arnsburg weiß er allerdings noch nichts.

Treffen am Mainufer

Im Bistum zu Bamberg, ein Tross von Rittern, Soldaten und Gefolge hat sich versammelt und steht bereit. An diesem frühen Morgen, das Wetter ist trocken, soll es losgehen, das erste Ziel ist der Main. Kaum, dass der Herzog und der Bischof hinzugetreten und aufgesessen sind, beginnt der Zug schon seine Reise.

»Zu Arnold wie auch Wibald schon Ihr wisst, dass beide haben Zeit verbracht in Rom ... ihr Weg zurück schon fast gelungen sollte sein«, unterbricht Eberhard, der Bischof von Bamberg und nun Gefolgsmann des wohl künftigen Königs, mit seinen Worten die gerade gegebene Eintönigkeit, die allein vom zeitweiligen Schnauben der Pferde und dem getakteten Klappern ihrer Hufe belebt wird, die Geräusche des folgenden Trosses dringen kaum nach vorn.

»So denn es sollte sein, da Arnold doch die Krönung durchzuführen hat, die Konrad plante für den Sohn, sie immer schon des Kölner Amtes ist ...«, gibt Friedrich knapp hinzu.

»Gespannt schon bin ich sehr, bekenne mich dazu, was uns der Kirche Vater über sie wohl anzusagen hat«, erwidert Eberhard und schaut kurz auf den Pfad zurück, und nach weiterem Ritt lenkt sich sein Blick gleich wieder nach vorn, »das Ziel, es naht, wir nähern uns, die Pferde übergeben wir, sodann wir schnell uns richten ein, damit ein Treffen gleich zustande kommt, wie eben uns es sicher gut schon vorbereitet ist.« Genau so geschieht es denn auch, und schließlich gehen beide Männer zu Fuß hinunter an den Main.

»In Frankfurt dann, so Konrads Wort, das ja allein den Willen Unseres Herrgotts bildet ab, den Großen vorgetragen ist und dann die Wahl der Fürsten Euch erhebt, darauf dann ohne Rast recht ungestüm an ungewohnter Arbeit viel auf Euch kommt zu ... daher, vielleicht schon Zeit es ist zu fragen sich, wer Euch zur Seite wohl als Kanzler taugt«, macht Eberhard auf einen anderen wichtigen Punkt aufmerksam, und ist bei diesen Worten fraglos selbstlos, denn die Nähe, die schon besteht, sowie die Kirche und das Bistum, all das genügt ihm eben ganz, »vielleicht kommt Wibald so in Euren Blick.«

»Der Abt, Ihr wisst, dem Oheim Gutes nur er hat erbracht, als Justitiar in der Kanzlei wie als Gesandter auch, vor allem, wenn ein Handel heikel war... und auch in Rom nur einen guten Ruf er hat, nur Gutes über ihn erschallt, so wünsche ich, das weiterhin den unseren Kreis er teilt, sofern er mag, Verwendung fehlt ganz sicher nicht«, erwidert Friedrich nachdenklich lächelnd, Eberhard gibt das zurück, »um Rat von mir er wird befragt, denn dieses Handwerk besser denn als ich er kennt, noch so es ist.«

Hufgeräusche nähern sich dem von hier aus etwas abseits liegenden Gasthof, die beiden Männer schauen die Böschung hinauf, Ruhe tritt wieder ein, da die Reiter ihr Ziel erreicht haben, der Tross vergrößert sich durch sie. Es dauert nicht lange, da erscheinen Gebhard und Poppo von Henneberg, freilich ebenfalls zu Fuß, sie kommen hinunter zu Friedrich und Eberhard, es ist gerade noch etwas hell. Die Männer begrüßen sich, in durchaus herzlicher, aber keineswegs unbeherrschter Stimmung. Eberhard nimmt Gebhard fest in seinen Blick, während Gebhard sich an Friedrich wendet.

»Eurem Ruf sehr gern wir sind gefolgt, und gleich Euch sage ich, dass meine Stimme nun die Eure ist, die meiner Brüder auch«, spricht Bischof Gebhard ohne Umschweife und dabei unaufdringlich die wohl sehr erwarteten Worte, Poppo nickt, »Gunther bald sich schließt uns an, er Speyer schon verlassen hat«, fügt der Bruder noch an.

»Willkommen seid Ihr, Freunde, hier ... gerade recht Ihr kommt, um hier am Main den ersten Kreis so kraftvoll uns zu füllen wie zu schließen auch, was im Vertrauen schon wir hatten so erhofft«, erwidert Friedrich und nimmt beide in seinen Blick, er sieht nur Aufrichtigkeit, und sein Gespür spricht nicht dagegen, »sodann, nach Bamberg nicht zurück es geht, nach Frankfurt Zeit noch haben wir, und diese auch vonnöten ist, denn vor der Wahl der Fehden Ende sollte schon in Aussicht stehen«, schafft Friedrich einen Ausblick auf die nahen Aufgaben und schaut dann in die Runde, »dazu ein Treffen vorher findet statt.«

»Ihr denkt an Bayern und den Welfen wohl, den Babenberger freilich auch ... dies Bayernland, durch manche Hände schon gegangen ist, was durchaus ich verstehen kann ... der Sachse sicher auf den Vater sich beruft, das Bayernland ihn immerhin in fünfzehn Jahren gut wohl ausgestattet hat«, nimmt Gebhard den Faden auf und spricht damit nur das allen schon wohl Bekannte einfach nur aus.

»Genau der Streit doch aufzulösen ist, denn wie auch sonst dem Lande denn an Ordnung und an Wohlstand Zuwachs schnell entstehen soll, dem Volke wie auch uns, wenn das nicht bald gelingt«, bestätigt Friedrich den Gedanken und schaut erneut in die Runde, die nichts als Zustimmung zeigt, »zudem, allein damit der Rücken frei uns ist, um in Italia der Krone Rechte einzurichten neu«, fährt Friedrich fort, sein Blick wird immer fester, denn seine Worte finden Gehör, und rekurriert dann auf Bayern, »der Möglichkeiten einer Schlichtung viele nicht gegeben sind«, fährt er also fort, »fand ich, nachdem mit Welf und Heinrich, kurz zuvor und ohne Grund, ganz allgemein wir trafen uns ... doch just in diesem Augenblick ... ein Weg mir auf sich zeigt ... das Herzogtum, wir teilen auf ... das beiden Fürsten sollte liegen doch, zumal, dem Babenberger noch wir können geben mit, was östlich sich verfügen lässt«, beschließt Friedrich mit sich zufrieden, und die Herren, sie zeigen Zuversicht ob dieses Vorschlags, »so sendet einen Boten hin und ladet ihn, den Babenberger ein, den engst verwandt und auf dem Kreuzzug noch verbrüdert ohnehin und gern ich wiederseh.«

»Nach Castra Regina und noch zurück, das wird wohl kaum zu schaffen sein, der Vetter aber schon geladen ist, von Bamberg aus, und gleich zur Arnsburg hin, wo denn die Würfel vorher sollen fallen ... nur also einzustimmen auf den Plan er ist, vor allem das jetzt zählt«, gibt Eberhard kund und zu bedenken und wendet sich an die von Henneberg, »auf ihn, darum Euch bitte ich, den Euren Zuspruch gebt denn auch.« Die Brüder schauen sich nur kurz an, und nicken zustimmend.

»Die Dunkelheit zurück sich hielt, bis jetzt, sie nunmehr ihren Zeitpunkt hat, das nur ist recht, so kehren wir denn ein, da alles gut besprochen ist«, lädt Friedrich erleichtert über das Gelingen der ersten Schritte die Freunde ein. Die Männer gehen also in den Gasthof zurück, gesellen sich dort ihren Rittern zu und sitzen bei Speise und Wein noch einige Zeit zusammen.

Arnold von Brescia

In einem Palazzo der Savelli findet ein Empfang statt, wie er des Öfteren und ohne besonderen Anlass stattfindet, man trifft sich, man trifft sich nicht. Im Hintergrund ertönt dezent Musik, Diener bieten Wasser, Getränke und Häppchen an.

»Hier gern man sich doch treffen mag, so zwischendurch, da die Savelli noch der Kirche noch dem Kaiser einen Vorzug geben her, so denn die Krone überhaupt vergeben ist ... sie vielmehr und fast jeden vollen Tag mit allen und mit jedem um Geschäfte und Verzweigung doch sich nur besorgen«, beginnt Guido da Padua, lächelt genüsslich und etwas spöttisch, vielleicht auch etwas neidgetragen, und ergänzt auf diese Weise seine Worte über das amüsierte Getue der Gästeschar.

»Die Savelli, ja, womöglich schon ein halber Tag, wenn überhaupt, an Arbeit schon genügend ist, zumal ja viel Geschäft schon zwischendurch und ohne Arbeit im Gespräch entsteht ... ansonsten, ja, es wahr nur ist, ein solches Treffen allen einmal tut nur gut«, erwidert Cosimo di Lucca heiter, beide sind gemeinsam hergekommen, beide sind in schon recht gutem Alter, »ein jeder achte dabei nur auf sich, denn leicht im höfischen Getue man sich arg verstricken, ja ersticken kann«, beide lachen dezent, »und nicht nur dort es immer wieder viele gibt, die herum um sich nichts nehmen wahr, wiewohl sie offenen Auges durch den Alltag, durch ihr Leben gehen, und nur empört sich richten auf, sobald man tritt an sie heran und Bitte um Beachtung spricht.«

»Und von jenen nur sehr wenige sind überrascht ... wenige, doch, immerhin, sie geben sich dann Müh«, erwidert Cosimo und wendet leicht seinen Kopf, dabei dezent mit seinen Augen in eine Richtung zeigend, »schau einmal dort ... wenn nicht mich irre ich, dann das da drüben doch Ottone ist ...«

»Ja, fürwahr ... und das Geschöpf, das gleich neben sich er hat, niemand hier es wohl erkennt, doch sehr wohl nicht nur ich mir schon recht sicher bin ...«, fügt Guido schmunzelnd an, »dass nicht das angetraute Weib es ist ... dabei, die eigene Frau ja auch als Schönheit gilt«, von Cosimo kommt dazu ein nur bestätigender Blick.

»Nun ja, wer weiß, was immer jenen so bewegt, der seine Frau abgöttisch liebt und dennoch fremde Gärten pflügt ... und schau nur dort, ein Frangipane im Gespräch, weit weg von einem derer der Orsini er doch freilich sich verhält, was niemanden verwundert hier ... dabei ja beide Häuser doch der Lilie sich verbunden sehen«, mischt Cosimo wieder mit, und schaut sich weiter um.

»Ja, und die von Tusculum? Heute hier zu sein, wohl viel zu schade sie sich sind ... denn nicht einer hier zu sehen ist«, lacht Guido kurz und leicht verächtlich.

»Sie wohl mit Dingen des Senats zugange sind, ein neuer Primus wird gesucht, Gionata Conte Tuscolo, der Sohn von Ptolomeo ist, wie Du ja weißt, es heißt, die beste Aussicht er doch hat, erneut dem Ganzen vorzustehen«, geht Cosimo darauf ein.

»Wer mag schon, oder kann, zu jeder Zeit, und dann noch jene ...«, äußert sich Guido leicht belustigt, »der Conte, ja ...«, möchte noch etwas anhängen, wird aber durch ein dumpfes Klopfgeräusch unterbrochen, das her vom Eingang kommt.

»Ho l'onore di presentarVi ... il sacerdote Giovanni da Meda ... benvenuto«, erklingt es machtvoll, doch mit einem Ausdruck dienender Arbeit. Da Meda betritt den Saal, einige wenige Leute schauen, er schaut auch und heftet seinen Blick auf die beiden Herren. Man kennt sich ein wenig, und so geht der Priester höflich auf die beiden zu.

»Gegrüßt seid Ihr, Euch gut es geht?«, spricht Giovanni Guido und Cosimo, beide sind jünger, freundlich und bescheiden an, wirkt dabei aber nicht wirklich an einem Gespräch interessiert.

»Danke, ja ... es recht uns geht, und Euch wohl auch«, erwidert Cosimo konstatierend wie fragend, da Meda nickt, »wenn nicht in Eile Ihr Euch hier bewegt, ein wenig Eurer Zeit doch bitte uns gewährt, auf dass erneut Euch zu gewinnen dürfen suchen wir.«

»Verzeiht, Ihr wisst, für jedes Wort ich offen bin, das der Reform des Clerus gilt ... die Neuerschaffung des Senats jedoch, sie ja es ist, die Euch bewegt ... für sie sogar Ihr auf die Straße geht ...«, fügt er etwas ironisch an, »sie etwas völlig anderes ist als das, was meinen Sinn, mich also trägt ... und hier in Rom, ja soweit weg für mich, auch nur aus gutem Grund ich bin, so die Verpflichtung, die mich hergeleitet hat, sie bitte seht mir nach, denn weiter mich mein Weg nun führt, gehabt Euch also wohl«, antwortet da Meda noch freundlich, aber dezidiert und mit der Souveränität eines schon guten Alters, deutet eine Verbeugung an und wendet sich ab, um sich scheinbar unter die Gesellschaft zu mischen.

»Na, so weit auseinander wir nun doch nicht sind ...«, ruft Cosimo etwas aufgebracht, dennoch dezent, aber hörbar hinterher, wohlwissend doch auch um die recht tiefe Kluft zwischen beiden Interessen, da Meda, eben nicht nur in kirchlichen Dingen höchst kompetent, lächelt noch und geht einfach weiter.

»Ja, die Musik im Hintergrund, recht gut sie ist, recht schön sie klingt, doch … kann denn das schon alles sein?«, nutzt Guido die Leere, die sich kurz eingestellt hatte, für ein neues Thema, ein Thema, das er ernsthaft schätzt.

»Mein Freund, schau nur zurück, und dann auf heute gleich, die Muse stets sich regt und regt, es immerfort ein Neues gab, und geben wird … Musik wie nichts der Tiefe unserer Seele liegt, so unerschöpflich daher auch sie ist und immer neu sich stellt uns auf«, geht Cosimo auf den Freund ein, »sie Spiegel ist im Wechselspiel.«

»Fürwahr, Musik, zutiefst höchst menschlich ist, sie zudem Menschen auch zusammenführt und nicht nur den Moment erhebt, vielleicht sogar die Kraft sie hat, zu wirken univers …«, Guido würde diese Gedanken gern fortführen, er wird jedoch abgelenkt, denn der Major der Tür schlägt erneut das Werkzeug seines Amtes auf.

»Ho l'onore di presentarVi … il sacerdote Arnaldo da Brescia … benvenuto«, erklingt es pflichtbewusst, und der neue Gast tritt ein. Jetzt schauen etliche der Gäste auf, Getuschel entsteht, Blicke folgen, er aber geht nur zielstrebig auf seine Freunde zu, nachdenklich, und froh, sie so schnell in dem doch mittlerweile recht gut gefüllten Saal entdeckt zu haben.

»Salute amici …«, begrüßt Arnold die Freunde und zeigt ein etwas verspanntes Lächeln. »Salute Arnaldo, stiamo aspettandoti … Dich erwartet haben wir, freudvoll, in Erwartung auch, und schon, schon da Du bist.« Man umarmt sich.

»Diese Freude teile ich«, erwidert Arnold und schottet sich

mit den beiden Freunden dann etwas ab, offenbar hat er Wichtiges zu sagen.

»Was so in Landen über uns geschieht, der Norden ist gemeint«, beginnt der Priester leise, der hier schon von seiner einfachen Kleidung her auffällt, der hier in Rom vor allem aber bekannt ist, »gerade mir zu Ohren kam, der Bischof unserer Ewigen Stadt«, legt er eine kleine Pause ein, seine Freunde schauen noch aufmerksamer, »die Boten schon des Weges sind ... bestimmt er hat, des Deutschen Königswürde zu erhöhen, geschehen soll es mehr als bald ... was unserer Sache schon für sich nicht förderlich zur Seite steht ... und nun noch anzunehmen ist zudem, dass damit weiteres sich uns entgegen stellt.« Schweigen, der Alltag hat die beiden wieder, über eine Nachricht, die nicht wirklich überrascht, die dennoch alarmiert.

»Es heißt doch aber schon, dass der eigenen Fürsten Rückhalt für ein großes Heer nach Rom dem König nicht so sicher ist, Corrado also eher schwach als stark somit im eigenen Lande steht, wie denn nach außen ebenso«, erwidert Guido ergänzend wie fragend.

»Ja, mein Freund, dem wohl so ist, und dennoch, Sorge bei mir macht sich auf, denn selbst, wenn eben dem so ist, wie schon gesagt, nicht einen Zweifel hege ich, doch, ohne Heer, den Weg hierher ganz sicher nicht er geht ... wie mächtig denn auch immer es ist aufgebaut«, erläutert Arnold seine Sicht.

»Die Lage neu zu sehen ist ... womöglich auch der Bande neue sich wohl dürften bilden aus«, bringt Cosimo sich wieder ein, schaut dabei zuerst auf Arnold, dann auf Guido, »so, jene, die den Adler tragen, weiterhin in ihrer Stärke werden wachsen an ... und was, was nur Sicilia dann tut, und was, was macht Byzanz?«

»So lasst uns einberufen unseren Kreis«, beendet Arnold diese kleine Runde, die sich daraufhin gleich in Bewegung setzt, geschlossen geht, von Blicken verfolgt. Und auch zwei Damen blicken hinterher, die gut anzuschauen und zudem über jeden Zweifel sehr erhaben erscheinen, die schon vorher ein wenig geschaut hatten, sie tuscheln jetzt miteinander, »schade ... schade, dass sie gehen«, sagt die eine zu der anderen, gemeint, freilich, ist damit nicht der sittenreine und in karger, zäher Kluft erschienene da Brescia.

Wibald und Arnold erneut auf Reisen

Ein kleiner Tross reitet in den Hof des Bistums von Speyer ein, eines der ältesten Bistümer im Reich, mit Wibald und Erzbischof Arnold von Köln an der Spitze. Die beiden Herren sitzen ab und treten ein, ein Mönch führt sie in eine recht karge Kammer mit Bett, Schrank und Tisch und bedient sie mit Wasser, Brot und etwas Wein.

»Dass uns der Bischof nicht empfängt ...«, fragend nimmt Arnold nun den Wein, da klopft es an der Tür, ein weiterer Mönch tritt ein, und verbeugt sich angemessen, mit einer Geste der Entschuldigung, der andere tritt ab.

»Hochwürdigster Herr ...«, beginnt der Mönch seine Mission, schaut auf den Erzbischof und verneigt sich erneut, »mein geehrter Abt ...«, wendet er sich, tritt etwas zurück, um nun vor beiden mit ungeteilter Ehrerbietung dazustehen, »es tut sehr gut, erfreulich ist, dass Ihr nach Speyer seid zurück, nachdem Ihr große Mühe mit der Reise auf Euch nahmt, allein dem König wie dem Bischof Roms zu dienen nur ... doch, weiterhin ... nichts Gutes Euch ich denn vermelden kann.«

Wibald und Arnold stehen da, schauen sich an, Erwartung baut sich auf, dezent, kaum lesbar, aber doch, ein wenig Ahnung mischt sich auch dazu, ein Zug von leichter Bestürzung stiehlt sich langsam also ebenso in ihre Gesichter, ihren nur kurz gewendeten Blick richten sie nun sogleich zurück auf den Mönch.

»Der König diese Welt verlassen hat, von Unserem Herrgott aufgenommen nun er ist, willkommen und in allen Ehren seinem Reich, was großen Trost doch spendet uns«, fährt der Sekretär fort und bekreuzigt sich dabei, »und ... folgen soll nach Konrads Wort, durchaus ein Staufer zwar, der Herzog aber, nicht der Sohn«, beschließt er kurz, knapp und wesentlich seinen Bericht, womit erst einmal nur Schweigen ausgelöst ist.

»Requiescat in pace«, bringt der Erzbischof nach angemessen langer Stille hervor, und erfüllt damit sein Amt, er und Wibald bekreuzigen sich. Es beginnt zu dunkeln.

»Untrennbar eins ... nur so es sollte sein, für Kirche und das Königtum, das Ziel so hatten wir, gemeinsam auf dem Wendenzug und ohne mich zum Heiligen Land ... so wie auch sonst, wenn es des Königs Sache dienlich einfach nur erschien«, sinniert Wibald, verhalten und doch hörbar, »der Bürger lautes Treten auf der einen nun, ein neuer König auf der anderen dann«, spricht, die seine Stimme jetzt etwas deutlich hörbarer, seine Hände zeigen dabei ihre Innenseiten auf, die linke wie die rechte, »die Seiten, sie auch mögen wechseln und vermischen sich, was jetzt nur auf uns zu denn kommt.«

»Jeden Vaters Liebe Sorge inne ist, stets zu sein sie hat, auf dass ihr Grenzen nie verborgen sind, ob die nun Hoffnung bieten oder nicht, allein nur zählt des eigenen Kindes Wohl, auch das des Landes dann, wie hier ... so sollte immer doch es sein«, kommentiert der Erzbischof das Wort des Verstorbenen gegen den leiblichen Sohn.

»Das Land, fürwahr, nach starker Hand es sucht, der Fehden

Ende endlich zu erreichen, dazu dem Recht im Lande mehr und neue Geltung zu verschaffen auch … auf dass der Menschen Frieden und ihr Wohl gestärkt die Zukunft werden ausgestalten.« Wibald schreitet durch die Kammer, wendet sich dann zurück zu Arnold.

»So war des Königs Folger schon in Sicht, doch sicher, wohlbedacht, so denke ich, der König fand die Kraft des eigenen Blutes nicht genug für diesen Stuhl … doch steht der Fürsten Stimmen ja noch aus«, blickt Arnold etwas nachdenklich, »Wibald … Freund …«, schlägt Arnold einen väterlichen Ton an, den er hier als Erzbischof sich auch zugestehen darf, den es hier und jetzt auch braucht, eine innere Anspannung zu überdecken, da sich Gedanken auch ein wenig auf die eigene Macht richten, die es wenigstens zu erhalten gilt.

»Eure Excellenz, den meinen Herrn entschuldigt bitte Ihr, der Weg nach Frankfurt ihn schon aufgenommen hat«, bringt sich der Mönch gehörig wieder ein, beendet damit nun seinen Auftrag und zieht sich zurück.

»So wieder einer mehr schon sich bewegt, der Wahl Gewicht durch seine Meinung mehr als nur die Richtung einzugeben«, stellt Wibald in den Raum, beide schauen sich an, und beide werden gewiss ihre Reise morgen nun ohne langes Zögern fortsetzen, aber, unerwarteterweise, in verschiedene Richtungen, bei gemeinsamem Ziel, »das Treffen … war schon anberaumt, doch ganz zu anderem Zweck.«

»Vakanz den Thron in ihre Klauen nicht bekommen darf, schon gar nicht jetzt, in dieser Zeit, wo Sachsen und auch andere auf ihre Brust sich selber reichlich und sehr gerne klopfen«, wendet Arnold sich Wibald wieder zu, »die meine Stimme

Friedrich kann erhalten nur, das gottgewollt bereits entschieden vor uns liegt, doch auch der freie Wille, der von Gott uns zugelassen ist, zu treffen eine eigene Wahl, nicht anders er entscheiden kann.«

»Excellenz, sehr überzeugt dem schließe ich mich an, da denn in Friedrich beide Linien treffen sich … so, überhaupt, wenn einer es nur schaffen kann, dann sicherlich wohl doch nur er«, erwidert Wibald, beide Männer tauschen zufriedene Blicke, »ex libero arbitrio.«

»Das Lager ruft … ich denke, auch für Euch, so ruhet gut und habt den Segen Unseres Herrn«, wendet sich Arnold nun doch müde an Wibald, »doch ahne ich«, und schaut ihn jetzt etwas verständnisvoll wie auffordernd noch einmal an, »da Pflicht noch wachsam Euch bewegt … nach Rom Ihr heut gewiss noch schreibt, wo Euer Wort stets zählt und sicher auch erwartet ist, an Grund dazu auch mehr als nur genug besteht.«

»Euch danke ich, wie gut Ihr mich versteht … den Segen Unseres Herrn im Schlaf, auch Ihr ihn habt, das wünsche ich«, erwidert Wibald, der vom Erzbischof daraufhin wortlos und väterlich an einer Schulter berührt wird. Mit einem Lächeln verabschiedet sich Arnold und verlässt dann ruhigen Schrittes den Raum. Wibald bleibt zurück, denn das Zimmer ist für ihn bestimmt. Er geht zum Fenster, schaut hinaus, obwohl es schon dunkel ist, und kommt zurück. Ein Tisch mit Kerzen, denen er mit Schwefelholz Leben gibt, Feder, Tinte und Pergament liegen schon parat, der Hintergrund liegt jetzt im Dunkel, ein Bett ist noch zu erkennen. Der Abt setzt sich.

»Wie sehr die Welt sich nun verändern wird, daher ein Brief höchst dringlich an den Bischof Roms zu richten ist«, spricht

Wibald zu sich selbst, und schreibt, berichtet so, selbstlos wie immer, die Kerzen haben noch gut Docht dazu.

»Nehmt dieses Pergament ...«, beauftragt Wibald den darauf gerufenen Mönch, erhebt sich dabei kurz, der Mönch tritt näher, »und tragt die Sorge für den Weg, auf dass es nicht verloren geht und wahrlich schnell sein Ziel erreicht.« Der Mönch übernimmt devot schweigend die gestellte Aufgabe und verlässt sofort die Kammer, Wibald richtet seinen Blick auf den Tisch zurück, dann ins Nichts, durchaus ernst, aber nicht besorgt, greift nach einem Glas und schreibt einen zweiten Brief, diesen an Rainald, einen Kommilitonen aus Studienzeiten in Hildesheim und Paris. Es klopft, erneut tritt ein Mönch ein.

»Verzeiht, mein Abt, die Störung jetzt zu dieser Zeit, der Grund jedoch gewichtig ist ...«, hört Wibald, und schaut daher auf, ein wenig verärgert und daher auffordernd, »es heißt, dass Trier und Köln, den Bayern gleich, der Schwaben Herzog heben wollen auf den Thron.« Wiewohl Wibald mit dieser Sicht ja einig ist, kommt dennoch sogleich Sorge auf, trefflicher gesagt, Unruhe, da so viel an ihm vorbei geht, und das ist er nicht gewohnt, gerade jetzt, wo Weichen gestellt werden, und so beschließt er, am kommenden Morgen sofort und früh direkt nach Frankfurt zu reisen.

Auf der Arnsburg

Hufgeklapper, Stimmen, wiehernde Pferde, Schnauben, Klirren. Der im besten Alter stehende Hausherr Konrad von Hagen-Arnsburg verlässt sein Zimmer. Auf dem Weg in den Burghof schließt Günther von Henneberg sich an, er ist eben schon da, der Bischof von Speyer, noch im besten Alter, denn sein Weg war der etwas kürzere als der der Brüder. Friedrich und die Schar, sie reiten ein und sitzen ab.

»Seid herzlich hier begrüßt, Ihr edlen und hochwürdigen Herren ... die Ehre groß mir ist, dass Ihr für Euer Treffen dieses Haus habt auserwählt«, empfängt Konrad seine Gäste, wohlerfreut, »so, bitte, tretet ein, auf dass es wohl ergehe Euch, die Burg, sie Euch nimmt auf, nehmt Ihr sie denn wie Euer eigen an.« Ritter und Tross verteilen sich im Hintergrund.

»Eurer Treue und der offenen Tür unser Dank doch nur gebührt, dies herzlich Euch ich sagen darf, wo Ihr doch lange schon dem unseren Namen zuverlässig dienlich seid«, erwidert Friedrich so gekonnt verbindlich, die engsten Begleiter stehen um ihn herum und dahinter, Konrad tritt ein wenig zur Seite, damit der Bischof sich den Gästen zuwenden kann.

»Friedrich, guter Freund, erlaube mir, dem Gruß mich anzuschließen freudengleich«, begrüßt Günther Graf von Henneberg Bischof von Speyer den Schwaben und geht herzlich bewegt auf ihn zu, ein wenig älter ist er nur, beide nehmen sich an der Schulter, »mein Wort, das hast Du ebenso, wie das der meinen Brüder auch ... und was auch immer denn geschehen wird, auf dem Lauf nach Frankfurt und dann weiter noch, die Deine Seite teilen wir, selbst mit dem Schwert, wenn Dir das nützt«, bringt Günther sich höchst verbindlich ein, der die Ankunft Friedrichs kaum hat erwarten können.

»Treuer Freund, Dein Wort und das der Deinen Brüder stärken mich, wie dafür kann ich danken nur ...«, erwidert der junge Herzog.

»Dir zu dienen Ehre uns nur ist«, hängt Günther an, während er Friedrich seitlich umarmt, Friedrich lächelt angemessen, »und, jedes Wort von Dir schon Dank uns spricht, und jede Nähe hin zu Dir«, beide wenden sich nun dem Hausherrn zu.

»Ihr bitte folgt, so es beliebt, gleich in den Saal, wo Trunk und Speise schon Euch allen sehr zum Wohl sind aufgetan«, bringt sich Konrad erfreut, ja, sogar bewegt wieder ein, mit einer einladenden Handgeste in die Richtung, die zu gehen ist. Im Saal sind schon einige Herren versammelt.

»Da kommt er ja, der Mann, der künftig König dürfte sein ... schau nur hin, mein Freund«, spricht Ludwig von Thüringen, ein Schwager Friedrichs, in jugendlicher Frische zu dem Babenberger Heinrich, Pfalzgraf am Rhein und Herzog von Bayern, dem die Mehrjahre durchaus anzusehen sind, beide kamen gestern schon an, und geht dann auf Friedrich zu.

»Friedrich, gottgetreuer Kirchensohn, welch eine Freude mir es ist«, begrüßt Ludwig den Freund recht herzlich, »von Eberhard ich Post erhielt, von Gebhard ebenso, und sofort brach ich auf ... die erstere, direkt sie hierher führte mich, wie schön, dass wir uns wiedersehen ... und meine Stimme, keine Frage doch, allein nur Dir gehören kann.«

»Die Deine Freude teile ich, und danke Deinem Wort«, bringt Friedrich hervor, die beiden umarmen sich, sie kennen sich lange, über den Hof Konrads und über die gemeinsame Teilnahme am Zweiten Kreuzzug, sind wahrlich miteinander befreundet, und auch verwandt, »Dir geht es gut? Und meiner Schwester auch?«

»Mein Ein und Alles sie doch ist, so, was ich kann, allein des Guten ihr sich naht ... bisher es so gelungen ist«, erwidert Ludwig, »auf dass es weiterhin nur immer so geschehe ihr.« Heinrich tritt nun hervor.

»Der Freude auf das Wiedersehen wird meinem Sinne nach doch hoffentlich nichts weiter folgen, Böses gar?«, begrüßt der Babenberger recht reserviert den Herzog, man ist verwandt, dennoch, Bayern.

»Lieber Bruder«, umarmt Friedrich den Halbbruder Heinrich, lehnt sich zurück und lächelt ihn an, mit beiden Händen ihn weiter haltend. Heinrich, schon älter, erwidert die Freude ehrlichen Sinnes, beide verharren kurz darin.

»Gestatte mir, die Reise diesmal mich geschunden hat, dass auf die Kammer gleich zurück ich ziehe mich«, fällt der Babenberger in diese Stille, »Du vielleicht die Zeit auch gleich in Deinem Sinne nutzen kannst, bis später wir uns wiedersehen.« Beide lächeln sich zu, Heinrich geht. Der übrige Kreis wendet sich nun dem Wein und den Speisen zu, lässt es sich einfach nur gut gehen. Da ergibt sich eine Unterbrechung von Bedeutung, sie geschieht jedoch nicht wirklich unerwartet.

»Vermelden Euch ich darf, dass noch ein Gast die Burg soeben hat erreicht ... mit Tross von Rittern und Gefolge auch«, spricht ein Diener, nachdem er eingetreten war, und macht noch mehr Platz als ohnehin schon gegeben ist.

»Seid gegrüßt, Ihr edlen Herren, die alle Ihr beisammen hier schon seid, wozu doch nur, das hoffe ich, an mir vorbei doch nichts schon ist, dass nichts verpasst und nichts versäumt mit Euch ich reden kann, ja, nichts verborgen bleibt dabei«, erscheint nun Heinrich, der junge Herzog von Sachsen, trotz der schon langen Reise gut gelaunt, der den Diener nicht weiter hatte reden lassen, der selbstherrlich eingetreten und auf die Runde zugegangen war. Konrad kommt als Burgherr seiner Pflicht nach, dann begrüßen sich die übrigen mit dem Gast aus Sachsen, Heinrich reiht sich durstig ein. Am kommenden Tag beginnen die Beratungen, in einem Arbeitszimmer Konrads, an einem großen und runden Tisch, einem Tisch eben ohne Hierarchie, es sind alle dabei, alle, bis auf den Babenberger.

»Friedrich, meine edlen Herren hier, erlaubt mir bitte gleich das Wort, da sicher ich es bin, der stark, wenn nicht am stärksten gar betroffen ist«, ergreift Herzog Heinrich sogleich das Wort, nicht respektlos, sich seiner Macht im Lande und daher seiner Stellung und Rolle in diesem Spiel jedoch sehr bewusst, und nicht zuletzt entspricht sein Auftritt freilich seinem Selbstverständnis, darin jedoch wird er gleich unterbrochen.

»Euch gleich zu sagen, sogar vorzuwerfen ist, wie unverzeihlich ungebührlich Ihr nur Euch habt oft gezeigt, der Ladung Eures Königs nie zu folgen«, trägt Gebhard von Henneberg Bischof von Würzburg deutlich anklagend vor, »Reichstage vier an Konrads Hof Ihr schmählich habt geschehen lassen ohne Euch, und nicht einmal entschuldigt dafür Euch Ihr habt«, und kommt dann gleich auf den letztlich angesteuerten Punkt, »diese Art, die Eure nun sie ist, die weiterhin Ihr führen wollt?« Heinrich hört recht selbstgefällig zu, was nicht gut ankommt.

»Und dann, Euch selbst als jenen Herrscher Ihr begreift, an den ein jedes Lehen dort in Eurem Land konsensual gebunden ist«, bringt der Erzbischof Arnold hinzu, »was unbestreitbar doch allein dem Recht der Krone nur gebührt, wie dann dem der Kirche auch«, fügt er, schon erbost, diese Rechtsauffassung noch an.

»Dann einen Krieg Ihr noch begonnen habt, nicht lange her, um fremdes Land, ein Bruderland, Euch einfach anzueignen so«, tritt Bischof Günther von Speyer seinem Bruder stärkend zur Seite, »nur ein Wort genügt dazu, Bavaria ... Ihr also keine reverentia der Krone immer wieder zeigt.«

»Konrad ... Gott ihn selig habe nur, sagt mein Herz, erbitte ich, so an Euch mich richte ich ... Ihr an seiner statt Verzeihung bitte mir gewährt«, spricht Heinrich wie geübt, bekreuzigt sich sogar, die anderen folgen, in Gedenken an den König aber nur, »ansonsten doch, ein strenges Wort Ihr da ergriffen habt, denn anders zeigt es sich für mich ... quod ius est enim ius semper manet, sagt man doch, es damals galt, und heute gilt ... was Recht denn ist, doch Recht nur bleiben kann ... was also da zu handeln es denn gibt.«

»Was rechtens ist, Recht sicher bleibt, daran nicht einen Zweifel hege ich ... mit Dir dabei ich bin«, bringt Friedrich sich jetzt vermittelnd und zugleich bestimmend ein, »doch weißt Du, lieber Vetter, schon, des Königs Rechte, unerheblich nicht sie sind, sie ja der Fürsten Stimmen können durchaus über stehen, in jedem Fall sie doch zu achten sind ... so also ebenso Du weißt, wie alle hier, dass selbst den Großen Opfer werden manches Mal so abverlangt, um Hohes wie den Frieden, wie Gerechtigkeit und Wohl dem Reich, dem Volke zu beschaffen wie auch zu bewahren ... so sehr das also, was Du sagst, doch gilt und zu befolgen ist, was Herrschaft bringt und kostet auch, dagegen steht, dass ein Beschluss stets neues Recht erschafft, was dann von diesem Zeitpunkt an und nicht der Zeit davor im Grundsatz zugehörig ist.«

»Dann nennt es neues Recht auf altes setzen auf, das alte also mir nur neu belebt«, erwidert Heinrich stolz in die Runde hinein, und drückt damit spätestens jetzt auch einen Zug von Solipsismus deutlich aus, auch damit, dass er nichts an sich heranlässt beziehungsweise nicht auf Argumente wie Vorwürfe eingeht, und das eben nicht aus einem taktischen Kalkül heraus.

»Lasst bitte doch nur unter uns der Worte zwei uns zu«, nicht wirklich fragend steht Friedrich auf und nimmt Heinrich unter den Arm, beide verschwinden im Hintergrund.

»Gerold, bitte warte hier«, bringt Heinrich zu seinem Gefährten noch schnell hervor.

»Dem Babenberger nicht es taugen wird, dem Lager hier schon hergerichtet ist«, unterbricht Hermann Graf von Stahleck, fast guten Alters schon, die Stimmung, »da Friedrich nur im Sinne trägt, den Heinrich zu gewinnen sich, knapp vor der Wahl, nichts näher liegt, daher, die meine Hoffnung einzig ist, dass der Familie Bande hilft, die Fragen gut zu lösen auf ... und so Gott will, an Beitrag dazu fähig, leisten kann auch ich.«

»Warum nur hat der Welfen Linie denn das Herzogtum, um das es geht, nicht länger mehr in seiner Hand?«, bringt Ludwig eine Frage ein, denn alles das geschah, da er noch Knabe war.

»Heinrich der Stolze Vater diesem Manne ist, schon Herzog über Sachsen wie für Bayern war, in Tradition, und Markgraf der Toskana auch, doch dann, da aller Fürsten Wahl an ihm vorbei auf Konrad fiel, er arg erbost, ja mehr noch war ... und seiner Art gemäß, gemeint sein Wesen damit ist, er keinen Weg nicht fand, das damit neue Recht zu nehmen wie es ist ... er in dem Sohne somit weiterlebt«, erhellt Eberhard Bischof von Bamberg mit knappen Worten den Hintergrund, »zudem, er widersetzt sich hat, nur widerwillig nämlich denn er gab, ja, immerhin dann doch, die Reichskleinodien der Macht, aus Kaiser Lothars Hand er hatte sie zuvor ... doch das allein ganz offenbar genug nicht war, daher, die seine Huld dem König nie er ihm erwiesen hat ...«, derweil kehren Friedrich und Heinrich unerwartet schnell schon an den langen Tisch zurück, es ist ohnehin alles wesentliche erzählt.

»Mein Wort zur Wahl hier gebe ich, der Vetter Friedrich meine Stimme hat, und auch mein Schwert, so es gebraucht nur wird ... und auch für Welf, die Bruderschaft zu meinem Vater dafür Zeugnis steht, die seine Stimme noch dazu ich geben darf, die bei der Wahl er selbst dann noch erheben wird«, wendet Heinrich sich an alle, zeigt sich dabei ganz in seiner durchaus kräftigen und selbstherrlichen, aber nicht besonders großen Statur, und die Runde, sie erhebt sich und begrüßt Heinrich erneut, jetzt eben als den nicht nur hinzugekommenen, sondern als zum Kreise zugehörigen gewichtigen Fürsprecher.

»Unser Herrgott hiermit denn den Beistand, den recht stark schon vorher uns er hat gewährt, bedeutsam nun hat aufgestockt ... des guten Ausgangs dieser Lage hier dem Herrgott also ich verpflichtet bin, dazu noch allen sage ich, die Ihr schon hier versammelt seid, ganz ohne Unterschied, die Eure Unterstützung hoffentlich zu Treue wird, so diese nicht schon mir bewiesen ist ... und nun, nun freudig jetzt den Abend denn begrüßen gleich uns lasst, den Ihr schon ohne mich beginnen sollt. Mit Heinrich folgen werde ich …«, gibt Friedrich kund.

»So ist es, ja, nicht länger oligarch wir sind«, bekräftigt Arnold das, was Friedrich gerade von sich gab, »jetzt deutlich mehr als Wenige dem Kreise zu wir zählen nun.« Friedrich dankt für dieses Wort mit einer Geste, wendet sich und geht. Ein etwas dunkler Gang, im Hintergrund ein Fenster, seitlich Türen, Friedrich geht hinein und klopft an einer der Türen.

»Tretet nur ein, wenn Gutes Ihr vermelden wollt«, erklingt es von innen, woraufhin Friedrich die Kammer betritt, die aber durchaus schon etwas mehr als nur eine solche ist.

»Ah, Friederich, Du es bist …«, begrüßt der Babenberger seinen letztlich nicht unerwarteten Gast, »und, die Gespräche denn«, kommt er schnell zur Sache, »sind sie erfolgreich Dir geführt? … Ob ich geladen dazu war, ob nicht, für mich es keine Rolle spielt, Du weißt, und sicherlich Du auch verstehst, zu früh dabei zu sein, nicht wollte ich« führt der Babenberger Heinrich das Gespräch weiter fort, schon sehr bestimmt, legt ein Pergament zur Seite, erhebt sich vom Schreibtisch und geht auf seinen Halbbruder zu.

»Heinrich, werter Bruder mein … Dich hier auf meinem Weg zu sehen, einzig nur an Freude mir beschert, so herzensgleich, wie gern das wiederhole ich, und ja, wenn auch der Fragen Last nicht einfach so zu tragen ist, im Bilde Du darüber bist … so, auf den Punkt gebracht, der Welfe, ja, auch er zugegen ist, und da das zu erwarten war, es bot sich an, getrennte Tische zu bereiten erst, daher, von Herzen sehr Dir danke ich, dass Du dafür die Einsicht mir hast mitgebracht und Dich zurückgehalten hieltest, das keineswegs sehr selbstverständlich war«, nimmt Friedrich die jetzige Begrüßung an, erwidert sie ebenso bestimmt, beide umarmen sich, durchaus freundschaftlich, Heinrich zeigt dabei ein fast väterliches Verständnis, er ist ja auch schon erkennbar älter, wartet jedoch ab, »der Fürsten Stimmen mehren sich, doch die Deine mir noch fehlt, ja, mehr als fehlend sie mir ist, Dein Beistand nämlich hat so sehr Gewicht, darum ich bitte Dich, die Deine Stimme bei der Wahl für mich sie bitte bringe ein«, kommt Friedrich schnörkellos nun auf den Punkt.

»Zuvor lass bitte wissen mich, was denn der Sachs im Schilde führt, da seine Stimme Dir er wohl schon gab«, gibt Heinrich kund, »so schätze, so vermute ich.«

»Das Recht der Väter hebt er auf«, gibt Friedrich ungeschminkt zurück.

»Das Herzogtum Bavaria ...«, erklingt die Stimme Heinrichs, nicht überrascht, dann aber auch beschwert, er senkt seinen Blick, hebt ihn wieder und schaut Friedrich fest an, »ich weiß sehr wohl, der Fehden Ende Dir ganz oben steht, dazu die meine Hilfe Du auch hast, und auch Dein Wille hin zum Königtum, er angemessen und gerecht erscheint ... den meinen Stand jedoch, den habe ich zu recht ... wie also willst Du ihn, den Sachs und mich vertragen nur?«

»Was Dir ich geben kann, nicht wenig ist, Bavaria wir teilen auf, und Dir, Dir fällt noch weites Ostland dann hinzu«, breitet Friedrich seinen Lösungsweg aus, und schaut dabei zuversichtlich auf seinen Halbbruder.

»Des guten Friedens zum Gewinn und Deiner Zukunft auch, ich sage ja, zunächst, dass Frankfurt Dir gelingt, und später dann, wenn Ihr nur einig könntet sein, ein Herzogtum zu machen mir, denn, wie gesagt, den Stand nicht her ich geben will«, antwortet der Babenberger sehr bestimmend nach einer nur kurzen Zeit des Bedenkens.

»Für Deine Stimme sehr verbunden Dir ich bin, das aus der Tiefe meines Herzens sage ich, und wie das Weitere gelingen wird, der Mühe meiner sicher sei«, zeigt Friedrich seine Zustimmung und Entschlusskraft.

»Mühe nicht genügend ist ...«

»Verzeih die Ungenauigkeit, Du freilich mein Versprechen hast, dass Dir der Stand erhalten bleibt«, lenkt Friedrich ohne Nachdenken ein.

»Dann lass uns zu den anderen gehen, auf das ein wenig Wein den Abend uns erfreulich schließt«, erwidert Heinrich.

»Auch Hermann ist dabei, dem Wiedersehen mit Dir er freudig schon entgegen schaut, das Band zu Dir auch unbelastet ist, wie gut, dass es auch solches gibt«, strahlt Friedrich Erleichterung aus. Beide Männer umarmen und beklopfen sich und kehren dann in die Gänge ein, zurück zum Saal hin.

»Edle Herren neu im Saal ...«, wendet sich Friedrich an die Runde und geht dann gezielt auf den Erzbischof von Mainz zu, der in einem schon sehr guten Alter steht, beide begrüßen sich höflich, aber höchst distanziert.

»So wie es scheint, der Dinge Fluss vorüber ist«, stellt Heinrich von Mainz leicht verärgert klar, mehr feststellend als fragend, »so gut es könnte sein, dass Ihr das Ganze doch nicht übersehet.«

»Heinrich, Eure Excellenz, der Fluss, der Euch gefällt, noch immer fließt, da doch in Frankfurt erst die Wahl erfolgt, zu der mich stelle ich, mit Stimmen hier aus diesem Kreis«, gibt Friedrich geschickt vermittelnd kund, Arnold und er schauen sich kurz an, mit einem versteckten Lächeln.

»Was Ihr denn noch erwartet jetzt, da Ihr es seid, der kommt zu spät«, giftet Graf von Stahleck nach, der damit deutlich zeigt, dass auch er kein Freund des Erzbischofs von Mainz ist.

»Nun denn, des Tages Arbeit ist getan, nun lasst den Abend uns mit Speise wie auch Wein in Freundschaft doch verbringen noch«, bittet der Hausherr und weist hin zum Nebensaal.

»Et nunc paulo vino debet liberare nos omnium quaestionum saltem eodem pro hodie«, fügt Bischof Eberhard noch an, Erzbischof Arnold lächelt, Erzbischof Heinrich verlässt den Kreis. Am kommenden Tag beginnt der kurze Ritt in den Süden nach Frankfurt. Konrad von Hagen-Arnsburg, der Gastgeber, reitet mit, in einem Tross, dem jetzt schon beachtliche Größe zuzusprechen ist.

Wahl zum König

Die Zusammenkunft findet in der Basilika des Salvatorstifts zu Frankfurt statt. Im Hochchor sitzen links und rechts dem Stift angehörende Kleriker. In der Vierung stehen die weltlichen und kirchlichen Fürsten. Dahinter herrscht durchaus Gedränge, sofern nicht Bänke eine Ordnung vorschreiben.

»In nomine patris et filii et spiritus sancti ... amen«, Felix von Harburg, seit nunmehr zehn Jahren Heinrich Erzbischof von Mainz, bekreuzigt sich, erhebt sich vom Altar und wendet sich dem untypisch kurzen Saal der nicht gerade schmuckreichen, im romanischen Stil gebauten Basilika in Frankfurt zu, deren Querschiffe baulich letztlich nur angedeutet sind.

»Edle Herren und Damen hier, Ihr Gäste höchster Stellung seid, und Wert genauso die Gemeinde hat, im Angesichte Unseres Herrn, so kommen wir, so gehen wir, immer wieder gleich wir sind, Ihr alle herzlich seid gegrüßt ... sehr zahlreich Ihr erschienen seid, auf dass die Fürsten, wie es Brauch, den Sohn beizeiten schon als Mitregenten an des Vaters Seite wählen hin ... doch Unser Herrgott aber ihn, den Vater, kürzlich zu sich nahm, wohlverdient in allen Ehren ... requiescat in pace«, eröffnet der Erzbischof das Wahlzeremoniell und zeichnet ein Kreuz hin zu den Menschen, »daher des Sohnes Wahl zur Krone nun allein die causa ist, wofür sich Gott durch mich erhebt, wofür ich spreche auch als der, der für die Sorge um das Kind als Leumund schon auch vorgesehen war ... nun ist es meines Amtes auch, wie immer schon an diesem Ort, da hier ein eigenes Bistum nicht besteht, die Wahl Euch zu eröffnen und zu lenken auch.« Heinrich hat nicht nur starke Worte, er ist mächtig als Erzbischof von Mainz, und dazu hat er noch die Macht eines verehrten Alters.

»Ein hohes Amt Ihr habt, dazu besonderen Respekt dem Euren Alter schulden wir, zudem, ganz fraglos, Eure Worte haben viel Gewicht, allein, des Königs Worte sehr wohl auch bedeutsam sind, so diese lasst mich wiedergeben hier, damit dem Treffen hier wir geben Ausgewogenheit«, erwidert Bischof Eberhard als erster Redner des Staufers, tritt dabei etwas hervor und wendet sich dann zu den Fürsten hin, »danach der Neffe nur recht hervorgehoben ist, in allem, was er denkt und tut, und daher einzig er, er folgen solle auf den Thron, so Eure Wahl dies auch für richtig hält«, kommt er gleich mit leicht und geschickt erhobener Stimme auf den Punkt und macht dann eine kleine Pause, »aus Konrads Hand des Königs Zeug er dann erhielt, der Herzog, der zur Wahl hier steht ... so ist des Konrads Wunsch, gesprochen dort, auf letztem Lager vor dem Tor, wo Wahrheit nur und höchste Lenkung wirken noch«, fährt er klug und auch berechtigt fort, »ego testis sum«, fügt er mit weiterer kleiner Pause ein, »eines nur dem König wichtig war ... mit Weitblick beides hat in einem er erreicht, ein letztes Mal dem Land zu dienen nur, und dann, gleichwohl, dem eigenen Sohne auch, denn dieser somit und nur so sein Leben für sich finden kann, da nunmehr, und nur so geschützt, des Vaters Hand nicht länger er bedarf ... so Euch hier sage ich, bedenkt den Sohn, wie Konrad liebevoll es tat, an Jahren kaum die acht er hat erreicht, wie denn soll er bei Streit und Aufruhr hier im Land wie in Italien auch, uns mehr als nur die Krone tragen? Nur also Sorge um das Land und um den Sohn dem letzten Atem letztlich also inne war«, konkludiert Eberhard, und löst damit ein schon beeindrucktes Schweigen aus, selbst der Erzbischof vor dem Altar ist erfasst, »was für ein Dienst.«

»Dem König nahe stehen durfte ich, so, was er dachte und in seinem Herzen trug, wohl anvertraut mir ist«, ergreift Arnold Erzbischof von Köln nun das Wort, nachdem er die Stille geschickt hatte anwachsen lassen, »so in der Pflicht auch ich nur bin, in bestem Angedenken aufzurufen Euch, was Konrad wahrlich denn in seinen Sinnen trug«, leitet er so pietätvoll zum Zitat über, »mein zweiter Sohn, den ersten Unser Herrgott ja schon zu sich nahm ... so seine Worte waren ... er ist zu jung, das Werk zu schaffen, das zu schaffen ist, so war es Gottes Hand, die mir den Sohn des Bruders anvertraute, keineswegs zu früh, ihn zog ich weiter auf und gab, was nur zu geben ist ... und Friedrich nahm es an, so wie man halt vom Sohn es wünscht, geschickt, auch klug und ritterlich, er setzte jedes Gut in vielen Diensten nur erfolgreich um, er also nur bewährte sich ... so, ja so, des Konrads Sicht der Dinge war ... und gottgelenkt auch war das Herz, deshalb bedenkt, des Vaters Rat doch wirklich nur die Sorge zeigt, dem eigenen Sohn wie auch dem Lande nur zum Wohl, da, wie Ihr wisst, nach Recht und Ordnung lechzt man hier ... so höchster Pflicht er folgte nur«, endet Arnolds Aufruf zur Wahl, recht ostentativ.

»Er Saliern wie auch Welfen nahe steht, so, wie ein Eckstein er doch damit ist, der nicht die Höhe nur, der auch zwei Seiten hält, und da ein Sinn für Recht und Ritterschaft er hoch in sich zu eigen trägt, daher mit ein in seine Wahl hier stimme ich«, bringt Welf sich nun ein, in noch gutem Alter stehend, mit besonderem Nachdruck, da er in milder Lautstärke spricht – der Name der Familie stammt vom Welpen ab, und auch sein Vater war einst einmal Herzog von Bayern.

»Euer Konrad, aufgehoben nun bei Gott, die Rückkehr aus Jerusalem allein er hat doch nur erlebt, da Friedrich stets an seiner Seite für ihn war, so oft das höre ich, ja, in Italien, zu Federico davon nur man spricht, von dieser einen Tat, die den König selbstlos tapfer vor dem Tode hat bewahrt«, wendet sich Acerbus Morena di Lodi, in bestem Alter stehend und treuer Stauferfreund, mit gebotener Höflichkeit an die anwesenden Fürsten, »und ... ja doch, sicherlich, auch familiäre Bande wirken mit ... ma quindi alla fine, was denn noch Euch fehlt, was dieser Dux nicht vollen Wertes doch schon in sich trägt.«

»Bedenkt auch, was der Alpen Süden bringt ... die Bürger dort begehren auf, ein neues Recht sie suchen sich ... in Rom, der Vatikan in höchster Sorge steht, nur hin zur Stadt, der er doch zugehört, wie nichts sonst hier von dieser Welt, und zu Sizilien auch ... so gab der Pontifex zu Eurer Kunde uns denn auf, des Königs Haupt mit weiterem Glanz er wird versehen ... dies sollen wir vermelden Euch«, bringt Wibald Abt von Stablo sich jetzt ein, damit den Auftrag erfüllend, und wendet sich dann dem Erzbischof von Mainz zu, beide nicken sich Einvernehmen zu, Wibald wendet ich zurück, »das eigene Land zerstritten ist, Italien dort ... da wollt Ihr, Heinrich, einen Knaben senden hin?«, bewirkt Wibald eindringlich unwiderlegbar, und das kurz und klar, nicht anbietend, nicht fragend, seine Unterstützung für Friedrich.

»Auch wir, der Brüder Votum darf ich einbeziehen ... wir

Friedrich sehen als den Mann, denn seines Wollens Kraft und rechter Sinn im Land gebraucht jetzt sind«, schließt sich Bischof Gebhard von Würzburg an, »zudem, die Hand, sie hat auch da zu sein, wie schon gesagt, wenn Worte nicht genügen mehr, wenn also Schwerter sind gefragt.« Erzbischof Heinrich weiß nicht mehr weiter.

»Die Wahl zu einem Abschluss lasst uns führen …«, regt Hillin de Falmagne etwas drängend an, in gutem Alter stehend, Erzbischof von Trier, ein treuer Stauferfreund, »Konradins Wunsch auch mir nur gottgelenkt erscheint, und herzensgut, er also meine Stütze hat.«

»So nehmt aus Eurer Mitte den, den Gott Euch hat schon vorbestimmt ganz offenbar, zu führen künftig dieses Königreich, wenn weiterhin und überhaupt es Euch hinfort bestehen soll«, beeinflusst ein weiterer der Gäste aus Italien die Stimmung, es ist der Conte Guido di Biandrate, ein Patrizier Mailands, in bestem Alter stehend und ebenso ein treuer Stauferfreund.

»Bei alledem, ich mahne an, hört nur die Stimmen über uns. Hört hin, hört, hört … wie sehr Superbia den Menschen kann verführen doch … vergessen offenbar Ihr habt, wie jüngst genau des Herzogs Vater ausgeliefert schien, den ihren Tönen zu erliegen … Superbia doch nimmer keine Mühe hat, es hier sich wiederholt nur zeigt, von einem zu dem anderen viral sich zu vermehren«, erhebt sich Heinrich doch noch einmal, und etwas aufgebracht, wohl schon erkennend, dass er sich nicht wird durchsetzen können, und dass er, wie auch immer die Wahl ausgeht, danach letztlich recht einsam dastehen wird.

»Die Lage ohne Vorbild wie Vergleiche ist, nie einen Fall wie diesen haben wir gehabt … so Regeln fehlen hier, die helfen oder lenken uns, und daher rate ich, bevor hier Ordnung nur verloren geht, ein kleiner Kreis, der möge sich jetzt finden ein, um dann den Weg zu weisen uns, so dieser nicht bereits ist festgelegt«, erhebt sich Arnold erneut, mit besonders geschickten Worten, »und so der Fürst, der hier sich eingefunden hat, schaut her auf ihn, Ihr alle jetzt, damit daran kein Zweifel breitet sich, er Sohn von Judith und von Friedrich ist, Heinrich der Schwarze wie auch Herzog Friedrich wie auch dessen Bruder König Konrad seine Herkunft also bilden aus, er also besten Hauses ist, er stellt sich Euch zur Wahl, und so denn niemand Einwand daran hebt, den Rechten vor uns wir dann haben wie benannt«, erfüllt Arnold die formale Pflicht der Identitätsbestimmung, obwohl ja niemand Zweifel an der Person hat, wie denn auch, und fährt dann fort, »so kommt, Ihr da, lasst uns der Kreis denn sein«, benennt er gleich die Edlen, sechs an der Zahl, bevor Heinrich etwas einwenden kann, es hätte ohnehin nichts geändert, und leitet diese mit sich hinaus. Die durchaus angespannte Stimmung lockert sich nun etwas.

»Mein lieber Freund, es freut mich sehr, an diesem Tag, auch Dich um mich zu haben hier«, begrüßt Friedrich seinen Freund Ludwig, Graf von Lenzburg, sie trafen sich in dem Gedränge bisher nicht, umarmt ihn und schaut ihn in bester Stimmung an.

Ludwig erwidert die Freude. Arnold und die Gruppe verschwanden derweil. Sie fanden sich dann gleich in einem kargen und recht dunklen Raum wieder, kaum möbliert, ein bescheidener Altar im Hintergrund, man steht, der Erzbischof Arnold von Köln, der Herzog von Sachsen, Otto von Freising, Herzog Berthold von Zähringen und Bischof Eberhard von

Bamberg sind zu erkennen. Nach kurzer Beratung kehren alle sieben in das Langhaus zurück.

»Euch allen, meine edlen Herren, die Ihr hier versammelt seid, verkünden Euch ich darf, dass una voce unser Rat dem Schwabenherzog gilt«, verkündet Berthold Herzog von Zähringen, dem besten Alter zugehörig, kurz und klar, »und wer dem nicht folgen kann, der rede jetzt ... ansonsten schweige er«, Widerspruch erhebt sich aber nicht, »alea iacta est«, fügt er daher denn an, »die Wahl damit beschlossen ist ... Friedrich, tretet her.«

»Edle Herren hier im Saal, für das Vertrauen danke ich, und seid gewiss, die Kraft, die Gott mir gibt, sie kommt allein dem Wohl des Landes zu«, bedankt sich Friedrich, er steht jetzt zwischen Altar und den Fürsten, noch in der Vierung, »seid bitte nicht enttäuscht, dass kurz mich hier jetzt halte ich, denn voll und ganz ergriffen schon ich bin«, schließt er schweigend ehrerbietende Gesten an, und nun, nun bricht sogar Jubel aus, bei den einen laut, bei den anderen dezent.

»Drei Wochen her, ein junger Herzog just er war ... zwei Wochen her, ein Herzog schon ... und heute ist er König«, spricht Guido di Biandrate seinen Landsmann neben sich an, »lapis angularis ... gewiss er kein lapillus ist.«

»Ganz ohne Frau dafür ... oder genau deswegen?«, erwidert der angesprochene Nachbar Acerbus di Lodi etwas süffisant, der für Lothar und Konrad als Jurist schon oft in Diensten stand, den Großen Germaniens also durchaus nahe steht und von daher so manche Verhältnisse doch recht gut kennt.

»Ihr seht es recht, wo ist die Frau«, stellt Guido bestätigend fest, und irgendwie auch fragend, »vermählt er durchaus ist, doch nie ... dabei sie nie gewesen ist ... ach, viele Gründe stets für etwas dieser Art es zu benennen gibt, und manches Mal sie stimmen auch, nur recht sie sind ... und schließlich noch, den ersten Stein nicht sollten werfen wir, mit unserem südlichen Gemüt, und noch zudem, den Staufern wir ja sehr verbunden sind.«

»Nun ja, mein Freund, Ihr mit mir sehr wohl wisst, wie sehr der Liebe Lied an Melodie doch mehr als eine nur verfügt ...«, antwortet Acerbus, sich dabei klar wie auch dezent auf das Leben zurückziehend, »und, geht es nicht um Mutter, Vater, Kinder, die Familie oder Freunde auch, so manches Mal des Eros Pfeile ganz woanders denn im Spiele sind, obwohl nichts an der Ehe ist vergilbt ...«

»Wie es nun einmal wahrlich ist, und darin kaum vorhersehbar«, nickt Guido dazu recht verständnisvoll, aber nicht bewertend, und dann richten beide ihr Augenmerk wieder zurück auf die Ereignisse, und die bestehen jetzt darin, dass die Wahl eben erfolgreich für Friedrich beendet und der König schon hinausbegleitet und im Jubel der Menge gefangen ist. Seitlich tritt Erzbischof Arnold auf, er schaut hinüber zu Wibald, der zwar etwas später, aber ja immer noch rechtzeitig eingetroffen war.

»Hier her kurz kommt, Euch bitte ich«, spricht Arnold Wibald an, »Friedrich noch zuvor mich schickte los, damit ich fragen kann, ob Ihr denn bitte, und für baldigst schon, ein Treffen in die Wege leiten könnt, womit der Herr von Dassel ist gemeint, und ob das Schreiben an den Papst Ihr wohl verfassen könnt, damit ihn Kunde zu der Wahl recht bald erreicht, dass Seine Heiligkeit erfahre klar, wie Gottes Wille schon ist umgesetzt.«

»Den Auftrag gern ich übernehme gleich, wobei, verehrte Excellenz, schärft ihn mir bitte nach, des Briefes Tenor meine ich«, erwidert Wibald, »denn wohl bekannt es ist ... non aliter scribo atque cogito.«

»Hier alle stimmen überein, wonach es Gottes Wille war, der Konrads Wort und eben hier die Wahl gelenkt uns hat, es also daher weder einer Form noch sonstiger Bestätigung aus Rom, aus kurialer Hand bedarf«, erläutert der Erzbischof das Gewollte, und diese Erklärung öffnet Wibald die Lider recht erstaunt nach oben, »Ihr höchst gelobt, weil zuverlässig seid, daher es wohl so gehen mag, dass kein Dissens Euch dabei trifft«, ergänzt Arnold noch, doch brauchte Wibald diese Rhetorik nicht, denn er ist tatsächlich sehr loyal, und so kommt er noch am selben Tag dem Auftrag nach, entwirft die Wahlanzeige, wie gewünscht, die dann zu Eberhard von Bamberg geht, der nichts daran ändert, sie so wie von Wibald verfasst weiterleitet an Papst Eugen, und kümmert sich auch gleich noch ebenso um die Korrespondenz mit Rainald von Dassel. Der kommende Tag nimmt dann alle für die Reise in die Krönungsstadt in Anspruch, über Sinzig, zu Pferd, zu Schiff, zu Pferd.

Römer unter sich

Ein altehrwürdiger Tempel oberhalb des Forum Romanum, das Capitol, ist wohlgewählte Stätte, denn dort wurden einst die Senatoren, dem Wortsinn nach ältere Herren, in ihr Amt eingeführt und Triumphzüge von Kaisern und Feldherren beendet, also eine wirklich von der kommunalen Bewegung wohlgewählte Stätte, dem jungen Senat und letztlich sogar der Stadt neuen Glanz zu verschaffen. Eben dort trifft man sich, heute recht spontan, und offen zugänglich, denn es sind auch Freunde der Bewegung und Interessierte geladen, was kaum den antiken Regeln genügt, für die Stärkung der Idee jedoch Sinn ergibt. Es ist etwas später Vormittag.

»Ehrenwerte Senatoren, liebe Freunde«, begrüßt Giacomo da Vico, Princeps Senatus, die Anwesenden, die heute kaum über ihre Kleidung zu unterscheiden sind, aber immerhin über die Sitzordnung, »Ihr seid gekommen, viele an der Zahl ... ein gutes Zeichen das für die Idee doch ist, die angelehnt an frühe Zeiten wird verfolgt von uns ... da glorreich eben das antike Rom doch war, wie selbstgetragen der Senat, all das uns neu erblühen soll, allein dafür wir binden uns«, Klingeln gehört eben zum Handwerk.

»Mit Dank dafür und Eurer Treue, wer schon unserer Sache dient, mit Dank dafür und Hoffnung, dass die Gäste heute bald dem unseren Kreise zugehörig sind, so aus der Tiefe meiner Seele ... alle Euch ganz ohne Unterschied begrüße ich«, setzt da

Vico seine Eingangsworte freundlich wie auch selbstbewusst fort, was so erwartet werden darf, denn er steht ja schließlich sechsundfünfzig Senatoren vor, zugleich auch energisch, denn er will auch begeistern, so tritt er auf und schaut um sich, »sogleich lasst denn zu dem auch kommen uns, was gegenwärtig alle Uhren dreht, was allen eine neue Lage setzt ... so also nicht nur uns«, erhebt Giacomo die Stimme, »wer denn von Euch noch nicht gehört es hat, erfahre jetzt und hier, in diesen Mauern großer Zeiten, die uns der Raum und Boden unseres Handelns sind, dass König Konrad ... diese Welt verlassen hat.« Nur eine Minderheit wusste es schon, und so baut sich in der Halle leicht und schnell ein dezentes Raunen auf.

»Das andere aber ist, der Wochen viele noch vorbei nicht sind, da Eugens Boten waren ausgesandt, dem deutschen Herrscher einen Handel anzudienen gegen uns ... wonach des Kaisers Krone selbstverständlich ihm nur sei, wenn seinem Schwert es treu ergeben nur gelänge denn, den Weg zur Leostadt uns kämpfend zu entreißen«, aus dem Raunen wird gehöriges Tuscheln, auch Zwischenrufe sind zu hören, Giacomo tritt ein wenig zurück, denn Arnaldo da Brescia, deutlich älter, bewegt sich auf die Mitte der Redearena zu.

»Senatores et amici ...«, beginnt Arnaldo seine erst einmal nur begrüßende Ansprache und versucht dabei, die Menge, die immer lauter geworden ist, mit Armbewegungen zu beschwichtigen, was er dann nach wenigen Minuten auch hinbekommt, »nihil in terra sine causa fit ... und wie so oft, der Grund auch hier nur schwer bisher erkennbar ist, allein der Herrgott weiß darum, Geduld so bitte habt und schaut Euch um, alles werden wir bereden.«

»Was kommen da für Zeiten auf uns zu? Flammen, Stürze, Tote, Raub, davon schon genug doch hinzunehmen wie auch zu erleiden war«, wendet einer der Senatoren ein, es ist Benedictus Carushuomo, ein erfahrener und moderater Mann.

»Die Lage freilich mit Bedacht uns allen zu erörtern ist«, bringt Giordano Pierleoni sich ein, vor kurzem vom Senat gestürzt, Giacomo trat dann seine Nachfolge an, »damit der Handlung auch ein Inhalt wächst, zu der sehr bald ganz sicherlich wir aufgerufen sind«, spricht so ein wenig auch verletze Eitelkeit über die erlittene Absetzung mit, »denn die Idee das eine ist, sie allein begeistert uns ... das Wie jedoch das andere ist, es zu gestalten, darauf jetzt es kommt doch an, auf dass der unsere Weg nichts weiter als denn nur zum Ziel hinführt.«

»Der Zeiten Ruhe nun erneut ein Ende und auch neuen Anfang hat, das ist gewiss, und auch befürchtet schon, von nun an gar ganz sicher doch«, nimmt Arnaldo den Faden auf, »und, was die unsere Sache ist ... davon doch nichts wir geben her«, sein selbstbewusstes Wort löst unüberhörbare Zustimmung unter der Menge aus.

»Des Königs eigen Fleisch und Blut, es käme nur uns allen gut, da wirklich jung es ist, so jung sogar, dass handeln wie ein König nicht es kann«, meldet sich Senator Bentivenga mit einem wichtigen Hinweis zu Wort, nachdem der Geräuschpegel wieder abgesunken war, »fragt sich doch nur, so dennoch es gekrönt denn wird, wer die Vertretung übernimmt, da sicher doch es Fürsten geben wird, denen unmöglich es nur ist, sich einem Knaben denn zu beugen ... fatal auch wäre es, doch nicht für uns, wenn ein Vertreter mehr das eigene Land als die Vertretung sieht.«

»Was auf Konrad folgen wird, der Sohn nicht ist, das schon steht fest ... was wirklich also folgt, wohl weniger bequem uns ist, wenn überhaupt Bequemlichkeit in einem solchen Fall es geben kann, ein Dux, noch jung, er Federico ist benannt ... wie jung jedoch auch noch er ist, im Mannesalter immerhin, die Euren Ohren macht jetzt spitz, in vielen Dingen als bewährt schon auch er gilt, ob er das Schwert des Schmiedes oder seiner Zunge schwingt ... schon bald der neue König also er wird sein, der Großen Wahl das schon hat so bestimmt«, klärt Pierleoni auf, stolz darauf, dass er diese Nachricht schon hat. Die Menge hört gespannt zu, was zusätzlich dem Selbstwertgefühl des ehemaligen Princeps nur gut tut, dem man übrigens eine gewisse Gestörtheit andichtet, schon immer, eigentlich, jetzt nach der Absetzung nur verstärkt, da ihm von der eigenen Familie der Stempel eines Außenseiters aufgedrückt ist, was letztlich aber freilich mit Gestörtheit überhaupt nichts zu tun hat.

»Nicht nur das Rittertum, auch ausgeprägter Sinn für Recht und Ordnung und Geschick da kommen auf uns zu, was allerdings per se wohl nirgendwo nicht eine Sorge kann denn lösen aus ... jedoch, dem Glauben nicht nur zugetan er ist, der Mutter Kirche eben auch, und das im alten Sinn, wie denn sein Streben sicher auch der Kaiserkrone gelten wird«, fährt Pierleoni gut unterrichtet und also klug fort.

»Wie nur sein Wort der Mann aus Pisa konnte geben hin, wie nur erneut den Deutschen unser Rom zu überlassen einfach so, wie nur den Schritt dahin entscheiden konnte er ... dabei im Sinn wohl einzig er gefangen war, sich gegen uns wie gegen andere Mächte auch, Sankt Peter und den Lateran zu eigen holen sich zurück, ja, freilich ganz an uns vorbei, ja, letztlich ... über unser Blut«, wendet ein weiterer Senator ein, es ist vielleicht Ptolomeo Conte di Tuscolo, nicht genau erkennbar, in dem so allmählich entstandenen Durcheinander, »wer sind denn wir, dass er ganz über uns hinweg Verfügung trifft allein zu seinem Wohl«, dringt es noch durch. Die Stimmung in der Halle zieht wieder an, und es zeigt sich wieder einmal, wie leicht doch Massen zu bewegen sind, selbst dann, wenn viele Kluge dazu zählen und einzelne es sogar doch besser wissen, zumindest wissen könnten.

»Da Unser Herrgott Konrad zu sich nahm, das Wort aus Pisa in die Leere jetzt nur geht, darin ich seh die Botschaft nur, dass es durch Gott den Herrn nun aufgehoben ist«, meldet sich ein anderer Senator zu Wort, mit deutlich milderen und sogar gottesgefälligen Tönen, »so lasst mit einer Ritterschar denn uns doch nach Viterbo los, die Dinge dort vorab zu klären, bevor denn also dieser Neue hier armiert vor unseren Toren steht«, beendet er seinen Beitrag dann doch wieder nur richtig gewichtig.

»Ein kleines Heer ... gewiss, es aufzustellen schnell gelingen wird, doch unbekannt noch ist, wie es dann weitergehen kann, wenn also unbestimmte Zeit es vorzuhalten ist, dann wieder fällt es schwer«, bringt sich Giordano erneut ein, er ist schon sehr eitel, hier aber sachlich, »denn sehr wohl ein jeder doch von Euch die Grenze sich und schnell dann uns nur zieht, wenn die gewährte Handlung zu sehr Euch den Beutel quält.«

»Raum doch wohl es gibt, den mit dem neuen König könnten füllen wir, auf dass ein jeder seinen eigenen Zielen dabei durchaus näher kommt«, bringt sich einer der Senatoren ein, der schon Anteil hatte.

»Zu diesem Mann, dem künftig wohl die Macht gehört, uns noch zu wenig ist bekannt ... des Deutschen Streben aber, so im Land die Worte sind, nach altem wie denn neuem Kaiserreich, das freilich schon erkennbar ist«, erwidert Giacomo darauf und bestätigt damit Giordano Pierleoni, »der Papst dazu jedoch sein Wort und Recht erheben wird ... ob dann ein Band zustande kommt, und dann auch hält, was später also kommen mag, wer weiß das schon«, übergibt er nun, über ein verabredetes Zeichen zugewiesen, das Wort an da Brescia, schiebt ihn damit erneut und geschickt nach vorn.

»Das Wort, das Santo Pater hingegeben hat, zur Kaiserkrönung hier in Rom, es darum nicht gleich Hülle ist, befürchte ich, nur weil das Ohr, für das bestimmt es war, für immer nun dafür geschlossen ist, so also denke ich, dass nach der Krönung es der Neue an sich reißen wird als wäre es für ihn bestimmt ... und dann ergibt sich nur, was an Befürchtung hier schon angedeutet ist«, ergreift Arnaldo die Rede und schaut dabei hin zu dem einen Senator, dem ein Konflikt mit dem Deutschen schon vor Augen steht, nunmehr nicht nur ihm, »jedoch ... Geduld für Zeit, die brauchen wir«, wendet er sich wieder allen zu, »für das, was uns ist manifest ... zu halten jeden Nutzen, jede Kraft in eigenen Mauern dieser Stadt, die einzig und uns ewig ist, zu mehren hinter diesen Mauern schon erlangten Ruhm, allein belangt durch uns, befreit von Papst und Kaisertum, abgebunden jeder fremden Macht ... angebunden aber allem Stolz und alter unbegrenzter Herrlichkeit, so nährt nicht Mammon uns, wie jede andere Stadt es so erfährt, der Zeitgeist aber unser Streben schon, und das mit eben vielen wieder uns vereint ... so aber Schlingen auch sich bilden aus, so ahne ich, um manchen Hals herum, Vertrauen doch ist stark in mir, der Dinge Lauf, auch ohne uns, die Welt wird fassen neu, nicht also so, wie einst und heute sie sich zeigt, darauf getrost nur stellt Euch ein ... nicht aufzuhalten wird denn also sein, was uns zutiefst bewegt, was sich damit der Welt des Papstes und des Kaisers an Begehr mit rechtem Sinn entgegen stellt«, beschließt Arnaldo und tritt hin zu Giacomo, beide senden kämpferische Gesten der Aufnahme, der Zuversicht und des Aufrufs an das Auditorium, das jubelnd applaudiert.

»Dem Deutschen wir die Krone bieten an ...«, kommt es noch aus der Menge, der Vorschlag aber geht unter, da sich die Versammlung schon in Einzelgespräche auflöst, bei Giacomo und Arnaldo allerdings ist er noch angekommen.

»Warum denn nicht«, sagt Giacomo, »die Curia doch auch nur Geldgeschäfte mit der Krone treibt.«

»Das ist es ja, die Curia wie auch so mancher Kleriker, ja, leider viele doch, sie daher zu verdammen sind, wenn Güter häufen sie sich an und damit einer Wechselstube und auch Mördergrube gleichen nur«, erwidert Arnaldo schon recht ketzerisch, tatsächlich aber nur aus Verbitterung heraus.

Die über dem Campidoglio inzwischen hochstehende Sonne sendet Wärme, die aber noch zu schwach ist, in die Gemäuer ziehen zu können. Daher gehen die Herren jetzt gern hinaus auf den Platz. Giacomo und Arnaldo schließen sich an, es bilden sich noch kleine Gruppen zu weiterem Gespräch.

Krönung zum König

Aachen, Sedes Regni, im Dom, gleich neben der Kaiserpfalz, ist Treffpunkt aller Fürsten, die in Frankfurt dabei waren, etliche sind hinzugekommen, nur wenige sind ferngeblieben, vor allem Erzbischof Heinrich von Mainz, er fehlt, keine Frage, und jeder weiß, warum. Zurück zum Dom, ein außergewöhnlicher Bau, mit besonderer Geschichte und besonderer Baulichkeit, in einer Ausrichtung von West zu Ost, schon von außen prächtig, dann aber von innen erst. Und nun zum Ereignis. Die Krönungsmesse ist bereits in vollem Gange.

»Non nos inducas in tentationem sed libera nos a malo quia tuum est regnum et potestas et gloria in saecula saeculorum«, führt Erzbischof Arnold als Coronator das Ritual fort, das er sich gut erarbeitet hat und daher die Missale nicht braucht, dreht sich jetzt vom Altar weg hin zur Menge, dorthin, wo Friedrich steht, »credo in unum deum patrem omnipotentem ... et in unum Dominum Jesum Christum«, spricht er im Sinne der Messe weiter und bewegt sich gleichzeitig auf Friedrich zu, nimmt ihn an seiner rechten Hand und führt ihn, den Noch-Herzog, mit sich in die Mitte des Oktagon, »filium dei unigenitum.«

»Cum sanctu spirito in gloria dei patris ... amen«, schließen sich die Fürsten huldigend an, soweit sie mit den Regeln einer Messe vertraut sind, tatsächlich sind es nur sehr wenige, die lediglich so mitmurmeln.

»Ungo te in nomine patris et filii et spiritus sancti«, spricht Arnold nun weiter, während zwei Bischöfe die gesalbte Stelle mit Baumwolle und Roggenbrot antrocknen.

»Ungo te in nomine patris et filii et spiritus sancti«, wiederholt Arnold, mehrfach, denn diese Formel ist zu jeder Stelle der Salbung vorgeschrieben, wie die Trocknung auch.

»Ungo te in regem«, sagt der Erzbischof schließlich, nachdem er mit dem rechten Daumen auch die Innenfläche der rechten Hand Friedrichs gesalbt hat. Aus dem Hintergrund nähern sich derweil drei weitere Bischöfe, um ebenfalls zu ministrieren. Dazu tragen sie die Reichsinsignien, die sie gemessen und in bestimmter Reihenfolge dem Coronator übergeben.

»So nehmt denn dieses Schwert zur Ehre Unseres Herrn und so der Mutter Kirche auch ... sowohl der Länder Volk, so nehmt es denn, zu schützen unsere Kirche wie das Volk, zu schützen die Gerechtigkeit ...«, fährt Arnold in der Zeremonie fort und übergibt es nun, das Reichsschwert, mit weiteren Worten begleitet, weiter an den, den allein es bald angeht, »und lasst Euch kleiden nun, wie niemand sonst im Lande geht ...«, weist er somit ohne direkte Ansprache die Ministranten an, die Friedrich daraufhin den Königsmantel umlegen, »und lasst Euch geben nun, was an Kleinodien dem König nur und sonst auch noch gebührt, so nehmt denn Zepter, Spange, Apfel und den Stab.« Die Dinge wechseln in die Hände des Herzogs, nicht alles kann er halten Es ergibt sich ein wortloser Moment, und so treten die Klänge der Orgel ohne weitere Lautstärke aus dem Hintergrund hervor.

»Nun nehmt die Krone denn auf Euer Haupt ... was mit des Herrgotts Segen ich verbinde hier ... damit die ihre Last durch Macht Euch auch erträglich sei«, fährt Arnold fort, nimmt die

Krone, die einer der Bischöfe dezent auf einem Kissen herangetragen hatte, und setzt sie Friedrich auf, »a deo coronatus ... a deo reges regnant«, spricht er, seine Handlung begleitend, »Euch hiermit aller Segen Unseres Herrgotts ausgesprochen ist ... pleni sunt coeli et terra gloriae tuae«, beendet er somit nun diesen Teil der Zeremonie und wendet sich wieder der Gemeinde zu.

»So denn, Ihr Herren da, die alle Ihr versammelt seid an diesem Ort, dem nun gekrönten König denn vereidigt Euch.«

»Euch die Treue schwören wir, sie zu jeder Zeit und Mannschaft stellen wir, sobald Ihr danach fragt, verfügt dann über sie und damit uns«, vereiden sich die umstehenden Großen mit Worten, die sich hier traditionell anzuschließen haben, daher geschieht das Ganze auch fast wie im Chor.

»Die Eure Huld, den Euren Eid, Euch danke ich dafür, der Herrgott unser Zeuge ist«, erwidert Friedrich, mit festem Blick und souveräner Haltung, die Großen freuen sich und warten ab, denn die Zeremonie ist noch nicht an ihrem Ende.

Orgeltöne setzen wieder ein. Einer der Bischöfe tritt vor, er trägt das Reichskreuz und die Heilige Lanze vor sich her, wendet sich und schreitet dann auf die Treppe zu, die zum Hochmünster führt, Friedrich und der Erzbischof reihen sich ein, engste Vertraute schließen sich an. Es geht sogleich eine Treppe hinauf, und dort steht er dann, der Thron, der Stuhl aus Stein, der einst für Karl den Großen gebaut worden war, der Karl den Großen denn auch trug. Arnold Erzbischof von Köln, Hillin Erzbischof von Trier, Eberhard Bischof von Bamberg, Otto von Wittelsbach, Ortlieb Bischof von Basel, Hermann von Konstanz und Heinrich von Sachsen, sie alle stehen im Kreis, während Friedrich auf den Thron zugeht.

»Kaiser Karl, ein kleines Licht sich nähert Deinem Stuhl, vergebe mir, doch gib auch Zuversicht mir mit, denn was mich führt, an diesem Vorbild Anteil Deine Größe hat«, spricht Friedrich, schreitet demütig wie selbstbewusst weiter und geht erhaben die sechs steinernen Stufen empor, setzt sich und zeigt das Zepter in der linken wie den Apfel in der rechten Hand. Ehrfürchtiges Schweigen setzt ein, es dauert ein wenig an. Dann richtet sich Friedrich auf, legt Apfel und Zepter getrennt in die Hände zweier Umstehender, und betet.

»Herrgott ... hier vor Dir in Deinem Haus nun stehe ich, und bitte Dich um alle Kraft, die gute Dinge abverlangen mir, dafür die Mutter Kirche schütze ich und auch das anvertraute Volk. Dir als treuer Sohn ergeben danke ich, auf das wahrlich es geschehe mir ... Deus coelestis ... miserere mei ... diese Kraft verleihe bitte mir, die zu erfüllen meinen Eid mir fehlt, selbst, wenn es langes Leben dazu braucht ... amen.« Erneut setzt Stille ein. Sie dauert an, bis der Bischof von Basel sich vornehmlich an Friedrich, letztlich aber an alle wendet.

»Majestät, ein langes Leben Euch von Herzen wünschen wir, dafür wir werden beten und mit Wort und Tat Euch nützlich sein ... Euch allen sei an dieser Stelle aber auch gesagt, nehmt das Leben wie es Euch der Herrgott denn gewährt, denn jedem kommt der Tag, und nehmt ein Weib und mehret Euch, und seht die Pflicht, die dafür Ihr denn schuldig seid, und wen die Last doch einmal krümmt, wer also Hilfe braucht, der möge sich dem Herrgott anvertrauen«, spricht Ortlieb und zeichnet ein Kreuz vor sich hin in die Luft.

»So weiter jetzt uns fügen wir«, übernimmt Arnold wieder und geleitet alle aus dem Hochmünster hinaus zurück zur Messe. Dort wird Friedrich mit angemessenem Jubel begrüßt, die Orgel setzt ein, Arnold sorgt für sonstige Stille.

»Te Deum laudamus te Dominum confitemur ... et rege eos et extolle illos usque in aeternum ... benedicamus patrem et filium cum sancto spiritu ... exaudi nos Domine ...«, beginnt und beendet Arnold jetzt diesen Teil der Zeremonie und wendet sich rituell sogleich wieder Friedrich zu.

»So schwört denn hier und jetzt wie folgt, ich gebe vor den Eid, den abzugeben Ihr nun habt: Freien Herzens, freien Willens auch, Herrgott, wende ich mich hin zu Dir hier in Deinem Haus, den Eid hiermit ich gebe ab, verpflichtet über ihn in Freude nun ich bin, zu ehren wie zu lieben und zu schützen ewiglich die Seine Heiligkeit, gleichwohl die Mutter Kirche auch, gehörig wie ein braver Sohn, und das mit Wort und Tat ... dem anvertrauten Volk verspreche ich, dass Wohlstand, Recht und Ordnung mehr doch als bisher ihm kehren ein ... ihm all das zu verschaffen wie denn zu erhalten auch, das ebengleich die höchste Pflicht mir ist, all das, das schwöre ich ... so, und nicht anders denn, so die promissio regis legt denn ab vor allen diesen Zeugen hier.«

»Freien Herzens, freien Willens auch, Herrgott, wende ich mich hin zu Dir hier in Deinem Haus«, spricht Friedrich nach und faltet dabei die seinen Hände, »den Eid hiermit ich gebe ab, verpflichtet über ihn in Freude nun ich bin, zu ehren wie zu lieben und zu schützen ewiglich die Seine Heiligkeit, gleichwohl die Mutter Kirche auch, gehörig wie ein braver Sohn, und das mit Wort und Tat ... dem anvertrauten Volk verspreche ich, dass Wohlstand, Recht und Ordnung mehr doch als bisher ihm kehren ein ... ihm all das zu verschaffen wie denn zu erhalten auch, das ebengleich die höchste Pflicht mir ist, all das, das schwöre ich.« Friedrich kniet noch, Arnold tritt etwas zurück.

»Und nun … erhebt Euch denn, doch jetzt als König der Nation«, spricht der Erzbischof, untermalt seine Worte mit einer Geste seines Körpers und wendet sich zum Auditorium hin.

»Ius iurandum fit … der Eid dem Herrgott unter Zeugen ist erbracht, so einen neuen König haben wir«, wendet sich der Erzbischof freudig strahlend in aber noch angemessenem Ausdruck an die Menge. Die Messe nähert sich nun ihrem Ende zu.

»Benedictus qui venit in nomine Domini … Osanna in excelsis«, zitiert Arnold die Lobpreisung aus dem Agnus Dei, die Anwesenden stimmen ein, schließlich trägt die Orgel letzte Töne noch einige Takte weiter, bis auch sie die Schlussnote erreicht hat, die noch gewaltig nachklingt.

»Dominus vobiscum … in nomine patris et filii et spiritus sancti … amen«, entlässt der Erzbischof nun den König und die Anwesenden, alle bekreuzigen sich, die Orgel beginnt erneut und leitet so den Auszug ein.

»So lasst uns denn vor das Portal …«, fordert Friedrich auf, »damit zu meinem Volk ich Nähe schaffen kann«, er und sein Gefolge verlassen also dann die Kirche, tatsächlich von Jubel empfangen, Friedrich winkt den Menschen zu, denen es nicht schwergefallen war, zu warten, da Macht und Glanz in der Luft lagen und so eine Erwartung gestärkt war, den Nimbus des niemals Erreichbaren, der ewig fremden Welten, wenigstens für einen kurzen Moment als verheißungsvoll miterleben zu können.

»Schau doch nur hin«, sagt eine gut gekleidete Frau zu ihrem Mann, »ein König wieder uns gegeben ist … wie jung noch, doch sehr stattlich schon.«

»Ein guter Ritter und gerechtsam soll er sein ... der Herrgott schütze ihn zu unser aller Wohl«, antwortet der kräftig gebaute, etwas größere Mann, Klugheit im Gesichtsausdruck, gepflegt wie seine Frau, »lasst Taten denn dem Worte folgen nun, denn wirklich dann, nur dann, mein König, Untertan wir gerne sind«, beschließt er für sich, und damit mischen er und seine Frau sich wie andere auch unter die feiernde Menge. König, Fürsten, Soldaten, Volk, ein jeder feiert nun auf seine Art.

Maio von Bari
mit seinem Vater

In einem kleinen, aber feinen Palazzo in Palermo, in einem schönen Zimmer sitzt Leo de Reiza an seinem Arbeitstisch. Er bekleidet das Amt eines obersten Richters im Normannenreich, die Bücher in den umstehenden Regalen haben also mehr als nur dekorativen Wert. Ein Diener meldet Besuch, der schon Erwartete tritt ein. Leo, die Familie hat griechische Wurzeln, legt die Feder zur Seite und geht auf Maio zu.

»Mein Sohn, wie schön, dass Du bei uns erscheinst«, Leo umarmt Maione und deutet dabei Küsse links und rechts an, »der Zeitpunkt auch recht gut uns passt, denn heute keine Pflicht mich weiter ruft.«

»Geliebter Vater, wie gern doch komme ich, wenngleich ... es ausgesprochen unterhaltsam eben war«, erwidert Maio, ein wenig aus dem Leben gerissen, dem Ruf des Vaters aber selbstverständlich treu ergeben.

»Ein Blick auf Dich mich denken lässt, dass von Matteo Du gerade kommst, dass sicher dort um Röcke Ihr Euch nur gekümmert habt«, lächelt Leo dabei, er kennt halt die beiden jungen Männer, und Maio erwidert das Lächeln, ohne Worte, »so denn der Freude ernstes Leben leichter folgen kann, und ernstes Leben wieder leichter zu ertragen ist, wenn Ausblick auf ein anderes zudem man hat«, schließt der Vater verständnisvoll an.

»Wenn nicht von Dir, von wem denn sonst ich habe es erlernt, dass viele Seiten unser eben kurzes Leben hat, und keine gute Seite wertlos ist«, geht Maio kurz auf diesen Gedanken ein, »so horche auf, für Dich die besten Grüße Simon noch mir aufgegeben hat, da eine Hochzeit steht wohl an.«

»Da fragt sich nur, wie immer denn, ob er nun will, ob er denn muss.«

»Vater ...«

»Ja ... gut, genug Plaisanterie für heut, es zeitig werden wir schon sehen, ob Freude und ab wann auf die Familie kommt dadurch hinzu, jetzt erst einmal ... steht uns etwas völlig anderes an«, wendet Leo nun in die von ihm gewünschte Richtung, »es Neuigkeiten gibt, die für das Königreich, und sicher auch den Deinen Weg, so hoffe ich, höchst voll doch an Bedeutung sind.« Maio schaut jetzt sehr aufmerksam, denn er ist zu strukturiertem Denken und Handeln erzogen, allerdings nur in ehrgeizig zielbewusster, also nüchterner Art.

»Der Deutschen König kaum verstorben ist, da schon ein anderer die Krone trägt, er Federico ist genannt ... und sicher er den Weg zur Kaiserkrone geht, den Eugen ja dem Konrad schon hat aufgetan ... ein Heer so also an des Reiches Limes bald sich könnte finden ein ... darauf der König und das Land sich einzurichten, aufgerufen sind ... Byzanz im Land, da hoffentlich sich keine Zange öffnet uns ... und Seine Heiligkeit, wie sie denn wird verhalten sich ... so überzeugt ich bin, für Dich es angeraten scheint, die Nähe, die zum König schon besteht, sie auszuweiten wie auch zu vertiefen ist, dem Wohl des Königs wie des Landes diene nur.« Es tritt Stille ein, allein das zuletzt Gesagte füllt nun den Raum.

»Mein Sohn, es zudem offene Ämter gibt, seit Giorgio Antiochia im letzten Jahr verstorben ist ... und wer denn weiß genau, ob nicht eines Tages auch in diesem Sinne wird es nützlich sein, den Stand zu Wilhelm, besser noch als jetzt es schon gegeben ist, im Blick gehabt zu haben fest.«

»Wahrhaft viel Bewegung sich da kündigt an, ein Feld, das zu bestellen sich wahrhaftig lohnt, mein Vater, danke für den Rat, den zu befolgen auch aus freier Sicht überhaupt nicht schwer mir fällt.«

»Auch solche Äcker eben zu befruchten sind ...«, schickt der Vater mit belustigt funkelndem Blick eine leicht schlüpfrige Bemerkung hinterher, die Maio freilich recht erfreut, »wenn es gelänge nur, dem Königreich das Erbrecht endlich einzubringen, und daran einen Anteil Du für Dich verbuchen kannst, dann, Du, mein Sohn, höchst oben damit angekommen wärst. Gualtiero denn, wenn nicht ohnehin er mehr zur Kirche hin sich neigt, wie Romualdo auch, der zudem der Medizin recht nahe steht, so beide schon aus sich heraus Einfluss hier am Hofe wohl begrenzt nur werden üben aus, was denn Dir nur weiteren Freiraum überlässt ... mein Sohn, all das, das für Dich sehe ich.«

»Vater, Dank ich schulde Dir, da Deine Sicht so trefflich ist und sie dem Reich und auch noch mir ein gutes Morgen nur empfiehlt, sehr überzeugt ich bin, und voller Zuversicht, denn hin zu Wilhelm schon verbindet viel, allein vom Wesen her ...«, gestärkt durch den Vater hat Maio nun eine noch klarere Vision, »daher, ich denke schon, die meine Art ihm angenehm und nützlich sollte sein.«

»Matteo nimmst Du mit, er treu Dir folgen wird mit gutem Rat, nicht nur, wenn Recht infrage steht«, fügt Leo noch an, nimmt den Sohn seitlich in den Arm und verlässt gemeinsam mit ihm das Arbeitszimmer. »Und nun, mein lieber Sohn, lass gehen uns, da Deine Mutter auch auf Dich sich freut, sie sicher dich sogar ersehnt.«

Kyurizza wartet tatsächlich schon.

Erstes Amt

Noch auf der Kaiserpfalz zu Aachen, nur einen Tag nach der Zeremonie, ein weiterer Beleg für die Entschlossenheit des neuen Herrschers, finden die ersten Amtshandlungen statt.

»Eure Majestät, der Freude voll Euch darf begrüßen ich ... den meinen Dienst, ich trete zuverlässig an, das ist mein Eid, das ist mein Sinn und meines Herzens Inhalt auch«, spricht ein Notar, im Hintergrund zwei seiner Gehilfen, verbeugt sich vor Friedrich und erwartet den Auftrag an sich.

»Euch sehr wohl hier danke ich ... Ihr auch mir seid bekannt, Ihr treu dem Konrad habt schon Dienst erwiesen immerfort, und in der Sache gut, so besten Leumunds Ihr uns seid«, nimmt der König in seiner so gekonnten Verbindlichkeit die Begrüßung an, knüpft Anhänglichkeit damit und beginnt ohne Umschweife sogleich mit seinem Diktat.

»Dem Bischof Eberhard sei hiermit zugesagt«, beginnt er also das Notariat, »zu Konrads ewigem Gedenken, die seine Seite stets er hat gestärkt, dass künftig er verfügen darf, was Niederaltaich so erbringt ... ein weiterer Dank uns nur gebührlich ist, er Wibald Abt von Stablo gilt, danach dem Abt verbrieft das Amt und seine Zukunft sei, denn ihm besonders nahe stehe ich, wie ihm das Reich denn nahe steht ... und Welf, er ebenso verdient sich hat gemacht, zudem, die Linie uns verbindet auch, er soll Spoleto, die Toskana und Sardinien im Guten künftig führen uns ... und nicht zuletzt, den Vetter hier erhebe ich, auf dass im Land der Schwaben er doch folge mir, zunächst jedoch, das Land, als Vormund aber nur, sei mir noch unterstellt.« Kurz, klar und bestimmend, es braucht keiner weiteren Worte, der Notar weiß, was er zu tun hat, und so zieht er sich mit seinen Schreibgehilfen sogleich zurück.

»Eure Majestät ...«, hält Eberhard von Bamberg freilich die Form ein, alles ist noch zu frisch, seitlich sitzend, im Umkreis einige der Großen, »nicht würdig bin ich dieses Lohns, so nur noch mehr mein Dank Euch ist gewiss ... gestattet bitte nun«, er erhebt sich und winkt zum Eingang hin, »dass, wie gewünscht, der Herr von Dassel Euch sich zeigt.«

»Kommt näher gleich, auf Euch gespannt ich bin, dabei, wenn ich erinnere zurecht, ganz fremd nicht wirklich wir uns können sein«, begrüßt Friedrich daraufhin den Geladenen.

»Mein König Friedrich, ja ... wir einst schon uns begegnet sind. Es sehr mich ehrt, dass Ihr die meine Wenigkeit erinnert noch«, erwidert Rainald, sehr gleichaltrig, höflich wie selbstbewusst.

»Ihr wisst, Abt Wibald Euch empfohlen hat, doch, bitte, bringt Euch selbst hier ein«, leitet Friedrich das Gespräch weiter, »stellt ein wenig Euch und Euer Sinnen uns denn vor.«

»Wibalds Stimme als Geleit, das nur als weitere Ehre denn ich sehen darf, da sie bekannt Gewicht viel hat, und dankbar gleich an Rom ich denke auch, wohin den Abt einst durfte ich begleiten schon ... seitdem der eine oder andere Brief uns weiterhin in Bindung hält, in früher Zeit die unsere Freundschaft schon begründet liegt«, erhellt Rainald, mehr als nur höflich, also auch aufrichtig, die Beziehung, »mein König ... nun, was denn betrifft nur mich, Euch dienen möchte ich, allein darum mein Werben geht, nichts weiter mehr.«

»Es heißt, in Schrift und Wort der alten Sprachen Herr Ihr seid«, fordert der König weitere Unterrichtung ein, »vielleicht auch einer solchen noch, die ohnehin gesprochen wird ... und was daneben noch an anderem Fach Ihr sicherlich habt auch studiert?«

»Euch dazu Ja ich sagen darf, ob griechisch oder das Latein, und weiterhin französisch auch, all das, das schreibe, lese, spreche ich, und weiter noch, und nicht zuletzt, Philosophie und Recht belegte ich«, rundet Rainald sein Profil in breve ab, »in allem durchaus heimisch mich ich sehen darf.«

»So sagt mir denn«, geht Friedrich ohne Umschweife nun auf einen stets heiklen Punkt ein, »wie Ihr es seht ... der Mächte Rang von hier bis nach Byzanz, im Heute wie im Morgen auch, sagt bitte mir, was da ein deutscher König zu bedenken hat«, und lacht gemäßigt, doch recht locker, »aus Eurer Sicht ... die meine, freilich, mir ist wohlbekannt.«

»Verzeiht mir, Eure Majestät, nicht altklug ich erscheinen will, und auch nicht bin«, verhält sich Rainald etwas zögerlich bedeckt, na ja, doch eher nur bedacht.

»Darum den Mund Euch nicht schließt zu, denn was da wohlbedacht und unumgänglich ist zu tun, das alles durchaus und recht klar freilich ja schon in mir liegt ... nur, Rat wie andere Sicht, mein lieber Freund, beides auch ein König braucht ... wer, wenn nicht er, da viele Wünsche, diese oft sehr unbenannt, im Hofe wie auch anderswo den seinen Stuhl doch ewiglich umlauern, und das recht oft gezielt wie Hinterhalt ... so seid gelaunt und kommt heraus, der Eure Sinn im Hier und Jetzt mir zählt, das allein mein Wunsch doch ist«, forciert der König die Prüfung Rainalds Charakter.

»Es ist da Raum, denn redlich schwach derzeit der Welten Mächte zeigen sich ... der Papst in Rom nicht residiert, nach Lothar auch kein Kaiser ist gekrönt, Byzanz womöglich nach Sizilien äugt, wenn nicht gar weiter noch, Sizilien auf jeden Fall nach Rom ... und schließlich ... dieser Zeit wohl größtes Ungestüm der Bürger Aufbegehr ja ist, wobei, der Makel dort jedoch im Kern nicht liegt, der Mantel da die questio ist.«

»Führt Letzteres mir bitte aus«, reagiert Friedrich sehr konzentriert, denn zum einen findet er sich wieder in dem, was Rainald da sagt, zum anderen aber sieht er neue Aspekte, zeigt seine Neugier daran jedoch nicht wirklich.

»Mein Fürst, was dort in Rom, im Norden wie gen Süden auch, in vielen Städten neu entfaltet sich an Macht, wie eine Quelle aufersteht, die nie versiegt ... diese neue Kraft sich also breitet aus, was unumkehrbar mir erscheint, so also künftig Drei statt Zwei sich werden teilen das, was uns das Ringen immerfort begehrlich macht«, antwortet Rainald und macht eine kleine Pause, beide Männer schauen sich mit großem Respekt und höchst kontrollierter Begeisterung an, »und ja ... nicht der gemeine Mann es ist, der reckt und streckt sich dort, es freilich edle Herren sind, die einen reich, die anderen nicht, in jedem Falle literat, durchaus getrieben auch wenig durch das Geld, das unter ihnen sammelt sich, und auch nach Titeln strebt.«

»Ihr seid ein Mann nach meiner Art, da Ihr die Dinge seht wie ich«, gibt der König kund, ohne auf einzelne Gedanken einzugehen, »seid Ihr entschlossen auch, all das zu tun, was nur als nötig daraus uns sich zeigt?«, schaut Friedrich auf Rainald, und dann dezent auffordernd auf Eberhard.

»Getreu wir haben Mannschaft zugesagt, für einen Ritt zum

Kaisertum, und eine Zeit dafür wohl auch schon uns sich bietet an, da Eugen ja das seine Wort bereits gegeben hat, dem unseren Konrad zwar, es dennoch gilt, da letztlich es der Krone ausgesprochen ist ... doch ob danach der Weg uns weiter südwärts führt, das zu entscheiden, jetzt zu früh noch ist«, folgt die Antwort des Bischofs dem wortlos so erteilten Auftrag, »ganz unberechenbar Byzanz auch hierzu steht, und ja ... Sicilia ein Gegner könnte durchaus sein, doch ebenso, wenn gern es niemand denn auch hört, das Zeug zu einem Vorbild aber auch es hat.«

»An Tat ... zunächst der Ordnung hier im Land der Vorzug wohl zu gelten hat, denn ein Verfall zu wenden ist, Gesetze braucht es dafür mehr, auf das des Reiches Schutz sich vor Gericht und weniger durch Waffen wie durch Willkür zeigt ... nulla poena sine lege ... und erst danach, und aber dann, das Kaisertum zu neuem Glanz zu wecken geht«, gibt Rainald seine Sicht dazu preis, das Thema mit den Normannen einfach noch ausschließend, »nulla poena sine lege ... damit kein Irrgang Euch entsteht, gemeint damit ist freilich nicht, was uns die Kirche lehrt, wenn sie denn sagt, dass erst Gesetze offenbaren, was denn Sünde, was denn nicht geboten ist, denn das meint doch vor allem nur Verfehlung gegen Gott, wie es begann einst mit dem Apfelbiss«, die Runde schmunzelt.

»Fehlt das Gebot, dann ist die Sünde tot, ist das Gebot denn in der Welt, erst dadurch Sünde ist erhellt, erst dadurch wird sie denn erkannt ... so heißt es ... ja«, bringt Eberhard bestätigend ein, durchaus überrascht über Rainald, und erweitert den Aspekt, »daher Barmherzigkeit dem Herrgott so bedeutsam ist, sie mit der Schöpfung so allwissend mitgegeben war, denn Sünde geht in jedem Menschen vor, so Unser Herrgott Gnade sogar prima schon gewährt.«

»Das Thekalogos aber schon sehr weit das Recht der Weltlichkeit doch mitbestimmt ...«, gibt Erzbischof Arnold zurückhaltend hinzu, »was aber keineswegs bedenklich ist, mir ganz das Gegenteil.«

»Das unsere Recht in rechtes Licht gerückt sich so nur zeigt, Verbund im Guten nur besteht, sogleich, was denn der Kirche ist, ja ebenso für sich und aller Welt doch als erkennbar so ergeht«, zieht Graf Ulrich einen Schluss aus den vorgetragenen Gedanken, und hängt noch einen kleinen Schlenker hin zu den Ausführungen von Eberhard an, »vor allem denn das Gnadenrecht den höchsten Herren somit nur steht zu.«

»Ein Austausch an Gedanken, der mich sehr bestärkt, nicht eine Botschaft davon soll mir untergehen, doch jetzt«, führt Friedrich auf die offene Frage zurück, wendet sich also direkt an Rainald, »Ihr seht den Weg nach Rom als zweiten an, das deckt sich ganz mit unserer Sicht ... und dann, dann seht Ihr mehr noch als des Kaisers Krone mir?« Friedrich ist angeregt, bleibt dennoch ruhig.

»Der Vatikan geschwächt sich zeigt, marode Truppen, ein Gemisch von überall, ganz ohne Disziplin und schlecht bezahlt, dagegen können viele an ... ein starker Kaiser also ist gesucht, zumal, das Bürgertum sich weiter wird bewehren ... so Santa Sede wie auch Ihr, Euch gegenseitig Ihr denn braucht, die Kaiserkrone winkt gewiss«, bestätigt Rainald und bestärkt damit, dass er in Friedrich schon jetzt mehr als nur einen König sieht, »wie mit Sicilia es aber weitergeht, und ob das Reich einmal zu alter Größe wieder finden kann, beides noch mir Fragen sind.«

»Genug für heute jetzt es sei ... und wenn Ihr weiterhin mir also dienen wollt, Ihr ab sofort willkommen seid als weiterer Notarius«, beschließt der König, denkt jetzt doch schon an die Vorbereitungen für den Umritt, kommt aber doch noch einmal zurück, »so, bitte, haltet Euch zudem bereit für einen kleinen Kreis«, zeigt er dazu noch auf Eberhard und Ulrich, ziemlich neben sich, »bevor das Jahr ein Ende hat, dass mit nach Rom Ihr reist, damit dem Papst ein Angebot ergeht, das weiter auszuhandeln ist.«

»Mein König sehr mich ehrt damit ... allein Euch gilt von nun an, ab sofort, wozu mit Gottes Hilfe ich imstande bin«, verbeugt sich Rainald geboten, »und sollte jemals Quelle von Enttäuschung Euch ich sein, dann zögert nicht, und seid gewiss, wenn es so einmal sollte sein, die meine Treue zu Euch bliebe gleich«, und zieht sich zurück.

Eugen empfängt Legaten des Königs

Ein Stimmungswechsel im Senat hatte es ermöglicht, dass der Pontifex nach Rom zurückkehren konnte und gerade einmal wieder auf dem Lateran residiert, in einem Palazzo gleich neben der Basilica San Giovanni in Laterano. Vertraute waren eingeladen, die jetzt zusammensitzen, um sich abzusprechen, wie denn mit der schon avisierten Delegation des Königs am besten zu verhandeln sei.

»Der Briefe etliche uns Wibald schon geschrieben hat, doch dieser hier, er hebt sich ab, und Sorgen ganz besonderer Art uns löst er aus«, befindet Eugen gegenüber dem recht kleinen Kreis in seinem Amtszimmer, »dem neuen Herrn ... von Gott das Reich ihm übertragen sei und in geschenkter Eintracht dann der Großen Wahl die Krone ihm denn zugewiesen hat.« Der Bischof Roms schaut fast fassungslos in die Runde, »und hier«, er zeigt auf die Rolle, welche die Gesandten Bischof Eberhard von Bamberg und Erzbischof Hillin von Trier schon übergeben haben, »hier haben wir das Pergament, wonach vollendet alles ist, wonach uns nur berichtet wird.«

»Es erdreistet sehr, dass Euer Wort zu dieser Wahl in keinem Satz erbeten ist«, bringt es Rolando Bandinelli erbost auf den Punkt, und spricht damit sicher für alle, also auch jene Kardinäle, die nicht anwesend sind, »honor papam vulneratus est grandis.«

»Rolando, dem nur beizustimmen einzig ist, es keiner Worte weiter denn bedarf«, schließt sich Corrado della Suburra an, »doch immerhin ... enthalten ist der Treueid, der Konrad unverändert folgt, und weiterhin ... da Unser Herrgott denn als erster seine Stimme gab, doch entwertet nur die Wahl der Großen ist.«

»Du meinst, mein Freund, wenn alles denn wir klagen ein, mehr als Verdruss dann nur entsteht, und auch Verwirrung noch, so, besser sehen wir, die Stimme Unseres Herrgotts uns auch immer gilt, das wohl die Brücke ist, die besser überqueren wir, und dann ... der unseren Linie nur noch folgen treu, damit kein Bund zu anderen entsteht«, eher feststellend als fragend beendet Eugen damit die wirklich kurze Absprache über die Verhandlungsstrategie ab, da auch niemand weiter sich zu Wort meldet, »des Kaisers Krone gegen Schutz dem Neuen also übertragen wir ... alea iacta est.«

»Des neuen Königs tabula consanguinitatis kurz noch zu bereden ist«, erlaubt sich Corrado noch einzubringen, »erstellt von Wibald, dem an Treue zu Euch hin nichts an Zweifel inne liegt ... ihm hier jedoch ein Auftrag wohl gegeben war, von ihm gehörig nur erfüllt, da wortkarg denn die Zeilen sind«, übergibt Corrado mit einer dezenten Geste das Thema aber nun an seinen Nachbarn weiter.

»Nun, nach erfolgter Prüfung hier zu sagen ist, dass Nähe in Familie zweifelsfrei besteht, ja sogar mehr, als eben diese Tafel gibt schon preis, was, nebenbei, den Abt nur exculpiert, wenn überhaupt ein Fragezeichen kam je auf, für uns ja nicht«, folgt Kardinalpriester Alberto di Morra, guten Alters, der Geste, »so sehr der Ehe Ende also sich von selbst denn schon ergibt«, fährt er noch fort, »mein Rat, er dennoch Billigung allein empfiehlt.«

»Dann lasst im Segen Unseres Herrn«, bekreuzigt Eugen sich, »Empfang und Handel jetzt sogleich beginnen ... fac mecum Domine signum in bonum ... die Legaten sind schon da?«

»Das Kolleg ... wie die Legaten auch«, antwortet Kardinalpriester Bandinelli. So steht der Papst auf und geht voran, die Vertrauten folgen, alle betreten daraufhin einen größeren Rittersaal. Dort in dem oberen Ende steht mittig der eine Stuhl, links und rechts daneben je drei, etwas kleiner, und ein wenig identisch. An den seitlichen Wänden davor, in die Tiefe des Raumes zum Eingang hin reichend, stehen jeweils etwa fünfundzwanzig ebensolche Stühle, alle schon besetzt mit Kardinälen, Plätze für Gäste, eingangs mittig, sind unbesetzt. Der Papst nimmt seinen Platz ein, die Vertrauten daneben. Corrado gibt ein Zeichen an die Türdiener, die Gesandtschaft tritt ein und geht auf die Mitte zu.

»Anzuerkennen ist, wie gut dem jungen Herrn die Auswahl der Legaten schon gelungen ist«, flüstert Alberto hin zu Rolando Bandinelli, von dem darauf, wenn auch etwas widerwillig, ein Blick der Zustimmung kommt.

»Ehrwürdiger Vater, Hüter Roms, Hüter unserer Heiligen Mutter Kirche ...«, Hermann von Arbon, Bischof von Konstanz, in gutem Alter schon, geweiht durch Innozenz, einen der drei Vorgänger Eugens, deutet die gehörige Verbeugung an, die Begleiter tun es ebenso, »welch eine Freude uns bereitet ist, da Eure Heiligkeit Empfang und Unterredung uns gewährt, und das zudem im Lateran.«

»Mein Sohn, Dir danke ich, wie Euch allen auch, dass Ihr den weiten Weg, den diese Zeit nur weiter macht, Euch aufgeladen habt hierher ... wenngleich, der Grund dem einen Trauer löst, dem anderen auch Zuversicht ... nun ja, condicio eins dem anderen durchaus immer wieder ist, fürwahr ...«, fasst Eugen in Pietät und einem philosophischen Schlenker den Anlass der Reise der edlen Herren und deren Mühe zusammen, »so stellt Euch bitte uns nun vor, da jedem hier in unserem Kreis nicht wirklich so bekannt ein jeder von Euch ist«, zeigt sich der Papst nun väterlich, mit einer dezenten Geste seiner Hand, wie es eben seines Amtes auch nur gehörig ist, lächelt Hillin und Eberhard dabei recht vertraulich zu, denn beide kennt er gut und schätzt er sehr, er selbst hatte beide mit dem Pallium geweiht.

»Der Bischof einst ...«, zeigt Hermann auf Anselm von Lüttich Bischof von Havelberg, ebenfalls in gutem Alter stehend, »Legat in Euren Diensten war, zuvor er Lothar diente schon, und unter Konrads Auftrag auch er stand ... mit Wibald lang befreundet ist, so Ihr Euch wahrlich wohl erinnern mögt.« Eugen begrüßt Anselm daraufhin mit einem Lächeln und einer seligenden Geste, aus dem Amt und vertrauensvoller Bekanntschaft heraus.

»Sodann der Graf von Lenzburg das Geleit uns füllt ... vom Hofe Konrads her befreundet schon dem neuen Herrn, und treu zu Konrad wie zu Friedrich auch ... unter dem Kreuz er hat gedient«, fährt Hermann fort, Ulrich deutet eine Verbeugung an, Eugen lächelt anerkennend, die Einbindung des neuen Königs hat er wohl bemerkt, und schenkt nun auch Hermann ein Lächeln und einen Seligkeit spendenden Blick, denn auch die beiden kennen sich, schon aus der Zeit um Innozenz.

»Und Euch, mein Sohn, sowie auch Euch«, spricht Eugen,

und schaut auf Ardicio Graf Ardizzone di Castelli Viscovo di Como und auf den Richter Acerbus Morena di Lodi, etwas jünger als sein Landsmann, beide verneigen sich, »Ihr freilich allen recht bekannt hier seid ... Ihr Euch habt eingefügt, ich nehme an, mit gutem Grund.« Der Bischof und der Richter verbeugen sich, wortlos.

»Und Ihr, mein Sohn ... nun ja ... so ganz fremd Ihr letztlich nicht erscheint ...«, wendet sich Eugen Rainald von Dassel zu, »doch, bitte, ebenso Euch stellt uns vor.«

»Heiligster Vater ... vor Euch in Demut und gering an Wert als treuer Sohn der Kirche stehe ich ... mit der legatio meinem König voll der Ehre hier ich dienen darf, dienen als Notar, Rainald von Dassel denn mein Name ist«, präsentiert sich Rainald, in einer sich verbeugenden Bewegung, devot und geboten kurz.

»Seiner Heiligkeit Ihr einmal ward schon vorgestellt, ich denke schon, der Seite Wibalds helfend zugesellt ... und dann ... aus Reims einmal zu Euch zu hören war«, greift Alberto di Morra helfend ein, sich für alle anderen erinnernd, »den Bischof Bernhard Ihr vertreten hattet dort.« Einzelheiten bleiben erspart.

»Eure Eminenz ... mich sehr Ihr ehrt«, verbeugt sich Rainald in die Richtung des Kardinals, wendet sich jedoch gleich und dabei ruhig zurück zum Pontifex, »Hildesheim, die Schule dort bedeutet Grundstein mir, dem Bistum weiterhin sehr zugeneigt ich bin.«

»Vermisste ich doch Wibald schon, den so getreuen wie auch klugen Sohn, so über diese Post und über Euch er doch sehr gegenwärtig ist«, beendet Eugen diesen Teil des Empfangs, da nun auch die übrigen Kardinäle jetzt mehr oder weniger wissen, wer da nun alles vor dem Heiligen Stuhl steht, »Euer Begehren tragt nun vor«, spricht der Papst seinen Bischof an.

»Eure Heiligkeit und Eure Eminenzen hier«, beginnt Bischof Eberhard von Bamberg nun diese heikle Verhandlung, verneigt sich dabei, »Gott, der Herr, er über Konrad gab sein Wort … ego testis sum … der Großen Wahl ist dem gefolgt … sic denuo habemus regem … Friedrich unser neuer König heißt, jung und doch gefestigt schon, als Herzog kam er uns aus Schwaben zu, Konrad einst sein Onkel war …«, so lässt Eberhard seine klaren Worte kurz wirken, »Eurer Heiligkeit zu dienen wie ein Sohn, wie unserer Kirche auch, darin den Sinn der Krone Konrad sah, auch Friedrich das in seinem Herzen trägt, so Euch durch uns es als versprochen gilt, wie sehr er jeden, der Euch Feind, er jeden wie den eigenen sieht«, führt Eberhard aus und zeigt dabei erneut seine Ehrerbietung. Schweigen ist zu vernehmen, und das wird sogleich genutzt.

»Consensus et concordia, das für den Oheim Schlüssel seines Handelns zu und mit dem höchsten Bischof war, er nunmehr liegt in meiner Hand, zum Vatikan geschaut darin ich fahre fort, so denn der Schutz, der einst der Mutter Kirche zugesagt, die meine Pflicht nun ist, sie willig und gehorsam übernehme ich … das des Königs Worte sind«, zitiert Ulrich Graf von Lenzburg den König, seinen Freund, um die Stille geschickt und vor allem sinnstiftend zu füllen, um auch Beitrag zu leisten für ein gutes Ergebnis, »so wird der König kommen, alle Feinde zu vertreiben Euch, auf dass der Heiligen Mutter Kirche Ehre wie auch Ruhm wie Prächtigkeit zurückgegeben endlich wieder sind.«

»Heiliger Vater«, verbeugt sich Bischof Anselm gebührlich und ergänzt, da Ulrich an diesem Hoftag im Oktober nicht zugegen war, »dieses Gelöbnis coram omnibus seit Würzburg schon besteht«, schafft zudem mit geöffneten Armen eine Geste des respektvollen Willkommens um sich herum und fährt fort, »Euren Eminenzen hier, vermute ich, nicht allen Kunde von dem Hoftag doch schon zugetragen ist, der Schwur hiermit und dadurch allen nun bestätigt sei«, fügt er sachlich an und fährt mit einem eher raffinierten Gedanken geschickt diplomatisch fort, »ja, freilich andere Fragen auch es gab, so, wie vielleicht Ihr doch schon wisst, auch um die Freundschaft zu Byzanz es ging.«

»Du, Eberhard, mein Sohn, getreuer Zeuge bist, auch hier vor uns, dass Gott der Herr durch ihn gesprochen hat«, spricht der Heilige Vater einlenkend, was Eberhard sogleich und erneut bestätigt, jetzt, indem er sich leicht verbeugt und bekreuzigt, und fährt fort, »dass Unser Herrgott, der Allmächtige, den König zu sich rief, bevor mein Gruß ihn hat erreicht ...«, Eberhard wiederholt seine Gesten und stärkt damit die päpstliche Ehre, die der Papst sich zu bewahren gerade fleißig selbst dabei ist.

»Erlaubt, hochheiligster Vater mir, der ich bei dieser Wahl war auch dabei, ein weiteres Wort zu geben Euch, wobei vonnöten es fürwahr nicht ist, da Einigkeit allein bestand«, bringt Acerbus sich ein, deutet eine Verbeugung an, Eugen schaut dankbar und wendet sich dann Ulrich zu.

»So fahrt denn fort, mein Sohn.«

»Für König Friedrich weiterhin in seiner Wahl enthalten ist, des Kaisers Würde und der Krone Glanz in einen Stand zu bringen, den es einst schon gab«, äußert sich Ulrich daraufhin, jung wie der abwesende König, und gerade, als er noch anfügen wollte, dass der Papst es ja schon entschieden hatte, eine Kaiserkrönung vorzunehmen, wenn auch für Konrad, nimmt einer der

Kardinäle das Wort an sich, was sich aber letztlich als durchaus günstig erweist.

»Gemeint wohl ist, die Krönung alledem voranzustellen?«, wendet Kardinalbischof Nicholas Breakspear etwas skeptisch fragend ein, er befindet sich in einem schon besseren Alter, mit freilich entsprechender Selbstverständlichkeit, letztlich aber treten alle hier sehr souverän auf.

»Der Schutz der Kirche Pflicht uns ist, doch sicher zugesagt die Krone hat zu sein bevor, denn, wie Ihr sicher seht mit uns, das schon Respekt und viel Besinnung schafft, was gut schon für den Weg gewiss uns allen ist«, ergreift der Erzbischof von Trier das Wort.

»Dann lasst zudem uns klar die Worte fassen, dass doch keinem je von uns ist freigestellt, allein zu schließen einen Pakt mit Bürgern Roms wie auch Ruggero di Sicilia, dazu es unabdingbar ist, Ihr gebt schon jetzt darauf das Wort, wonach Byzanz nicht einen Fuß auf unser Land mehr setzen darf«, benennt Alberto di Morra zwei und zudem sehr gewichtige Bedingungen einer Krönung, in einem Ton, dem Widerspruch nichts zählt.

»So soll es sein«, bestätigt Hillin, ohne nachdenken zu müssen, kurz und verbindlich, und zeigt dabei wieder eine Verbeugung gegenüber dem Heiligen Vater an.

»Die Bürger Roms, sehr korrumpiert sie sind, da einer, der aus Brescia kommt, Arnaldo er genannt, sich sehr der Häresie bedient«, erweitert Nicholas den Blickwinkel, also den Rahmen der Verhandlung, »verbannt schon einst, befreit davon ... doch seinen Eid er brach, daher der Mann zu überführen ist an uns.«

»So soll es sein, getreu dem Wort«, bestätigt Erzbischof Hillin auch diese Bedingung, »und so den Rittern aufgegeben wird ...

daran vorbei und nur dazu ... Gehorsam wieder herzustellen hier in Rom ...«, fährt er fort und setzt dann eine kleine Pause ein, »doch eines Euch noch anzutragen ist, Verständnis nur erbitten wir ... der Weg nach Rom, er setzt voraus, dass Ordnung herrscht im eigenen Land, die herzustellen Zeit es aber braucht, zumal, nicht jeder Fürst der Kirche dort dem Eurem Denken voll und ganz ist zugeneigt.«

»Die Zeit, die da erbeten ist, sie herzugeben, fällt nicht leicht, da Rom uns schon im Nacken liegt, vonnöten aber sie erscheint, daher, der Punkt, er leuchtet ein ...«, bestätigt Ugo de Chalons, Kardinalbischof von Ostia, nolens volens, und fährt dann fragend fort, »der Großen also wohl es welche gibt ... die gern an anderem Ort Ihr lieber seht?«

»Gemeinsam aber, selbstverständlich nur mit Euch, ein consens Wunsch uns ist, bevor denn solche Dinge sind bewegt«, übernimmt Eberhard an dieser Stelle, mit dezenter Verbeugung, was, wie erhofft, der Stimmung gut tut, da er als treuer Sohn der Kirche spricht, was denn auch zum Erfolg führt, und so wird, in einem der Fälle, sehr bald der zuvor zum Reichskanzler erhobene Arnold von Seelenhofen zum Erzbischof von Mainz geweiht.

»Da noch das Pergament hier zu behandeln bitte ist, das Wibald unserer Sorgen treu für heute hat verfasst«, fügt Rainald bescheiden an.

»Euch zwei Legaten werden zugetan, auf das gemeinsam dort wird investiert, wo der Regalien Sinn uns neu es abverlangt, auf das auch dieser Euer letzter Punkt in Eurem Sinn geregelt werden kann«, hält Corrado direkt wie diskret fest, und übergeht dabei elegant den Hinweis auf Wibalds Treue, »und all das, worüber einig nun wir sind, zugesagt ganz ohne List und böse Absicht ist ... sine dolo et insidiis.«

»Der Herr die seine Hand stets halte über Euch, auf dass vor allem Übel Ihr denn seid bewahrt, alleine er allmächtig ist ... gloria in excelsis Deo«, segnet Eugen die Legaten und beendet somit akzentuiert wie bemerkenswert freundlich die Verhandlung, erhebt sich und geht. Die Gesandtschaft verbeugt sich und wartet ab, bis der Heilige Vater und seine Beisitzer den Saal verlassen haben, die Kardinäle an den Wänden sind mit dem Papst aufgestanden, sie gehen aber als letzte.

Ende einer Ehe

Nach etlichen Monaten der Reise durch die Lande findet Friedrich ein wenig Ruhe in Trifels. Der nächste Reichstag ist schon angesetzt, und so befindet sich Friedrich allerdings auch nicht wirklich zufällig auf dieser Pfalz. Der Grund sitzt in Fensternähe und stickt, einige Damen befinden sich im Hintergrund des Raumes, sie tuscheln.

»Es heißt, der König komme bald, doch nicht aus dem Gemach der Königin«, flüstert die eine in eine kleine Runde von vieren, und zupft sich ihr Kleid zurecht, »wann überhaupt zum letzten Mal von dort zu sehen er gewesen war«, und sogleich stellt sich leichtes Kichern ein, und so leise es auch ist, Kichern wird immer gehört, Adela von Vohburg, auch Herzogin von Schwaben, ignoriert es aber souverän, sie kennt das Gehabe, und es kann ja auch anderen Grund als ihre Person geben.

»Niemand sich erinnern kann«, erwidert eine andere der Damen, meint es aber nicht so böswillig, wie es klingen mag, »doch niemand auch nun ständig vor der Kammer steht.« Die anderen lächeln freundlich und amüsiert, werden nun aber durch Tatsachen beschäftigt, bevor ein Gespräch sich weiterspinnen kann.

»Liebe Freundin, ungezogen, fast auch widerlich es ist, doch immer wieder menschlich nur, und selbst dort es ungeschminkt geschieht, wo Bildung und Erziehung, meint man doch, vermuten lassen dazu nichts«, spricht Gesa, nicht laut, aber hörbar, »wo Langeweile denn den Anstand wie Manieren quält.«

»Du meinst die Damen dort im Hintergrund, nun ja, zu mehr sie heute wohl auch taugen nicht«, erwidert Adela mit dankbar liebem Blick, »nicht wirklich auch verletzt es mich, da diese doch ...«

»Eure Majestät, der König Euch zu sprechen wünscht«, die Stimme eines Dieners bringt nun Belebung in den kleinen Saal, Friedrich tritt ein, der Diener schließt die Tür und hält sich bereit.

»Friedrich, Du?« Gespielt überrascht war Adela aufgestanden und hatte sich ihrem Manne zugewandt, »des meinen Herzens Ruf Du sicher hast gehört«, fragt sie irgendwie lieb, doch auch mit sehr leicht ironischem Unterton, »Gesa ... bitte bleibe hier«, spricht sie dann zu ihrer liebsten Freundin mit gezieltem Wort und feinem Ton, »da Deine Nähe gut mir tut«, und so zieht Gesa sich kaum zurück, soweit weg, wie es der Saal zulässt, dabei der Freundin so nahe bleibend wie nur möglich. Der König war derweil herangetreten.

»Adela, ja ... doch auf dem Weg, gar viel es gibt zu tun, die Zeit mir also knapp bemessen ist, es durchaus leid mir tut«, erwidert Friedrich die Begrüßung recht unbeeinflusst, geht auf seine Gattin zu und leitet seine Sache ein, »nicht fremd mehr sollte Dir es sein ... was meiner Pflicht nach nun zu sagen ist«, und schaut so mit ruhigem Gesicht, ohne Lächeln, aber nicht unfreundlich, auf Adela, »und, bitte, glaube mir, Bedauern füllt mich dabei aus, so hier vor Dich ich trete hin ... wie einst der Hof, wie es den Zeiten ja geziemt, Du weißt, Du kennst Dich aus, genau das erste Laken hat geschaut, und dann nur noch auf Deinen Bauch, Erwartungen, sie stehen an, sie nur gewachsen sind ... so auch des Hofes Ungeduld«, wird Friedrich recht unmittelbar deutlich, mit einem Argument klug beginnend, dem nur schwerlich widersprochen werden kann.

»Mein Herr und König, Friedrich mein, da ein gerechter Mann Du bist, ein offenes Wort erlaube mir ... seit langem schon Verlangen Du nach mir nicht zeigst, wie da in guter Hoffnung kann ich sein, wie Zweifel da nur können kommen auf ... so, schau nur her und fass nach mir, und lass nicht los ... so wird es Freude und den Erben Dir schon bringen«, erwidert Adela fest den Blick ihres Mannes, dreht sich etwas kokett und wendet sich zurück, Getuschel im Hintergrund.

»Von hier schon an zurückgeschaut, Verlust sie zu erleiden hat, doch, bliebe nur die klösterliche Welt am Ende ihr erspart, die eigentlich umringt sie schon, so denn die Zukunft nur Gewinn ihr bringen kann«, flüstert eine der Damen einer anderen zu.

»So ganz und gar die Dinge ohne sie wohl stehen nicht, wobei, das zeigt sich schon, allein die Einsamkeit wohl arg viel hat bewegt«, antwortet die Angesprochene, ebenso dezent, »doch recht keck dabei sich hin sie stellt.«

Friedrich wirft einen Blick auf sein Weib, und, na ja, Unrecht hat es wahrlich nicht. Doch, leider, sagt er sich, zu hinreichend Liebe hat es bisher eben nicht geführt. Allein der Handel war geglückt, politisch klug, denn er hat Ländereien eingebracht.

»Erinnere doch bitte auch, da noch ein zweiter Grund besteht,«, fährt Friedrich stoisch, aber weiterhin nicht herzlos fort, »wonach Du mütterlicherseits geschwisterlich verbunden bist dem Vater meines Vaters Vater ... Iustitia so also zwingend auf uns zeigt, sie damit gegen das sich stellt, was einer Ehe Wert bestimmt ... es kommt hinzu, nicht länger zu verhehlen ist, wenn auch Verweis darauf als nur unschicklich gilt ... dass manche Augen Dich auf Wegen außerehelicher Freuden sehen.«

Die bis jetzt gewesene Stille zwischen den wenigen anwesenden Damen, sie wird nun schlagartig abgelöst durch eine andere, die wahrlich nicht mehr zu überhören ist, mit einer Tiefe, in die wohl niemand stürzen möchte.

»Allein das hier und jetzt ich strahle aus, so mit Bedauern und mit Liebe nur, und aufrecht aus all dem heraus«, ergreift Adela, durchaus stolz, aber nicht überheblich, nicht schuldig, wieder das Gespräch und spendet dem Gemahl einen offenen und warmen Blick, »doch in Dir sehe ich, das Ende ist bestimmt ... ein Werben, nenne es auch Kampf um Dich, daher vergeblich mir erscheint, sodenn mich füge ich, mit Schmerz und Wehmut zwar, doch in dem Wissen auch, wie sehr ich unbescholten bin ... erlaube nur, die eine Bitte stelle ich ... erlaube mir den eigenen Weg«, und beendet es nun, deutet eine Verbeugung an, und geht, die Freundin folgt in gleich ruhigen Schritten, die Damen verneigen sich gebührend, ein Diener öffnet die Tür, eines Signals dazu bedürfte es selbstverständlich nicht. Friedrich schaut ihr nach. All das entspricht nicht seinem Gerechtigkeitssinn, denkt er dabei, seinem Herzen und seiner Pflicht aber schon, bekennt er sich vor und für sich selbst, und so zählt, dass er der Mann und König ist. Dem Wunsch, so sagt er sich noch gleich, dem wird er nachkommen, das ist das Mindeste, was er tun kann. Sodann geht auch er, an den höflichen Damen vorbei, hin zu seinen Aufgaben, von denen er ja tatsächlich genug nur hat.

»Adela gütlich nun auf neuen Wegen ist«, flüstert die eine der anderen Dame zu, »das sollte gut doch ihr nur tun, von Herzen ihr das wünschen wir.«

Hoftag zur Kaiserkrone

Es ist März, ein erfolgreicher Reichstag in Burgund, und der Ritt von dort liegen hinter dem König. Der jetzige Hoftag wird im Münster von Konstanz abgehalten, Hermann von Arbon, ein Vertrauter des Königs, ist amtierender Bischof.

»Mein lieber Wibald, bitte seht mir nach, dass nicht Euch ich habe abgesandt ... genug der Arbeit hier sich findet doch, und dafür Euer Rat und Eure Hilfe nicht ersetzbar mir erschienen sind ... und nicht zuletzt, was eine Reise nach Italien auch so abverlangt, wie Ihr gut wisst, da eine solche vor nicht langer Zeit gerade hinter Euch Ihr habt gebracht ...«, bemüht sich Friedrich, da er bemerkt hatte, dass Wibald verärgert ist, nicht nach Rom gesandt worden zu sein, da doch er als der große Vermittler gilt, zurecht, wenn es um die Kontakte zum Papst und zum Klerus geht, »und auch ich weiß, dass Eurer Meinung nach Erfahrung der Gesandtschaft fehlt, dem Eberhard davon nicht viel Ihr gönnt, sicher aber ich mir bin, und also, bitte, seid gewiss, die Auswahl nicht zu Eurem Schaden war und ist«, erläutert Friedrich bestimmend, denn er möchte Wibald keinesfalls verprellen, hat halt ehrliche Zuneigung, hat aber auch seine Autorität einzusetzen, »ganz ungeachtet Eurer Stellung hier im Reich und auch im Vatikan, sehr teuer Ihr mir seid ... und bleibt.«

»Enttäuschung da schon in mir ist, die Majestät jedoch seid Ihr«, erwidert Wibald, fast schon etwas anmaßend, worüber Friedrich in diesem Falle allerdings hinwegsieht, denn sein Ehrgeiz zu der Sache in Rom und seine Nähe zu Wibald stehen hier einmal höher als der kleine Ärger um die Ehre.

»Ihr seid und bleibt mir Wert, mein Freund«, wiederholt der König seine Botschaft, Wibald ist denn eben auch einer der wenigen, der als Carissimo angesehen wird, obwohl er bei Fragen der Politik nicht immer ganz auf der Linie liegt, in einem sehr hohen Maß aber ist er aufrecht und loyal, »den Hoftag also nun beginnen wir«, spricht er nun eröffnend und sendet dabei ein feines Zeichen.

»Die Euren Eminenzen, sehr willkommen Ihr hier seid, so, bitte, näher tretet denn«, Hermann von Friedlingen, Domherr zu Konstanz, jung an Jahren, dem amtierenden Bischof assistierend, darf die drei Legaten des Pontifex begrüßen.

»Herzlich für Empfang und Unterkunft Euch danken wir, doch vor allem Euch zu Eurer Wahl an Grüßen nur die allerliebsten auszurichten, übertragen uns denn ist, was uns höchst gern sei hiermit ausgeführt ... unser aller Vater, Seine Heiligkeit, Euch die seine Liebe sendet wie dem eigenen Sohn ... für heute und für immerfort«, beginnt Kardinal Gregorius das Gespräch, nachdem alle ihren Platz vor dem König erreicht haben. Die deutschen Fürsten sind erleichtert, Rainald schmunzelt in sich hinein.

»Des Sohnes Dank dafür nehmt bitte mit, und wenn in Rom zurück Ihr seid, dann bitte richtet auch noch aus, wie sehr schon Freude in mir ist, der Unseren Heiligkeit wie auch der Mutter Kirche treu zu dienen wie nach außen ihrer Herrlichkeit allein nur hehr zu sein ...«, erwidert Friedrich, gehörig wie selbstbewusst, »und die Gemächer, die Euch vorbereitet sind, sie mögen nur die unsere Herzlichkeit, die hier Euch schon entgegen eilt, erlebbar machen Euch auch dann, wenn Ihr in ihren Wänden ruht.« Die Kardinäle bedanken sich mit höflichem und eher reserviertem Lächeln, und einer angedeuteten Verbeugung hin zum König.

»Eure geschätzte Majestät, sodann den unseren Pflichten dürfen folgen wir, und legen vor, was an Vertrag fest abgesprochen ist«, erwidert Kardinal Bernardo und zeigt mit einer Geste auf das Pergament, das auf einem Tisch liegt, »der Einigung gemäß die Rolle jedem Punkt genau entspricht ... und sie bereits gezeichnet ist, des höchsten Bischofs Siegel trägt.«

»Jedes Wort sehr sorgsam haben wir geprüft«, wendet sich Erzbischof Arnold von Köln, inzwischen auch Reichserzkanzler, an den König, »und nicht ein Jota des hier liegenden Vertrags weicht ab, macht uns besorgt ... so Euer placet nur noch fehlt«, nimmt die Rolle dabei auf und öffnet sie.

»Auf dass der Segen Gottes jedem Wort wie jeder Zeile Geist nur das Gesagte und Gewollte flöße ein ...«, bekreuzigt sich Ricardo Cardinale di San Giorgio.

»Eurem Gebet für diesen Bund aus vollem Herzen folge ich«, freut sich Friedrich, unterschreibt und schaut dann auf, »sodann die Zeugen aufgerufen sind ... kommt nacheinander her«, sagt er unnötigerweise, doch ist es nett, und so treten dann die Unterhändler Eberhard, Ulrich, Anselm und Rainald sowie die Kardinäle und der sie begleitende Kaplan Gottfried von Viterbo, schließlich weitere, auch Wibald, nach vorn und zeichnen ab. Bischof Hermann von Konstanz übergibt den Kardinälen ein Exemplar, nachdem Tinte und Siegel trocken sind.

»Auf dass das neue Band uns allen nur zum Wohl gereicht«, beschließt Kardinal Bernardo die doch sehr getragene Stimmung und führt diese mit seinen Worten tatsächlich zurück in eine gehobene Leichtigkeit.

»Für Eure Zeit in unserem Lande nun, da Arbeit uns gemeinsam bindet mehr noch als nur einen Tag, im Geiste neuer Freundschaft und Verbundenheit Euch gehabt denn wohl«, entlässt der König die Legaten, die nicht weiter anwesend sein sollen, die sich aber auch gern und sogleich zurückziehen, wohlwissend um einen noch anstehenden Beschluss des Hoftags, den sie nicht so mögen.

»So tragt denn Eure Klagen an, zu denen Euch Gehör genügend nicht bisher gegeben war«, spricht der König nun in die Menge hinein, den einen Beschluss noch wegschiebend.

»Eure Majestät ...«, ertönt es da, nach kurzen Momenten der Stille ermutigt, weil sonst sich niemand meldet, »so Euer Ohr in Gnade bitte wendet uns doch zu.« Zwei aristokratische Erscheinungen lösen sich aus einer kleinen Gruppe von Kaufleuten, nachdem Arnold ihnen auffordernd zugewunken hatte, sich doch zu nähern. Jeder von ihnen schultert ein Kreuz, was schon vorher aufgefallen war, und so treten beide dann nach vorn, ein Auftritt, der größtes Erstaunen auslöst, ja schon eine leichte Erschütterung hörbar werden lässt. Acerbus Morena di Lodi folgt diskret.

»Aiuto, aiuto ... in größter Trauer Euch wir flehen an«, beginnt Albernardo Alamano, beide werfen sich dann dem König zu Füßen, jeder mit einem Kreuz noch auf den Schultern. »Ihr allein, Ihr unserem Land der König seid, daher, im Namen unserer Heimatstadt ... wir klagen an«, fährt Albernardo fort, durchaus theatralisch, letztlich aber doch überzeugend in der Sache und dem Schmerz, in der Vermittlung des schon erlittenen und wohl noch zu erwartenden Leids.

»Erlaubt mir, Eure Majestät«, bringt Acerbus sich helfend ein, er steht jetzt etwas seitlich, Friedrich zeigt eine Geste der Begrüßung, man kennt sich ja gut, und nickt, »Consul Albernardo Alamano ...«, spricht der Richter, selbst auch Konsul, und zeigt auf den edlen Herrn gleich neben sich, »sowie Maestro Omobuono ...«, dann auf den daneben, »aus Lodi beide Herren sind.«

»Erhebt Euch bitte und erklärt«, wendet sich der König den beiden schon sehr beeindruckt zu.

»Verehrten Dank schon jetzt Euch schulden wir, da Ihr uns Redezeit gewährt«, ergreift Albernardo erneut das Wort, der deutschen Sprache sehr gut mächtig, »um Eure Hilfe bitten wir, da Mailand uns tyrannisch weiterhin verfolgt, der Freiheit und der Rechte uns beraubt ... und jüngst, sehr wohl, den Markt noch uns verboten hat ... nichts also mehr uns bleibt, allein die Kirchen und die Häuser bisher man ließ stehen.«

»Das lange Leid von Lodi Ihr wohl kennt«, ergreift Acerbus diplomatisch Partei, »jetzt über vier Dezennien her es ist, da unsere Häuser, unsere Stadt, dem Boden wurden gleichgemacht, die Bürger, alle, ohne Unterschied, vertrieben oder hingerichtet wurden dann ... das alles, in den Mauern dieser Stadt, mein Vater, noch als Kind, mein Vater miterlebt es hat, so hier als Zeuge spreche ich, wonach es eine Feindschaft gibt, die nur aus Neid und Ehrgeiz so unsäglich überheblich sich denn nährt, die offenbar das Wohl von anderen nicht einen Tag ertragen kann.«

»Des Ottos Sohn Ihr also seid«, wendet Bischof Eberhard von Bamberg erklärend ein, »auf Eures Vaters gute Dienste Konrad oft schon hatte aufgebaut«, Acerbus verbeugt sich dankend in die Richtung des Bischofs, dessen Aufmerksamkeit sich sodann gleich wieder den beiden Lodesern zuwendet.

»Demütig Euch wir flehen an«, stellt Albernardo konkret seinen Antrag, »der Signoria dieser Stadt gebt den Befehl, den Markt uns freizugeben ab sofort und zu belassen uns auch ewiglich … um Überleben geht es hier.«

»Euer Bericht ergreift uns sehr, und nicht allein damit ich stehe hier«, bemerkt Friedrich, da er sieht, dass auch seine Gefährten voll des Grolles sind, Mailand ist zudem mächtiger Treiber der dritten Kraft, »wie Euer und das meine Recht von denen dort missachtet ist, so unser Mitgefühl wie unser Zorn, beides ab sofort Euch einen Schild beschafft, den nunmehr Eure Stadt und auch das Land darum sehr zuverlässig um sich hat«, entscheidet der König und geht somit unbedingt auf die Bitte der beiden Edelmänner ein, wendet sich dann an einen Notar seiner Hofkanzlei, den er gefällig im Hintergrund von sich weiß, »so schreibt gleich einen Brief, in aller Klarheit denn, dass jedes Wort dem vorgetragenen Leid nur voll und ganz entspricht und mein Gebot sehr zwingend macht … Widerstand dagegen nur des Reiches Härte ruft … so Euch«, wendet er sich zurück zu den Herren aus Lodi. »Euch zugesichert sei, dass eine solche Schandtat Billigung durch uns gewiss und nie erfahren wird, Strafe aber schon. Zunächst jedoch das Wort soll sehen, ob es richten kann, Legat Signor Sicherio es unverzüglich überreichen und besprechen wird.«

»Lodi Euch dafür zutiefst verbunden ist«, spricht Omobuono den Dank der Stadt aus, die drei Lodeser verbeugen sich und treten zurück. Die beiden Kreuze waren inzwischen abgelegt und von Dienern in die Kirche ihrer Herkunft zurückgetragen worden.

»Des Hoftags Ende damit ist erreicht ... und noch ein Stück Gerechtigkeit dazu«, spricht der König zu den Anwesenden, zufrieden über den Verlauf, und gibt nun dem gastgebenden Bischof mit einem Zeichen das Wort.

»Des Herrgotts Segen Euch begleiten mag, auf das wir froh und einig auf des Reiches Sachen schauen ... wie auf die eignen auch«, wendet sich nun Bischof Hermann von Konstanz an alle Anwesenden und zeichnet das Kreuz, »in nomine patris et filii et spiritus sancti«, wechselt dann mit kleinem Kreis in das Chor des Münsters und annulliert dort die Ehe des Königs mit Adela von Vohburg. Wie elegant für den Heiligen Stuhl, dürfte Eugen sich in dem Moment wohl sagen, wüsste er es so genau, weit weg von hier, da er, weiß Gott, schon genug Unruhe in seinem Pontifikat erlebt. Gleichzeitig leert sich der Audienzsaal, bis auf den König und seine Vertrauten.

»Nachdem der Weg zur Krone nunmehr offen ist«, eröffnet Friedrich noch ein schon behandeltes Thema, »von Rom aus das Normannenreich nur einen Steinwurf ist entfernt«, schaut dabei auf Rainald, denn mit den anderen besteht ja bereits eine Absprache, und fordert ihn damit wortlos auf.

»Santa Sede, also denke ich, zunächst den Blick doch mehr auf Rom und Stellung seines Stuhles hat«, antwortet Rainald, »der Süden erst danach bedroht, wenn überhaupt.«

»Dem Kaiser dann nur drängt sich auf, dass seinem Reich doch dieser Süden weiterhin nicht eingebunden ist«, forciert Friedrich, möchte mehr hören, »der damals keine eigene Krone trug und heute eine Krone ohne Weihe trägt ... davor gehörte alles Rom.«

»Mein König weiß, darüber sicher mir ich bin, doch deshalb

keineswegs die meine Zunge mir verbiege ich, wie sehr doch Bestes immer nur sich zeigt, wenn alles wirklich offen liegt«, vermeidet Rainald noch eine Antwort, Friedrich lächelt ein wenig.

»Mit Euren Worten Freude Ihr bereitet mir, der Gegenstand jedoch bleibt ernst, so, unverbogen sprecht nur aus, was in Euch hierzu sich noch uns verbirgt«, nimmt der König den Faden gleich wieder auf, und die umstehenden Fürsten, sie schauen ebenso unterhalten wie neugierig auf.

»Nun ja, zuvor Apulia und Calabria, und früher noch Sicilia, oströmisch waren unterstellt, nachdem das große Reich des ach so stolzen Rom geviertelt wurde wie ein Bösewicht ... gesehen so, es für den Papst wie für Italia, ja selbst für uns, nur große Freude gibt, da dieses Land somit und deshalb nur Europa wieder zugehört.«

»Der eine nimmt, der andere nimmt ... und einer wieder nimmt, was andere einst schon nahmen sich«, denkt Friedrich laut über das Gehörte nach, bringt somit den Unsinn von Weltgeschehen in Worte, kommt aber gleich zurück, »und weiter noch?«

»Die Kirche zwischen Stühlen sitzt, und diese Stühle, zählt man sie, gar eine hohe Anzahl bringen auf, dagegen in Sicilia, ja selbst für uns, deren Anzahl deutlich kleiner ist«, erweitert Rainald seine Sicht der Dinge, »ein Kaiser freilich Anspruch hat, den dieses Land, Italiens Krone, derzeit aber nicht erfüllen kann.«

»Es rechtlich wohl doch geht, jedoch der Weg dahin, dass dieser Roger sich dem Kaiser, also mir dann unterstellt ...«, sinniert Friedrich hörbar, der ja eben von der Idee des großen Reiches befangen ist, eines Reiches, noch südlicher gehend als es jenes Karls des Großen tat.

»Dem Kaisertum sich unterstellen, das rechtlich freilich geht, dem Königtum Italien, dem aber nicht«, bestätigt Rainald das, was schon in des Königs Worten liegt, und erweitert die Sicht, verbunden mit einem dezenten Kopfnicken, und der König, der wechselt vorerst den Gegenstand, denn da stehen noch erste Schritte zur personellen Neuordnung einiger Kirchenämter an. Mit einer gewissen Erleichterung, ja durchaus hocherfreut, sehen insbesondere die beiden Bischöfe Eberhard und Arnold wie auch Abt Wibald, dass vor allem Mainz betroffen ist, auch sehen sie darin, zurecht, des Königs weiteren Dank für die erbrachten Dienste.

»Der Weg in eines unserer Klöster bleibe ihr erspart«, regelt Friedrich nun noch einen letzten Punkt, den ein jeder sofort erkennt, »und billigt ... ohne weiter also zu befragen mich ... so Anlass sich dazu ergibt, auch das, was sonst dem Stande nicht entsprechen mag, auf dass Adela eigenständig finde ihren neuen Weg«, schließt er großzügig noch an, und siehe da, noch im selben Jahr ist Adela erneut Ehefrau, und sieht sogar Mutterfreuden entgegen, nach in gerade noch hinreichender Zeit, so jedenfalls wird das Ereignis behandelt.

Treffen mit dem Mann für morgen

In der Kaiserpfalz Boyneburg treffen der König und Rainald verabredet zusammen, Ulrich Graf von Lenzburg und Eberhard Bischof von Bamberg sind ebenfalls dabei.

»Ein kluger Kopf Ihr seid, den Kreis um mich herum recht wertvoll würdet füllen Ihr«, eröffnet Friedrich freundlich und direktiv das Privatissimum.

»Friedrich, Eure Majestät, Teil sehr gern Euch wäre ich, Teil doch nur, den Wert schon setze ich«, erwidert Rainald, bescheiden wie auch nicht, »denn Euch und Eurem Kreis in mir sehr stark Respekt besteht, gleich welchen Standes auch ein jeder unter Euch denn ist«, vollendet er und deutet dabei noch eine Verbeugung an, denn er weiß, dass er diesen, seinen ehrlichen Worten auch eine durchaus zuweisbare Überheblichkeit zu nehmen hat.

»Ein König, wie Ihr sicher wisst, in seiner Meinung, seinem Urteil oft beeinflusst, ja bedroht sich wiederfindet nur, sofern denn überhaupt der Krone Pflicht in vollem Ernst sich zugewandt er hat ... Verrat, die Lüge, Dummheit auch, all das ein Herr doch immer wieder um sich hat ... so Eure Ehrlichkeit mich freut, sie zu begrüßen ist, und freilich, unbedingt zu prüfen auch ...«, drückt Friedrich schon zu Beginn Wohlgefühl aus, bei aller Strenge der Worte, er ist eben intellektuell wie emotional angetan, alles scheint sich recht hoffnungsvoll zu einem guten Bild zu fügen, »als erstes denn zu diesem Punkt, wonach des Kaisers Stand im Gestern Vorbild mir schon ist, habt Ihr davon gehört? Der alten Zeiten Glanz ein neues Reich entgegen setzen werde ich ... und widerspiegeln auch, so lasst uns reden über das, was dazu nur erfüllend ist.«

»Ihr sicher kennt das Wort, wonach es auch des Kaisers ist, der Kirche zu befehlen ... wonach dann es des Heiligen Vaters nur noch ist, für das Gelingen doch zu beten«, hält Rainald sich noch behutsam kurz.

»Von Kaiser Karl es stammt, so heißt es doch, zu dem in Ehrfurcht schaue ich, wie schon gesagt ... dabei wohlwissend auch, dass denn die Götterwelt im alten Rom des Kaisers war ... so, diesen Worten vollends nicht ich folgen kann«, stellt der König klar, womit er ein wenig überrascht, »denn zu sehr klein es macht, was doch ein Großes ist, zu weit hinaus es übergeht, was geistlich und was irdisch sich behaupten muss ... das Kaisertum der Kirche freilich darf nicht unter stehen.«

»Ein Jedes kommt, und kommt es wohl, dann über eine Zeit aus dem Vorher, zudem auch interdum nur mit Gewalt«, bringt Eberhard von Bamberg sich ein.

»Dem gefolgt«, erlaubt Rainald sich, darauf einzugehen, »mit Worms sich also recht gut leben lässt, da weder Ring noch Stab nicht wirklich dürfen übergehen ohne eines Königs Wort ... wenn das auch gilt ja nur im eigenen Land, so aber eben es geschrieben steht, und so der Kirche auch belassen ist, was ihr gewiss denn zugehört ... und nach der Weihe dann in Rom, der Euch Genehme die Regalien erhält, allein zuletzt aus Eurer Hand.«

»Ihr seht es ganz wie ich es seh, und freilich nicht allein damit Ihr seid, in meinem Kreis«, freut sich Friedrich über diese so bedeutsame Übereinstimmung, »und nun, was davon haltet Ihr, was sich an dritter Kraft vor allem in Italien zeigt, und freilich droht, sich auszubreiten dort, und dann womöglich weiter geht.«

»Der Herrscher gibt dem Volk, und nicht das Volk Gesetz dem Herrscher auf, doch ist die dritte Kraft darum nicht ausgesetzt, jedoch, sie vielerorts das Recht recht unrecht an sich reißt, von daher nur … necesse est … ein kluges Mehr zu schaffen an Gesetz ist angezeigt, woran ein jedes Urteil sich messen hat«, schlägt Rainald vor, woraufhin eine kurze Stille entsteht, nicht nur der Rhetorik gedient, »nicht länger hinnehmbar sind der Verfall, die Willkür und des Schwertes Urteil Klinge«, schließt Rainald diesen Gedanken ab, den er früher, jedoch ganz kurz und mit etwas anderer Ausrichtung schon geäußert hatte.

»Auch hier dem Kreis Ihr bei nur steht …«, gibt Friedrich preis und greift nach einem Glas, »so liegt Gefahr genau darin, wo Macht zerstückelt und verteilt von unten wird, wo jeder Mann wie jeder Ort, der davon abbekommen hat, fortan als Mittelpunkt der Welt sich wähnt.«

»Das, mein König, leider trefflich ist … wo uneins man sich immerfort bewegt und dann noch nur auf das gerichtet ist, was einem selber nutzt, dort der Werte Wert verloren geht, was denn erhöht fatal die Wahl, wonach denn Wert nur im Moment besteht … und ad exemplum … das dann uns erklärt, so nebenbei, ut hoc in transitu addam, was den Normannen macht so stark … nur Einer halt Entscheidung trifft«, pflichtet Rainald bei, hebt sich aber auch eine Nuance ab, die freilich streitbar ist, die hier aber als nicht so wesentlich untergeht, »dazu ein weiteres Wort gestattet sei, gerade so hinein es passt«, nickend gestattet Friedrich, »was immer nur des Königs Pläne dort im Süden könnten sein, längst doch wäre es getan ... daher, bei alledem, was bisher uns sich zeigt, nicht alles freilich klar vor unseren Augen liegt, Sizilien aber darin durchaus einzuschätzen ist ... ein wenig Ungewissheit aber freilich bleibt, wie immer doch, wenn Macht sich trifft anstelle von Gerechtigkeit.«

»Zu Letzterem zuerst, ein Wort zur Treue da mir fehlt«, wendet der König etwas aufgeregt ein, »und dann, wenn recht Ihr alles seht, dann unser höchster Bischof ohne große Sorge also könnte sein, wenn nicht Byzanz im Spiel noch wäre da.«

»Treue, Eure Majestät, dazu den Euren Worten von vorhin und ganz aus Überzeugung folge ich, und ja, erlaubt, ich füge an ... es mag schon sein, dass allem Anfang geht das Wort voran, Bestand jedoch niemals es hat, wenn dann danach an Tat es fehlt, und daher Tat, geht sie voran, sie manches Wort nur überflüssig macht«, gibt Rainald hierzu seine Sicht der Dinge her, »und der Kontrakt, sehr wohl, die zugesprochene Mitgift auch ... ein Bündnis doch, nicht sehe ich, für unser Land ... es wäre auch nur Last, so fürchte ich, des Kaisers Krone morgen Euch schon heute wäre nur beschwert.«

»Vertrauen Eure Antwort schafft«, konstatiert Friedrich gewissenhaft, wie es sich für einen klugen Herrscher, der er ja ist, auch nur so gehört »ja, so ein Zug, wohl gleich es ist, wer da obsiegt ... er Raum für anderes womöglich nur erschafft, was nicht dem meinen Sinn von Kaisertum entgegen käme dann.«

»Und auch dem der Mutter Kirche nicht ... sie aber sicher Zukunft hat, und haben muss«, ergänzt Rainald recht bestimmt und dennoch zurückhaltend seine Meinung, »schon einmal doch sich hat gezeigt, das Reich der Römer meine ich, das Großes auch zu groß sein kann.«

»Mein Freund, mit Eurer Sicht beständig hier nur Spiegel mir Ihr seid ... kennt etwa Ihr mich schon, wovon nur ich nichts weiß? Womöglich aber artverwandte Seelen nur sich finden hier«, tritt der König nun ein weiteres Stück vertrauter auf, freilich noch immer prüfend, »bereden lasst uns bitte noch, was denn an Fraglichkeit womöglich nicht zu überbieten ist, was unsere Kirche wie auch uns nicht heute nur gefangen hält, und also halten wird, das fürchte ich, mein Gott ... wohl schon Ihr ahnt, was nunmehr kommt ... um den Islam jetzt mir es geht ... der Oheim einst auf einen Kreuzzug mit mich nahm ...«, fügt Friedrich an, vorsorglich, denn eben nicht wissend, wie sehr Rainald unterrichtet ist, in Erinnerung einfach an den Onkel und ansonsten, da noch gegenwärtig, vor allem an Ulrich von Lenzburg, beide sind ja seit dem beste Freunde.

»Erlaubt, vorab, noch zu Byzanz, die reunificatio ja nur von dort ist angestrebt ... ganz allgemein, ein Ziel, das gern erhoben wird, das Streit, ja Kriege durchaus auch vermeiden kann, hier aber Krieg, wenn überhaupt gewollt, er ginge doch von ebendort nur aus, warum jedoch, nun ja, es reichlich doch bekannt uns ist, der Welt Geschichte davon fast uns nur erzählt, an Grund man immer findet was, obwohl ein Krieg nie zu begründen ist, so nur ein Abweg ist es denn, dass unsere Kirche sich dem Kaiserreich des Manuel, dem Neuen Rom sich einverleiben soll«, setzt Eberhard damit einen bestehenden Konsens in Worte.

»Mein König, Ihr ...«, wendet Rainald sich nun an Friedrich, um die Frage nach dem Islam aufzugreifen, »Ihr weiterhin mich ehrt, und der gestellten Frage nur mit Freude sei gefolgt, ihr höchster Wert kommt zu, nicht heute nur, Ihr recht das seht ... nun ja, nur allzu gut Ihr sicher auch nur wisst, was Kreuzzug so besagt, wenn er, der Bernhard etwa davon spricht. Ihr aber kennt es auch, wenn nicht dabei er ist ... er nie es hat erlebt, so wie auch ich«, verdeutlicht er anerkennend und einleitend einen wesentlichen Unterschied, sagt aber auch nicht mehr, ist auch nicht nötig, dabei, er möchte ja auch etwas erfahren, möchte hören, über die schon erfolgten Bestätigungen hinaus, wie sehr der König sich noch so bekennen kann, wie weit in diesem Gespräch um Vertrauensbildung also noch weitere Übereinstimmung besteht.

»Was für ein Bild gezeugt mir ist, den Punkt zudem genau Ihr trefft ... wie kann all das dem Unseren Herrgott nur gefällig sein«, bemerkt Friedrich, der freilich auch sieht, dass der Gedanke Rainalds auch auf Grenzen wandelt, »wo Gottes Wille gilt und Terra Santa unseres Schutzes denn bedarf, ein Zug da doch zum Wohl nur ist, er unter Gottes Segen steht, was aber einer denn an Macht ausübt, vor allem dann, wenn diese sich auf Gottes Wort beruft, dabei womöglich aber irrem Trachten folgt, das durchaus man beleuchten kann ... und zum Islam, wenn richtig nur ich sehe es, dann doch recht spät erst diese Religion dem Christus ist gefolgt«, fragend wie konstatierend kehrt Friedrich so selbst zu seiner Frage zurück.

»Fürwahr, so ist es, Eure Majestät, denn mehr noch als sex saecula es hat gebraucht, die neue Gottheit wirksam einzubringen dieser Welt ...«, gibt Rainald sogleich ein, »dabei, schon etliches von dem, was dieser Religion so wichtig ist, im Alltag durchaus vorher Geltung doch schon hat gehabt, doch später erst, nach Mohammed, schriftlich im Koran all das ist adaptiert, beim Christentum es anders sich verhält.«

»Sicher Ihr bei diesen Worten seht, dass der Konflikt die Zeit, die uns gegeben ist, sehr weit wohl überdauern wird ...«, erwidert Friedrich höchst nachdenklich, »wenn nicht gar ewiglich noch über uns hinweg.«

»Zu sehen ist, was Jesus hat getan, er, ganz im Gegensatz zu seiner Welt, von einer neuen Freiheit sprach, die jedem Menschen gottgegeben ist, ob er nun schwarz ist oder weiß, ob er von Adel oder nicht, ob er nun Mann ist oder Frau, auch zugestanden ist, zu glauben oder nicht, ein jeder zu den Schafen Gottes zählt und sicher nicht verfolgt er wird«, erläutert Rainald und macht eine kleine Pause, »er sprach von Liebe und Barmherzigkeit, und auch, worauf nicht häufig wird gezeigt, von gottgewollter Ehe zwischen einem Mann und einer Frau, allein dies sacramentum schon ein Dorn im Auge dieser Zeit dem Morgenlande war ... und weiterhin so ist.«

»Die Juden und die Christenheit geduldet waren immerhin, wenn auch an Rechten gar nicht gleich«, fügt der König an, »doch lange nicht zu warten war, Vertreibung und Verfolgung setzten ein.«

»Die Liebe Allahs ja nur denen gilt, die da wirklich gläubig sind, so also streng danach gefragt es wird, wer denn da nicht, wer denn da noch nicht glaubt, und strenger gar, wer denn nicht länger glaubt, beides als Verleumdung gilt und daher harte Strafe nach sich zieht. So kämpfen muss, wer nicht zum Islam convertiert, und bis zum Tod verfolgt der werden kann, der abgefallen und nicht reumütig sich verhält, und ja, Ihr seht es recht, ein Maß an Duldung durchaus vorgesehen ist, gewährt jedoch nur dann es wird, wenn Angeklagter Schriftbesitzer ist, das Christentum, dazu es zählt, und auch nur dann, wenn er den Rechten des Islam sich unterstellt, nur dann ... das aber keine Duldung ist«, zeigt Rainald nun eine besondere Belesenheit und Auslegungskraft, »da im Koran so viele hundert Mal von Gegnerschaft die Rede ist, des Wortes Wurzel kafara zu kafir oder kuffar wird, hier ad exemplum nur benannt, so schon die Religion sich selbst doch auch als Gegenwerk nur offenbart, und nicht zuletzt, sie selbst ja lange Zeit nur mündlich überliefert war.«

»Jerusalem, das Land uns heilig ist seit dem, da Rom dem Christentum sich gänzlich denn hat zugewandt, zuvor ja für die Christen schon ...«, bringt Friedrich nun das untergegangene antike Rom ein, und schlägt damit einen Bogen, »so ist es Pflicht, ganz unbedingt, dem Land und seinem Volk wie unserem Glauben auch, mit Worten, Schwertern, Schildern, Schutz zu geben jederzeit ... wenngleich, Ihr schon es habt berührt, der Preis um diese Wirklichkeit, er stets ein wirklich hoher ist«, folgert Friedrich und denkt kurz nach, »dabei ... das Römische Imperium, das meinem Sinn auch nahrhaft ist, den Grund dafür schon hat gelegt.«

»In Mailand es geschah«, erläutert Eberhard mit einem doch sehr interessanten Detail, »da Rom es stellte jedem Bürger frei, zu glauben oder nicht, und auch in welcher Religion, das alles unter Konstantin ... ansonsten, Rom es heute wie auch immerfort wohl sicher schmerzt, da es geschaffen hat das römisch-deutsche Kaiserreich, und umgekehrt beherrscht nun wird, durch eine Krone, die die Stadt daselbst dem Reich hat aufgesetzt.«

»So sehr die Lehre darin Einsicht zeigt, uniter wie selten nur, dass Krieg, nur weil der andere Christ nicht ist, deshalb er nicht eröffnet werden darf«, führt Rainald zurück auf den Gegenstand, »die Pflicht, die Christen wie Jerusalem zu schützen wie das eigene Land, deshalb freilich nicht berührt, nicht außer Kraft gesetzt sie ist«, und zeigt damit zugleich auch einen weiteren Aspekt und zudem ein Dilemma auf.

»Der Züge zwei unter dem Kreuz, die Welt schon hat gesehen. Nur fürchte ich, solche nicht zum letzten Mal, denn Gegensätze da bestehen, die niemals wohl zu lösen sind«, schließt Friedrich, »so bleibt denn Hoffnung nur auf eine Zeit, die andere Mittel zur Befriedung hat.«

»Wo Ihr die Zeit bemüht, erlaubt«, ergreift Rainald ungefragt das Wort, »Gefahr allein schon darin liegt, dass unsere Welt sich ständig dreht, Veränderung daraus ergeht, des Islam Streben nach Erweiterung dagegen keine Eile hat … so, Eure Hoffnung teile ich, vor allem Eure Sorge auch, in die Vergangenheit hin schaut doch nur, die etwa Griechenland hat durchgemacht, Europas Wall.«

»Gestattet eine Frage mir«, bringt Eberhard sich erneut ein, »noch immer zum Islam … der Krieger, der im Kampf für seine Religion das Leben gibt, er wird im Paradies entlohnt, dort warten sie, zehn unberührte Frauen dann auf einen Mann … steht das denn wirklich so geschrieben im Koran?«

»Die Huris werden sie genannt, nicht oft, doch immerhin … nur, was damit es auf sich hat«, zuckt Rainald mit den Schultern, »das nicht genau ich weiß, es sprachlich schlicht umstritten ist.«

»Wie nur Geschichte Ihr könnt halten aus«, stellt der König noch eine letzte Frage, »sie aufgeschrieben wie auch ausgelegt ja werden kann, wie man es braucht … wie ein Vertrag auch immer wieder Spielraum gibt, mal weniger, mal mehr, wie es dem einen mal gelingt, wie es auch beiden dienen kann.«

»Verträge ja noch greifbar sind, sogar noch dann, wenn neuer Nutzen sich für alle zeigt, dabei, geheimer Vorbehalt jedoch ein Beispiel ist, auch im Gespräch, wo das infrage steht ... so etwas anders sich Geschichte zeigt«, antwortet Rainald ohne lange Überlegung, »denn sie, nicht selten ja beim Schreiben schon, der Färberei sie eben unterliegt.«

»Führt das mir doch ein wenig aus«, fragt Friedrich nach, aber nicht, weil der Gedanke fremd ist.

»Nun, ja, Erklärung, Hintergrund sehr oft zurückgehalten wird, so man als Herrscher um das eigene Ziel sich sorgt«, erläutert von Dassel nun etwas ausführlicher, »und, später dann, wer fragt dann schon ... und wenn dann doch, zu spät dann sicherlich es ist, selbst, wenn die Wahrheit kommt hervor, was eher selten auch geschehen wird ... Geschichte also ist das Fach, das allerhöchsten Zweifel stets ab ovo in sich trägt, und das schon für die Gegenwart.«

»Mundus vult decipi«, provoziert Friedrich jetzt, »des Herrschers Macht, ob dessen Macht nun groß ist oder klein ... die Macht, wo also immer sie gegeben, sie genommen oder nur behauptet ist ... vielleicht nur so sie denn kann sein.«

»Ergo decipiatur ... also werde denn getäuscht«, Rainald wiegt ein wenig den Kopf, »die Täuschung oft, sehr oft, ihr Ziel erreicht, sie anzuwenden daher jedermann doch durchaus leicht verführen kann, und oft genug ein Ehrenmann, wenn ehrenhaft er deklariert, er nur zu einem Trottel wird gemacht, weshalb es manchmal eben besser ist, zu schweigen nur ... die Ethik also es verbietet uns, das Leben aber seine Wege geht, und manchmal muss, das mag schon sein, das Menschliche allein ist hier gemeint«, beendet er den Gedanken, »mehr aber, leider, derzeit nicht ich sagen kann, jedoch, gut wissen wir, daran uns messen wir, Vertrauen wächst und kann nur leben ohne sie.«

»Wenn damit jetzt die Frage ist gestellt, ob diese Regel jemals überwunden werden kann ... mir unvorstellbar es erscheint, dass coram publico allein und nur das wahre Wort gesprochen wird«, fasst Eberhard den Zweifel aller in Worte, »der gute Sinn, der von der Sittsamkeit wird abverlangt, er jedoch nicht verzagen darf, nicht nur in kleinem Kreis.«

»Wahrheit oftmals apokryph zwischen Worten wie auch Taten liegt, so also achte man doch stets auf das, was niemand ausgesprochen hat, und was denn niemand tat, sofern die eine Zeile zu der anderen, das für die Tat auch gilt, nicht schon füllig Bände spricht«, bringt Rainald sich noch einmal ein, »Verschweigen hinnehmbar vielleicht noch ist, von Täuschung denn sie grenzt sich ab.«

»Wie viel an Lüge kann die Welt, kann ein Volk ertragen nur?«, fragt nun Ulrich, der die ganze Zeit nur zugehört hat.

»Darauf es keine Antwort gibt, soweit ich weiß, Versuche zwar, pro domo aber letztlich nur sie sind, sehr selten ehrlich denn bemüht, doch sehe ich, dass Macht das Maß dazu recht leicht und nach Belieben stets verstellen kann«, antwortet Rainald, »und ist das Maß dann voll, dann oft es für den Herrscher ist zu spät, dem kleinen Balkenbieger allemal.«

»Gespräch mit Euch bereichert sehr, doch nun, der Gaumen wie der Magen klagen Rechte ein, Gerechtigkeit so beiden üben wir, dabei ein weiterer Gedankentausch uns sicherlich nicht untergeht«, beendet Friedrich diesen noch offiziellen Teil des

Treffens, über den er nun schon weiteres und inzwischen viel über den Mann erfahren hat, den es gewollt wie auch bestimmt schon bis hierher gebracht hat. Rainald ergeht es letztlich ebenso, dabei sieht er im Vordergrund, freilich, welch eine Zukunft er über diesen König haben kann, und diese Aussicht gefällt.

Roger im Kreis seiner Familie

Palermo, im Palazzo Reale, errichtet auf den Fundamenten einer Sommerresidenz arabischer Fürsten, es ist ein Nachmittag bei schönstem Wetter, im obersten Geschoss, in einem größeren Saal, zu dem man über die Sala dei Venti gelangt.

»Mein lieber Sohn, Du kennst mich doch, der Welt sehr offen bin ich zugewandt, dem Leben wie dem Weibe auch«, Schmunzeln, Roger und Wilhelm haben einen wunderbaren Blick vom höchsten Punkt der Stadt auf das tyrrhenische Meer, »der Wissenschaft, der Kunst, der Macht ja aber ebenso ... doch nun zu Dir, Dich liebe ich, in besten Jahren Du auch stehst, und Du nunmehr so frisch und trefflich bist vermählt, wie denn auch ich, nur weitaus höher denn in Jahren schon«, fährt der König fort und unterdrückt dabei zunächst noch seine Sorgen.

»Prunksucht wie auch Schwelgerei jedem Wohlstand Laster sind, das Ende sie nur leiten ein, davon das alte Rom uns reichlich schon erzählt«, zeigt Wilhelm ein durchaus höheres Begreifen, »so sehr, mein lieber Vater, dieses Übel schon im Blick mir liegt, wie sehr es Boten sind des Untergangs ... nur, habe ich die Kraft wie Du?«

»Dies regnum hier, ganz einzig ist auf dieser Welt, dem Volk und uns nur Wohlstand es beschert, der Sicherung jedoch bedarf es noch ... doch, meine Zeit dazu nicht reicht, so fürchte ich, so diese Last auf Dich bald übergeht ... die Krone soll ein Erbrecht sein, aus des Regenten Hand sie somit käme nur, doch, soweit eben nicht wir sind, dem Papst das Recht daher verwehre stets daran, die Weihe aber kann und soll der Kirche sein«, umgeht Roger zunächst die vom Sohn angeschlagene persönliche Note, damit er seinen Faden nicht verliert, aber auch aus kluger Haltung heraus.

»Ja, das Königreich, sehr begehrt es ist, erst recht, da es in Blüte steht ... ein Kaiser ist schon da, ein zweiter sicher kommt dazu, sie beide Anspruch leiten ab aus dem, was einmal war, so meine Hoffnung, die bist Du, mein Herz Dich ebenfalls nicht missen mag, Dich sorge aber nicht, aus meinem Blut Du bist, Du daher das schon schaffen wirst«, fährt Roger nun auch als Vater beruhigend fort, ist mit Blick auf morgen tatsächlich aber nicht wirklich glücklich, jedoch hat er nur noch den einen Sohn.

»Vertraue nur und bete auch, das tue ich, Du tu es auch«, liebend, aber eben auch wissend und daher so bestimmend umarmt der König, fast sechzig Jahre alt, seinen Sohn und lächelt ihn danach an, »von Herzen nur Dir wünsche ich, dass Dir es stets gelingen mag, all das zu wahren, was denn unser Reich besonders macht, auf dass durch keine fremde Macht es jemals Dir belastet sei.« An der Tür klopft es, ein Diener tritt ein.

»Eure Majestät, die Königin ...«

»Roger mein, da also Du mir bist, mein Herz«, stürmt Beatrice in den Saal, den Diener hat sie nicht wirklich ausreden lassen, und eilt auf ihren Ehemann zu. Margarita de Navarra, die Gattin von Wilhelm, folgt in herzlicher Stimmung, jedoch nicht in so ausgelassener Haltung, dabei sind beide Frauen gleichen Alters, aber ganz offenbar unterschiedlicher Art.

»Mon amour, wie schön Du bist«, hellt sich des Königs Gesicht sofort auf, des göttlichen Geschenks sich wohl bewusst, und zugleich wendet Roger sich näher hin zu seiner Gemahlin, gut dreißig Jahre jünger, sie umarmen sich.

»Euch denn gut es geht? Ihr seid ja zwei ...«, lächelt Roger seine Beatrice an.

»Gut uns es geht, sehr gut sogar, nicht eine Sorge mir besteht, und voll des Dankes Dir ich bin, da die Eltern Du uns beiden eingeladen hast«, antwortet Beatrice und schmiegt sich an.

»Die doch schon längst hier angekommen müssten sein«, bindet Wilhelm an, geht auf seine Frau zu und umarmt sie, auch eine Schönheit, aber von anderer Art, eher im Sinne des griechischen Ideals.

»Kommt doch alle her und schaut, wie schön das Meer sich heute zeigt«, lädt Roger mit Worten und mit Gesten ein, und geht zum Fenster, alle gehen mit.

»Eure Majestät, Graf und Gräfin, hier von Rethel und Namur«, kündigt der wieder erschienene Diener nun an, und wird auch hier letztlich etwas ungestüm unterbrochen.

»Maman, Papa ...«, entwindet sich Beatrice ihrem Gatten, wendet sich und läuft ihren Eltern entgegen, umarmt sie, und begleitet sie in den Saal hinein, zu all den anderen, man begrüßt sich herzlich und wendet sich dann gemeinsam mit den Gästen erneut diesem herrlichen Ausblick zu.

»Uns freut es sehr, dass Ihr gekommen seid. Hat das Gemach man Euch gerichtet her?«, möchte Roger sich ein wenig vergewissern, vor allem aber geht es ihm um die Eröffnung eines Gesprächs, denn seinen Leuten vertraut er schon.

»Danke, lieber Schwiegersohn, alles passt, ein wenig dort geruht schon haben wir«, antwortet Günther, der ein wenig jünger ist.

»Die Frauen ganz sich selbst wir überlassen jetzt, und Dich, zum Wein Dich bitte ich«, spricht Roger und macht dabei eine einladende Geste in den hinteren Teil des Saales, hin zu einem Halbrondell aus bequemen Stühlen mit Beistelltischen, »Eurer Tochter gut es geht«, wendet sich Roger sogleich an Günther, »und mit größter Herzensfreude auf die letzten Wochen hier wir sehen zu.«

»Deine Freude wie die unsere ist, die Deine Ladung nur uns glücklich macht, so diese Wochen herzensgern begleiten wir«, erwidert Günther strahlend, nicht wirklich glücklich ob des Altersunterschieds, doch glücklich, weil die Tochter diese Ehe nur bejaht und er dem neuen Stand auch dankbar ist, dem viel an Gefälligkeit entgegengebracht wird, dabei, er selbst gehört ja auch nicht gerade einer unbedeutenden Linie an, da einst ein von Rethel Vater eines Königs von Jerusalem war, »wo Ihr wie auch Dein Haus und dann der Anlass doch genug an Grund schon sind, was auf dem weiten Weg hierher sich jedem offenen Auge denn an schönen Landen zeigt, auch das durchaus bereichert nur.«

Die Herren setzen sich, Wilhelm füllt die Gläser.

»Erzähl, was so in Frankreich um sich geht«, eröffnet Roger das Gespräch.

»Zwist, nun, ja, der mit England, weiter uns in Atem hält … und das allein für sich ja schon genügt … verschärft die Lage aber leider ist, da eine Frau sich neue Wege bahnt … in Palaestina es schon Zeichen gab, schon dort es offenbarte zaghaft sich, was eingetreten nunmehr ist, dass nämlich unsere Königin die Krone Frankens von sich legt … und dann, sie kaum vollends getrennt, seitdem vermählt schon wieder ist«, beginnt Günther gut unterrichtet, und gönnt sich einen Schluck, »Eleonore ... Herzogin sie von Anjou und auch der Normandie jetzt nunmehr ist ... wie Du doch sicher über Heinrich auch schon weißt«, bringt Günther ein.

»Was der Grund denn aber dafür war?«, fragt Wilhelm nach.

»Der Frommheit Louis sie nicht länger mehr gewachsen, manche sagen, ihrer überdrüssig war ... in diesem Licht, wahrhaftig schon, mit leichtem Fuß sie uns erscheint ... aus anderer Sicht jedoch, welche auch die meine ist, ein mehr an Leben einzig ihr Verlangen war ... ein Leben, wie es sollte sein, ein Leben halt, und nichts sonst mehr«, fährt Günther fort, und kann dabei ein Schmunzeln freilich doch nicht ganz verbergen, was in diesem Kreis jedoch nicht als anstößig erscheint, ja, der guten Laune eher zuträglich ist, »Louis le Jeune jetzt viel mehr Zeit zum Beten hat.« Gut hörbar wird daraufhin gelacht.

»Es also einfach zu verstehen ist ... die Folgen doch«, bringt Wilhelm ein, »da Aquitannia nun dem König doch verloren ist.«

»Dass es noch schlimmer kommt, das fürchte ich, wenn Heinrich nämlich, mächtig ohnehin ja schon er ist, womöglich Englands König wird«, gibt Roger zu bedenken und senkt wohl erkenntnisbetrübt ein wenig den Kopf, »was hat der Mensch denn nur dazu gelernt«, richtet er den Blick wieder auf, »wie Dinge, immer wieder, die doch nur privatus, also einzig nur den eigenen Kammern zugehörig sind, so eine Kraft sie bauschen auf, aus falsch verstandenem Ehrgefühl, aus Ehrgeiz oder Neid genährt, so also oftmals noch und auch zudem ganz einfach werden nur missbraucht ... die Kraft, die ganze Völker aufeinander hetzt ... davon nicht eines trägt an Schuld ... jedoch, ein jedes, nicht nur eines zahlt dafür.« Ernste Worte in tatsächlich weiterhin nur herzlicher Stimmung.

»Vater, mein, kann Friede nicht allein dadurch erst überhaupt entstehen?«, wendet Wilhelm ein.

»Frieden schaffen, erst doch geht, wenn ein Krieg im Gange ist, Krieg verhindern also Ziel des Herrschens sollte sein ... als bewiesen freilich nur die andere Seite leicht sich immer wieder zeigt«, antwortet Roger recht weise.

»Ja, lächerlich der Grund oft ist, weshalb ein Land im Blut ertrinkt«, bestätigt Günther, und führt zurück, »nun, Eleonor jetzt Leben hat und Freiraum auch ... ihre natura jedoch eigen ist, nur ungern Worte an sich lässt ergehen, so klug das ihre Land von dem des Herzogs grenzt sie aus, von Anfang an die Dinge hält sie klar getrennt, in dieser Welt an Macht und Einfluss sie der Stärksten eine ist.«

»Wo Sonne scheint, ist Schatten auch«, unterbricht Wilhelm etwas überfordert und fast schon unhöflich den Vater seines Vaters Frau, der dazu aber väterlich verständnisvoll, also nur freundlich nickt.

»Im deutschen Reich dagegen Einsicht hat gesiegt für Ordnung und Gerechtigkeit, dem Volke und dem Reich zum Wohl ... der neue König Friederich, er auch Freund und Schwager unserem engen Nachbarn ist, dem Herzog dort in Lothringen, ausgesprochen klug sein Regiment damit begonnen hat ... dazu die Frage mich ergreift, wie siehst es Du, was auf Dich und auch den Papst nun kommt hinzu«, fährt Günther fort, höchst interessiert.

»Der Kirche ich verbunden bin, im Glauben wie auch im Vertrag, und wie Du sicher weißt, den zweiten Kreuzzug trug ich mit, so sind der alte wie der neue König auch mir recht bekannt, recht kurz gesagt, die Bürger und Byzanz der neue König mehr als mich zu fürchten hat, vielleicht den einen oder anderen seiner eigenen Fürsten auch«, antwortet Roger, durchaus dankbar für die Frage, da er sich jetzt kompetent über sie austauschen kann, »so, also, was den König denn zu uns betrifft, ihn andere Sorgen eher werden plagen, und dann, ein wenig weiter hingeschaut, da, wie Du sagst, es eine familiäre Linie nach Burgund hin gibt, das recht bedeutsam mir erscheint, das an Gewicht sogar gewinnen kann, sich darum kümmern sollte er«, führt er weiter aus, ein jeder ergreift derweil erneut sein Glas, den Roten in kleinen Schlucken genießend, »nicht aus der Welt jedoch es könnte sein, zu rechnen stets mit allem ist, dass also doch aus eigenem Sinn wie dem des Papstes auch, ein deutsches Heer, wenn es denn schafft den Weg bis hin nach Rom, sich doch zum limes unseres regnum hin bewegt, das durchaus, freilich, uns geschehen kann, nicht eben auszuschließen ist.«

»Ein solcher Zug erst Dir und dann der Welt erspart soll sein, das wünsche ich, und wie auch Du schon denkst, so denke ich, er eher nicht zustande kommen wird«, kommentiert Günther, also nicht nur seiner Tochter und des erwarteten Enkels wegen, Roger nickt dankend, »und nun ... auch Wissenschaft und edle Kunst Dich treiben um, man sagt«, regt Günther das Gespräch weiter an, er ist eben mehr als nur ein gut situierter, womöglich noch gelangweilter Edelmann.

»Mit großem Stolz dazu ein großes Werk ich Dir benennen darf, das fertig bald auf einer Silberscheibe groß die unsere Welt als Karte zeigt, mit jeder Küste, jeder Stadt, erkundet über Jahre schon ... für das Abdulah al Idrisi hier an meinem Hof hochgelehrter Schöpfer ist, er sehr bescheiden darin immer wieder sich nur zeigt, indem er sagt, wie sehr doch Alexandria allein die Mutter aller Gnosis sei.«

»Solch eine Karte bisher nicht es gibt, wenn nicht darin mich irre ich«, geht der Schwiegervater aufmerksam und beeindruckt darauf ein, »sie daher Deinen Namen weit nur ehren soll, wie schon Salerno ja es tut, vor allem in der Medizin ... ja selbst Paris, so stolz, wie immer gern es ist, der Schule dort Respekt nur zollt ... ihr Ruhm wohl weiter wachsen wird, Salerno und die Insel Kos ... Hyppocrates.«

»Mein lieber Günther, Dank Dir gilt, denn angenehm die Deinen Worte sind, und wichtig auch zu hören ist, wie ferne Länder, Städte denken so ... ja, wer als medicus bei uns will tätig sein, der Prüfung sich ...« Roger wird unterbrochen, denn die Frauen treten ein.

»Und? Einen Namen schon Ihr habt?«, strahlt Beatrice die Männer an, woraufhin ihr Gemahl sich ihr sofort liebevoll zuwendet.

»Ein Knabe wird nach Dir benannt«, scherzt Roger.

»Costanza, wenn dem so nicht ist«, lacht Beatrice ihren Gatten heiter an, die dabei umstehenden Frauen freuen sich mit.

»Und das allein in Gottes Händen liegt«, fügt Günther an, und lächelt dabei, vor Freude und mit Neugier, und dabei bleibt es, denn das dem so ist, daran hat hier freilich niemand Zweifel.

»La cena è pronta«, ertönt es aus einem dienstbeflissenen Mund im Hintergrund, und daher bittet Roger nun alle zum Abendessen, eine Gesellschaft in bester Stimmung.

»Und morgen noch, da Du der Kunst in Raum und Bild so aufgeschlossen bist«, kündigt Roger beim Hinausgehen seinem

Affinitas ein weiteres Werk seines Stolzes an, »vollendet schon, so also anzuschauen und erlebbar alles ist, zudem, wir ohnehin dort treffen uns, da der Kalender morgen einen Sonntag zeigt ... la Capella Palatina, mir als weiteres Kleinod stellt sich dar«, macht dann in Vorfreude eine kleine Pause und fährt dann fort, »wie Du vielleicht Dir denken kannst, da diese Insel hier seit hunderten von Jahren schon der Treffpunkt von Kulturen ist, von Anfang an von daher mir es wichtig war, dass die Kapelle im Palast, die also hier ich bauen ließ, genau das widerspiegeln soll ... daher, schon heute einem jeden Wort von Dir gespannt entgegen sehe ich.« Roger und Günther, beide Männer fügen sich nun dem lustigen Treiben der anderen ein.

Unter Vertrauten

Hochsommer, ein Treffen wieder in Trifels, um den König herum, auf einer Pfalz im Süden des Reiches, dessen südlichster Punkt jetzt noch nördlich der Alpen liegt.

»Der Welt aus Rom nun auch verkündet ist, dass Unser Herrgott Eugen zu sich nahm ... requiescat in pace«, bekreuzigt sich Wibald, die anderen tun es ebenso, »die seine letzte Ruhestatt auf dieser Welt im Petersdom nun ihren Platz sie hat«, weiß der Abt bestens bescheid, denn er hat eben sehr gute Kontakte zum Klerus, sogar Freundschaften zu einigen der höchst stehenden Kardinäle, »und ... mit Gottes Segen Santa Sede neu besetzt schon ist ... episcopus noster nunmehr Anastasius heißt«, lässt er die Nachricht vom Tod des Pontifex und die Spannung auf den Nachfolger erst einmal wirken, nicht alle im Kreis wissen schon um alles, »diese Wahl ... cum clave, wie es Brauch ... fiel allen schnell und leicht, da wohl der Segen Unseres Herrn besonders da zugegen war ... er Cardinal Corrado uns erhoben hat.«

»Corrado, Anastasius, recht viel an Wissen trägt er bei, wie Weitblick, Tugend und Versöhnlichkeit ... sehr oft schon als Vicar er hat gedient«, fügt Eberhard von Bamberg an.

»Den Worten Eugens Anastasius tritt bei?«, stellt Friedrich die zur Zeit für ihn wichtigste Frage.

»Daran nicht zu zweifeln ist ...«, antwortet Wibald, »so hat ein Brief schon ausgesagt.«

»Wie sehr sein Handeln weise nur und treu der Pflicht stets ist gefolgt, so wenig denn die Nachricht Überraschung löst mir aus, und dennoch Freude auch«, dankend also nimmt Friedrich diese gute Nachricht an, und denkt dabei freilich zunächst doch nur an die Kaiserkrone, erst im zweiten Schritt darüber hinaus, denn vielleicht braucht er ja Verbündete, »so bitte sorgt dafür, dass unseren besten Wünschen folgen unverzüglich noch Belege von Ergebenheit und Treue zu dem Bund«, fährt der König fort, legt eine kleine Pause ein und wendet sich dann zu Rainald, »und nun … sagt bitte mir, wie es um Mailand steht, wie denn der Bürger Macht sich dort verwurzelt und erhebt.«

»Bürger? Bürger werden nicht gefragt, soweit ist die Welt noch nicht, wenn überhaupt das jemals sollte sein …«, antwortet Rainald souverän und ohne Umschweife, und macht dabei auch geschickt Stimmung, »Adel, Reichtum, Bildung auch, damit Stimme geht einher, die procuratio so geschaffen wird, sie an ihre Spitze dann sich einen oder Konsuln wählt … und schon auch so mal es zu sehen war, dass sich denn einer selbst erhebt … Bedingung aber gibt es schon, so Wissen um den Staat und alles, was da öffentlich bewegt, bei ordentlicher Wahl gefordert sind, was jeden Kreis schon enger macht«, setzt dann eine kleine Unterbrechung ein, »und … was den Frieden aber dann verseucht, dem Bistum erst und dann dem Vatikan geschieht, wohl schließlich auch dem Kaiser droht … das ist schon mehr als nur Verlust an Geld, was ja allein schon hinnehmbar nicht ist … was weiter folgt, noch weniger, denn Militär und Recht ganz einfach mit Gewalt der procuratio werden unterstellt, und über Frieden wie auch Krieg von ihr dann nur entschieden wird, Halt auch dann nicht wird gepflegt, wenn um Feste, Messen, andere Handlungen der Kirche es denn geht ... so da nur eines sich vollzieht, dem Kaiser wie dem Papst ... Entzug an Macht.«

»Und wer im Umland nicht der Kräfte hat genug, und wer in Adel einsam auf dem Lande lebt, der ungefragt und rücksichtslos zum Untertan von Mailand wird gemacht«, fügt Heinrich von Sachsen wenig smart, aber konkret auf die Frage bezogen an.

»Diese cupiditas potentiae, sie zwar deutlich bürgerlichen Mantel trägt, hier jedoch sie letztlich nur feudal gedacht und so geführt auch ist«, fügt Rainald mit unausgesprochener Absicht, also etwas provokativ an, »so, tatsächlich wenig endet, ändert sich, da ja nur der Herrscher tauscht ... eines aber doch noch unterscheidet schwer, denn sehr viel mehr an Nähe und Begreifbarkeit da selbst dem Bauern wächst nun zu, was diese Welt verändern kann, und wohl wird, ganz sicherlich, doch nicht gleich morgen, wie auch nicht zum Schaden muss es sein, wiewohl der Adel damit sicher Kummer hat.«

»Ihr somit meint, der Ruf nach eigener Herrlichkeit, er steht tatsächlich auf feudalem Fundament, doch baut sich auch nach unten aus zu jedermann?«, fragt Friedrich etwas überfordert, fast fassungslos nach, Rainald nickt, »die Sorge also kleine Wirklichkeit schon ist ...«, stellt Friedrich gebannt fest, worin Rainald für sich aufgehende Saat sieht, »und später dann, wer weiß, der Weg dahin ... zunächst jedoch, der Kirche Ehre wie die unsere auch durch diesen Wind recht schmerzlich angeblasen sind«, beschließt der König diesen Gegenstand vorerst, den die Anwesenden in seiner Tragweite auch kaum schon voll erfassen können, andere Fragen liegen denn auch näher, so scheint es derzeit immerhin, »nun, meine Freunde ...«, ergreift Friedrich erneut das Wort, und lächelt dabei, »wie Ihr doch wisst, des Königs Pflicht nicht endet vor dem Schlafgemach. Stille doch seit langem drinnen dort mich nur empfängt«, kommt er auf den Punkt und drückt damit auch aus, dass er etwas vermisst, dort, wo auch immer er denn schläft, sicherlich, nur mit wem, und doch nicht nur, denn eine Pflicht steht da eben auch im Raum, »wiewohl im Lande also eine Wahl der Krone denn das Haupt bestimmt, so dennoch förderlich es ist, wenn noch ein Erbe in der Reihe steht.«

»Wer das von uns wohl nicht versteht«, wirft Graf Ulrich ein und schaut in den Kreis, mit einem verständig schmunzelnden Gesichtsausdruck, alle scheinen sich zu entspannen, »so ein jeder von uns aufgerufen ist, jeder denke nach, wer denn als Jungfrau uns bekannt nur ist, und wer zudem zu edlem Stande zählt, auch sonst von Wert noch ist ... Friedrich, in Erinnerung, Dir das Ziel nicht fremd ja ist, ein Band zu knüpfen nach Byzanz.«

»Ja, der Oheim, und die Schwester seiner Frau, schaut auch auf Theodora hin, des Heinrich Weib, wie klug, wie zauberhaft sie ist, und noch dem Kaiser blutsverwandt«, spricht Friedrich ein wenig mit sich selbst, schaut dann auf Wibald, »Ihr, mein guter Freund, dort doch schon verhandelt habt.«

»Welch ein Segen es nur ist, wenn um Macht und Geld geschlagenes Eheband auch zu Gutem, ja zu Liebe für die beiden führt«, kann Wibald sich nicht verkneifen zu sagen, »wie ein Blick nach Bavaria wie nach Byzanz uns eben zeigt.« Selbst Friedrich kann sich ein Schmunzeln nicht verkneifen, nun ja, nicht ohne Grund gilt er als Frohnatur, doch, wegen der durchaus auch politischen Dimension der Angelegenheit kehrt bei allen gleich wieder Ernsthaftigkeit ein.

»Der Waffen Gang bisher nicht geschehen ist«, bringt Arnold von Köln ein, »so denke ich, das zeigt uns auf, dass Konrad wie Johannes auch nicht wirklich haben es gewollt … und so Johannes Sohn, Emanuel, ebenso nicht wirklich scheint bewegt dazu, wenngleich, das hin und wieder munkelt man, sein Reich, er schon oströmisch groß es mindest wieder haben will.«

»Des unseren Kaisers Reich damit jedoch verkleinert wär«, wendet der Sachse Heinrich kämpferisch ein.

»Das voll es trifft, zunächst jedoch, nur etwas Gutes daran ist, da denn der Süden deshalb nur jetzt wieder zu Europa zählt«, gibt der König in Erinnerung an ein Gespräch zu bedenken, »wie es dem alten Rom schon war«, hängt er an, in schon wieder andere Richtung gedacht.

»Ein wenig spielen könnten wir, so ein wenig doch«, macht Rainald ein etwas tückisch lächelndes, ein verschmitztes Gesicht, und schaut dabei auf den König, »freilich so, dass das Wort an Eugen, jetzt an Anastasius, dabei nicht gebrochen wird«, Friedrich bestätigt das mit einem Kopfnicken, »und also ein Vertrag, der nach Konstanz verboten ist, ganz sicher nicht entsteht«, führt Rainald seinen Gedanken zu Ende und wendet sich dann an Wibald, »Verdacht in Rom denn nicht entsteht, so Euer Wort dafür geschickt, doch freilich ohne bösen Sinn, auch Euer Schweigen dafür sorgt.« Wibald schaut daraufhin ein wenig grimmig, denn solche Spielchen widerstreben seiner Art schon sehr. Er hat aber eben zwei Herren, und so hat auch die seine Loyalität zwei Richtungen, daher schweigt er zunächst, zeigt dafür sogar einen Zug von Heiterkeit bei dem Gedanken, hat also doch auch Humor in seinem Wesen, ein wirklicher Schaden ist ja bei dem Spiel auch nicht zu erwarten.

»Sprache wie das Kaiserhaus, überhaupt das Leben dort, aus nicht allzu weit zurück gelegener Zeit, Euch doch gut vertraut noch sind«, bereinigt der König die Stimmung und schaut dann auf Wibald, »so, bitte, macht Euch auf, fragt nach und handelt gut ... und all das so, dass auch in Rom man eben gut Euch hört.«

»Mein König, Euch ich treu ergeben bin, Euer Auftrag daher sehr mich ehrt, nur, einer solchen Reise derzeit leider jede Kraft mir fehlt«, leitet der Abt von Stablo Bedenken ein und deutet dabei ehrlich devot eine Verbeugung an, »daher Euch bitte ich, verzeiht, darum, dass diese Last mir gleich genommen wird, die Botschaft aber, die zum Spiel gehört, die gern ich gebe aus, doch, bitte, nur von hier.« Friedrich schaut, und fasst sich sofort, denn er ist überzeugt, dass hier nur Aufrichtigkeit besteht.

»Eure Haltung Euch nur ehrt, mein lieber Freund, und an ein Wort erinnert sie, das von mir selbst gesprochen ist ... und so von mir gehalten wird ... Ihr also seid befreit«, entscheidet der König, denn er schätzt Wibald tatsächlich, »und ...«, orientiert er sich um und schaut auf Anselm, »ohnehin als zweiten Mann Dich schon ich sah, wenn Du jetzt also gehst als einer denn, ein zweiter Mann nur fehlt.«

»Mein König, gern, zudem, ich weiß da wen«, antwortet Anselm, ohne groß überrascht zu sein, denn er vermutete schon, dass er als schon seit früher Jugend enger Gefährte Wibalds einer von jenen nach Byzanz sein würde, »Manuel ihn schon auch kennt, bekannt sich beide sind, Normannentum ihn zeichnet aus, was dieser Sache zudem feine Würze gibt ... klug wie mutig mir bekannt er ist, als Alessandro Conte di Gravina.«

»Würzig ... das auch mir gefällt«, nimmt Friedrich den Happen an und schließt sich dem leicht amüsierten Raunen im Raume gerne an, »doch sagt, weshalb der Graf wohl sollte dabei machen mit?«

»Ein Magistrat dem König ist verfügt, das hier schon ist bekannt, der für das Regiment vom ihm allein dazu geschaffen ist … der Fürsten Anteil an der Macht dadurch jedoch begrenzt nur noch besteht, so allgemein allein die Fürsten nur dem König nahe stehen, die familiari, amici oder administrati sind«, antwortet der Bischof von Havelberg.

»Auf einen kürzlich erst verstorbenen Mann, Giorgio d'Antiochia auf dem seinen Stein geschrieben steht, dieses Werk, auf ihn es letztlich geht zurück«, fügt Rainald an, mit einem Ausdruck von Anerkennung über die zuvor erfolgte Erklärung von Anselm, »Maio di Bari führt es fort.«

»Gewinnt ihn denn, den Edelmann …«, stimmt Friedrich sodann zu, nicht ganz bei der Sache, denn er denkt an diese für ihn neue und wohl auch noch außergewöhnliche Organisation von Reichsregierung, Rainald aber holt ihn sogleich zurück.

»Somit, Eure Majestät, vielleicht zu sehr in einen Zugzwang Ihr dann kommt«, ergreift Rainald zielgerichtet das Wort, er hat noch eine Idee beizutragen, »da eine Wahl darin nur liegt, in dem, was hier bisher erwogen ist, daher, lasst Euch noch eine zweite zu … gebt frei den Weg mir, nachzufragen in Burgund, zumal ein solches Band nach dort im Lichte von Konstanz ja mehr noch als nur unbedenklich ist, und zudem des Reiches Größe westlich Euch erheblich mehrt.«

»Doch viel zu jung das Mündel ist«, wendet Friedrich wissend und nicht wirklich begeistert ein, »die Grafschaft und Graf Wilhelm von Mâcon aber besten Standes sind … und im Norden …

Lothringen«, denkt er laut weiter, »schon verbandelt mit uns steht, da meine Schwester glücklich mit Matthaeus lebt.«

»Der Vorschlag also etwas in sich trägt, er ernsthaft daher zu bedenken ist«, unterstützt Gebhard von Henneberg den Antrag Rainalds, auch die übrigen Herren zeigen jetzt Interesse für einen zweiten, und zwar diesen Weg, »jetzt schon mich er überzeugt.«

»So geht denn hin, nur sprecht zuvor doch meinen Schwager an«, legt Friedrich nunmehr fest, jetzt schon ein wenig mehr begeistert, wegen der zuwachsenden Macht, und das inmitten von Europa, und nun auch ein wenig neugierig auf das, was daraus wohl entstehen mag.

Anastasius beendet einen Tag

Im Privatgemach des Papstes, wo es schon dunkelt. Anastasius, vormals Kardinalbischof Corrado della Suburra, schaut aus dem Fenster, auf die Basilika San Giovanni in Laterano.

Der Camerlengo ist anwesend, wie an jedem Abend, der Kämmerer des Bischofs von Rom, im Status eines Kardinals, der zugleich die Besitztümer verwaltet und bei Sedisvakanz die päpstlichen Geschäfte fortführt.

»Ein mächtig breites Band das Land der Deutschen wieder ist, zudem, vom Norden bis zum Süden es sich zieht, Europa trennt und wieder Anspruch bis zum Patrimonium erhebt, vielleicht ja weiter noch, wie früher immer wieder schon, was bisher aber nie gelang«, spricht Anastasius und bekreuzigt sich.

»Mein Heiliger Vater, dem langen Tag doch bitte die verdiente Ruhe gebt, und damit ebenso auch Euch«, bringt sich der Camerlengo in die Gedanken seines Herrn ein.

»Mein treuer Freund, wie recht Du hast, wie aber ebenso Du weißt, dem meinem Amte Zeit der Arbeit frei nicht vorgesehen ist«, erwidert Anastasius dankbar und liebevoll lächelnd, »jaja, sehr wohl, schon zu es trifft, was Du jetzt denkst«, kommt er dem Einwand des Kardinals zuvor, »der Glaube nur die Seele stärkt, so ebenso an Schlaf es freilich braucht, damit der Körper auch dem Herrgott dienen und den Menschen helfen kann.«

»Da Euer Körper nunmehr ruhen wird, er morgen frisch Euch wieder trägt, da darf der Geist ein wenig noch sich toben aus, nicht einen Muskel nämlich er denn braucht«, Yngo ist nun wieder ganz bei seinem Herrn.

»Nun, ja, wie lieb von Dir, dass das ich immerhin noch darf«, dankend wie auch amüsiert lächelt Anastasius erneut, und rekurriert sogleich, wendet seinen Blick und wird nachdenklich, »der Herrgott meinen Blick mir eben hat geschärft dafür, dass unser Land, seit es Imperium Romanum nicht mehr gibt, aufgeteilt sich zeigt, es keine Einheit hat, im Kleinen ja noch nie, im Großen seitdem eben auch ... und dann, dann reihten sich die Deutschen ein, Carolus Magnus erster war, seitdem die Deutschen König uns wie Kaiser sind, und als bemerkenswert dabei sich zeigt, dass dieses Reich seitdem uns allen auch noch heilig ist, jedoch, der Süden, länger schon, nicht mehr dazu gehört ... ein neuer Kaiser also, der ja sicher bald schon ist gekrönt, er gern gen Süden lustvoll schauen mag, und darin nicht der Erste wär, er aber die Vergangenheit dabei nicht so sehr auf seiner Seite hat, wenn das denn überhaupt und jemals zählt.«

»So wichtig daher es doch ist, das zwischen Euren Worten höre ich«, führt Yngo fort, »dass denn ein Streit der Mächte, klein wie groß, der von den Alpen bis hierher das Land, das sich begrenzt, wie eben Ihr es klar beschrieben habt, letztlich doch sich mit sich selbst beschäftigt nur, so endlich niemandem er nützt, dagegen alle Länder für sich selbst und zueinander gut zusammen stehen könnten doch.«

»Den Landen, jedem Volk, alleine das sehr wohl denn wünsche ich«, bestätigt Anastasius und wendet seinen Blick nach draußen durch das Fenster, die Sonne hat den Horizont bereits passiert, so gibt es nur noch eine rötlich-lilafarbene Resthelligkeit, »so einst es einmal sollte sein, dass alle diese Stücke Einheit sind, in einem Kern, das sehe ich, es dennoch wird so sein, dass jeder bleibt sein eigen Königreich, dem Ganzen das jedoch nicht schaden wird, wenn ein Gedanke nur darüber steht, der allen gleichermaßen wichtig ist.«

»Die Wahl, die Euch erhoben hat, nur voll des Herrgotts Segen ist«, würdigt Yngo das Wort des Bischofs, er hatte sehr aufmerksam zugehört, ist sehr angetan und daher höchst erfüllt, dass er Anastasius dienen darf, der mit etwa achtzig Lebensjahren schon ein recht außergewöhnliches Alter hat, »denn die Euren Worte Weitblick zeigen an.«

»Dein Zuspruch, dafür danke ich, er erfreut mich sehr, dabei, die Sicht der Dinge sicherlich mir eingegeben ist«, erwidert der Papst, ja noch nicht lange im Amt, schaut den Vertrauten wieder liebevoll und dankbar an, »allein der Glaube derzeit aber binden kann nur das, was dieses Land so sehr zerteilt … nun ja, zurück in diese Gegenwart … des Tages Arbeit ist getan, doch ein Gespräch noch offen ist …«, lenkt Anastasius ein, wechselt aus dem Moment von hoher Klarsicht, aus einer Nachdenklichkeit heraus, die aufzubringen viele nicht imstande sind, hinüber zu den erfassbaren Dingen.

»Rolando hergebeten ist«, geht Yngo darauf ein, und nimmt dabei dem Heiligen Vater das weiße Scheitelkäppchen und das Schultergewand ab, danach die Kette mit dem Brustkreuz, das Pallium wurde heute nicht getragen.

»Es Gottes Wille war, der mich zum Bischof Roms gemacht, wo ich doch schon recht hoch an Jahren bin … er sicher lenkt, nicht ohne Sinn, doch mein Gefühl wahrhaft nicht viel an Zeit verspricht«, beschreibt Anastasius die Ausgangslage und seine Selbstzweifel, schöpft zugleich aber auch Zuversicht.

»Zeit, mein Vater, wie Ihr wisst, ja nicht eine Botschaft in sich trägt ... so also alles könnt erbringen Ihr, was Unser Herrgott Euch hat angelegt«, erwidert Yngo beruhigend, »schaut nur darauf, seit wann als Kardinal und oft auch als Vicarius der Heiligen Mutter Kirche schon Ihr habt gedient, und schaut auf das, was schon getan, den Peterspfennig habt Ihr eingeführt, was all den Armen so zugutekommt, und schaut, was Johannitern in Jerusalem Ihr habt geschenkt, was Ihr an Unterstützung gebt dem Heiligen Land ... dem Herrgott damit wie der Kirche auch, Ihr voller guter Dinge seid, mit Eurer Milde auch der Bürger Stimmung Ihr sogar erreicht und friedenstiftend sie durchdringt, auf dass als Bischof dieser Stadt Ihr Euch dem Capitol nicht länger zu verbergen habt, gar Euch vor ihm noch fürchten müsst ... wobei ... die Römer«, bricht Yngo bricht ab, Anastasius lacht lautlos, es brauchte keiner weiteren Worte mehr.

»Kein Amt der Welt so schwere Lasten trägt«, fährt der Pontifex nun wieder allein mit seinen Gedanken fort, »des Herrgotts Prüfung freilich auch belebt, ihr untertan und stets zu dienen doch das höchste Ziel mir ist, so jeder Pflicht in mir sich nichts entgegenstellt«, fügt er demütig an, »und was Du eben hast gesagt, mein lieber Sohn, mir Freude spendet und auch Trost ... wenn das der Herrgott auch so sieht, dann hat auch dieser wohl nur kurze Dienst mehr als nur gehörig Sinn«, fährt er fort und bekreuzigt sich, dann klopft es, und Yngo geht und öffnet die Tür.

Rolando Bandinelli, Theologe und Jurist, seit Kurzem schon Kardinalpriester, dankt für den Einlass, grüßt bescheiden und tritt ein, geht zum Heiligen Vater, verbeugt sich vor ihm und deutet dem Bischofsring einen Handkuss an.

»Mein lieber Freund, erhebe Dich, so lang wir uns doch kennen schon«, spricht Anastasius und bittet seinen Kardinal mit einer Handbewegung, sich doch aufzurichten und Platz zu nehmen, beide sind sich eben sehr vertraut, ja, beide sind miteinander befreundet, »und unter uns wir hier doch sind.«

»Der Heilige Vater Du jetzt bist ...«, antwortet Rolando gebührend, Anastasius lächelt.

»Auch Corrado darf ich sein ... ein wenig doch, ganz sicherlich, wiewohl, das Treffen hier, um das ich bat, den Grund in meinem Amt es hat«, wechselt der Papst gleich zum Gegenstand hin, hält kurz inne und kommt dann auf den Punkt, »die engsten Freunde gleichermaßen wert mir sind, so eine Wahl recht schwer mir fiel, da, wie bekannt, allein ein Platz nur zu belegen ist.« Rolando denkt sich nun freilich schon, worum es wohl geht, er schaut dennoch demütig.

»Der Ausgewählte, der bist Du, ergeben weiterhin und dienstbereit Dich sehe ich, doch nun als Kanzler auch und ab sofort ... mit gleicher Zeit, dem Amte stets verbunden, Dir somit zudem das Scrinium Apostolicum als Cancellarius ist unterstellt, verkündet morgen wird es so, wenn jetzt Du sagst, dass Du mir folgst und mir zur Seite stehst.«

»Dein Vertrauen sehr mich ehrt, die Pflicht, in Demut dankend, liege dann bei mir«, nimmt Rolando an, bekreuzigt und verbeugt sich dabei.

»Ein wenig Freude darf schon sein«, schließt Corrado freundschaftlich an, »bei mir sie nun gegeben ist.« Rolando lächelt bescheiden, und zeigt damit die seine.

»Doch nun ein anderes da noch ist, da eine Botschaft frisch uns hat erreicht, wonach der Herrgott, der Allmächtige, den treuen Zisterzienser Bernhard von Clairvaux in seine Welt nun übernahm, höchst ehrenvoll, der Abt, er möge Friede finden dort«, wechselt Anastasius über zu einem der jüngsten Ereignisse in Europa, bekreuzigt sich bei seinen Worten, und wendet sich wieder Ronaldo zu, »was meinst denn Du, was folgt daraus?«

»Höchste Verehrung weiterhin zuteil dem Abt denn nur wird sein, ihm, dem nie ein Bischofshut bedeutsam war, und so vermute ich, sehr bald ihm Denkmal wird gesetzt ... Abt Bernhard sicher auch dem Orden fehlt, als sehr gewiss das mir erscheint, und so der Schule auch und auch der Welt, dies Fehlen aber sicher auch zu neuer Ruhe führt«, gibt der eben gekürte Kanzler dazu höchst diplomatisch noch her.

»Die neue Ruhe schreibe fort, sie stärke auch von hier, wozu der Herrgott uns den Sinn und seinen Segen schon gespendet hat, und spendet weiterhin ... so denn, Germania nun zugewandt, comoden Ton es braucht zum deutschen Thron, auf dass der Krone Glanz, erhöht zudem er bald erscheinen wird, sich unserem zur Seite stellt ... und dann, der Ton zum Capitol ein Weiteres ist, was mich bewegt, denn jede Spannung zwischen uns erschwert dem Volk, den Bürgern dieser Stadt, all das, was Nahrung nur dem Glauben ist, dass nämlich aller Kirchen Türen allen offen stehen ... so denn, da wir beim Volke sind, schaff Minderung an Hungersnot, dort aber nur, wo wirklich sie besteht, den Armen also nur zugute«, verteilt Anastasius noch einige Aufträge, wirkt jetzt langsam doch etwas müde, was heute aber, entgegen der Selbstwahrnehmung, tatsächlich nur dem langen Tag geschuldet ist, »nicht nur nach außen Santa Sede stets zu handeln hat, im eigenen Haus auch Fragen stehen an ... um den aus Brescia dabei aber geht es nicht, das Bild zu seinem Fall schon trocken ist ... vielmehr bewegt die Botschaft mich, die aus der Regio del Lario erklingt, sie durchaus glaubensfest erscheint und dennoch reformieren will ... sie einem Edelmann aus Mailand zugesprochen ist.«

»I Umiliati, die Erniedrigten, so die Bewegung sich benennt, der Edelmann geweihter Priester ist«, geht Rolando darauf ein, er ist gut unterrichtet, »Giovanni de Oldrati, auch da Meda er gerufen wird, guten Alters schon er ist, der Name sicher schon zu hören war.«

»Ja, sehr wohl«, nickt Anastasius, »ein Mann, der viel an Wert zu bieten hat, so trägt es sich herum, nicht nur am Comer See«, schiebt der Papst ein und überlegt noch kurz, »er also wichtig für die Kirche könnte sein, da nicht zerstörerisch sein Sinnen ist.«

»Sizilien auch hinzu auf uns noch kommt, das Reich des Königs reicht schon weit, und erblich soll es auch noch sein, das Streben danach rege nach Gehör hier ruft«, fasst Rolando sich kurz, was auch genügt.

»Es recht du siehst, doch denke ich, die Zeit noch nicht genug ist reif, sehr bald jedoch, sie wird es sein, nach gutem Weg für uns dann fragen wir«, beendet Anastasius dankbar lächelnd damit die Aussprache, Rolando zieht sich verständnisvoll sofort zurück, und Yngo kann sich nun endlich seinen allabendlichen und damit tagesletzten Aufgaben zuwenden, anschließend verlässt auch er das Gemach, und der Heilige Vater wendet sich zum Gebet.

Auf den roncallischen Feldern

Im Oktober beginnt der Zug von Augsburg aus mit etwa eintausendundachthundert Rittern zuzüglich Gefolge, über den Passo di Brennero, mit einem kurzen Aufenthalt in Verona. Anfang Dezember ist der Po überquert, östlich sehr nahe zu Piacenca werden auf den Roncallischen Feldern die Zelte aufgeschlagen. Am zweiten Tag nach der Ankunft ist man gut eingerichtet. Vor dem Essen im großen Kreis sitzt Friedrich in kleinem mit engsten Freunden beisammen. Es herrscht gute Laune.

»Wo Ulrich denn nur jetzt noch ist?«, wirft Friedrich ein.

»An seinem Zelt vorbei ich bin, vergeblich war jedoch mein Ruf«, antwortet Hillin, der Erzbischof von Trier, »der Jugend Rechte wohl zugange sind, da weder eine Antwort noch der Eingang sich denn gab«, fährt er väterlich schmunzelnd fort, alle Anwesenden sind somit angenehm leicht erheitert.

»Dann so es ist, wir aber fangen an«, geht Friedrich lächelnd darauf ein und wendet sich so dem Kreis zu, »nun … jeder hier nicht alles weiß, so bitte, tragt denn vor«, führt Friedrich in die Absprache ein, und schaut dabei zunächst auf den Bischof, »Anselm, mein Freund, gespannt bin ich, daher mit Dir beginnen wir.«

»Conte di Gravina, gern und gleich er hatte zugesagt, so reisten wir, und angekommen dort, uns offenen Herzens der Empfang wie der Verbleib gegeben waren nur«, beginnt der Bischof, »nachdem wir Eurer Schwester nach dem Kaiser Ehrerbietung wie auch liebste Grüße haben dargetan, darauf das schon gegebene Wort zu Bruderschaft wie Freundschaft frischten wir denn auf, um dieses nun mit frischem Blut zu neuer Stärke zu erhöhen, sodann den Antrag wir dann also trugen vor, recht große Freude ihm und ihr es folglich war, darauf mit uns zu suchen und zu finden eine Braut, gefunden in Maria dann ... nicht die Tochter, eine Nichte schon, so also auch recht eng verwandt und gleich im Wert ihm ist ... in keiner Weise denn verwandt zu Euch, so weiter nichts es zu bedenken gibt«, beendet Anselm seinen Bericht.

»Es klingt schon gut, dass an Bedenken keine denn bestehen, daher nur bleibt, so immer doch es sollte sein, ausschließlich sie ... erzähle denn und sag uns mehr, daher nur über sie.«

»Siebzehn Sommer nur sie hat bisher erlebt, schön sie ist wie Helena, und gebildet in Latein ... eine Frau schon durch und durch, und dabei doch so blütenrein, intacta et incorrupta est«, antwortet Anselm, »Manuel recht voll der Freude nun auf Euren nächsten Schritt nur schaut«, fügt er an und legt eine kleine Pause ein, seine Stimme bekommt einen Ton von Bedenklichkeit, »doch anzufügen habe ich, dass nicht mit einem Wort zu einem Anspruch sull' Italia Stellung er bezog, wir wohlgehalten schwiegen auch dazu, dabei uns allen recht bekannt doch ist, wie sehr Ancona, schon an Jahren vier denn jetzt, den seinen Truppen untersteht ... den Süden einst als Mitgift Konrad wohl hat zugesagt.«

»Lasst jetzt uns hören denn, was Rainald zu berichten hat«, übergibt Friedrich das Wort, mit einem Gesichtsausdruck der Zufriedenheit über das schon Erreichte, doch auch mit einem Anflug von Sorge, na, eher doch von Nachdenklichkeit.

»Auch mir sehr offenherzig es erging, zuvor in Lothringen zu Gast schon ich gewesen bin ...«, beginnt Rainald und nickt zu Herzog Matthaeus hinüber, »Graf Wilhelm von Mâcon jedoch nicht wirklich schlüssig uns erschien ... nicht abgeneigt dem Grunde nach, doch jetzt auf Bildung wie auf Reifung Wert er noch erhebt, bevor das anvertraute Kind dem Leben zugelassen sei.«

»Dem durchaus nach ich folgen kann«, klärt der König diesen Punkt recht knapp ab, »und dennoch ... Beatrix ... der Name schon.«

»Sie eine wahre Schönheit ist, mit ehrlichem und klaren Blick und jetzt schon eine Haltung hat, die ihresgleichen sucht ... wir nicht direkt als Frau sie sprachen an, nicht schicklich war es uns ... doch klug sie ahnte unseren Sinn ... und wie ein solches Mädchen bestens nur sich zeigen kann, all das, das tat sie, mit Gewinn«, ergänzt Rainald mit Worten, die Friedrich ebenfalls beleben, »sogleich ich Bischof Anselm aber folgen muss, denn eine Hochzeit mit Byzanz zwar gegen Wilhelm stützt ... zum Vatikan wie zu Byzanz in sich jedoch kein kleines Maß an Zündstoff birgt ... so, vieles spricht für Beatrix, wenn auch ins Land noch Zeit zu gehen hat.«

»Und, unter welchem Sternenbild die ihre Wiege steht? Ihr das doch ebenso habt sicher nachgefragt, so hoffe ich«, erweitert der König sein Interesse, und schaut nun höchst neugierig.

»Wie sehr die Sterne Euch beschäftigen, dass, Gott sei Dank, mir zeitig mitgegeben war, nur Dank so Eurem Freund denn gilt«, geht Rainald auf den König ein und schaut dabei kurz nach rechts zu Ulrich hin, »daher dazu die Antwort habe ich«, Rainald lächelt wissend, »der jungen Frau die Wiege denn im Bild des Taurus steht.«

»Im Spiele damit also auch die Venus ist«, kommentiert Friedrich mit leichtem Glanz in seinen Augen, »und diesen Namen noch dazu das Mädchen trägt ... Beatrice«, sinniert er noch, erscheint kurz absent, ist aber sogleich wieder König, »den Blick auf Rom jetzt richten wir, da dort recht viel sich hat getan, recht frisch, so, Eberhard, berichte bitte uns.«

»Im Lateran, das kaum wohl allen Ohren schon ist kund, ein neuer Mann das Pallium und die Haube nun schon wieder trägt, wobei, er uns recht gut bekannt schon ist, von Eugen noch zum Kardinal geweiht, eng vertraut sie waren sich, und ähnlich starkes Band er auch zu Anastasius fand, als Kanzler denn mit uns er schon verhandelt hat ...«, wendet sich der Bischof von Bamberg daraufhin allen zu, »im Segen Unseres Herrgotts dann, die Wahl den Nicholas zum neuen Bischof hat bestimmt, der Name Hadrian ihn zeichnet aus, apud Londinium die seine Wiege stand ... und schon gleich dann er griff solide durch, denn kaum der Tage vier vorbei, da ist verhängt der Stadt das Interdict, da schließt die Kirche den von Brescia aus, vertreiben soll man ihn, den Ketzerei wohl treibt umher ... die Stadt seitdem in großen Aufruhr ist versetzt, und all das jetzt, wo bald doch kommt die Weihnachtszeit«, berichtet Eberhard fort, und macht dann eine kleine Pause, »was unsere Sache nun angeht, all das, was Konstanz uns verbrieft, die neue wie auch alte Curia denn völlig übernommen hat ... wie unser König seinen Teil.«

»Nun, auf dem Weg schon doch wir sind, erfreulich ist, dass dieser bleibt ...«, fügt Friedrich an, »doch sei gefragt, was über Konstanz uns hinaus der Wechsel wohl bedeuten wird.«

»Hadrian ... als Freund der Sätze Gregors gilt, mit Worms wohl kaum er sehr viel Freude hat ... so, Rom, der Welt, dem

Kaiser auch, wohl Milde wie Versöhnlichkeit, wohl Klugheit und Gerechtigkeit, die Hadrian zu eigen sind, entgegen kommen einzig nur, wenn andere Quellen Ursprung sind«, antwortet Rainald, klug, aber auch spitzfindig, und findet sogar Zustimmung, »pacta sunt servanda ... so zu uns denn hin allein das Concordat nur gilt.«

»Wenn es nur auch im Lateran denn so gesehen ist ...«, setzt Friedrich an.

»Ausgesprochen schon, so denke ich«, erwidert Rainald.

»Wir also wachsam werden sein ... und jetzt, zum Süden hin wir wenden uns«, schaut der König nun aufmunternd auf Otto.

»Des Rogers Sohn ja nun regiert, Sicilia so also neu zu überdenken ist«, geht der Pfalzgraf Otto von Wittelsbach sogleich auf Friedrich ein, und wartet ab.

»Das siehst Du wirklich recht, mein Freund, der Vater nicht so wankelmütig war«, bestätigt Friedrich, »doch, dieses Land nicht erste Sorge soll uns sein, wiewohl des Vaters Streben und Begehr sicher die des Sohnes sind, daher Guglielmo halten wir im Blick ... viel näher denn, höchst dringend gar, jetzt Mailand sich als Fragewort uns zeigt«, wendet er nun, schon mit Blick auf morgen, das Gespräch um, Stimmung kommt auf, »wie Euch bekannt, das Pergament, das Sicher übergeben hat, verächtlich vorgelesen, das schon Frevel ist, zerknittert wurde dann, und noch dazu, den eigenen Füßen wie zum Fraß dem Boden zugeworfen war ... und all das coram publico«, beschreibt und bewertet er so das Geschehene, »des Thrones Ehre Mailand also höchst erheblich angegriffen hat.«

»Die Stadt, wie das nur will sie wieder richten hin?«, bringt Arnold, der Erzbischof von Köln ein, auch Reichserzkanzler und Erzkanzler für Italien, und somit also einer der Mächtigsten hinter dem König.

»Für einen Zug das Heer nicht reichend ist«, bringt Otto ein, »bedenken also müssen wir, dass auch Milano das so sieht, so, großes Handeln, wie bedauerlich, nur als nulla ratio uns sich bietet an ... dabei, ganz klar gesagt, aus meiner Sicht ein Zug das einzig rechte Mittel wär.«

»Dem ganz bei doch trete ich«, stimmt Heinrich von Sachsen zu, der dabei aber mehr an seine eigenen Ziele denkt, als dass er von dem Plan an sich überzeugt, zumindest angetan ist.

»Diesen Krieg jetzt nicht wir können ernsthaft gehen an... und Gleiches gilt, sofort das angefügt noch sei, zumindest fraglich doch es ist, selbst für den Fall, dass Pisa uns wie zugesagt, die Schiffe stellt für unser Heer«, wendet Rainald ein, »ein Zug nach Süden also sicher zu verhandeln ist, sofern der Papst bedroht sich wirklich sieht, uns aber Nutzen doch nur bringt, wenn überhaupt, nachdem unsere Majestät zum Kaiser ist geweiht.«

»Ein Spielraum kaum sich zeigt«, bestätigt der König halb enttäuscht, halb befreit die gegebenen Hinweise, »wie sehr das auch betrüben mag ... abzuwarten vieles immer wieder ist, denn, wie an Zeiten solche es nur gibt, wo das Ereignis selbst schon jede Handlung nahe legt, so es auch solche gibt, die keine Vorentscheidung oder Prägung tragen mit ... allein das Letztere hier unser Handeln jetzt zu lenken hat, daher, zu dem, was morgen uns geschehen kann, schon heute sage ich, dass Worte wie Geschenke auch in ihrem Wert als nur gering von uns zu sehen sind.«

»Honor imperatoris violatus est ... Geschenke wie Beteuerung, so diese wir doch nähmen an, das ganze Land es sicher falsch versteht, nicht nur daheim, auch hier, der Weg nach Rom dann sehr viel länger ist«, bestärkt der Bischof von Bamberg den König.

»Zu schonen unsere Kraft, wir angewiesen sind, denn niemand von uns weiß, wie schwer in Rom es letztlich uns ergehen wird«, bindet Otto an.

»Das wahrlich zu bedenken ist ... und, lieber Rainald, kommt noch was von Dir?«, Friedrich wendet sich zur Seite.

»Mein König, ja, wenngleich dadurch die Sorge, nicht die Lösung ist erhöht ... so also das, was nur ein kleiner Blick mir hat gezeigt, ein Licht auf die Natur der Menschen hier im Lande wirft, wo jede Stadt, selbst die, die uns gesonnen ist, wo jede sich als erste sieht, als Herrscher ohne Herrscher über sich, so also das den Punkt denn trifft, dann immerfort genau nicht wissen wir, was diese oder jene Stadt, was wirklich sie im Schilde führt«, trägt Rainald vor. »Hinzu noch kommt, die Herkunft denn, aus welcher Stadt du also kommst, sie mehr an Kraft und Strahlung hat, denn es die Zugehörigkeit allein, gleich welcher Art, zu geben nur vermag ...«, fügt er noch an, »so letztlich unser Handeln stets parteiisch ist, in diesem Sinn ein jeder gegen uns sich wenden kann, egal, wie sich das Rad auch dreht, und Räder voll der Ränke immer wieder und sehr gern sich fleißig drehen.«

»Lodi doch wir nehmen aus, auch wenn das Vorwurf gegen uns erhebt«, zieht Eberhard von Bamberg einen durchaus bedeutsamen Schluss, formuliert so ein Postulat.

»Ein jedes Lot gleich eine Unze schnell hier ist«, fasst Friedrich zusammen, »und, morgen ... wird Graf von Biandrate morgen bei uns sein? Und Conte Ardizzone auch?«

»Beide haben zugesagt«, kommt Eberhard der Frage nach.

»Ein noch so goldenes Geschenk, auf keinen Fall es anzunehmen ist, dazu wir einig sind nunmehr, und wenn ein Gang der Schwerter nicht vermeidbar sollte sein, es andere Mauern braucht als die, die diese Stadt jetzt um sich hat, die Stadt, die unsere Ehre so mit Füßen trat ... und tritt«, beschließt der König nun auch diesen Punkt, und alle stimmen zu.

»Legis habet vigorem«, fügt Eberhard daraufhin an, »denn was gebilligt ist, hat Wert wie ein Gesetz, daher die Billigung allzeit mit höchster Sorgfalt zu bedenken ist, wenn in Betracht sie überhaupt denn kommen kann, was einvernehmlich nunmehr hier geschah.«

»In diesem Fall, die Wahl dem unseren Wohl auch dient, so hoffen wir, dass anders es verstanden wird«, fügt Friedrich an, und lächelt etwas gequält, »verschätzt wir haben uns«, gibt er noch ungeschminkt hinzu, »und das beim allerersten Schritt.«

»Wenn immer nur die Klarheit haben wir, so, wie denn jetzt, und künftig also vorher schon, ein zweites Mal das aber sicher nicht uns widerfahren wird, dann die Deditio, die der Krone und all dem, was Friedrich, Du, bewegen wirst, dann bar des Schuhes folgt sogleich«, bringt Eberhard die Dinge wieder in ein Lot, pragmatisch angelegt, dem Wort des Königs nur gerecht.

»Freunde, kommt, diesen Tag mit Freude nur lasst nun beschließen uns«, leitet Friedrich jetzt über, denn ein Schlusswort steht hier nur dem König zu, wie sehr ein Bischof freilich eine Sonderstellung hat, und Eberhard hat sie ganz besonders.

Manuel und Alexios Axuch

Kaiser Manuel und die Kaiserin liegen bequem auf prächtigen Möbeln, jeder auf dem seinen Stück. Im Umfeld des von Säulen getragenen und üppig, aber auch geschmackvoll ausgestatteten Raumes bewegen sich Gäste, auf einer Fläche tanzen Frauen, gekleidet in verführerische Gewänder, in was auch sonst.

»Geliebter Mann, was für ein schönes Fest Du uns bereitest hier, ganz einfach so, ganz ohne Grund, Du eben wunderbare Lebensfreude unerschöpflich in Dir trägst«, flüstert Bertha gekonnt und wirft ihrem Gatten süße Blicke zu, »und einfach so uns wirken lässt.«

»Ἀγάπιμου ειρήνη«, geht Manuel auf sein Weib ein, lächelt dabei mit etwas verklärtem Blick, »dass es Dir gefällt, das Fest, mich sehr das freut ... dabei, mit letzter Nacht bei Dir nicht messen sich es kann ... mit nichts sonst auch und immerfort, was Du mir bist ... und ich durch Dich«, allein die Öffentlichkeit um sie herum hält beide in einem gewissen Sinne voneinander fern. Manuel schaut kurz zur Seite, weil sich da im Hintergrund etwas bewegt hat. Ein Heerführer ist es, der sich noch respektvoll zurückhält. Manuel winkt ihn heran, und schaut Bertha tief in die Augen, »die Pflicht, sie ruft, sei bitte nicht betrübt.«

»Mein Kaiser ... wie befohlen ... da ich bin«, beehrt sich Alexios Axuch, Sohn des verstorbenen Ioannis, dessen Amt das des Μέγας Δομεστικός war, des Obersten Feldherrn von allen, und verbeugt sich, »so, bitte, mir doch tragt nur auf, was Euch an Dienst mit größter Neigung denn ich leisten darf.«

»Mein Freund, Du weißt, Ἰουστινιανός mir bedeutsam denn als Vorbild ist, er doch im Westen dieser Welt weite Teile hat befreit, das Reich damit in neue Einheit hat gebracht, das Christentum erneut vereint … dieses Bild auch mich bewegt, vollenden gern ich würde es«, holt der Kaiser ein wenig aus, »nun denn, das Ostland hin zu Rom, sehr westlich denn aus unserer Sicht, uns sicher nunmehr zugehörig ist, was für ein großer Schritt das war, zudem, durch uns Ancona ist besetzt, wie Teile von Apulia, wie können wir nun weiter gehen? Und sage mir … wie denn den neuen König schätzt Du ein?«

»Erlauchter Kaiser Manuel, Apulia sich nur gesonnen uns doch zeigt, dort viele Fürsten unterstützen uns, mit Aufstand sie im Königreich Sicilia den König dort wie auch den Papst gehörig binden ein«, berichtet Alexios, »der Deutschen König aber schwierig einzuordnen ist, zu wenig über ihn kursiert, zu frisch im Amt er eben erst doch ist … gesagt jedoch wird schon, dass er die Krone, die dem Konrad zugesagt, für sich nun denn erhandelt bald.«

»Die Curia wohl folgen wird, da sie von Roger wie von Rom sich immer mehr umzingelt sieht«, gibt der Kaiser kund, »so abzuwarten ist, mit welcher Absicht noch und welchem Heer der König auszieht dann zu Hadrian.« Im Hintergrund wehen derweil die dünnen Stoffe in musikgetragenen Wellen unaufhörlich weiter.

»Sehr von Bedeutung, schätze ich, auch wird es sein, wie Mailand sich dem Γερμανός nur gegenüberstellt, wie überhaupt der Norden stellt sich auf«, ergänzt der Feldherr die Beschreibung der eben recht offenen Lage, »vielleicht auch noch, was die Lagunenstadt so unternimmt, ob sie beteiligt sich, ob sie der ihr so eigenen Linie treu nur weiter folgt.«

»Venezia besonders ist … wenn auch nicht immer Friede uns bestand, des Handels Bande zwischen uns nur allzu stark verflochten sind, so reich und so verwöhnt mit Schönheit sie von daher ist … so, einen Eingriff keinen sehe ich … die Stadt für wahr ein eigenes Reich abgibt, und sicher gegen uns sich richtet nicht, wenn nur das Gleichgewicht bewahren wir … doch Mailand, ja, seit vielen Jahren schon, die Stadt nicht einen Kaiser hat gesehen, sie sicher unerfreut und ausgesprochen gegnerisch sich stellen wird«, führt Manuel seine Sicht der Dinge weiter aus, Bertha hört aufmerksam zu, hält sich aber selbstverständlich heraus, »so kommen wir denn zu dem Punkt … bereitet doch gemeinsam mit dem Neffen einen Plan, wonach ein Angebot dem deutschen König unterbreiten wir, dem bald die Kaiserkrone noch gehört … und stärkt Ancona wie Apulia auch … Dir danke ich für heut und wünsche eine gute Hand, und Unser Herrgott schütze Dich.«

»Mein Kaiser, so Euch folge ich, der Ehre dabei sehr bewusst«, bedankt sich Alexios, verbeugt sich dabei und zieht sich zurück. Der Kaiser schaut dem General hinterher und erinnert sich dabei kurz an den Vater des Alexios.

»Mit größtem Dank dem seinen Vater ich verpflichtet bin«, wendet Manuel sich an Irene, an Bertha, »denn um die Krone Streit damals bestand, mit meinem Bruder Isaak, älter denn als ich, nur, schwankenden Gemüts … das Meer im Sturm berechenbarer ist … so auf den Thron dank seiner Hilfe nur ich kam.«

»Der Vater also war ein kluger Mann, das Reich somit er wohl gerettet hat, und noch viel mehr, da über Dich das Reich zudem noch Blüte hat erlangt, und das auch weiterhin«, lobt Bertha, zu Recht. Und Manuel? Er freut sich sehr, zumal das Fazit seines Weibes kein Geschmeichel ist.

»Wie gut nur für das Reich«, flüstert Manuel lieb, und wendet sich seiner Irene dann nur noch wortlos zu.

Mailand überbietet sich

Schon in der Frühe des Tages, der späten allerdings, machen die Gesandten wie etwa jene aus Lodi, Cremona, Pavia, ja Genua, ihre Aufwartung vor König Friedrich auf den roncallischen Feldern. Geschenke werden überreicht, Gehorsam wird erklärt, sogar Mannschaft wird zugesagt, der König, ja, er ist schon willkommen, die Gründe dafür dürften jedoch sehr, sehr unterschiedlich sein. Schließlich kommen auch die Herren aus Mailand.

»So tretet näher doch, Ihr edlen Herren hier, willkommen denn am Königshof Ihr alle seid, und tragt sogleich doch vor, was an Begehr denn Euch bewegt«, eröffnet Eberhard von Bamberg elegant diplomatisch die Verhandlung.

»Die Procuratio, Eure Majestät, durch uns, wir sind geehrt, Euch herzlich hier willkommen heißt«, beginnt Konsul Gottfried Manerius die Mission, Gnade und Wohlwollen zurückzuerhalten, »und uns bewusst ist eine Schuld, die nunmehr zu begleichen ist.«

»Nur von Schuld Ihr sprecht? Doch … erst einmal … fahrt einfach fort«, entgegnet der König, sehr gehalten und souverän, in den Gesichtern der umstehenden engsten Freunde zeigt sich ein Gleiches.

»Unsere Bürger, treu und brav dem Glauben untertan, fleißig und erfolgreich jeden Tag beschließen sie, Gott der Herr somit auf ihrer Seite steht, und das auch wird gebraucht, denn reichlich oft bedroht sie sind, das immer mehr, das außerhalb der Stadt«, fährt Gottfried Manerius fort.

»Eure Bürger? Wer nur das uns sagt, und wer, wer Euch denn diesen Hochmut da trug an, wonach die Bürger Euer sind?«, ertönt Heinrich von Sachsen klug und etwas gewollt aufgebracht, »und ... Gherardo Negro wir vermissen hier, Oberto dalla Orte auch, so er als Konsul Euch noch wertvoll ist ... ja, was an Confusion in Euren Mauern herrscht denn nur?«, schließt er provozierend und auch eine Brücke bauend seinen Einwurf ab, durchaus damit eine Stütze für den König bildend, durchaus auch eigennützig motiviert.

»Räuber auf den Straßen, manchmal sie verkleidet sind, wahre Herkunft also nicht bei allen stets erkennbar ist, zudem die arma militaria um uns herum ... mal diese, einmal jene dann, aus einer Stadt besonders gern ... und ja, der Adel auf dem Lande auch, obwohl nur freundschaftlich doch allen wir gesonnen sind, sie führen zu der Bürger Ruf, nun endlich Schutz zu schaffen dem Ertrag«, übernimmt der Konsul Opizo Malaspina das Wort, Tatsächliches verfälschend und die ansonsten gestellten Fragen einfach, und ja, durchaus geschickt ignorierend.

»Was Ihr für Lügen da erzählt, und was an Schande Ihr dem Volk da auferlegt, das hier nicht für sich reden kann ... die Eure ohnehin es ist«, entgegnet Bischof Ardicio aus Lodi und hat dabei Mühe, an sich zu halten.

»Allein die Worte, die Ihr wählt, sie wirklich nicht geeignet sind«, schließt Rainald sich moderat an und hält dezent Otto von Wittelsbach zurück, der hinter ihm steht und seine Hand schon auf dem Griff des Schwertes hält, »bedenkt doch bitte, dass auch wir des Sehens, Fragens, Denkens mächtig sind ... tut

Ihr das nicht, dann seid Ihr unverschämt«, verschärft er dann doch den Ton.

»Was hier geschieht, Ihr wisst es wohl, ein Höchstmaß an Verachtung ist, genau an dem, was nur allein des Königs ist«, stellt Friedrich nun fest, die Herren aus Mailand bleiben unbeeindruckt, einige wenige von ihnen in hinterer Reihe sind erfolgreich bemüht, tatsächlich ein feistes Grinsen zu unterdrücken, »und ...«, fährt er fort, schiebt nur eine kurze Stille ein, »erklärt Euch hier und jetzt zu alledem, was unserem Boten Sicher widerfahren ist, wie kein Empfang, wie keine Bleibe als Legat ihm denn gegeben war, es nicht die kleinste Ehrerbietung gab ... und mehr als schändlich es dann war, es letztlich Hochverrat belegt, dass diese Stadt ihm ließ allein, des Nachts noch schnell denn zu entfliehen«, drängt er im Wort nun nicht länger diplomatisch, gnadenlos in Stimme und Gestik, Mailand an die Wand, »wie Ihr all das gehandhabt habt, so Ihr denn über Sicher mich zutiefst beleidigt habt, und meine Fürsten auch.«

»Wir achten Gott, wir achten Euch, wir achten aber auch, was unsere Hände täglich schaffen an, und davon, hier, in Demut schon, in Treue auch, wir überreichen diese Schale Euch aus Gold, sie angefüllt mit Silber ist, mit einer Vier mal tausend an der Zahl«, sagt Amicus de Landriano dazu, der dritte im Bunde der Konsuln, dem eben noch eine kleine Begleitung angehört, mehr aber nicht. Stolz treten die Konsuln und ihre Begleiter ein wenig zur Seite.

»Mein König, bitte schaut, den Inhalt gleich Euch prüfen lasst«, fährt Amico fort, während zwei Ritter die Schale vortragen und in Verbeugung hinhalten, der König aber würdigt sie nicht eines Blickes.

»Mit einem Beutel voller Geld, so jämmerlich Ihr tretet auf«, greift Rainald ein und lässt die Worte erst einmal ein wenig wirken, bevor er fortfährt, »Münzen nur Ihr lasst erklingen, das doch keine Ehrverletzung heilt, das doch nur ein müder Auftritt ist ... schlimmer noch Ihr macht es nur, denn, was des Königs ist, sich jeder Käuflichkeit entzieht ... Gehorsam heißt die Forderung, die aus dem Recht heraus besteht, wie Unterwerfung dem Gericht, so jeder Stadt und jedem Land, der Welt, die Eure Buße zeigt, wonach allein denn Friedrich dieses Land und Eure Stadt regiert, nur so Verrat zu sühnen ist.«

»Nicht kann es sein, dass Euch der Weg, der Eurer Majestät die Ehre wiedergibt, dass dieser Weg Euch fremd, Euch nicht begehbar ist«, wirft Erzbischof Arnold ein, »so Eure Haltung nur belegt, wie ungeheuerlich Verrat Ihr habt geübt.«

»Packt Euren mammon ein und geht, bevor der Weg Euch zugesperrt vom Frevel Eurer Tat und Eurer Zunge ist«, fügt Eberhard von Bamberg an.

»So Eure Majestät verletzt uns sehr ...«, verdreht Opizo Malaspina die Lage, was alle anderen Konsuln vorher auch nur taten.

»Dreht Euch nur um, da geht es hin ... und reitet schnell«, verweist Otto, ebenso ganz im Sinne des Königs, die Gesandtschaft aus dem Zelt, seine Worte mit einer Armbewegung unterstützend. Friedrich schaut mit weiterhin unbewegtem Gesicht auf die Legaten, die sich mit lediglich schwach angedeuteter Verbeugung nun rückwärts zurückziehen.

»Signori ... bitte hier entlang ... den Rest des Weges Ihr wohl kennt«, gönnt sich Guglielmo di Monferrato zu sagen, sehr zur Freude aller, »der Eure Schritt hinaus mir mehr als nur Genuss verschafft«, lächelt er die Herren an, geht vor und öffnet das

Zelttor, die Herren folgen der Geste wortlos, und nun aufrechten Ganges, brüsk mit dem Rücken zum König gewandt, wie ungehörig. Der König aber lächelt nur, und auch dem nun schon treuen, neuen Gefährten lächelt er dann zu, freilich mit einer völlig anderen Gestik.

»Nunc agerite vos ...«, gibt Eberhard noch hinterher, obwohl solche Worte nicht wirklich seiner Art entsprechen.

»Wie sehr es zu erwarten war ... kaum fassen kann ich, was da eben uns geschah«, resümiert Friedrich, die Runde schließt sich an, denn sie ist eben stets mit dem König ehrverletzt, doch fühlen sich alle ob des Verlaufs dann doch zufrieden und guter Dinge.

In der Folge zieht man durch die Lande um Mailand herum, geht nach Monza, hospitiert auf der Burg des Freundes Conte di Biandrate und belagert schließlich Tortona, recht brutal, weshalb die Stadt sich Friedrich devot ergibt, von Pavia dennoch heimtückisch überfallen wird und den Rest bekommt.

Arnold von Brescia wird gefangen

Arnaldo da Brescia, seit seiner Flucht mal hier, mal dort, er fand auch bei Baldistricca dei Ptolomei Aufnahme, einem Freund der Respublica Senensis, und schon von daher an allen Bewegungen interessiert, die sich vom Papst und vom Kaiser emanzipieren wollen. Beide sitzen mit Freunden des Grafen zusammen, die über Pienza hergekommen sind, im Castello Banfi di Poggio alle Mura, südlich von Montalcino gelegen, einem der Sitze derer de Ptolomeo.

»Wie steht es denn um Rom, das Tun des Vatikan ... wie steht es um das Volk, das frevelhaft den Vater unserer Mutter Kirche gar vertrieben hat, wie steht es um all das, und auch um das, was denn den deutschen König wohl bewegt?«, leitet Baldistricca ein Gespräch ein, keineswegs belanglos, bewusst aber ohne persönlichen Bezug.

»Ihr wisst, mein Freund, die Krönung, sie ist zugesagt, so Hadrian gestärkt sein wird«, nimmt Giacomo da Vico den Faden auf, einer der führenden Köpfe der römischen Kommune, und entschärft damit geschwind die gewisse Anzüglichkeit, die in der Eröffnung durch den Grafen ja darin gesehen werden könnte, dass der von Brescia an all diesen Ereignissen in Rom durchaus einen Anteil hat, »die Communitas Romana ... nun ... den einen ist es Recht, als eine Art von Podestà dem Kaiser ganz und dabei eben gern zu unterstehen, wenn sie dabei nur frei vom Clerus sind ... den anderen das nicht genügt, sie frei von beiden Mächten wollen sein.«

»Diversitas, aus der Natur schon wohlbekannt, sie zeichnet auch den Menschen aus, sie als Moment auch von Entwicklung zeugt, doch, Gott sei Dank, in Rom und wie denn auch anderswo, sie uns noch überschaubar ist ... wenn aber niederschlägt sich oben denn, was unten bis ins Kleinste teilt sich auf, das wäre dann der Untergang, so hoffe ich, dass sie im Großen nie an Überhand gewinnt«, philosophiert Graf Ptomolomeo kurz, und wendet sich dann gleich wieder der Realität zu, »es durchaus Vorteil schaffen kann, wie anderswo man sehen kann, zum Beispiel zu Venezia wie auch Milan, wo denn allein man herrscht und dennoch einen Bischof hat, Venedig halt den Patriarch«, betont er, und schaut nun auf Arnold, »Euch das sicher so nicht ganz gefällt.«

»Dabei ein Stück weit schon ich bin«, beginnt Arnold etwas zögerlich, »Civilgewalt ja nur den Menschen und der Republik soll zugesprochen sein, das Zepter also nur dem König, Kaiser, Magistrat gehört, der Kirche aber eben nicht, da sie allein die Botschaft Unseres Herrn wie zu verkünden also auch zu leben hat.«

»Wo jeder Ort ein medium ist, die Unabhängigkeit als höchstes credo gilt, ganz ohne Macht ein jeder hier auf dieser Welt doch untergeht ... wie soll der Vatikan sich da bescheiden?«, wendet Tomaso Conte di Caniano ein.

»Prunk wie auch civile Macht keine Botschaft Christus sind ... ein jeder Bischof aber fürstlich lebt und lenkt, das allein ich klage an ... im Geist der Schule Abealards«, erwidert Arnold sehr bestimmt, unnachgiebig und auch ignorant, »nichts da es zu biegen, zu halbieren gibt, wie Wein man eben auch nicht einfach so verdünnt ... getrennt also gehört, was irdisch und an Religion die Curia vermengt sich hat ... erhoben sei dafür, was der Apostel reine Lehre ist.«

»Wenn von Abealard gesprochen wird, so mir auch Heloisa in den Sinn gleich kommt ...«, weicht Tomaso vom Gegenstand letztlich ab, leicht belebt durch seine eigenen Worte, und Gedanken, wird dabei aber unterbrochen, Arnold ist es nur recht.

»Edle Herren, wenn Ihr wollt, das Wetter ist so schön, die Luft so mild, das Essen noch ein wenig braucht, die Pferde aber sind bereit ...«, äußert sich Marcella nun, die sehr ansehnliche Frau des Gutsverwalters, sie kam zuvor aus dem Haus auf die Terrasse und wartete im Hintergrund ab.

»Wie nur dem ein Mann kann widerstehen ...«, entgleitet es Tomaso etwas zweideutig.

»So, also kommt, das Anerbieten besser Euch Ihr nicht entgehen lasst, da das schönste Land der Welt uns ruft«, übernimmt Baldistricca, und so nehmen die Männer freundschaftlich gewogen den Priester in ihre Mitte und gehen zu den Pferden. Der eigentlich schon ohnehin geplante Ausritt in die so einzigartige Hügellandschaft der Toskana, nun findet er statt.

»Hier sicher wir doch werden sein?«, fragt Arnaldo nach, »des deutschen Königs Weg nach Rom gewiss doch dieses Land durchquert.«

»Die Via Francigena für ein Heer nicht nur zu beschwerlich, letztlich für ein solches überhaupt nicht tauglich ist, viel zu schmal und wenig fest ... so der König sicher auf der Via Cassia geht, La Grassa aber, denke ich, hinter sich noch nicht er hat«, wendet Baldistricca mit beruhigender Absicht ein, trifft es aber nicht ganz, denn Friedrich hat den Apennin bereits überquert, »warum nur aber sorgt es Euch?«

»Exkommuniziert ich bin ... und verjagt ... und gejagt«, antwortet Arnold gefasst in der Sache, und im Übrigen voller Gottvertrauen, auch etwas verwundert über die Frage.

»Nur, ob der Deutsche all das weiß ... und selbst wenn, hat es Bedeutung auch für ihn, wo doch sein Ich allein im Staub vergangener Reiche wühlt«, bringt sich Cosimo di Lucca ein, in Bezug auf den König mit treffsicher zeitgemäßem Blick, »was Teile der Communitas ...«, lacht er dabei in sich hinein, doch hörbar, »allerdings genauso tun.« Die anderen lachen dezent mit, nur der Mann in karger Kluft, er kann dem nicht so einfach folgen, dabei ist er durchaus sehr froh, auch in diesem Kreis Aufnahme und Schutz gefunden zu haben und ein wenig an Ablenkung genießen zu dürfen.

»Und, dieses Interdict, noch nie für eine Stadt es ausgerufen war, es jedem Christen höchste Strafe ist, den Bürgern Roms daher ich fühle mit ... doch, fest steht auch, nur ungern zeige ich darauf, die Römer aber schon in ihrer Art besonders eigen sind, sie immer wieder gern das Bett sich selbst aus Nägeln denn aus Daunen richten ein ...«, stellt Baldistricca fest, fragt so indirekt nach und provoziert auch ein wenig, ganz in seiner Art, denn er gilt als ein illustrer Geselle.

»Ersehnt vom Volk, erfleht von der Communitas, es schon seit März nicht mehr besteht ... Gott sei Dank«, antwortet Arnold, und wird still, sehr still, redet dann doch weiter, »der Preis dafür wird noch benannt.«

»Des Papstes Arm nicht reicht bis hier«, beruhigt Cosimo den Freund, »deshalb wir können sicher sein.« Die Männer schauen auf, denn sie sind unerwartet in ihrem Gespräch unterbrochen, da eine Frau zu Pferd entgegenkommt, begleitet von einigen Rittern, sie alle erscheinen in einem prachtlosen Wohlstand und unprätentiös erhaben, halten an.

»Seid gegrüßt auf diesem Wege hier, Gott sei mit Euch, edle Frau und edle Herren, so auch auf dem weiteren Weg ... gestattet, Baldistricca Ptolomeo, in Begleitung guter Freunde, zum Gewinn von Geist und Seele reiten wir, auf dass darin gestärkt zum Mahl des Abends wir dann kehren um.« Die Frau schaut auf, schaut die Herren vor sich wortlos an, ihre Augen verweilen dann kurz bei Arnaldo da Brescia, ein kaum wahrnehmbarer Zug von liebevollem Mitleid zeigt sich in ihrem Gesicht, ihr Blick geht zurück zu Baldistricca.

»Graf Ptolomeo, Dank wir sagen Euch für Eure Freundlichkeit, die jedes Eurer Worte sendet uns«, erwidert einer der Ritter, »Anna Contessa Serra d'Arborea unsere Herrin ist ... Simon Doria, so bin ich benannt.«

»Contessa, eine Ehre, Euch zu treffen, doch verzeiht, mir nicht bekannt Ihr seid, Euch meine Wenigkeit wohl schon ...«, geht Baldistricca ausgesprochen höflich auf die Erklärung ein, dabei etwas fragend, doch eher zögerlich, letztlich aber eben wissen wollend, unerklärlich angetan. Die Gräfin bleibt wortlos, lächelt freundlich mit unbewegtem Gesicht.

»Nur Euren Namen«, fährt der Graf, sich offenbar doch irgendwie erinnernd, fort und schaut zurück auf den Ritter, »aus Genua ich kenne schon ... Bareso d'Arborea ... höchster Richter, einem König gleich.«

»Dort, wer weiß, Ihr vielleicht auch den Namen meiner Herrin Sitz denn habt gehört ... Castello Arcolento ist die Burg, wo die Familie residiert«, antwortet der Ritter, Baldistricca erinnert sich also vage, kommt aber nicht zu einer Antwort, denn derweil war Arnold im Hintergrund vom Pferd gestiegen und auf die Gräfin zugegangen, kniet sich jetzt vor sie hin.

»Arnaldo, stehe auf und höre zu, ganz kurz, Dich bitte ich«, lächelt die Gräfin liebevoll, »in Deiner Sache guten Grund Du hast, und viel an Mut der Welt Du zeigst, Du jedoch töricht gehst nur vor, das ist das Kreuz, das Du Dir hast gewählt, wenn nicht ab ovo vorbestimmt es war, und darin, einst, noch übertroffen wirst Du sein, darin nicht einmal nur … nun, bitte, füge Dich, der Herrgott Dich nicht retten wird, doch alle Tore seines Reiches Dir er offen hält und Dich so willkommen heißt«, Arnold erhebt sich, mit gefalteten Händen, »mein Weg auf Dich gelenkt auch war, an diesem Punkt er einen Sinn erfüllt nun hat … daher sogleich er mich schon weiter führt«, fährt die Contessa fort und gibt ihr Pferd frei, ihre fünf Ritter folgen. Arnold steht da, versenkt sich in ein Gebet, spürt dabei den Kreis der Freunde still verharrend um sich herum.

»Der Arm Gottes, des Allmächtigen … er daher reicht, zu jeder Zeit und immerfort …«, denkt Cosimo hörbar, Arnold sitzt wieder auf, die Gruppe reitet schweigend weiter. Kurz darauf biegen alle in ein Gelände mit Feldern ein, der Blick auf Le Briccole wird frei, die Stille zwischen den Männern nährt sich nun vor allem aus der Schönheit des Landes und der inmitten stehenden wenigen Gebäude aus Naturstein, auch eine Villa ist zu sehen.

»Dieser Ort, was für eine Lage, was auch reichlich zu erzählen hat, denkt doch nur an Sigerich, den Archiepiscopus Cantuaria, und in jüngster Zeit, Matilde di Canossa auch, um Beispiel nur zu bringen …«, greift Tomaso ein wenig an

Geschichte auf, um auch die nunmehr aufkommende Schwermut etwas zu lindern.

»Die Kirche, die denn dem hospitium dort bescheiden schön zur Seite steht, nur, welchen Namen sie wohl trägt?«, bemerkt und fragt Arnold, recht gefasst.

»San Pellegrino sie geweiht, in Schottland eines Königs Sohn er soll gewesen sein, der aber nicht der Krone, sich dem Herrgott einzig wandte zu ... und eremitico zu allerhöchstem Alter fand«, antwortet Tomaso, »so die Legende es erzählt.« Die Männer schauen nun auf, denn erneut kommen Reiter entgegen, ein Kardinalshut ist schon erkennbar, beide Gruppen nähern sich einander zu und halten an, stehen sich etwas seitlich gegenüber.

»Seid gegrüßt, Ihr edlen Herren«, eröffnet Oddo, in schon recht gutem Alter stehend, Kardinaldiakon von San Nicola in Carcere, diese auch für ihn unerwartete, wenn auch letztlich gesuchte Begegnung.

»Eure Eminenz, erlaubt, zu grüßen ebenfalls, mit Achtung und jedoch mit Sorge auch«, ergreift Baldistricca stellvertretend das Wort, vorne stehend, »Baldistricca Ptolomeo ... Siena meine Heimat ist«, stellt sich der Graf vor.

»Euer Name ehrt Euch sehr ... dabei, der Ahnen Größe Ihr nicht braucht ... Ihr, Baldistricca, guten Ruf in Rom genießt ... wer weiß da schon, was Euch womöglich noch wird auferlegt«, erwidert der Kardinal freundlich und wirft damit auch einen Blick in die Zukunft, »und Euch ...«, schaut er dann zu Giacomo, »bekannt vom Capitol Ihr seid.« Giacomo nickt freundlich und dezent devot.

»Doch, nun zu Dir, mein Sohn, in karger Kluft, versichere bitte mich«, behält der Kardinal die Gesprächsführung bei sich.

»Der Eminenz sehr gern ich öffne mich … dem Jäger aber nicht«, antwortet Arnold, freilich wohlwissend, dass er sich spätestens damit doch zu erkennen gegeben hat, was aber letztlich recht unbedeutend ist, denn der Kardinal weiß ohnehin, wen er da vor sich hat … und Arnold, Arnold ist ohnehin nie einer von jenen gewesen, die sich verleugnen, »nun … da Ihr sicher wisst, dass denn auch ich aus Brescia bin …«, fährt er fort und weist mit einer Handbewegung nach links, »zu meiner Seite … steht ein Freund, sein Name Cosimo di Lucca ist.«

»Der Wege Kreuzung hier im Zufall liegt, mein Sohn, doch trifft es zu, dass Santa Sede mich beauftragt hat, allein jedoch, des Königs Nähe hin zu Rom uns zuverlässig kund zu tun«, geht Oddo diplomatisch auf Arnaldo ein, denn diesen Auftrag hat er ja nur nebenbei, »doch Gottes Wille wohl es ist, dass wir auch treffen uns, in seinem Sinne also handele ich und bitte Dich … schließ Dich uns an.«

»Dem Willen unseres Herrgotts jederzeit und gern mich füge ich, denn Unser Herrgott lenkt in Gnade und Barmherzigkeit.« Stille, Arnold dreht sich leicht.

»Liebe Freunde, grämt Euch nicht, und lasst das Schwert in seiner Scheide, da es nichts zu retten gibt, vorbestimmt mein Weg nun in sein Ende mündet ein, es Gottes Wille ist, es also Grund zur Klage auch nicht gibt«, sagt da Brescia, kniet nieder und betet, »sanctus Deus emitte lucem tuam et veritam tuam ipsa me deduxerunt et aduxerunt in montem sanctum tuum et in tabernacula tua«, richtet sich auf und reiht sich in das kleine Gefolge des Kardinals ein, das seinen Weg somit gleich fortsetzt.

Ein päpstliches Dilemma

Der Nachfolger für Anastasius war zu bestimmen, schon im Dezember des vergangenen Jahres. Das Kardinalskolleg verständigte sich erstmals in seiner Geschichte auf einen Engländer. Dieser Engländer, unter Papst Eugen eben schon zum Kardinalbischof ernannt, war es, der Arnold von Brescia vertrieb und das Interdikt über Rom verhängt hatte, ein erstes überhaupt. In einem Arbeitszimmer im Bistum zu Viterbo bespricht sich der nun neue Heilige Vater in kleinem Kreis.

»Getreu das Wort wir führen aus, das schon besteht, was damals wie auch jetzt jedoch alleine dienen soll dem Heiligen Stuhl, auf dass ihm Ehre wie auch Monarchie hergestellt sind wie die Welt und Rom tradiert es kennen nur«, beschreibt Hadrian so eines seiner wesentlichen Ziele, eines der Dilemmata, und eben nicht nur eines des Heiligen Stuhls, »Zuversicht für diesen Weg gerade dadurch wird genährt, so Gottes Hilfe uns schon darin sehr erkennbar ist«, fährt er fort und bekreuzigt sich, »dass Roms Senat uns endlich um Vergebung bat, wenn auch wohl kaum besonnen zwar, und leider erst nach kirchenloser Weihnachtszeit, und dann auch erst im Folgejahr, ja … immerhin … das Osterfest gerade noch gerettet war dadurch … ein interdict vor allem nur die braven Bürger trifft, letztlich also hier auch nur die Falschen traf, die daher fanden zu Gemeinsamkeit, wie selten man begegnet ihr, sie alle also fanden sich und traten hin vor den Senat, den vorwurfsvoll, nein, voll des

Zorns, den unnachgiebig, ja bedrohlich gar, daher bedrängten sie ... zuvor sie aber ließen alles zu.«

»Wo eben keine Kirche offen ist, da selbst dem noblen Römer schließlich fehlt des Gottes Haus, nicht nur pecunia, da Pilger bleiben aus ...«, bemerkt Boso ergänzend, »warum der Mensch denn immer wieder nur das Unglück zum Begreifen braucht«, hängt er noch an, nicht wirklich fragend allerdings, »und, warum denn ihm doch allzu oft zum Überleben wenig Zeit nur ist gewährt.«

»Wie Du gut weißt, mein Freund ... Unglück keine Strafe Gottes ist, es einzig doch nur helfen soll, damit ein jedes Menschenkind auch sehen und erleben kann, wie unvergleichlich schwer denn eine Schuld zu tragen ist, davon so viele der Erlöser auf sich nahm ... der Herrgott ließ es deshalb zu«, zitiert Hadrian, was allen ja durchaus vertraut ist.

»Wie sich all das ergeben und das Blatt sich dann gewendet hat, das leider zeigt auch auf, wie sehr die neue Kraft schon Stand inmitten unseres Handelns hat«, fügt Kardinalbischof Allucingoli an, »sodann, es scheint, für den Moment, mit der Commune Frieden herrscht.« Der Kreis teilt diese Einschätzung, und fährt fort.

»Der Deutschen König weit im Land schon ist«, bringt Rolando Bandinelli nun ein, weiterhin Kanzler und ohnehin schon einer der einflussreichsten Kardinäle in der Kurie, »zügig er voran wohl kommt, er also bald an unserer Seite steht.«

»Erinnert Euch, vor kurzem erst, Arnaldo da Colonia Claudia wie Anselmo d'Avelberga auch in hohem Maß Vertrauen bauten auf, kein Mangel daran in uns war ... sie aber nicht allein der Heiligen Kirche Söhne sind, so diese rasche Nähe, die da war, ein wenig Unwohlsein auch in mir schuf ... womöglich Macht allein den König treibt hier an, auf sie, so also fürchte ich, sein einzig Streben ausgerichtet ist«, gibt Hadrian sein Misstrauen kund, »cura recursat ... wer dann uns hilft?« Boso, Kardinaldiakon und Camlerlengo, war zeitgleich aufgestanden und zur Seite gegangen, er kommt zurück und bringt frisches Wasser und etwas roten Wein, Hadrian blickt kurz, aber vollen Dankes auf, und gleich zurück, »gehabt Euch bitte wohl daran«, bietet er auch mit Geste dem Kreis die Getränke an, nachdem er selbst dank Boso versorgt ist.

»Blutvoller Rauch hoch über Mailand liegt ... der Menschen viele tragen Schwarz«, sinniert Ubaldo Allucingoli, mit Worten, die keineswegs als pathetisch aufgenommen werden.

»Die Großen Mailands aber töricht haben sich gezeigt, so heißt es auch, doch bin ich ganz bei Euch, Re Federico auf das Ganze zielt«, bringt Kardinal Giacinto Bobone Orsini sich ein, »doch ebenso, wir sehen dort, ganz abgesehen von der Deutschen Zug, das Streben nach Selbstständigkeit sich immer stärkeren Ausdruck wählt, so beide Mächte sind bedroht, ein wenig durchaus schon der König auch verteidigt uns, selbst, wenn er nicht vor unseren Toren schützend wacht.«

»Das Kaisertum in Frage steht, und damit Santa Sede auch?«, stellt Hadrian in den Raum, einer Antwort freilich selbst nicht verlegen, doch möchte er einfach nur erfahren, wie es die anderen sehen, schaut sich also um, »nicht wirklich, nein, denn weiterhin die Welt uns braucht, allein die Frage ist gemeint, in welcher Form die Zukunft uns regieren lässt und ob es dazu mehr als Santa Sede und den Kaiser geben wird.«

»Wiewohl der Bürger Streben beiden Mächten etwas abverlangt, das Kaisertum ... da Weltlichkeit sich leichter wandelt und sogar ersetzen lässt, den Geist der Zeit es sehr viel mehr zu sehen und verstehen hat, es daher wahrlich eher bis zum Kern betroffen ist, nicht heute schon, doch morgen aber sicherlich ... ganz anders zeigt es sich, wenn auf die Kirche schauen wir ... das eigene Haus ... die unsere Welt, die nicht ein Jota weltlich ist, sie hat Bestand ganz anderer Art, doch auch an ihr nicht alles wird denn nur vorübergehen, wie seit Canossa zeitnah sich es uns schon zeigt, so ist gefragt die Hierarchie, die unsere Mutter Kirche wie das Kaisertum betrifft«, bringt Bobone Orsini höchst klar und damit auch höchst brisant, aber eben schlüssig ein, indem er sich auf den Sachverhalt außerhalb der Kirche bezieht und implizite das Dictatus Papae vorsichtig infrage stellt, der Papst und die übrigen Kardinäle schweigen, so fährt er fort, »die Kirche also weiterhin zu klären hat, wie weltlich sich sie zeigen kann, das ist das Feld nach außen hin, dabei, auf Weltlichkeit sie durchaus Anspruch hat, und auch mit Recht erhebt«, fügt er moderat einen durchaus ernstzunehmenden und letztlich nicht abstreitbaren Aspekt mit ein, »da sie den Unseren Herrgott hier vertritt, sie dieser Welt zu dienen hat, die nun einmal recht weltlich ist, und daher es auch Mittel dieser Weltlichkeit zum Guten hin bedarf, imperial jedoch, das freilich ist sie dadurch nicht.«

»Doch Silber wie auch Gold, ob in Brocken, Münze oder Barren, selbst, wenn es bestens ist poliert, bei weitem nie den Glanz erreicht, den ein Triregnum in sich trägt, obwohl im Außen matt an Glanz nur ist, ja keinen hat ... so mag der mammon künftig denn nach Titel und nach Macht sich strecken noch viel mehr, der so erkaufte Glanz zu uns doch ewig minderwertig bleibt«, zieht Hadrian einen Schluss aus dem Gespräch, »und das sogar des Königs wie des Kaisers Krone kann gegeben sein.«

»Roma mundo aeterna est ... die Römer aber dreist nur zeigen sich, mehr noch, ja, auch Häresie sich breitet aus«, führt Bobone auf einen grad vorher ausgelegten Faden zurück, was ein sorgenvolles Raunen im Kreis auslöst.

»Roma locuta est hoc satis ... den Römern wahrlich Ehrerbietung fehlt«, bestätigt der Kanzler seinen Kardinalskollegen, sich dabei über die Römer leicht belustigend, »doch was des Papstes ist, seit Gregor daran keinen Zweifel es doch geben darf, danach allein die Kirche, wir für sie, des Kaisers Krone nur verfügt ... quod solus possit uti imperialibus insigniis,« bekreuzigt sich der Kardinal und Kanzler, um sein Bekenntnis, er ist Gregorianer, alle anderen sind es mehr oder weniger auch, mit Nachdruck zu versehen.

»Quod solus romanus pontifex iure dicatur universalis ... und vielleicht doch da Spielraum in den Worten liegt, und wenn auch nicht, womöglich besser er zu schaffen ist ...«, wendet sich Hadrian erst Rolando und dann dem Kreis zu, »die Zeit, sie eines Tages mag es auch so sehen, die Frage also schon zu Recht besteht, und nicht versiegen wird, sie eher noch an Kraft gewinnt, doch, hier und jetzt allein des Kaisers Schwert vonnöten ist«, lenkt er das Gespräch wieder auf das nur allzu Naheliegende, »es schon im Worte seines Herren steht, und wie Ihr wisst, der Kaiser auch den Zug gen Süden zugesagt er hat ... wenn er nach Rom das dann noch kann, so sorge ich«, fügt er noch an, »denn sein Heer, erzählt man sich, nicht die Macht mehr hat, ja, wohl sie hatte nie.«

»Auf den Vertrag verweisen wir ... so guter Dinge noch ich

bin«, schätzt der Kanzler diesen letzen Punkt Hadrians ein, und so entspannt sich die Stimmung ein wenig, alle schauen sich freundlich an, jedoch nur kurz, da der Sinn des Treffens sich wieder durchsetzt.

»Höchst unwägbar die Lage ist«, erlaubt sich Ubaldo Allucingoli zusammenzufassen, »denn unbekannt auch ist, was Manuel Komnenos uns wohl noch erklärt ... Ancona lang schon ist besetzt«, macht eine kleine Pause, der Wirkung wegen, und fährt dann fort, »was aber immer auch er unternehmen mag, das Königreich Sicilia vor allem es betrifft, nicht gleich das Reich, das heilig römisch ist ... ein deutscher Kaiser aber, immer und auch stark genug uns kann er sein, zu wehren, was so unvereinbar scheint? So, offen auch wir sollten halten uns, bewegen uns, wann immer es dem unseren Auftrag nützt, was der Vertrag von Konstanz auch gewährt.«

»Dem Oddo also noch wir Boten senden nach, dem König zum Geleit nach Rom, doch auch, damit uns mehr an Klarheit wächst«, beendet Hadrian die Aussprache, »und fest im Glauben, also voller Zuversicht, und dennoch freilich aufmerksam, dem Treffen nun in väterlicher Liebe wir entgegen sehen.«

Rocca Tintennano

Der König und sein Heer erreichen das Umland von San Quirico D'Orcia. Südlich des Ortes, nördlich des Flusses, werden an der Via Cassia, hier ein Stück weit gleichverlaufend mit der Via Francigena, die Zelte aufgeschlagen. Am ersten Tag des Juni reitet der König mit kleinem Gefolge auf die Rocca D'Orcia a Tintennano, ein Weg von etwa drei Kilometern. Auf der Burg ist ein Treffen mit den Boten des Papstes verabredet.

»Seid herzlich hier willkommen, Eure Majestät ... und Ihr, die seinen Mannen auch, so folgt mir bitte denn zum Rittersaal, da dort des Heiligen Vaters Boten ausgeruht bereits versammelt sind«, begrüßt der Hausherr Magno Conte di Campiglia, verwandt mit denen der Aldobrandeschi, ein Aldobrandescho ist auch zu Gast, Ildebrandino Novello, er hatte einst Sitz in Castiglione D'Orcia, begrüßt er ehrwürdig erfreut die Gäste, »bei allem, was Euch her bewegt ...«, lenkt der Graf ab und weist mit einer Armbewegung um sich, »dem Tal und auch dem Land zuvor erweist doch Eure Ehre kurz, wenn auch mit einem Blicke nur, darum ich bitte sehr.«

»Lieber Graf, zunächst Euch danke ich für Eure Freundschaft und Hospiz«, antwortet Friedrich mit feinen Gesten der Zuneigung, also gekonnt verbindlich, was ja wieder einmal eine seiner Stärken zeigt, »und Eurem Wunsch ...«, schaut er sich um, »mehr als gern ich folge gleich, denn einzigartig wunderschön das Land hier wahrlich ist«, schließt er Worte an, die nicht allein der Höflichkeit dienen, die auch der Empfindung folgen. So hält Friedrich inne, verweilt ein wenig und genießt, die anderen halten es ebenso. Dann folgen die Herren dem Hausherrn erneut nach, und im Rittersaal treffen schließlich alle aufeinander. Nicht jeder kennt jeden, wie das halt doch immer wieder mal so ist, die Hauptfiguren aber, sie wissen freilich schon voneinander.

»Re Federico, Eure Majestät, der Heilige Vater selbst nur Diener, Vicarius Christi in terra est … Euch väterliche Grüße sendet hier durch uns, und herzliches Willkommen auch … gelobet sei des Herrgotts Wort, und all das, was dazu an Gutem in Euch ist«, begrüßt Kardinal Boso, in recht gutem Alter noch, den König und verneigt sich höflich, aber selbstbewusst, die übrigen zwei Boten schließen sich an.

»Des Heiligen Vaters Worte allerliebst erfreuen uns, dafür nehmt Dank an seiner Stelle an und nehmt ihn mit, mein Herz das so ersehnt … nun denn, es sehr auch ehrt, dass Santa Sede Euch, den camerlengo hat geschickt, zu ganz besonderer Ehre Euer Sein uns allen nur gereicht«, erwidert Friedrich genauso verbindlich, »Ihr höchste Schätzung hier genießt.«

»Der Bischöfe Bischof derzeit in Viterbo weilt, da in Rom erneut die Bürger wie der Pöbel auch gar bewaffnet durch die Straßen ziehen … mehr als Unfug um sich greift, daher die Eure Hand, die fest schon zugesagt, sie wirklich kommt zur rechten Zeit«, berichtet Kardinal Boso über die Lage und mahnt sogleich die Beschlüsse zu Konstanz an.

»Dem Hüter Roms gebt bitte an, kein Grund zu Sorge ihm besteht, denn unser Wort, das halten wir«, erwidert der König, und hält kurz inne, »dabei, die Reihenfolge zu bedenken ist, denn ungekrönt mein Zug durch Rom mehr Gegner zu erwarten hat.«

»Wie sie geregelt, so sie eingehalten wird, erlaubt, zudem, die Frage nach Sizilien auch, die in Konstanz ja ebenso behandelt war«, rundet Boso ab.

»Uns Mannschaft wie auch Schiffe sind schon zugesagt, doch, ob sie kommen auch, das freilich ungewiss noch ist«, erwidert der König, »nur mehr als hilfreich wären sie ... so, leider, einer Antwort schuldig bleibe ich, doch somit offenen Wortes immerhin ich bin ... der Plan dann ist, dass wir das Stück gen Norden ziehen, Spoleto sei der Ausgangsort.«

»Euch danken wir für klares Wort, und darauf kund Euch geben wir, dass Ihr als liebster Sohn doch mehr als nur willkommen seid«, erwidert Kardinal Albinus, noch in recht gutem Alter befindlich und ebenso einflussreich in der Kurie, das Versprechen des Königs, »und sonst, die Krönung ist der erste Schritt, wie in Konstanz es abgesprochen ist ... doch schon der Einzug in die Stadt, diese Befürchtung uns besteht, er sicher dennoch harten Widerstand wird rufen auf«, fügt er noch der Antwort an.

»Des Kaisers Krone also zugesagt doch ist, zuvor die Weihe freilich wird erteilt«, bestätigt nun auch Ottaviano di Monticelli, Kardinalpriester Octavianus, reiferen Alters, dem König wohl als einziger in besonderer Tiefe zugeneigt, man kennt sich schon auch aus Konstanz, »und, den Weg nach Leostadt hinein, sicherlich wir finden ihn, dazu und jetzt bedeutsam Euer Wort nur ist.«

»Das Beste geben wir, wie zugesagt, und jeder Feind, der sich der Mutter Kirche, sich dem Heiligen Vater gegenüberstellt, ungeteilt der unsere ist«, bekräftigt Eberhard von Bamberg die sogar schon vor Konstanz erklärte Verpflichtung.

»Das führt uns hin zu einem noch, was durchaus schon besprochen, aber weiter auszuführen ist ...«, bringt Boso sich erneut ein, »dass den aus Brescia Ihr der Hand des höchsten Vaters hier auf Erden überlasst ... dazu Gelegenheit uns allen eingerichtet ist, da Kenntnis haben wir, wohin es ihn verschlagen hat«, fährt er fort und übergibt aber nun das Wort an Kardinaldiakon Oddo, der ja eines eigenen Weges gewesen war, der aber von dem Treffen erfahren und sich daher ebenso auf der Burg eingefunden hatte.

»Vicino a Le Briccole, sehr nahe dort der Priester uns entgegen ritt, er willig hat sich eingereiht, doch knappe Tage später nur, der Freunde einer kam zurück, mit Aufgebot, dem unseres nicht gleich gewachsen war«, erklärt Oddo die Ereignisse, »sodann ein Conte di Caniano Arnold mit auf seine Burg sich nahm, weit von hier sie nicht gelegen ist ... so, Eure Majestät, denn Ritter bitte mir zur Seite stellt, die freilich Eurem Zeichen folgen nur, den Priester rückzuholen uns, höchst löblich wäre das ... den Zug, ja freilich, den begleite ich.«

»Mein lieber Kardinal, die Hilfe Euch sofort gewährt sie ist, und Eure gern ich nehme an ... und Dich«, erklärt sich der König einverstanden und schaut dann zur Seite, »Graf Biandrate, bitte ich, wie Dich«, wendet er sich Otto zu, »den Wittelsbacher auch ... nehmt Mannschaft Euch und schafft das Werk.« Weiterhin erwartungsvoll wie freundlich lächelt Friedrich den Kardinälen zu.

»Der Herrgott wache über Euch und gebe seinen Segen zum

Geleit ... amen«, betet Boso und bekreuzigt sich anschließend, wendet sich dann dem König zu, »alle Vollmacht halten wir, gebunden aber dennoch sind, der Auftrag nämlich lautet uns, zu dem Vertrag noch Euren Schwur expressis verbis zu erbitten«, legt Boso nach und zeigt damit aber auch das in der gesamten Verhandlung damals schon durchgeschimmerte Misstrauen endgültig auf, das vor allem auf Hadrian zurück geht, ihn vor allem als Ursprung hat.

»Diesen Schwur hiermit ich gebe ab, aus meiner Liebe und dem abgegebenen Wort heraus, so wahr der Herrgott helfe mir, und bei meiner Ehre auch, wofür der Herrgott denn mein Zeuge sei«, spricht Friedrich mit ruhiger Stimme, wendet sich mit offenen Armen an die Anwesenden und berührt danach seinen Bart, »wie nochmals Ihr, wie denn auch weitere von Euch, Ihr alle Zeugen seid ... dem Hüter Roms versichern wir, dass unser Wort nicht eine Fahne ist, die stets dem Winde folgt, wie man es hier im Land ja häufig sieht, wie wir im Norden haben es erlebt, bei Freund wie Feind, fast ein jeder eben diesem sich gern ausgerichtet hat ... so Euren Vortrag also allzugut nur ich verstehen kann«, glättet er sogleich die leicht aufgekommenen Wogen, die er mit aufmerksamem Blick erhaschen konnte, »ein Treffpunkt nun noch casus ist«, übernimmt er noch die Initiative.

»Freude darauf, Santa Sede hat mit Dank, seines Segens seid gewiss«, geht Boso erleichtert sofort auf den König ein, und zeigt das auch, »erlaubt ... als Ort wir schlagen vor ...«, setzt eine kleine Pause des Nachdenkens ein, ein wenig gespielt, »bei Sutri Platz sich zeigt, daher ... hic locus idoneus est.« Der König schaut daraufhin nach rechts auf Rainald und auch auf Guido Guerra.

»Bitte, was für diesen Ort denn spricht«, fragt von Dassel sogleich nach, den Blick richtig deutend, und Latein versteht er ja.

»Dem Heiligen Vater Sutri ein refugium ist, denn zu erreichen diesen Ort von Leostadt wenig nur an Mühe macht, da Sutri nördlich und sehr nahe also liegt zum Vatikan, zudem, der Ort ihm sehr gefällt, wie Nepi auch, der Heiligen Kirche Eigentum seit langem schon, schon vor Pippin … und Sutri zu bekriegen zudem leicht nicht fällt, viel Sicherheit die Gegend schafft vor schwerem Tross, da viel an Feld wie auch an linden wie denn schmalen, dadurch tiefen, kleinen Tälern sie denn birgt«, übernimmt Octavianus die Antwort, ohne Gerede, klar und offen, »so Euer Lager freilich dort nicht eingerichtet werden kann … Campo Grassano, was denn außerhalb am Wege Sutri hin nach Nepi liegt, daher, der Treffpunkt, dort er möge sein, zumal … von Castellana kommen wir.«

»Dem Euren Vorschlag gerne folgen wir«, beschließt Friedrich dankend, und schaut sich freundlich um. Die Kardinäle deuten eine Verbeugung an und treten etwas zurück, der König wendet sich, nur eine kleine Bewegung braucht es, an alle Anwesenden.

»Voll des Dankes wie auch zugeneigt, die Stadt San Quirico Sitz von nun an ist, in allen Dingen zu vertreten mich, die nur zum Wohle dieser Region an Recht und Pflicht mir aufgetragen sind«, gibt Friedrich in seiner ihm eigenen jovialen Geste noch kund, zur Überraschung letztlich aller, die Kardinäle lächeln höflich, die Noblen klatschen, der neuen Ehre sich bewusst, der ja stets auch gute Geschäfte folgen, »und ehrerbietig sei mein Gruß«, wendet er sich sodann an die Kardinäle, »der von mir als Sohn der Kirche zugesendet werden darf, Ihr Eminenzen, bitte, weiter gebt es so.« Der Hausherr Alessandro di Campiglia versteht den Abschluss schon als solchen, es gab aber zudem auch einen freundlich auffordernden Blick vom König, und so bittet er alle zu Tisch.

»Mein lieber Bischof, Ihr dem König nahe steht und in den Regeln kennt Euch aus«, nutzt Kardinal Octavianus eine Gelegenheit, Eberhard von Bamberg unter vier Augen anzusprechen, »so, bitte sorgt doch Ihr dafür, noch unter Euch all das zu tun, damit kein Fehler ritualer Art dem Treffen widerfahren kann.«

»Die Bitte, Eure Eminenz, für mich ein Auftrag ist, der ehrt, der gern von mir als treuem Sohn mit Sorgfalt wird auch ausgeführt«, dankt Eberhard mit Worten, welche auch seinen Respekt bekunden, »Euch versichern, dass das so geschieht, das kann ich schon, da ein Gelingen uns doch ebenso bedeutsam ist.« Der Kardinal nickt daraufhin freundlich und dezent dankend.

»Erlaubt auch mir, ein Wort der Bitte anzutragen über Euch, da hier Gelegenheit gegeben ist«, ergreift Eberhard noch einmal das Wort, der Kardinal war schon dabei gewesen, sich abzuwenden, »des Grafen Wichmanns Weihe ja erbeten ist, dass bitte sie nicht untergeht.«

»Gewiss sie nicht wird untergehen, wie abgesprochen sie erfolgen wird, versichert seid«, antwortet der Kardinal freundlich nickend, »und ebenso Anselmo nicht vergessen wird, das Pallium für Ravenna, wie besprochen, er erhält«, fügt Octavianus ungefragt noch an. Eberhard schaut zufrieden, der Kardinal erwidert freundlich, man ist sich schon sehr sympathisch.

»Nunc vino nos transi tempum«, erlaubt sich Eberhard anzuschließen, und so folgen die beiden heiter und entspannt und voll der Freude über die kommenden Tage den anderen und sehen nun nur noch dem heutigen Abend entgegen.

Erstes Treffen mit Hadrian

Camerlengo Boso legt seinem Herrn als Letztes noch das Pallium an, beide verlassen dann das Gemach. Begleitet von einem kleinen Kreis von Kardinälen und einigen Gardisten verlässt Hadrian den Bischofssitz von Nepi, am Vortag verweilte man in Civita Castellana, jeder der beiden Orte hat eine schon beeindruckende Kathedrale. Die Schar reitet wie verabredet hin zum Campo Grassano. Kurz vor dem Ziel trifft sie auf den entgegenkommenden Erzbischof Arnold von Köln. Mit großer Ehrerbietung und freudvoller Erwartung werden der Pontifex und seine Kardinäle begrüßt. Gemeinsam reiten alle weiter und werden vom Erzbischof zum Zelt des Königs geleitet. Friedrich, im Kreise einiger Getreuer, hatte es gerade verlassen, und so steht er schon vor dem Zelt, selbstbewusst wie auch in freudvoller Demut.

»Heiliger Vater, ehrwürdigster Bischof von Rom, Vicarius Christi, wie sehr dies Treffen habe ich ersehnt, und endlich nun es findet statt, dem Herrgott dafür danke ich«, spricht Friedrich abgewogen, geht auf das Pferd des Papstes zu und verbeugt sich angemessen, Hadrian lächelt und gebraucht eine Geste der Hand, »so nach dem Zügel greife ich, Euch zu dienen, wie es sich gehört.« Zwei Diener, sie sollen den Boden vom Pferd hin zum Stuhl aufbereiten, stehen bereit, warten aber noch sehr aufmerksam ab.

»Ja, was denn unseren Augen sich da zeigt …«, bricht es aus

Oddo Frangipane heraus, dem so papstnahen Aristokraten Roms, in einer Sprache, der die Eleganz in diesem Moment doch ein wenig fehlt, überhaupt für eine politisch so heikle Lage, vielleicht aber fehlten ihm vor Überraschung auch einfach nur die Worte.

»Majestät, ein Stück weit noch führt weiter doch das Pferd, erst dann ergreift den Bügel fest, sodass das Pferd gehörig bleibt und unsere Heiligkeit mit Hilfe Eurer Hand den Weg zum Boden sicher dann beschreiten kann«, ruft Kardinalpriester Bandinelli dem König zu, aus Sorge vielleicht etwas zu energisch, »erweist den Dienst doch bitte so, damit der Bischof Roms wie denn auch Ihr in ungetrübter Ehre weiteres gemeinsam Euch bereden könnt.«

»Heiliger Vater ...«, kommt es ob der Aufforderung durch den Kardinal leicht irritiert aus dem Mund des Königs. Der Kardinal ist offensichtlich nur von guter Absicht bewegt, der König aber ist in seinem Stolz betroffen, so jedenfalls könnte es erscheinen. Friedrich hält das angehaltene Pferd weiter an, schaut sich um, schaut auf den Heiligen Vater, reicht ihm die Hand.

»Mein Sohn ...«, sucht der Papst ebenso irritiert, ja traurig, nach Worten, während er mit des Königs Hilfe doch vom Pferd steigt, sich dann hin zu dem bereitgetragenen Faltstuhl begleiten lässt und in ihm dann Platz nimmt, doch wieder souverän, »die Freude mit Dir teile ich«, antwortet er, kurz, da doch verstimmt. Unsicherheit breitet sich subtil und wortlos aus, und in einigen Gesichtern der umstehenden Kardinäle zeigt sich eine gelinde Fassungslosigkeit.

»Ist es dissensio, ist es consilium, der Deutschen König, ja, wie kann er nur«, wendet sich Alberto di Morra eher leise an seinen

Kardinalskollegen Octavianus neben sich, die Kardinäle Alluncingoli, Boso und Oddo stehen im nahen Kreis und hören mit, alle schauen leicht versteinerten Blickes zurück auf die Szene. Die deutschen Fürsten schauen auch ein wenig überrascht, nur einer lächelt, freilich klug, denn sehr dezent in sich hinein, es ist Rainald von Dassel.

»Die Eure Huld erbitte ich, höchst zugetan ich bin«, übernimmt der König den Verlauf, wirft sich vor dem Papst auf die Knie und gibt devot wie erwartungsvoll den Fußkuss.

»Mein Sohn, erhebe Dich, Dir danke ich … der Ehre mir jedoch genug Du nicht erwiesen hast, daher … bevor nicht Heilung ganz geleistet ist … der Friedenskuss von mir nicht folgen kann«, erwidert Hadrian. Nun ist der König erneut irritiert, jetzt aber zweifelsfrei, da er doch eben gerade sich erniedrigt hatte, der es doch wohl keineswegs daher in seinem Sinne trug, den Heiligen Vater zu brüskieren.

»Ehrwürdiger Vater, bitte seht, der König Euch zu Füßen liegt«, wendet Bischof Eberhard ein, der unausgesprochen Anteil an dem Desaster zugesprochen bekommt.

»Wenn das nicht einfach leere Gesten sind«, erwidert Hadrian, der mit diesen Worten erneut und recht scharf seinem Misstrauen Ausdruck verleiht, »denn angemessen war die Ehrerbietung eben nicht.« Schweigen.

»Verfügt sei nicht, was aus dem Herzen frei geschehen soll, zudem, an Demut es doch hier in keiner Weise fehlt«, wendet Rainald von Dassel sich klug an Kardinal Bandinelli, auch etwas scharf und durchaus diplomatisch.

»Verzeiht, mein Vater, Schuld mich trifft, im Tun wie Unterlassen«, wendet sich der König bittend an Hadrian. Der Papst aber schaut nur wortlos zurück. Friedrich steht da, ein wenig wie bestellt und nicht abgeholt. Es ertönt dann eine Stimme.

»Erlaubt den Vorschlag, dass wir reden und bis dahin uns vertagen«, bringt sich Rolando Bandinelli erneut ein, um der Lage die Unerklärlichkeit, die Peinlichkeit und die Sprachlosigkeit zu mildern, »gleich für morgen bitte seid bereit ...«, wendet er sich an die Fürsten, »im Bistum Sutri aufzusuchen uns.« Tatsächlich löst sich die Frostigkeit über der Schar auf, die gemischt ist mit leichter Fassungslosigkeit und Unsicherheit im Verstehen des Geschehenen, einer aus Absicht oder aus Versehen erfolgten Protokollverletzung.

»Dem Vorschlag, Eure Eminenz, gern folgen wir ...«, ergreift Erzbischof Arnold von Köln geschwind das Wort, woraufhin sich dann höchst höflich der König und sein Gefolge verabschieden, letztlich allesamt erst einmal nur erleichtert, und so schauen jetzt auch die Kardinäle. Und wie, wie sieht es der Kanzler?

Manuel kann es nicht lassen

Im Palast von Konstantinopel, an einem wieder einmal schönen Vormittag, es ist noch angenehm kühl, Manuel küsst seine Frau, die ebenso noch im Bett liegt. Für Manuel war es wohl eine Nacht voller Gedanken, jedenfalls in der Früh.

»Μάτιαμου, mein Augenstern, du weißt, ein Mann wie ich, in seiner Macht und seinem Reichtum sich nur sonnen wie ein lieblich Vögelchen nach einem Wurm, ein treues Pferd nach einem Ritt am Trog, ein sorgenfreies Kind im Spiel, das ohne Schuld den Sonnenstrahl erhascht, in seiner Wärme göttlich wohlgeborgen ist ... Irene, Weib, verstehe doch, das alles nicht ich kann, das nicht ich bin«, kommt es aus Manuel heraus, kaum aufgewacht, »nicht wirklich drängt es mich, mein Schatz ... nein, auch das Gegenteil in seinem Griff mich hat, so wartet eine Pflicht auf mich, die gegen meine Sehnsucht ich erfüllen muss, wenn nicht auch umgekehrt es sich verhält ...«

»Ἀγαπημένοσμου ἐμανοελ, mein so geliebter Manuel«, antwortet Bertha, noch schlaftrunken und überrascht über so gewichtige Worte am frühen Morgen, dreht sich zu

Manuel hin und schaut ihm liebevoll in die Augen, »mir scheint, dass Hypnos diese Nacht Dir Deinen Schlaf nicht hat gegönnt ... ansonsten doch, wer, wenn nicht ich ... als Deine Frau ...«, fährt sie fort mit einem Ausdruck, dem kein Zweifel begegnen kann, »doch unbeschränkt Verständnis immerfort und zuverlässig für Dich in sich trägt ... so gehe denn, von Deinem Treffen ja ich weiß, und tue, was des Kaisers ist, nur … prüfe jeden Weg, besonders den, den die Verlockung zeigt.« Manuel streichelt Bertha dafür und küsst sie erneut.

»Sie immer viel verspricht, ja, unermesslich viel sogar, doch meistens nichts, vielleicht ein wenig, immerhin, davon und manchmal auch nur hält«, fügt Bertha noch an.

»Ganz anders ist es denn bei Dir …«, erwidert Manuel, und lächelt dabei recht sehnsüchtig, noch angefeuert von Berthas Blicken, wirft sich einen Überhang um und verlässt das prächtige Schlafgemach, kleidet sich dann nebenan an und begibt sich hin zu seinem Arbeitszimmer, in dem er bereits erwartet wird.

»Europa zeigt ein wirres Bild«, berichtet Ioannis Dukas Komnenos, ein Neffe des Kaisers, der schon mit anderen ranghohen Feldherren zusammensitzt, »dadurch durchaus uns neues Reich erwachsen kann …« Da wird die Tür nach innen geöffnet, Manuel tritt ein, alle erheben sich.

»Seid gegrüßt, zu einer Zeit, der ich gern gäbe anderen Sinn«, lacht der Kaiser kryptisch und wohl doch verständlich die Gefährten an, denn sie schmunzeln aufgewärmt, »dabei, was heute uns zusammenführt, an Reiz doch wahrlich auch viel hat«, schwenkt er die Aufmerksamkeit gefällig auf die Sache, »versprochen waren Ländereien, der Tod von Konrad nur dazwischen kam … und Roger, Eugen … beide hatten Ziele anderer Art … der Deutschen König nun im Spiele ist, womöglich im Gespann mit Hadrian.«

»Der König auf dem Weg befindet sich, den Papst er schon getroffen hat, erheblicher dissensus dabei sich ergab, des Kaisers Krone jedoch sicher er erhalten wird«, gibt der Neffe in aller Kürze kund, der Kaiser nickt.

»Stärkt uns Ancona weiterhin, und unterstützt, was in Apulia gegen Re Guglielmo geht, doch lasst die Möglichkeit nicht aus dem Blick, dass einen Bund auch könnten schließen wir, ihn schließt geheim, das gut sein kann, oder auch nicht, es allemal Verwirrung schafft«, ordnet der Kaiser rasch entschlossen an, »und ... nicht zuletzt, Geschäfte mit Venezia, treibt nur im Guten sie voran, damit die Republik sich selber nur das Nächste bleibt, und uns, uns nützt es ohnehin.« Die Herren nicken.

»So kommen wir zur nächsten Sache denn ...«, fährt Manuel fort, schon höchst zufrieden mit sich selbst.

»Des Deutschen Wunsch um eine Frau ... der Unterhändler zwei doch waren hier ... gibt es dazu an Neuigkeit?«, geht Andronikos Kontostephanos auf Manuel ein, ebenfalls ein Neffe.

»An Aussicht mitgegeben war, weil sie so schön und auch gebildet ist, Vermählung mit Maria, wie hier allen ist bekannt ... und Friedrich, wurde uns gesagt, voll der Freude dazu sei«, antwortet Manuel, »seit dem jedoch nur Stille herrscht.«

»Da dazu Neuigkeit uns fehlt, wo solche Bande doch nur würden machtvoll festigen, was angelegt schon ist und beiden Seiten zugereicht, ja, gute Zukunft nur versprechen sie, die Eure Nichte auch zudem nicht einen Makel hat, ja, wahrlich nur vollkommen ist ...«, bringt Theodoros Batatzes ein, begabter Stratege unter den ranghohen Feldherren, »was kann der Grund nur dafür sein ...«, stellt er also in den Raum, schaut in die Gesichter um sich, Manuel fordert ihn auf, weiterzureden, »nun ... des Deutschen Streben schon Begierde zeigt, doch derzeit einzig und allein auf des Kaisers Krone nur, sein Schweigen somit keine Frage länger ist.«

»Was sollte es auch werden nur, wenn einer herrschen will, als erstes aber doch den Röcken einzig folgt ... der König also wie ein Herrscher sich verhält, und so gesehen denn, sein Schweigen nachvollzogen werden kann, noch warten also können wir ... und somit jetzt den weiteren Fragen uns wir wenden zu«, nimmt Manuel den Gedanken des Strategen auf, Manuel, ein wirklicher Freund westlicher Kultur, deren Wiege letztlich sogar Griechenland ist, »so ... was der Papst, die Curia, und was wohl Rom, das Capitol, was denn Milan noch so an Absicht führt ... des Deutschen Ziel dagegen klar im Raume steht, und der Bewerb um eine Frau da nur an zweiter Stelle steht ... womöglich sogar Spiel nur ist«, kommt er selbstkritisch auf das Eingangsthema zurück, »doch nun vertiefen lasst uns noch, was eben schon in Rede stand.«

»Wilhelm einzig frei sein will ... ganz im Geist des Vaters nur ... und dazu das Reich höchst mutig stellt er auf, er Administration berufen hat für Stellen, denen Fürsten bisher standen vor, somit er fortsetzt das, was schon des Vaters war ... fehlt nur der Kirche Segen noch, damit die Krone erblich ist«, bringt Andronikos recht wohl informiert dazu ein.

»Alte Weisheit uns besagt, dass Nutzen ewig tauschbar ist«, stellt Manuel voran, denn er versteht die Lage sehr wohl, »das Wirrwarr also nutzen wir, das hier sich zeigt ... was sagst denn aber Du dazu?«, fährt er fort und wendet sich damit an den Sohn des verstorbenen Ioannis Axuch, dessen damaligem Beistand er bei allem späteren Unbill doch sehr viel zu verdanken hat.

»Ancona ja schon ist besetzt, so gebt doch weitere Schiffe frei, auf das besetztes Land wir mehren uns«, antwortet Alexios, kurz und souverän, »und dann ... wir werden sehen, was mit

Friedrich geht, und ob der Papst sich fügt, und wie sich Wilhelm zeigt.«

»Den meinen Plan genau Du triffst damit«, genehmigt Manuel den Antrag und schaut auf Ioannis Dukas, »so nehme einen Feldherrn mit, und nehme Geld, was immerfort so viel bewirkt, die Schiffe auf Euch warten schon ... erschafft mir dort ein neues Feld, dabei, schon sehe ich, die Ernte nicht so sicher ist, das Spiel recht viele Unbekannte hat ... doch, dennoch, fahrt so fort«, entscheidet Manuel in Laune, denn sein Risiko ist gering, »und was Sicilia betrifft, es ausgesprochen doppelbödig sich verhält, da uns ein Bund von dort nicht wirklich abgenommen werden kann ... wie gut es da Venedig treibt, dem Duce zählt nur das Geschäft, daher die Stadt so frei wie keine andere ist.« Im Kreis zeigt sich nur Zustimmung, und jeder verdient auch irgendwie daran.

»Mein Kaiser, bitte, lasst ein Wort auch mir«, meldet sich nun Konstantinos Tornikos, bisher schweigend, ein byzantinischer Aristokrat, kein Militär, ein Vertrauter Manuels jedoch.

»Ja, Kosta, bitte sprich«, antwortet Manuel sofort, »Du weißt, Dein Wort stets Eingang meinen Ohren und Gewicht in meinem Denken hat«, fordert Manuel den Freund auf, und denkt dabei sogleich, bei aller Liebe zu Bertha, er kann nicht anders, auch an die Tochter des Großen, was Wünsche und Pläne auslöst.

»Des Normannen Ziel ja ebenso ganz klar wie üblich nur sich zeigt, sein regnum soll gesichert sein ... es also seines Weges ist, ein Erbrecht auszuhandeln sich, das hatten wir ja schon«, nimmt Konstantinos den gegebenen Freiraum an, »allein ... des Papstes Absicht mir nicht rechenbar erscheint, bisher das Recht er gab nicht her, und sonst, in Rom sich freilich er erhalten will, doch offen ist, dank wessen Schwert ... vielleicht ... in dieser Frage schon die Antwort liegt.«

»Der Westen letztlich einfach recht durchschaubar handelt oft, zumal denn mir, da er in seinem Wesen gut mir ist bekannt, hochgeschätzt sogar ... die westliche Kultur, ich mag sie sehr ... nun denn, nehmt unsere Truhe in die Hand, vielleicht Re Federico doch auf diese Weise uns verführbar ist ... und bietet sonst was noch, wir haben es«, beendet Manuel seinen Auftrag, »so also bleibt, was eingangs schon beschlossen ist ... und wie auch immer er sich zeigt, Re Federico ist gemeint ... ob denn er willigt ein, ob er es lässt, wir immerhin dann wissen mehr, da miteinander reden stets Erkenntnis bringt.« Man sitzt dann noch einige Zeit amüsiert zusammen, bevor sich schließlich die Mittagszeit unwiderstehlich rufend anschließt.

Verständigung

In einem kleinen Saal des Bistums zu Sutri treffen sich der Erzbischof von Köln sowie die Bischöfe von Havelberg und Bamberg mit ausgewählten Kardinälen der Kurie. Die Ritter, welche die Delegation begleiten, werden auf dem Hof verköstigt, die Pferde auch.

»Der Heilige Vater weiterhin in Sorge und Enttäuschung ist, doch hier und jetzt allein nur zählt, dass einen Weg wir machen auf, den alle können gehen«, beginnt Kardinal Boso die Verhandlung.

»Der König ebenso betrübt nur ist, er einfach überwältigt war, in der Begegnung Seiner Heiligkeit, und jetzt … nur sehr bedauert er, dass gestern nicht den offenbar nur noch gelinden Teil der Handlung er erinnert hat«, erwidert Erzbischof Arnold höflich und geschickt, seit kurzem eben auch des Königs Kanzler, in Tradition des Erzbistums, aber auch aus freier Wahl des Königs heraus, »im Anschluss dann erkennbar aber war uns schon, wie sehr auch ein gelinder Teil Bedeutung haben kann, ja eben dort besonders denn, wo Gregors Schule wird gelebt, so bitte übt Verständnis aus, und um Verzeihung bitten wir.«

»Ihr bitte seht denn auch, dass Santa Sede mehr enttäuscht als fordernd war«, wendet Kardinal Albinus ein, ebenso um Milderung bemüht, den durchaus kritischen Hinweis Arnolds zugleich ignorierend, »so … beiden schon Genüge ist getan, was öffnet uns die Tür, denn hier, hier braucht es unsere Einigung.«

»Nun, des Königs Unterrichtung wohl nicht sehr genügend war, vielleicht von daher denn, dass ja der Oheim solch ein Treffen niemals hat erlebt, sogar Italien nie er hat gesehen ... und als der letzte Kaiser starb, da Friedrich noch ein Knabe war ... allein Erfahrung also fehlt so sehr«, wirbt Eberhard von Bamberg noch weiter, möchte sich aber auch rehabilitiert sehen, »so jedoch die Unterrichtung denn durch mich nicht sich exculpieren kann, den meinen Fehler also bitte seht mir nach«, schließt er seine Worte ehrlich bemüht wie auch höchst diplomatisch ab, »verzeiht da bitte mein Versagen.« Die Worte kommen gut an, denn die Kardinäle nicken sehr wohlwollend.

»Der Stratordienst doch mehr bedeutet als nur Tradition ...«, bringt Kardinalpriester Rolando Bandinelli nun ein, er ist eben Gregorianer, und trägt als Kanzler Hadrians zudem eine besondere Verpflichtung, verschärft damit aber den Ton wieder ein wenig.

»Doch wisst Ihr schon, dass dieser Dienst ... er früher nicht gefordert war«, unterbricht Anselm von Havelberg. Freilich wissen die Kardinäle darum, und so fängt sich die Stimmung wieder im Besseren ein.

»So könnten wir den Zügeldienst als Ehrung der Apostel sehen, diesen dann an deren statt nur anzunehmen, das allein uns dann bewegt«, schlägt Kardinalbischof Ubaldo Allucingoli geschickt vor, die Herren erscheinen damit auch als wirklich gut vorbereitet, »so niemand ist des anderen Untertan«, überrascht er denn auch mit einer so eleganten Lösung.

»Den König es erfreuen wird, aus dieser Einigkeit heraus, dem eigenen Herzen frei gefolgt, dem Stellvertreter Christi diesen Dienst zu leisten dann«, bestätigt Arnold sofort den wohl eben gefundenen Vorschlag, und alle sind erleichtert, denn der Durchbruch ist unerwartet schnell erreicht, und wechselt dann über zu Fragen, die aber nicht nur praktischer Natur sind, »und neues Lager nehmen wir, so unser Treffen auch vom Orte her uns schattenfrei gefällig sei, den neuen Ort schlagt bitte vor, nicht weit von hier ihn gerne sähen wir.« Albinus und Rolando schauen sich daraufhin fragend an, nicken sich zu.

»Dort, wo die Via Nepesina auf die Via Cassia trifft, der See Ianula westlich gleich daneben liegt, der Platz dort allem günstig ist«, übernimmt Albinus die Antwort.

»Den Ort wir gerne nehmen an«, bestätigt Arnold.

»Ein Wort noch äußerst wichtig ist«, meldet sich Rolando erneut, »die Absicht Roms man trug uns zu«, kommt er sofort auf den Punkt, »des Kaiser Krone anzubieten gegen Gold, worin, das sicher doch auch Ihr so seht, in höchstem Maß Missachtung Unserer Mutter Kirche liegt.« Die deutschen Fürsten schauen auf.

»Trifft das so ein, versichert seid, nur Hochmut und Verletzung Eurer wie auch seiner Ehre denn der König darin sehen wird«, antwortet Bischof Eberhard mit starkem Ton, »bei solcher Absicht, aber auch schon ohne sie, verschärft die Frage noch sich stellt, ob Widerstand, und welcher dann, in Rom sich uns entgegen baut.«

»Die causa uns beschäftigt auch ... erlaubt«, nimmt Rolando den Gedanken an, überlegt, denkt nach, wendet sich dann an den hochrangigen Offizier neben sich, »habt vielleicht Ihr ein Wort dazu?«

»Ein ganzes Heer wohl zu behäbig ist, erlaubt den Vorschlag daher mir, mit Vorhut und im Schutz der Nacht Leonina Ihr besser übernehmt«, rät Oddone Frangipane, aus eben bester römischer Familie, dem Papst als begabter Heerführer treu ergeben, »und erst danach der König ziehe ein ... mein Schwert dafür zur Seite steht.«

»Zudem, der Krönung Tag wir ziehen vor um eins, und dann, damit der Einzug wie nach Plan geschieht ... Octavianus Euch begleiten wird, denn er, er kennt sich aus, sodass das neue Lager auf des Nero Wiesen wie das Tor da gleich nach Leostadt leichter Euch sich bieten an«, ergänzt Rolando die Absprache, alle sind schon sehr zufrieden.

»Ein Wort noch zu Sicilia ...«, bringt Anselm ein, »damit kein Vorwurf später uns entsteht, ein Zug nach dort derzeit infrage steht, die Kraft womöglich nicht genügt, da Pisa nicht den Anteil trägt, den einst es zugesprochen hat.«

»Genug Gerede manchen Hintergrund erfüllt, vielleicht ein anderer Weg ja ohnehin der bessere ist, so also warten wir«, beendet Rolando diesen Punkt, einvernehmlich zwar, doch aus kurialer Sicht auch gezielt vernebelt.

Venedig über allem steht

La Serenissima, die Erhabene, die Durchlauchte, sie, sie ist schon Republik, seit gut vier Jahrhunderten, was für ein Merkmal, und sie, sie braucht denn auch weder einen Bund noch einen König, und schon gar keinen Kaiser. Allein der Kirche sieht man sich verbunden, aber nicht angebunden oder unterstellt, und dann dem Handel, dem Schöngeist und … dem Meer, nichts weiter bestimmt das Leben dort.

Im Palazzo Ducale zwischen dem Canalazzo und San Marco sitzt der Doge mit einem kleinen Kreis Vertrauter aus der Signoria zusammen, dem Präsidium des Großen Rates.

»Freunde, greift doch zu, die Speisen wie der Wein so köstlich sind, doch haltet Euch in Grenzen auch«, spricht Domenico Morosini, er entstammt einer Familie der case vecchie, der also noblen, weil alten Häuser der Stadt, und bringt mahnend lachend auch eine heitere Note mit ein, »zumindest noch … damit allein Verstand uns leitet hier.« Nun lachen alle mit, das Gelächter wird mächtiger, mit Trinkgefäßen stößt man genießerisch an, von einem Gelage also freilich weit entfernt, danach kehrt die Erwartung ein.

»Es vieles zu besprechen gibt, wovon Ihr alle auch schon letztlich habt Bescheid, doch abzustimmen sei, was später dann der Signoria wie dem Großen Rat gefällig vorzulegen ist«, fügt Domenico noch an.

»Zuvor doch bitte einen Blick lasst werfen uns auf das, was

um uns herum geschieht … und darauf könnte folgen«, rät Aurio Maistro Piero ungefragt, ein Rechtsgelehrter, Richter im Amt, von daher auch Mitglied der Quarantia, sehr reich und doch bescheiden, »so mag bedeutsam schon es sein, dass König Friedrich auf dem Wege ist«, fährt er gleich fort, da alle nur zustimmende Gesten zeigen, »vermutlich er den Hüter Roms schon traf und nunmehr weiter zieht, auf dass die Kaiserkrone und die Weihe er erhält, ein Weg, wir wissen das seit Heinrich letztlich schon, der nicht mehr selbstverständlich öffnet sich … wenn das nicht immer schon so war.«

»Sehr nah an uns vorbei er also zog, er jetzt wohl in Toscana weilt … die Römer sicher nicht begeistert sind, und so auch nicht das Königreich, das südlich liegt, ein Ziel es könnte durchaus sein«, gibt Domenico seine Einschätzung als Doge preis, il Corno Ducale trägt er in diesem Kreis freilich nicht.

»Aus Mailand mir berichtet ist, wie sehr die Stadt gerungen hat, ein Kampf ganz unausweichlich war, ganz sicher nicht das letzte Mal … das hat die Deutschen wohl recht gut geschwächt … zu sorgen aber ist, dass in der Lombardei ein Bündnis bald entsteht, wie sehr auch manche Städte so verfeindet sind, und manche wechseln schneller als der Wind, ja, dieser Bund, an uns sich wendet sicher auch«, bringt Sebastiano Ziani, auch ein Vertreter einer alteingesessenen und reichen Familie, ein Thema ein, das besonders heikel ist, denn es geht dabei um die hochheilige Autarkie, aber auch um das Land herum, das eben landsmännisch ist und bei guten Beziehungen eben auch einen Wall schon darstellt, »ein Rätsel immer wieder mir es ist, wie kindisch Männer sich denn führen auf, dabei, ich sehe freilich schon, nicht immer frei sie sind, und Mann und Herrscher Dinge sehr verschieden sehen, müssen sie, wird gern gesagt ...«, führt er aus, die Herren lächeln wissend, zollen aber den indirekt vorgetragenen Zweifeln an Rechtfertigung die gebührende Ehre, ja Zustimmung.

»Verträge täglich, stündlich fast und überall, gebrochen werden viel zu leicht, ein Beistandspakt doch selten nur, verstehe das, wer will«, bereichert Vitale Michiel den Gedankengang, er gehört ebenso einer der einflussreichsten Familien an, das Amt des Dogen wurde schon zweimal von ihr gehalten, »wie dem jedoch auch immer sei, ein solcher Pakt doch nie ein Instrument für unser Handeln war, aus gutem Grund, denn irdisch nur dem Meer wir sind vermählt, allein das Meer uns stets zur Seite steht ... wenn überhaupt an Schutz für andere also denken wir, allein die Region bis etwa nach Verona hin, Friuli und Trieste letztlich uns nur nahe steht.«

»Ein Bund kann allenfalls das kurze Tragen einer Maske sein, darin wir also alle einig sind«, beschließt Domenico zufrieden diesen Punkt, »ein anderes ist, die unsere Volksversammlung drängt, und Herren aus den eigenen Reihen drängen auch, das Erbrecht auf das höchste Amt im Hause hier sie alle endlich wollen fallen sehen.«

»Ein Blick zurück uns zuverlässig doch belegt, dass das der Republik von Schaden aber niemals war«, wägt Aurio Maistro Piero ab, »wiewohl dem Pietro Orseolo etliche aus der Familie sind gefolgt, und schließlich, ein Praesidium zum Ausgleich wurde aufgestellt ... doch ebenso zu sehen ist, nicht länger uns verschließen also können wir, ein Erbrecht eben keine Eignung kennt ... so schlüssig daher schließe ich, der Weg zum Amt, er sollte frei begehbar sein, die Wahl dabei ... dem Volk jedoch nicht völlig frei zu überlassen ist.«

»Dann geben wir das Erbrecht auf, die Wahl jedoch verlagern wir, sodass der Rat benennt aus seinem Kreis, das Volk, Arenga also billigt nur«, konstruiert Sebastiano sogleich ein Modell der Zukunft im groben Schnitt, »vermieden damit ist die Dynastie, was einer Republik auch nur entspricht, vermieden damit ist zudem, dass aus der Masse einer kommt, der nichts als Masse aufzuweisen hat ... der Rat, er aber sicher dann zu wachsen hat, denn breit die Meinung anzulegen ist, ein jeder Fürst und jeder, der im Handel steht, er seinen Platz dort sicher sehen will«, führt er noch weiter aus, die Herren nicken zustimmend, sind schon überzeugt, und damit ist er in der Welt, der Entwurf, der nur noch Feinheiten braucht, Sebastiano, noch nachdenklich, fährt daher fort, »ein Element des Zufalls könnte auch im Regelwerk der Wahl enthalten sein ... so etwas nimmt auch noch dem letzten Vorwurf jeden Wind«, fügt er dann noch an, und alle fühlen sich schon recht wohl bei all dem somit schon Erreichten.

»Zu Byzanz, da Gott sei Dank nichts weiter zu berichten ist, da in Ancona Frieden herrscht, was den Geschäften tut sehr gut ... und auch die Wege auf dem Meer ... hinaus zum Mare Ionio, sie frei uns sind, kein Handel somit ist gestört«, erläutert Domenico pflichtgetragen, »doch, immer wieder Streit kann flammen auf, da Neid um uns herum an Nahrung viel doch immer wieder findet leicht ... und das noch wie sonst nirgendwo ...« In einer kleinen Pause wird der Doge unterbrochen.

»Und, dennoch, wie, wie um Piraterie es derzeit steht?«, fragt Aurio nach.

»Sie immer Handelsschiffen droht, sich daran bisher nichts geändert hat, ein jedes Schiff daher doch mächtig schützen wir, daher, die größte Flotte, die uns diese Welt nur zeigen kann, einzig uns denn zugehört ... und da das allen ist bekannt, so also alle abgehalten sind, nur wirklich Dumme nicht, wo also Gier das Denken total denn hat ausgelöscht«, geht Domenico sogleich darauf ein, Aurio nickt bestätigend.

»So kommen wir zum nächsten Punkt ... der Übergang zum Rivo Alto, er soliden Boden hat, hunderte von Pfählen dafür stehen ein, doch oberhalb er bald verfällt, der Wind, das Salz ... la Ponte della Moneta also bald uns etwas kosten wird ... ein Bau aus Holz sich wieder bietet an, denn er allein der Schiffe wegen mittig leicht zu heben ist, doch soll ein wenig er auch prächtig sein, dem Bild von allem angepasst.«

»Entwürfe dafür werde gleich erbitten ich, der Gilde Meister weit von mir nicht wohnt«, schlägt Vitale vor, »und einen neuen Namen dann die Brücke sollte tragen auch, denn schicklich nicht der Name länger ist, auch nicht mehr zu er trifft.«

»So fast alles abgesprochen haben wir, wenn nicht von Euch noch etwas noch kommt«, konstatiert Domenico und schaut in die Runde, die schweigt, »ja, nur fast, denn offen noch die Frage ist, wie der Palast der Zukunft denn begegnen soll«, leitet Domenico damit aber wirklich zum letzten Thema über, »zumal, wenn bald der Große Rat doch deutlich größer wird, vielleicht sobald auch ein Senat zu gründen ist.«

»Gestattet mir, Euch bitte ich, lasst einen Plan dafür erst Euch und dann dem Großen Rat allein zulasten meiner Truhe denn und über Wettbewerb entstehen«, bietet Ziani an, »dabei Ihr alle gern, nicht selbstverständlich, eingebunden seid.«

»Sehr ehrenhaft, mein Freund, die Stadt und wir, wir danken Dir, Dein Angebot wir gerne nehmen an«, erwidert Domenico,

»und freuen uns auf das, was daraus dann erwachsen wird ... sodann, wir sollten bald uns wiedersehen, für heute aber schließen wir«, rundet der Doge das Treffen ab, er wirkt mittlerweile sogar etwas müde, »doch, bitte, haltet noch ein wenig ein ... in eigener Sache noch bewegt ich bin ... und auch nur für Euer Ohr bestimmt es ist, was Euch nun sage ich ... darauf verpflichtet bitte Euch ...« Die Herren schauen erwartungsvoll wie besorgt auf und geben sogleich ihre Zustimmung zu absoluter Verschwiegenheit, und das will etwas heißen, das ist Respekt. Ohne irgendeine Abstimmung, einfach nur aus der Situation und der bestehenden Zuneigung untereinander heraus, stellt sich dann ein mitfühlendes Schweigen ein.

»Bitte richtet ein, dass bald mein Amt neu zu besetzen ist, denn meine Kerze, sie noch brennt, wie Ihr ja seht, die Flamme aber nicht mehr weit vom Boden ist ...«, offenbart sich Domenico, Betroffenheit macht sich schlagartig breit, »es gut so ist, als richtig auch sich mir es zeigt, daher, betrübt Euch nicht, der Herrgott, Unser Hirte, stets er leitet uns zu unserem Wohl.«

»Es viel zu früh für einen Abschied ist ... so viele Jahren seien Dir und uns mit Dir doch sicher noch«, wendet Sebastiano ehrlich bewegt ein.

»Ihr wisst ... allein der Herrgott sieht den Tag, ich ahne nur ... und wie uns alle hier die Sorge um die Republik und unsere Freundschaft selbstlos stets zusammenführt, deshalb doch nur Euch vorbereite ich ... und nun, mit Frohsinn lasst genießen uns, was denn an Ewigkeit noch ist gewährt«, beruhigt Domenico, breitet die Arme aus und lächelt seinen Freunden zu, »und, kommt der Tag, sodann von oben, so doch hoffe ich, gerne Dich, Vitale, wähle ich.« Vitale Michiel reagiert mit bescheidenem Blick auf diese Ehrung, die Herren reagieren wortlos zugetan.

»Und Unserem Herrgott danke ich dafür, dass Wissen um das Morgen niemandem gegeben ist«, fügt Domenico noch an.

»Dal profondo dei nostri cuori, Domenico ... ti auguriamo tutto il bene del mondo«, ergreift Sebastiano noch einmal das Wort, für alle, darum darf er sich sicher sein, und der Tag, der Tag nimmt nun noch einen schönen Ausklang, auch das Wetter spielt gut mit.

Am See Ianula

Friedrich hatte umgehend sein Lager geräumt und war den kurzen Weg nach Süden zum vereinbarten Punkt westlich des Sees von Ianula gezogen. Die zweite Begegnung mit Hadrian fand dort bereits statt, zu Aller Zufriedenheit. Eine Gesandtschaft der Römer ist nun avisiert. Die deutschen Fürsten halten sich bereits im Zelt auf.

»In unserer Hand der Priester ist, nicht einen Mann dafür es nahm«, bringt Otto von Wittelsbach die Vorbesprechung in Gang, nachdem er von Friedrich ein Zeichen der Aufforderung erhalten hatte, »der Kardinal, wir waren sofort eins darin, gebeten hat, den Wechsel in die andere Hand bis Sutri allen zu bewahren.«

»Wie dieses Werk gelungen ist, ein gutes Omen darin liegt, und recht getan von Dir es war, die Übergabe aufzuschieben hin bis jetzt, sie aber nun erfolgen soll«, nimmt Friedrich diesen Bericht erfreut an, »so kommen wir doch gleich zu Rom, die Bürger dort ja meiner Krönung durch den Papst wohl eher zugeneigt nicht sind.«

»Den Priester noch davor kurz befragen sollten wir … nein, nicht zur Krönung, sicher nicht, jedoch deshalb, weil jedes Wort, das über Rom jetzt unser Ohr erreicht, sicher unseren Blick erweitern hilft«, bietet Otto aufmerksam und auch vorbereitet an, »bereit und nahe schon er ist.«

»Ein guter Rat, so lasst ihn her, wenn nur er mag«, antwortet der König ohne große Überlegung und gibt schon selbst den Wachen am Zelteingang ein Zeichen.

»Die Stadt schon immer anders war, und so auch geblieben ist, und wohl morgen wird auch sein«, nutzt der Bischof von Bamberg die Zeit, um in das durchaus schwierig zu fassende Thema Rom schon einmal einzuführen, »fatale Neigung liegt ihr auch, wie oft sie hat sich selbst zerstört ...« Da nun tritt Arnold von Brescia schon ein, flankiert von zwei Schergen.

»Der Papst der Haeresi beschuldigt Dich, so ist es eines jeden Christen Pflicht, der Heiligen Mutter Kirche Schutz darin zu geben allemal und Dich zu überbringen also dem Gericht ... wir einzig Diener dabei sind«, spricht der König den Häftling unmittelbar an, um nur klarzumachen, dass er ja nicht der Richter ist.

»Erst kurz Ihr seid die Majestät, doch das bedeutungslos hier ist, denn mit der Krone, wer auch immer und seit wann sie trägt, den großen Fragen unserer Zeit ungefragt er somit eingebunden ist«, erwidert Pater Arnold, er hat nichts zu verlieren, ist dennoch höflich, »dem Urteil Gottes sicher folge ich, allein deshalb auch mit ich ging, da ihm allein Gerechtigkeit denn zuverlässig inne wohnt«, stellt er noch fest, durchaus noch eine Brücke bauend.

»Erkläre bitte Deinen Zorn«, entgegnet Friedrich mit einer gewissen Sanftmut, und merkt sich das Thema um die Gerechtigkeit.

»Alles, was da irdisch ist, irdisch soll gelenkt es sein, alles, was des Glaubens ist, glaubend soll gelenkt es sein, doch weder Könige wie auch der Papst folgen dem so klaren Satz ... sie dafür nur sich streiten, wer denn wem ist Untertan, darum allein das

Volk zu leiden hat, dabei, der Glaube wahrlich weder Titel noch gefüllte Truhe noch Paläste braucht, so, wer denn Priester oder Bischof ist, er gebe her, was irdisch ist«, antwortet Arnold, steht dabei aufrecht und bescheiden da, seine Worte schaffen Stille, es scheint auch so, als habe Friedrich sich ein wenig zu beherrschen gehabt, mehr doch wirkt er einfach nur nachdenklich, bei freundlichem Blick.

»Und Rom?«

»Laster gerne dort sich breiten aus … der brave Mann, dem rechten Glauben zugeneigt, dazu er wird gebraucht und immer wieder auch verführt«, äußert Arnaldo sich klar wie kurz, an weiterem Gespräch ganz offensichtlich nicht interessiert.

»So gehe denn den Deinen Weg, den Unser Herrgott Dir, wohl lang schon vorgezeichnet, hat verfügt«, beendet der König daher die Begegnung und nimmt sich vor, sich auch diese Worte des Priesters aufzubewahren.

»So gehe denn in Frieden hin … Dominus vitae necisque … dimitte nobis debita nostra … amen«, spricht der Bischof von Bamberg und bekreuzigt sich. Die Schergen führen Arnold ab, die Vorbesprechung für den Besuch der Römer wird nun fortgesetzt.

»Im Ansatz schon der alten Größe durchaus es entspricht, dass ein Senat sich aufstellt und sich bildet aus, das Capitol zu neuem Glanz und neuer Macht zu führen hin … bisher jedoch mehr an imago denn antikem Rom dadurch geschaffen ist … dennoch aber, diese Kraft, die in den ehrenwerten Mauern neu sich formt, sich bildet aus, unübersehbar schon Bedeutung hat … den Papst, den gab es nicht, doch davon streng ist abzusehen, wenn in dem neuen Bild der Mächte dieser Welt ein solcher nicht zu finden ist, es sei denn dort, wo Religion auch und nur halt hingehört«, greift Rainald von Dassel das Thema Rom wieder an, mit einem Hauch des kritischen Gedankens, und schaut dabei zu Eberhard, »und sonst, Ihr seht es wohl, wie sehr die Stadt sich immer wieder schadet selbst, da Streit aus Eitelkeit des Adels liebstes Kind dort ist.«

»Der Großen eben es recht viele gibt«, ergänzt Guido, der Graf von Biandrate, »die einen lang schon oben sind, davon mal einer untergeht, dazu ein anderer aufersteht, so aus der Zeit und auch der Größe dieser Stadt der Familien Menge sich ergibt, beständig wie auch wechselhaft, und jeder Zweig sich nur nach Sonne reckt, selbst, wenn der Himmel voll und ganz nur Wolken zeigt.«

»Freilich diese Stadt auch andere Schichten hat, der Kaufmann und das Handwerk lange aber nicht so stark vertreten sind, wie auch die Schifffahrt ebenso«, hängt Rainald noch an, »daher an Wirtschaftskraft und Bürgerstreben fehlt, wie es geprägt und starkes Signum anderer Städte ist.«

»Ganz eigenartig uneins diese Stadt sich also ist, womöglich so sie sich nur mag«, resümiert der Wittelsbacher nun, »und, wie es war, so also immer noch es ist, allein die Mäntel tauschen sich.«

»Die Republik, nur ein Decennium alt, von keiner Macht agnostiziert, nicht einen Kaiser hat erlebt ... was nur außer Ärger sie sich selbst, der Stadt, dem Vatikan, der Welt und mir sie eigentlich denn bringen kann«, beschließt Friedrich und wendet sich an einen Diener am Eingang des Zeltes, »so bitte denn die Herren her.« Der Diener handelt, die Delegation erscheint.

»Willkommen, meine edlen Herren, tretet doch ein und stellt Euch vor«, begrüßt der Bischof von Bamberg fünf Edelleute mit kleiner Begleitung und deutet dabei zum König hin, die Gruppe tritt näher.

»Eure Majestät, Euch grüßen wir, so nahe schon bei Rom, der unseren wie der Ewigen Stadt«, geht einer der Vorderen auf die Einladung ein, in eine Tunica gehüllt, die einen breiten Purpurstreif zeigt, den Clavum Latum, »ich Cencio d'Ansovino bin, hier Pietro Diotesalvi steht, und gleich zu uns, Roieri Buccacane, des Heiligen Senates Rat wir zugehörig sind«, stellt Cencio, in gutem Alter, die gleich gekleideten Großen vor und zeigt dann hinter sich, »Gregorius ... primicerius uns ist, Landulfi Boniseniori weiterer Notar.«

»So tragt denn bitte vor«, gibt Eberhard erneut die Richtung an.

»Wir Boten, nicht gering von Wert, in diesem Sinn wir treten auf, und reden für die Stadt, erlauchte Herrin dieser Welt, zu Euch, der auf des Kaisers Krone schaut, im Segen Unseres Herrgotts denn, doch offenbar an Rom vorbei«, beginnt Cencio den Vortrag, schafft eine kurze Pause, »so Frieden tragt Ihr nur mit Euch, die Stadt sich freut, doch eine neue Herrlichkeit im Glanz der Krone in Euch nur sie sieht, wenn also sie aus Römer Hand gewähret ist, wenn der Senat in Freiheit seiner selbst sie Euch erklärt ...«, Cencio wird unterbrochen.

»Der Worte Hochmut fremd nicht ist, er schon im Brief des Euren Wezel an den Oheim König Konrad, Friede ihn umgebe nur ...«, bekreuzigt sich Friedrich, und lächelt zufrieden in sich hinein, denn die Worte verblüffen sehr, »voll an Tönen so enthalten ist, sich mit Euch also als beständig, ja vermehrt nur zeigt«, wendet Friedrich weiter ein, im Ton schon recht deutlich, durchaus aber noch freundlich.

»Das Volk von Rom entscheiden soll, wer denn seine Krone trägt ... Euch als neuen Herrn höchst willkommen ruft es aus, so Ihr es schützt, in Anerkennung des Senats, Ihr jede Schmach der Republik wie eine eigene seht und jede Kränkung schwer bestraft, Ihr Brief und Siegel darauf gebt, wir fünf mal tausend Pfund in Gold ... der Ehre damit nicht genug, im Capitol die Krönung fände statt ...«, fährt Cencio unbeirrt fort, wird dann erneut unterbrochen, was aber auch jetzt keinen Unterschied macht, denn er hat ja auch dieses Mal letztlich schon alles gesagt.

»Der Ruf des alten Rom von Tapferkeit und Weisheit zeugt«, entgegnet der König, nun doch schon etwas verärgert über die sich weiterhin zeigende Anmaßung, aber noch unter Selbstbeherrschung, »so wundert es mich sehr, wie dann im Fortgang Eurer Rede alles weiterhin sich bläht nur auf ... ein zweiter Blick jedoch mir sagt, dass zu verwundern es da ja nichts gibt, denn alles, was an Tugend Eurer Seele einst denn inne lag, nunmehr bei den Deutschen nur zu finden ist, aus altem Recht Besitzer also ich denn nunmehr bin, die Stadt so nicht den König ruft ... an Gnade aber nicht es mangelt mir, wenn Ihr nur sehen wollt, dass Pflicht zu Treue und Gehorsam daher doch allein bei Euch besteht«, fährt Friedrich sehr bestimmend fort und schaut dabei unbewegt in die Gesichter der Konsuln, »reines Freudenfest mein Einzug sei ... und wer von Euch dagegen steht, wer gar auf Hilfe aus dem Süden hofft, verweigert wird ihm jede Hand ... kein Recht auf Ungerechtigkeit erduldet wird.«

»Wer Geld dem König abverlangt, für das, was zusteht doch nur ihm, bekommt hier nur den Weg hinaus, und darum letztlich froh er sei«, gibt Heinrich von Sachsen hinzu, durchaus gerne wieder einmal kämpferisch, hier aber auch wohl überlegt, und zeigt mit Stimme und auch Gestik, dass die Audienz nun beendet ist. Die Delegation stutzt, verharrt, hat damit wohl nicht gerechnet, fasst sich dann und zieht betroffen, nein, mehr doch beleidigt ab, sich keines Fehlgriffs, keiner Prahlerei, keiner Anmaßung bewusst, aus einem Selbstverständnis heraus, dem es tatsächlich nur um die eigene Pracht geht, blinden Sinnes erdacht, oder doch der Zeit voraus, aus einem noch vulnerablen Stadium des Werdenden heraus.

Im Folgenden reiten der Tross des Papstes und das Heer des Königs gemeinsam nach Rom. Mit etwa eintausend Rittern zu Pferd besetzen der Herzog von Sachsen und Otto von Wittelsbach die Leostadt, nordwestlich von Rom, westlich des Tiber, nördlich von Trastevere, Oddo Frangipane ist dabei, wie zugesagt. Die Rückkehr des Papstes ist damit gesichert, und so findet die Krönung wie geplant in St. Peter statt.

Auf dem Weg zur Krone legt Friedrich vor den Stufen der Basilica seine Hände in die des Heiligen Vaters, sodann wird die Krönung vor dem Altar vollzogen, unter Einbezug der im Boden liegenden Scheibe aus Porphyr, auf der einst schon Karl der Große stand.

Rogers Erbe

Im Palast des Königs, Gänge, mit Bildern geschmückt und hin und wieder mit Stühlen und Kleinmöbeln ausgestattet, ohne direkte Sonneneinstrahlung.

»Der Dinge Lauf uns neue Ordnung abverlangt«, wendet sich Maione di Bari an Matteo di Salerno, beide sind mit dem König verabredet, Matteo geht wortlos nebenher, er ist als Notar engster Mitarbeiter von Maio, und das auch schon auf freundschaftlicher Ebene, »bekannt ja ist, dass curiale Anerkennung unserem Königtum noch fehlt, wonach allein das Erbrecht für das Haus den Fortbestand bestimmen soll«, fährt Maio fort und wird dann mehr intuitiv abgelenkt, daher schaut er auf und erkennt in einer Türnische Elisa de Moncadida.

»Geh nur voraus, doch warte bitte vor der Tür«, entschuldigt sich Maio bei seinem Gefährten und geht auf die selbstbewusst bezaubernd, dabei keineswegs ordinär, aber dennoch verführerisch lächelnde schöne Frau zu.

»Maio, was denn führt Dich her?«, fragt Elisa, dann doch etwas kokett, den Zufall des Treffens aber kann sie damit freilich nicht infrage stellen, »vermisst Du mich denn gar so sehr?«

»Ein Narr der ist, der Dich, Elisa, nicht vermisst …«, lächelt Maio verbindlich, »in Deine Arme lasse mich«, geht er auf Elisa zu, sie öffnet sich, er zieht mit seiner linken Hand ihren Kopf zu sich und küsst sie, während die rechte Hand, bei hängendem Arm, sich ein Ziel ertastet, »die Pflicht mich jetzt zum König führt, danach jedoch ...« löst er sich aus dieser so willkommenen Nähe, völlig ohne Sentimentalität und Sehnsucht, mit aber ehrlich lustvollem Blick, und geht, Elisa lächelt erwartungsvoll und schaut hinterher, den Gang entlang, bis er verschwindet.

»Eure Majestät, Maio di Bari und Matteo di Salerno ...«, kündigt ein Diener die beiden Herren an, die gleich darauf eintreten, zum König vorgehen und sich verbeugen.

»Nehmt doch Platz«, weist der König mit seiner Hand, alle setzen sich an einen runden Tisch, im Hintergrund ist ein prächtiger Schreibtisch zu sehen, der von Ruggero einst, jetzt von Wilhelm genutzt wird, »Ihr kennt Euch aus, da Ihr dem Vater schon habt zugedient ... in medias res uns also gleich lasst gehen, zumal, an anderer Stelle schon erneut gewartet wird auf mich«, setzt Wilhelm mit seinen Worten gleich einen Rahmen, den er noch mit einem mehrdeutigen Lächeln verziert, und kommt dann zur Sache, »der Deutschen König, schnell er naht, der Papst daher mit uns, vielmehr mit Rom, noch keine Eile hat, früher schon und jetzt erst recht, so derzeit also Zögern Zeichen curialen Handels ist, alleine das, sonst nichts ... hoc est ... ein Kaiser nun bald wieder mitregiert, dem Papst womöglich Macht zurückgewinnt, begierig selbst nach alter Größe strebt, wie Bürger nach antikem Rom ... Byzanz dabei nicht ohne Anspruch reist, über Apulia von oben gegen uns den Süden treibt, also wir arg betroffen sind ... so bitte sagt, an Rat, was gibt es da, wie dieses Feld denn zu bestellen geht«, umschreibt Guglielmo den Gegenstand des Treffens treffend, fasst sich dabei an den Kopf und verzieht das Gesicht, »wie mir der Schädel noch von gestern brummt.«

»Mein König ... ach, wie sehr darin Ihr mein Verständnis

habt, der Feste Sog doch immer wieder schon und nur zu oft am Tag darauf zu Pein und Mühsal führt«, geht Maione darauf ein, Festen ebenfalls recht zugeneigt, ansonsten aber völlig anders veranlagt, ein Mann mit Disziplin, Autorität, ja Strenge, aber auch mit Exzessivität, »da hilft nur eins ... doch hier und jetzt, die Eure Frage anzunehmen mich nur zu bewegen hat ... was so geschehen ist, was mir berichtet und durch mich geprüft, all das auf Gutes nur mich sehen lässt, das voran gleich stelle ich.«

»Wie wunderbar die Deine Botschaft schon erklingt, so fahre fort, auf dass doch jede Einzelheit Dich nur belegt«, mischt sich der König entspannt und erwartungsvoll kurz in den Vortrag seines Kanzlers ein.

»Non omne quod nitet aurum est ... der Bischof Roms in Leostadt sich überhaupt nicht sicher sah, für ihn der König war noch viel zu weit, mit Zielen auch, die sicher nur die seinen sind, so Hadrian es zog hinaus, und dann, ein Bote nun, gerade heute erst, frisch also mir trug an, dass beide auf dem Weg nach Rom mit großem Sinn sich trafen schon, das Treffen jedoch discrepant verlaufen ist, ein Scheitern gar im Raume stand, da Seiner Heiligkeit die angetragene Ehrerbietung reichlich unzulänglich war.« Wilhelm schaut jetzt überrascht, Maio fährt fort.

»Nach Abbruch ohne Friedenskuss Verhandlung eine Lösung fand, und einen neuen Ort, sodann erneut sie alle trafen sich, und erst danach dann alles allen recht denn war ... die Krönung damit nun besiegelt ist.«

»Als Kaiser dann, gen Süden er wird ziehen?«, fragt der König nach.

»Nur wenig spricht dafür, so denke ich, da Rom genug an Mühe fordern wird, die Fürsten in der Frage ohnehin gespalten sind und Pisa Federico die einst zugesagte Unterstützung hat entsagt«, klärt Maio auf.

»Zunächst so auf Byzanz allein zu achten haben wir, es weiterhin Ancona hält besetzt, doch nun, seit Kurzem Bari auch ... da eine Achse droht sich an, womöglich eine Invasion ...«, erweitert Guglielmo den Blickwinkel königlich, »nicht weiter ohne Tat, wer immer auch mit wem, Italia sich zeigen darf.«

»Però ... Italia non c'è ... so Bande sind gefragt, und viele davon denkbar sind«, nimmt Maio den vorgelegten Gedanken auf, »ja, selbst der Kaiser, wie auch immer das in unseren Ohren derzeit klingen mag, für einen Pakt mit uns infrage kommt ... so sollten wir nur wachsam sein und handeln schnell, sobald sich öffnet eine Tür.«

»Wo alles recht verworren ist, wo Widerspruch stets mitregiert, nur unberechenbar die Welt sich zeigt ...«, schaut der König aus Nachdenklichkeit zu Maio auf, »Du recht es siehst, und doch, dabei ein wenig Spiel ist immer frei, was oftmals Sinn gestiftet hat, daher, Verhandlung mit dem Vatikan, darauf nicht warten sollten wir ... so koche gar, was Töpfe uns schon haben vorgewärmt ... und halte unser Heer bereit.«

»Ihr seht es recht, ein guter Plan«, erwidert di Bari, »durchpflügen wir das Feld, um Sorge auszulösen dort wie ebenso auch anderswo, um Pfand um Pfand zu mehren uns, damit der Ernte Anteil, ihre Zeit ja kommen wird, durch Zuwachs mehr noch uns belohnt.«

»Dieser Stand der Dinge doch dem Rest des Tages guten Ausklang nur verspricht«, beschließt der König, nun voll und ganz erleichtert, und so schaut er freudvoll auf die nächste Unterhaltung, die er daher nun sehr unbeschwert angehen kann, »und neue Hoffnung auch und Zuversicht, auf dass das Königreich sehr bald denn doch gefestigt wiederfindet sich«, hängt er noch an.

»Sehr zur Ehre Eurer selbst, und sehr zum Stolz des Euren Vaters auch«, erlaubt sich Maio noch zu sagen, der König freut sich, und der Kanzler auch, denn wenn der Plan gelingt, dann geht auch er in die Geschichte ein.

»So geht denn hin und tragt denn nach und nach, halt abgewogen und geschickt, den neuen Handel an, der Curia in Leostadt ... freilich auch dort, wo immer sie gerade weilt«, schließt Wilhelm das Gespräch nun wirklich ab, die beiden Herren verbeugen sich und wenden sich sogleich zum Gehen, da sie um die Eile ihres Herrn ja gut bescheid wissen.

»Doch, halte ein, mein Freund ... auf noch ein Wort«, ruft der König noch nach und geht den beiden ein wenig hinterher, meint aber nur Maio, die Herren wenden sich zurück. »Dir, Maione, ein besonderer Dank er endlich auszusprechen ist, denn sehr treu und mit Erfolg Du viel für mich schon hast getan, so einen weiteren Titel hiermit übertrage ich ...« Maio erkennt sofort das Ritual und geht daher ein wenig in die Knie, der König legt daraufhin das mit seiner rechten Hand zwischendurch ergriffene Zepter, es lag schon parat, auf die rechte Schulter seines Kanzlers, »dem Vater einst gedient, erfolgreich hier am Hof wie auch mit Heer, bewundernswert in seiner Art, daher er folgte ehrenwert Christodulos, der Giorgio d'Antichochia, und seit der Herrgott ihn uns nahm, vier Jahre ist es her, der seine Platz ist leer, doch jetzt nicht länger mehr ... und so erhebe Dich, Ammiratus Ammiratorum Du dem Reich von nun an bist.« Maio ist schon auch ein wenig überrascht ob dieser allerhöchsten Auszeichnung, und erhebt sich dann, nachdem das Zepter seine Schulter freigegeben hat.

»Mein König, sprachlos Ihr mich macht, Ihr sehr mich ehrt, der Dank für diese Ehre mich nur beugt«, bringt Maio di Bari doch recht gekonnt hervor, »und meines Vaters Stolz Ihr damit mehrt.«

»Die Ehre Dir gebührt«, fügt der König noch an, »und nun, genießt auch Ihr, was dieser Tag denn alles noch bereiten kann«, wendet sich der König lächelnd nun von beiden ab, geht hin zu einer diskreten Tür im Hintergrund, Maio und Matteo verlassen das Arbeitszimmer, im Gang verneigt sich Matteo gehörig, obwohl inzwischen ja freundschaftliche Bande bestehen, und zieht sich zurück, er hat noch Arbeit. Maio schaut dem Getreuen kurz noch nach, Freude und Stolz kommen nun doch auf, er dreht sich um und geht dann auch, festen Schrittes und gelassen, jedoch folgt er einem anderen Ruf.

Neronische Wiesen

Da der Plan ja aufging, waren alle überrascht, Sacer Senatus wie das Volk. Aus dem Groll über die Krönung und die dann noch erlittene Überrumpelung ergab sich denn der schon erwartete Aufstand wohl erst recht, und Friedrich geriet in Gefahr. Abends, im Lager, zurück auf den Neronischen Wiesen, zeigt sich der Kaiser dem Heer, danach sitzt er mit den Freunden zusammen.

»Eure nunmehr kaiserliche Majestät, hoch gelobt sie sei«, ergreift Hillin von Trier gern das Wort, »und Seine Heiligkeit ganz ebenso ... auf dass denn beiden unseren Herren Gottes Beistand wie auch Segen stets gegeben sind, bei allem, was sie lassen oder tun, miserere nobis Domine fiat misericordia tua super nos ... amen«, bekreuzigt er sich, Friedrich steht auf und bekreuzigt sich ebenfalls.

»Ihr alle Freunde seid, Ihr alle mich getragen und schon jetzt Ihr großen Anteil daran habt, dass unter dieser Krone hier«, spricht Friedrich und zeigt auf das Kleinod vor sich auf dem Tisch, »ein neues Reich erwachsen kann«, gibt er gleich noch einmal seinen Plan gleich kund, schaut herum und ergreift einen Becher, hebt ihn, symbolisch zunächst, »auf dass der Herrgott alle Zeit uns weiterhin zusammen hält, auf dass das Ziel in Wirklichkeit wir wandeln um«, freut er sich von Herzen und schaut erneut in die Runde.

»Nunc vino nos transi tempum ...«, erlaubt sich Bischof Eberhard einzuwerfen, vielleicht schon etwas verfrüht, jedenfalls lässt Friedrich die Symbolik sausen und nimmt einen guten Schluck zu sich nimmt, ergreift aber gleich wieder das Wort.

»Gott heute wieder hat gelenkt, nur deshalb hier noch stehe ich ... er seine Hand mir schützend hielt ... dazu er Euch mir mit noch gab«, lässt der Kaiser auch sein Innerstes sprechen und schaut zur Seite, ehrlich berührt auf den Sachsenherzog, »lieber Vetter mein, Dein Schwert und Deine Mannen wohl ein zweites Leben gaben mir, da im Hinterhalt ich stand und alle Hoffnung schwinden sah ... und dazu«, wendet er sich wieder allen zu, »in heldenhaftem Gegenstoß den Aufstand Roms, den wir ja allemal erwartet hatten schon, ihn später aber als gedacht die Stadt erst gegen uns hat aufgebracht, ihn schlugst Du nieder, schmählich für den Stadtsenat ... so großen Dank Dir schulden wir«, fährt Friedrich im Lob fort und hebt das Glas, alle trinken auf das Wohl des Sachsen, Heinrich erhebt sich.

»Friedrich, Deine Worte höchste Ehre sind, denn ob des Blutes und des seinen Bandes zwischen uns, nur meiner Pflicht gefolgt ich bin ... doch tun sie gut, frei aus dem Herzen das ich gebe zu«, erwidert Heinrich und hebt auch das Glas, jedoch ohne zu trinken, die Männer klopfen auf den Tisch, unaufdringliche Fröhlichkeit drückt sich aus, alle sind wirklich erleichtert über den Ausgang des Ganzen, Heinrich nimmt jetzt doch einen Schluck und denkt dabei schon ein wenig weiter.

»Dass es so ausging, das auch ich begrüße sehr«, bringt Graf Ulrich von Lenzburg ein, »nein, nein, viel mehr als das ... reichlich glücklich mich es macht, denn zu verlieren Dich, mein lieber Freund ... nicht einmal denken mag ich es.« Beide schauen sich verbunden an, Ulrich wendet sich dann leicht zu Heinrich hin, nickt ihm anerkennend zu und denkt wortlos auch daran, wie sehr dem Sachsen das Gelingen doch auch in die Karten spielt, wie ein Geschenk sollte es ihm doch erscheinen.

»Fügung war es wohl, und wer auch immer gottgelenkt die große Tat uns hat vollbracht ...«, beschwichtigt Bischof Anselm von Havelberg ahnungsvoll, und denkt sich, dass der Babenberger das wohl sicher nicht geschafft hätte, wäre er nur dabei gewesen, »gelobet sei der Herr.«

»Und noch ein Mann sich viel des Dankes hat verdient«, übernimmt Friedrich wieder und schaut jetzt auf Rainald von Dassel, dann wieder zu allen, »denn stets mit größtem Mut und ohne Zauderei dem Eisen Heinrichs er die Seite hielt.«

»Ihr dem Rechten habt doch schon gedankt, denn mein Anteil ist gering«, erwidert Rainald, »das meine Schwert sich wahrlich nicht verstecken muss, doch dem des Herzogs sicher nicht gewachsen ist«, beteiligt er sich diplomatisch daran, dass die Stimmung für Heinrich, letztlich für alle bleibt, und unabhängig davon, er weiß halt auch um seine Stärken, und die sind nicht die eines Feldherrn, »erlaubt, zu danken auch dem Conte di Guerra«, fügt Rainald noch an, sogar sympathiegetragen, und Guido, damit angesprochen, schaut hinüber, freut sich, winkt, »da er den Norden uns gesichert hat.«

»Das Worte denn von mir gewesen könnten sein ...«, gibt der Kaiser hinzu, »denn recht es ist«, mit dezenter Verbeugung prostet er dem treuen Guido di Guerra zu, »auch Du ein wahrer Freund mir bist ... der Herrgott das bewahre uns.«

»Der Ruhm dem Herzog auch aus anderer Ecke zuzuweisen ist«, beteiligt sich nun Guido di Biandrate an den Laudatien, was vielleicht als ein wenig unhöflich im Verhältnis zu Rainald erscheint, die beiden stehen sich tatsächlich auch nicht so nahe, im Übrigen aber trifft es einfach nur so zu, schaut dann auf Heinrich, dann in den Kreis, »erneut den Euren Heinrich geht es an ... so, in der Stadt, Euch sage ich, man redet nur davon, wie einer aus des Kaisers Schar nicht einem, vielen Löwen gleich gekämpft er hat, dass die militia des Stadtsenats wie andere Streiter auch, wer einzeln Zeit und seinen Fuß und freilich Kraft dazu noch fand, nicht hoffnungslos schon auf dem Pflaster lag und feuchten Boden roch ... nur weggelaufen ist«, gibt er sodann mit seinen Worten wieder, wie die Bürger in den Gassen es beschrieben und verbreitet haben, macht eine kleine Pause und schaut zurück auf den Sachsen, »Enrico di Leone hier das Volk Euch nunmehr nennt, so badet Euch darin, denn darin größte Ehre liegt, dass Bürger Roms so einen Namen geben her.« Der Herzog freut sich, jedoch als Mensch mit Eitelkeit. Die Runde dagegen ist weiterhin nur mehr begeistert über den guten Ausgang, und wird hörbarer. Einige Wenige schauen auf Rainald, den wie auch sonst mehr die Zurückhaltung auszeichnet.

»Gloria et gratia ... Dominus ... per singulos dies benedicimus te«, bekreuzigt sich Wichmann Graf von Seeburg, nun geweihter Erzbischof von Magdeburg.

»Und Euch, der Kaiser Ihr nun seid, das Volk den Namen Barbarossa gab«, betont Guido Conte Guerra Il Vecchio, »was einfach zu dem Barte passt, wenn es denn so gemeint nur ist ... hoc est ...«, unterbricht er sich schon selbst.

»Dass man uns wahrnimmt, von uns spricht, ja, einen Namen fügt uns an, egal mit welchem Hintersinn, das immer eine Anerkennung ist, es umgekehrt, ganz sicherlich, sich völlig nur als

Gegensatz denn liest«, gibt Friedrich locker lächelnd und fast schon weise dazu her und hebt erneut den Becher, dann, wie auf ein Stichwort, heben zwei Diener das Zelttor an, zwei Kardinäle treten ein, begleitet von drei Rittern.

»Eure kaiserliche Majestät, in Hoffnung sehr, dass diesen Kreis wir stören nicht«, aufgeräumt eröffnet Octavianus das Gespräch, der Kaiser winkt sehr herzlich zu, »des Herzens voller Freude über Euren Sieg wir sind, der Leostadt dem Bischof und der Curia zurückgegeben hat, wozu das Volk sogar nur Jubel zeigt«, macht eine kleine Pause, »nun ja, das ganze nicht, doch eine große Mehrheit schon«, klärt er dazu auf, »das Capitol wir fragen nicht«, hängt er herzlich lächelnd an, und wechselt dann die Botschaft, »sodann, fürwahr, die allerliebsten väterlichen Grüße denn der Heilige Vater Euch und Euren Mannen über uns Euch allen überbringen lässt«, deutet dazu eine Verbeugung an, öffnet dabei seine Arme, Kardinal Oddo verbeugt sich ebenso, »und seinen Segen auch«, in beiden Gesichtern zeigt sich Freude, freilich eine der Würde des Amtes angemessene, und schließlich, der Sachse bekommt noch einige Geschenke, wenn auch nur nebenbei, dennoch, welch ein Ereignis.

»Willkommen stets Ihr seid, und heute, diesem Fest Ihr gebt besonderes Gewand«, begrüßt und erwidert der Kaiser, »dem Heiligen Vater meinen Dank doch bitte überbringt für seine Huld und seinen Segen über uns, den seines treuen Sohnes und auch den der Mannschaft hier«, fährt er fort und verbeugt sich dabei leicht vor den Eminenzen.

»So freut Euch denn, genießt das Fest … und seid auf allen Euren Wegen stets und unverzagt auf der Seite Unseres Herrn, in dessen liebevoller Allmacht ewig Schutz Euch sei gewährt«, spricht Octavianus und zeichnet ein Kreuz vor sich in die Luft, spendet somit den göttlichen Segen, »in Tivoli wir sehen uns.«

»Euer Besuch hat überrascht, er also unerwartet kam, dabei uns viel an Glanz geschaffen hat, Euch herzlich danken wir dafür«, beschließt Friedrich, woraufhin die kleine Gesandtschaft zufrieden das Zelt verlässt und zurück nach Leostadt reitet. Das Fest nimmt seinen Lauf, ein weiteres folgt dann einige Tage später, eben in Tivoli, und gemeinsam mit dem Papst.

Treffen mit Byzanz

Mit einigen Schiffen, einem nicht sehr großen Heer, aber mit Truhen voller Gold waren die beiden Feldherren Manuels in Ancona gelandet. Nachdem sie erfahren hatten, dass der Kaiser in der Nähe weilt, er außerhalb seine Zelte stehen hat, baten sie um Audienz, die sogar umgehend gewährt war. Mit einigen Rittern treffen sie nun im Lager ein, beide betreten das Zelt, Otto von Wittelsbach winkt sie heran.

»Eure kaiserliche Majestät, im Namen Kaiser Manuels, wir voller Freude gratulieren Euch, und danken gleich, dass Ihr den Weg zu Euch uns frei gegeben habt«, ehrerbietet sich Ioannis Komnenos und verbeugt sich dezent, »und wir, das sind Michali Palaiologos«, stellt er den Gefährten vor und zeigt dabei neben sich, »wie auch ich, Ioannis Dukas denn meine Name ist, des Kaisers Neffen einer bin ...«, verbeugen sich beide nun, »ein Umstand höchster Fügung darin sich uns zeigt, dass Ihr gerade hier verweilt und unser Weg den Euren treffen darf.«

»Seid willkommen, edle Herren Ihr, gehabt Euch wohl in meinem Zelt, Dank Euch denn auch für alle lieben Grüße aus Byzanz«, erwidert der Kaiser die Ansprache, »so, sagt doch bitte gleich dabei, wie es der lieben Bertha geht, Gemahlin Eures Herrn, als diese sie Irene denn als Namen trägt.«

»Sie immerfort gern an Euch denkt ... und fragt nach einem Wiedersehen«, geht Ioannis auf die Frage ein, und nutzt diese geschickt als Brücke, »Ihr jederzeit willkommen seid, zumal, des Kaisers Nichte, meine Schwester, Euch ja zugesagt, wozu nur Eure Antwort fehlt, doch, bitte, diesen Fingerzeig uns bitte nach doch seht, nicht drängen wollen wir, die Pflichten Eures Amtes freilich gehen vor, und jetzt noch mehr als wie zuvor«, endet er höchst höflich und mit einer dezenten Verbeugung.

»Eurem Herrn nur gern ich sagen kann, wie sehr die Auserwählte mich beehrt ... Maria mir als göttliches Geschöpf, gebildet, schön und standesreif beschrieben ist«, antwortet der Kaiser in der ihm so eigenen Verbindlichkeit, »und Dank an Euch und die Verbundenheit, die Ihr devot uns eben zeigt.«

»Erlaubt, mein Herr, die Frage ist zu stellen schon«, greift nun Rainald in das Gespräch ein und installiert damit eine neue Bedeutung, Friedrich schaut aufmerksam auf Ioannis, »Vergangenheit wir lassen einmal aus, wiewohl, was gestern war, deshalb ja nicht gleich wertlos ist, womöglich heut sich aber anders liest, so, bitte, sagt, seit Jahren schon Ancona haltet Ihr besetzt ... was also hinter Eurem Schild Euch dazu treibt?« Stille tritt ein.

»Ancona einst von Griechen, die da kamen hoch aus Syrakus, gegründet worden ist, und später dann der Pentapolis zugehörig war, Ravenna und Venedig dabei auch nicht zu vergessen sind«, begründet Ioannis die Anwesenheit seines Kaisers im Land, »so also uns recht viel verbindet doch ... und da der Süden uns versprochen ist, wir nun nach Bari eingezogen sind.«

»Damit Ihr heute aber Gegner schafft, gleich drei Euch an der Zahl«, wendet Otto von Wittelsbach etwas martialisch ein, Diplomatie ist eben nicht so das Seine, »habt Ihr dabei denn einen Plan, den mitzutragen wir geneigt und auch geeignet könnten sein?«, fügt er dann doch recht geschmeidig und politisch wieder sehr realistisch gedacht noch an.

»Ihr auf dem Weg gen Norden seid, weshalb, warum, Konstanz doch hat Signal gesetzt ... und nun? Die Bürger Roms erneut dem Bischof ihrer Stadt den Rückzug machen schwer, verwehren ihm sein Recht«, erwidert Feldherr Palaiologos, ebenso kämpferisch und provozierend, »was denn tut Ihr? Verpflichtet Ihr doch seid.«

»Die unsere Frage offen Ihr verlassen habt, so seid erinnert hier und tragt nun endlich vor, was Eurem Sinn zu uns entspricht«, übergeht der Kaiser diese Kritik und drängt so nach.

»Ein Zug, gemeinsam halt, zum Süden hin, das wir schlagen vor«, kommt Ioannis jetzt der Frage nach, legt eine kleine Pause ein und studiert die Gesichter der Deutschen, »an Gold dafür genug ist da, ein Mangel daran nicht besteht, für mehr sogar als nur den Zug es reicht, und reicht es nicht, dann kommt genügend nach.«

»Erlaubt auch mir ... die Frage ohnehin im Raume steht, wonach Vertrag schon damals nicht bestand«, erinnert Matthaeus von Lothringen, »ein Waffengang von Euch ist somit denn wie eines Diebes Gang.« Stille stellt sich ein, die beiden Feldherren sind ob des nun doch recht drastischen Tones kurz überrascht.

»Gebt bitte uns ein wenig Zeit, die Lage zu bedenken ist, das Angebot ja ebenso«, bringt Friedrich beschwichtigend ein, »wir sicher sind nicht abgeneigt, obwohl ein Stück des Weges hin nach Deutschland wir ja schon gegangen sind, wobei, der Weg zurück ja ohnehin nur unumgänglich ist, denn neues Heer erst aufzurufen nötig wär ... dabei, auch Ihr gewiss das eine wie das andere zu klären habt zuvor, denn, wie Ihr sicherlich wohl wisst, das römisch-deutsche Reich ... erst mit Currentium Insula es endet uns.«

»So Ihr auch sicher Klarheit habt, wie sehr Palermo ... was für eine alte, ehrenwerte Stadt ... nie aus freien Stücken sich der Euren Krone unterwerfen wird ... und andererseits, was uns betrifft, Thessaloniki unserem Kaiser durchaus hohe Rechte gibt«, bringt Michali Palaiologos ein, schnell hatten sich beide wieder gefangen, »doch, freilich, Eure Majestät, was immer zu bereden ist, bei Euch wie auch bei uns, und für die so gewährte Zeit Euch wir nur verbunden sind.«

»Wibald von Stablo, Eurem Herrn und Euch ja wohl bekannt, er weiterhin legatus ist«, führt Friedrich die Audienz nun einem Ende zu, »er wird gesendet Euch ... und nun, für heut, Euch danke ich, gehabt Euch wohl.« Beide Feldherren verbeugen sich höflich und verlassen rückwärtsgehend das Zelt.

»Ein Pergament aus dieser Zeit, das Pflicht belegt, zu übergeben, was an Reich erobert werden kann, das gibt es nicht, des Onkels Wort zudem in Zweifel steht, aus gutem Grund, so, meiner Sicht der Dinge nach, die Rechte für Byzanz ja eben nur behauptet sind, da einfach mehr nicht geht«, beginnt Friedrich die der Audienz sich anschließende Aussprache.

»Allein, Maria, denke ich, nicht ohne Preis sie würde anvertraut«, ergreift Hillin von Trier das Wort, »dazu an unser Ohr jedoch bisher nichts kam, darüber auch schon sprachen wir ... so denke ich, sie Weg sein soll, um all das, was über Saloniki schwebt, in eine Festigkeit, und somit aller Zweifel frei, in die Hand des Manuel zu überführen, in dessen Sinn ganz offenbar es steht, ein Reich zu schaffen sich, wie es oströmisch einmal war.«

»Wie soll denn gehen das, da meine Krone bis hinunter in den Süden reicht ...«, konstatiert Friedrich, nicht wirklich fragend, damit nur aufzeigend wollend, dass ein Bündnis lediglich denkbar, aber nicht machbar ist, »ein Bruch des Bandes somit schon nach ersten Tagen droht, Zusammenschluss ab ovo schlicht absurd nur ist ... doch, Freunde, gleich mir bitte sagt, was dazu denn auf Euren Zungen liegt.«

»Majestät, Ihr recht es seht, ein Kaiser nicht dem anderen sich unterstellt, ein Lehen zwischen Kaisern es auch nie gegeben hat, nur Frieden oder Krieg«, springt Rainald sogleich ein, letztlich war auch er aufgerufen, »wenn also zwei sich gern zusammentun, so mag ein Plan erfüllbar sein ... doch spätestens danach, nicht einer sich dem anderen wohl beugen wird, allein aus seinem Recht des Kaisertums heraus, weil Beugung da nicht einer Krone nur geschehen darf ... dagegen, ja, wenn es um einen König in Palermo geht, ihn schon zum Wohle aller man belehnen kann, das Recht dazu, in Kaisers Hand es liegt, sehr stark und eigen ohne Zweifel denn ... und daher, das hier zwingend anzufügen ist, es nicht verwechselt werden kann und darf mit dem, was dieser Welt recht fleißig weiterhin noch Streit beschert, dem Regelwerk der Investitur.«

»Und, bitte seht zudem, was uns vom Worte her schon lang vertraut, der Mannschaft Kraft uns allen nicht genügend ist, Pisa zugesagte Schiffe uns versagt, hinzu die Hitze, die Malaria, Mangel noch an Wasser wie an Nahrung auch, weshalb das Heer wird aufgelöst und Rückweg uns ja führt ...«, greift Heinrich der Löwe den vom König schon geäußerten Gedanken auf, ergänzt ihn gewichtig und führt so zurück auf den Vorschlag der griechischen Feldherren, »wenn auch Byzanz mit Schwert und Gold das Unterfangen stützt, es dennoch nur Bedenken gibt, zumal, der Weg zurück nicht nur der Freunde Burg passiert, er also Kraft womöglich noch verzehrt.«

»Hinzu noch kommt, wir müssen gehen ... und Manuel, hier bliebe er«, schließt Otto von Wittelsbach gewichtig an, »wir müssen, denn des Kaisers starke Hand, sie fehlt im eigenen Land ... der Jahre zwei sie war nicht da.« Spätestens mit diesem Argument ist eine jede weitere Frage redundant.

»Ein vacuum nur allzu deutlich uns damit erkennbar ist«, zieht Friedrich denn jetzt einen Schluss, durchaus mit ein wenig Bitterkeit, »obwohl die meine Pflicht aus Konstanz ist erfüllt, derzeit allein die Hand des Schöpfers Wache über Santa Sede übt ... doch irdisch auch es Hilfe braucht, so andere Bande werden knüpfen sich, was zu verhindern, wenn überhaupt es jemals uns gegeben war, in unserer Hand nicht länger liegt, so gebt Byzanz Bescheid, dass ihm das unsere Schwert denn nicht zur Seite stehen wird, die Frage mit Maria aber dabei offen lasst, und wir ... wir weiter hin zur deutschen Heimat ziehen.«

Byzanz und der Aufstand in Apulien

Bari, eine Küstenstadt mit schon über zweitausendjähriger Geschichte, also einer sogar älteren als der zu Palermo, mit großer Bedeutung für die Schifffahrt, dem Ausgang des adriatischen Meeres eben sehr nahe gelegen, mit starken griechischen und auch einigen arabischen Wurzeln. Man trifft sich im Castello Svevo, in einem Rittersaal.

»Diese wunderbar und schöne, stolze Stadt, einst von Griechen angelegt, in den Schoß des Mutterlandes endlich nun ist wieder eingekehrt«, erhebt Ioannis Dukas Komnenos Wort und Glas, gemeinsam mit Michali Palaiologos prostet er den Gästen zu, den Anführern des Aufstandes gegen Sizilien und einigen Noblen aus Byzanz wie aus Apulien, »was Ihr daran geleistet habt«, spricht Ioannis die Anführer an, »unser Kaiser reichlich Euch belohnen wird, so heute schon darf sagen ich, dass Titel wie auch Ländereien, all das zurückgereicht in Eure Hände geht, und nicht nur dann, wenn einst von Euren Vätern denn es war vererbt.« Gesten des Dankes werden diesen Dankesworten erwidert.

»Bedenkt dabei, dass Euch der Weg durch Aufstand hier im Land allein bereitet deshalb ist, da uns der Wunsch nach Unabhängigkeit beständig gegen Wilhelm treibt, und unbekannt uns allen völlig ist, wie Papst und Kaiser, ja, selbst Wilhelm auch, morgen und darauf sie handeln werden gegen uns«, ergreift Roberto Bassavilla, ein Normanne, das Wort, »doch, freilich, Dank an Euch sehr gern wir sprechen aus ... in Zuversicht.«

»Die unseren Kräfte, reichlich Unruh haben sie bewirkt, den Fall von Bari uns daher wir schreiben zu, die Stadt erobert haben wir«, zeigt der Graf von Capua dabei stolz und freudig auf den Grafen Bassavilla, der auch Graf von Loritello ist, »er war der Mann, der alle angeführt ... verkannt wird dabei freilich nicht, wie sehr das Bündnis letztlich weiterbringt, denn Eure Schiffe, aus Ancona hergesandt ... ja, ohne sie ... wer weiß«, glättet Roberto sogleich geschickt, als einer, der von der tyrrhenischen Seite kommt, aus der Region Campania, »was Euch nun zugewachsen ist, besetzt die Küste von Ancona über Bari jetzt Ihr habt, und käme Brindisi hinzu, der Streifen reicht dann bis Tarent«, fährt der Graf fort und macht dann eine kleine Pause, »nun ... sagt uns bitte doch, ein nächster Schritt durch uns ja zu bereden ist«, wechselt er nun bedeutsam die Richtung des Gesprächs, »wie ging sie aus, die Audienz, die in Ancona Ihr gehabt?«

»Der Kaiser, durchaus zugeneigt er zeigte sich, der Fürsten Rückhalt aber war doch zu gering«, übernimmt Michali Palaiologos etwas unwillig die Antwort, »die Gründe also, selbstlos und genau geschaut, sie hatten durchaus starken Sinn ... das Heer der Hitze, der Malaria, des Hungers und des Durstes auch, es mehr als überdrüssig war, so daher bald darauf dann war es freigestellt.«

»Das alles ist? Nicht mehr da war? Verschweigt Ihr was?«, fragt Roberto etwas misstrauisch nach, eigentlich ziemlich unerhört.

»Das Maß an Mannschaft wie der Fürsten Neigung auch als zu gering dem Kaiser zeigten sich, für uns daher des Kaisers Haltung Überzeugung strahlte aus, sonst nichts«, wiederholt Michali durchaus einsichtig, und ignoriert ansonsten den doch ungehörigen Ton, »es immer wieder sich gezeigt doch hat, wie sehr das Wetter und die Jahreszeit in fremdem Land fatale Überraschung ist dem fremden Heer.« Roberto nimmt die Begründung nun hin, sie trifft für alle hier denn nun wohl auch wahrlich zu.

»Der Papst so steht alleine da ...«, sinniert Andrea Conte di Raviscanina, der dritte im Bunde, ebenfalls Normanne, »und Barbarossa also fast in Deutschland wieder sollte sein, was uns den Weg nur leichter macht ... und noch dazu, es mehr als ein Gerücht nun ist, wonach der König, schwer erkrankt, Palermo nicht verlassen kann, vielleicht sogar ... nicht weiter unter uns er ist.«

»So, auf nach Brindisi, die Zeichen stehen gut ... und Ihr, Ihr holt auch dort an Land zurück, was denn in Eure Hand gehört«, schlägt Michali vor, der nun eine tragende Rolle für das Bündnis mit dem Aufstand inne hat, und läuft damit auch nur durch offene Türen. Die Generäle aus Byzanz und die normannischen Aristokraten prosten sich nun zu, sie sind sich einig, entspanntes Gelächter breitet sich aus, und im Hintergrund erscheinen einige gut gekleidete und gebildete Damen, byzantinisch vorbereitet und zeitlich bestens gesteuert.

Wilhelm und Maione

Die Dinge spitzen sich einmal mehr erneut zu, und so berät sich der König von Sizilien mit seinem Kanzler, in einem Arbeitszimmer im Palast von Palermo.

»Der Bischof Roms in Leostadt in Sicherheit sich weiterhin nicht sah, obwohl des Kaisers Ritter mit Erfolg den Bürgern Roms begegnet sind, so zog gemeinsam er mit dessen Schar nach Tivoli, die Stadt in Ehren nahm denn beide auf«, beginnt Maio seinen Bericht an den König, »doch nach gewisser Zeit, der beiden Wege trennten sich, des einen Ziel Ancona war, des Papstes Ziel blieb ungewiss.«

»Erbärmlich diese Römer immer wieder zeigen sich, sie Christen jedoch sind«, bemerkt Wilhelm kurz, »ganz sicherlich die Seine Heiligkeit viel mehr an uns da hat, und zu Ancona zu bemerken ist, dass es doch schön weit nördlich liegt«, entspannt sich Guglielmo recht weitgehend, »vom Deutschen wohl kein Überfall so droht.«

»Matteo mir berichtet hat, vor Ort er war, von einem Treffen dort, dem allerdings, für uns nur gut, ein Bund des Kaisers mit Byzanz, bei allem Gold, das aufgeboten war, am Tage nicht zum Abschluss kam, der Kaiser es vertagt dann hat«, fährt Maio ebenso entspannt fort, »zu einer Hochzeit eine Rede ging noch um, der Kaiser eine neue Frau womöglich sucht … und dann, die Mannschaft wurde aufgelöst, der Kaiser stellte frei das Heer und brach mit nur noch kleiner Schar zum Rückweg hin gen Norden auf.«

»Kein Bund mit Manuel ...«, resümiert der König, »das dem Vertrag von Konstanz voll und ganz ja nur entspricht, recht ehrenwert, und so dem Papst, wie uns, dem deutschen Kaiser gar, nur Vorteil schafft, das denke ich ... doch letztlich offen alles ist, und immer noch ein kleines Rätsel schon in all dem liegt, denn gegen uns zu ziehen, ebenso war abgemacht ... womöglich läuft ein Doppelspiel, womöglich wollen beide nicht«, schaut der König etwas belustigt auf, wird dann aber wieder nachdenklich, »da Friedrich ja geschieden ist, er eine neue Frau ganz sicherlich mit Machtgewinn zu bündeln sucht, geschickt auch noch am Papst vorbei, wo familiäre Bande nach Byzanz seit Jahren allerhöchst ja schon bestehen, die einer Stärkung nur entgegen sehen, jedoch, den Weg bisher nicht schlug er ein.«

»Sein Heer ab ovo schon nicht genügend stark erschien, dann noch durch Rom geschwächt, und durch Spoleto auch«, bringt Maio dazu ein, »all das genug an Grund für sich schon gibt ... doch andererseits, so redet man, das Angebot der Griechen ausgesprochen üppig soll gewesen sein.«

»Der Kaiser dennoch widerstand ... wo also weiterhin nur alles recht verworren oder unklar ist, die gute Nachricht bleibt, nur einen Gegner haben wir, das bündelt uns, gibt neue Kraft«, beschließt Guglielmo, »wo vacuum sich also immer wieder findet ein, da stehen wir und füllen es, des Kaisers Rückzug nämlich die gesuchte Tür uns schließt denn auf, sie hin zum Hüter Roms den Weg macht frei, wo Einigkeit zu uns ja darin schon besteht, sie zu belegen Pergamente es nicht braucht, wonach auch Santa Sede keine Meile diesseits hin zur Adria der Griechen Hand noch länger überlassen will.«

»Darin womöglich gar der Kaiser zu uns einig ist, doch weniger, ganz sicherlich, zu einem Bunde mit dem Hüter Roms«, schlussfolgert Maione recht klug, »der Punkt genau das ist, sogar die Tür zum regnum nunmehr einen Spalt uns zeigt.«

»Die Lanzen also richten wir dann gen Apulia, denn dort Verräter treiben mit Byzanz sich um, die drei, die Fürsten kennt Ihr ja ... so rüsten weiter wir das Heer, wir rüsten für das Vaterland«, beschließt der König treffsicher die Lage.

»Wilhelm, Eure Majestät, erlaubt ein Wort befreit vom Rang«, bittet Maio und schaut dabei höchst respektvoll, Wilhelm gewährt es, »wie Ihr die Krone tragt und dem Vermächtnis treu und klug das Reich in diesem Sinne führt, dabei auch Eure Handschrift zeigt, Ihr damit Euren Vater unbeschreiblich ehrt«, lobt der Kanzler seinen jüngeren Herrn, und Wilhelm, Wilhelm ist letztlich auch nur ein Mensch, und daher freut er sich, besonders auch deshalb, da er sich ja dem Vermächtnis noch zu Lebzeiten des Vaters nicht gewachsen sah, und nun, nun ist er auf dem besten Wege, diesem die Erfüllung zu verschaffen.

Hinterhalt von Ceraino

Die Stadt schuldet jetzt kein Fodrum, denn der Kaiser kommt ja ohne Heer. So denken denn auch alle, dass diesen letzten Weg durch das Land entlang der Lombardei weiter nichts belasten kann, zumal der Markgraf Hermann von Baden, ein treu ergebener Stauferfreund, der auch auf den roncallischen Feldern dabei gewesen war, Herr dieser Stadt ist. Alle irrten, denn tatsächlich gab es einen Angriff, den die Deutschen aber leicht und schnell hatten abwehren können, da der Plan von subversiven Veronesern mit dem Einsturz einer Brücke nicht aufgegangen war. Die Schar des Kaisers reitet so ohne Blutverlust weiter.

»Zu Rom, der Kaiser fern, der Papst so nah ...«, beginnt Rainald ein Gespräch, er reitet neben dem Kaiser, »die Städte ohnehin sind aufgewühlt ... der Streit sich spitzt auf einen Punkt ... der Herrgott wie das Himmelreich nicht irdisch sind, sich damit beide letztlich jeder Streitbarkeit entziehen, die Welt jedoch, sie ihre eigenen Fragen und Gesetze hat«, schneidet Rainald nun ein bedeutsames Thema an, Friedrich wird gern hellhörig.

»Es also schwerer für mich ist«, zieht Friedrich seinen Schluss, »und, sicher bald, gen Süden muss ich wieder ziehen ... denn, ja, fürwahr, der Rechte Trennung, was des Kaisers, was des Heiligen Vaters also sei ... nicht scharf genug vollzogen ist.«

»Was auch nicht leicht gelingen wird, so fürchte ich, wiewohl ein Weg seit Worms begründet ist ... ein kurzes Leben auch nur her das Konkordat nun ist ... doch Gregors Sätze überdies an

Macht zuviel verbreiten noch, die zarte Pflanze Worms somit fast ohne Wasser ist«, fährt Rainald fort, »zudem, der da aus Brescia deutlich hat gezeigt, wie Brände werden angelegt, das Haus der Kirche zu bedrohen ... doch ihr Erhalt, das außer Frage steht, der Ziele höchstes hat zu sein, so auch für uns ... wie Santa Sede letztlich doch nur diesen Auftrag hat, den zu erfüllen jedoch Mittel es auch braucht, die da schnöde irdisch sind ... ein Mehr an Klarheit zu bewirken ist, das allen dann doch nur zugute kommt, doch, wie gesagt, für diesen Weg es leider Grenzen gibt, die ebenso sehr klar erkennbar sind.« Eine kurze Pause tritt ein, Friedrich ist sehr aufmerksam.

»Wenn doch gelänge das, fürwahr, das Kaisertum, es stünde besser da ... ceteris paribus gedacht doch nur, da Bürger bilden eine neue Macht, so nicht nur zwei sich streiten würden weiterhin«, fährt Rainald fort und wird darin völlig unerwartet von Geräuschen unterbrochen, und diese Geräusche verheißen wahrlich nichts Gutes.

»Was geht da wieder vor ...«, aufgeschreckt schaut der Kaiser nach vorn, »wer wagt es da erneut, im Hinterhalt das Schwert zu richten gegen uns.« Die Schar war inzwischen bei Ceraino angelangt, links die Etsch, rechts die Berge. Räuber, Kampf, ein Überfall. Am Abend sitzen alle, Gott sei Dank, wieder einmal wohlbehalten beisammen.

»Was für ein Wunder uns da wieder widerfuhr, der Räuber wir entledigt sind ... Tribut für Durchzug unverschämt gefordert war, von einer Bande unbekannt ... Dir, lieber Freund«, eröffnet Friedrich das Festgelage und schaut dabei auf Otto von Wittelsbach, »wie Garzaban und Isaak, die Ritter aus der Gegend hier, Euch danke ich, denn keinen Mann es uns gekostet hat, den Übeltätern aber viele«, setzt er fort und erhebt sogleich das Glas, prostet zu und trinkt, setzt das Glas ab.

»Der Überfall Veronas schon genug der Bosheit, der Verletzung Deiner Ehre war ...«, Otto schaut auf Friedrich und wendet sich dann zurück, »wer immer auch den Weg des Kaisers kreuzen mag, ob nur verwegen oder stark, erfahren kann er nun und überdeutlich hier am Wegesrand, was einzig das bedeuten wird«, zeigt Otto nun wieder einmal auch eine durchaus sprachliche Begabung, »ein jeder Rest am Wegesrand, gehäuft, gehängt, berichten soll ... auch dem, dem anderes Ziel vor Augen steht«, nun schon wieder etwas sehr martialisch, oder, voller Zuneigung und Pflicht, »auf dass der Anblick derer Kreise zieht und jeden, selbst den Dümmsten halte ab.«

»Ihr seht, der Gnade Spruch schon zugetan wir sind«, erläutert der Kaiser, wendet sich an alle, »doch hier ... exemplum unumgänglich nötig war.«

»Was an Dir man hat gewagt, diese Schar an Räubern, die den Deinen Weg nicht nur gesäumt, was freilich Räuber selten tun ... die tückisch aufgelauert und nach Gold, womöglich mehr, getrachtet hat ... die Strafe, die da folgte, mehr als nur gerecht sie ist«, äußert sich Otto zustimmend, »gar jämmerlich sie sich hat angestellt, die Schar, und nun Verona zweifach in die Schande ist gestellt, wiewohl der Pöbel, der da uns entgegen trat, zur Stadt wohl ganz gewiss auch nicht eine Linie hat.«

»Wie eine Fügung zeigt es sich, ein weiteres Leben ist geschenkt ...«, fasst der Erzbischof von Trier die Rettung des Kaisers in seine Worte, »gloria in excelsis Deo.« Die Gefährten prosten daraufhin dem Kaiser zu, alle sind herzerfreut über den Ausgang des Überfalls.

»Und eine weitere zeigt sich auf … der Hintergrund nur traurig ist …«, ergreift Matthaeus nun das Wort, der Herzog von Lothringen, in gutem Mannesalter stehend, »mein Bruder wie auch Freund … zum Reiche Unseres Herrgotts hingerufen war.« Alle sind betroffen, Friedrich steht auf und geht zum Schwager hin und umarmt den treuen Gefährten ausgesprochen herzlich.

»Ganz ohne Abschied, was den Schmerz so sehr erhöht …«, spricht Friedrich einfühlsam, »mein lieber Freund, Matthaeus, für Dich da ich bin«, versichert er in tiefem Ernst.

»Requiescat in pace«, spricht Hillin für alle aus, mit ehrlichem Respekt, und bekreuzigt sich, der Kaiser und die übrigen Herren schließen sich an.

»Das Mündel nun das meine ist«, nimmt Matthaeus das Thema wieder auf, nach einem angemessenen Moment des schweigenden Gedenkens.

Die Rückkehr über den Brenner gelingt ohne weitere Vorkommnisse. Noch im September sind alle wieder in Augsburg, jeder geht von dort seines Weges. Der Erzbischof von Trier und der Herzog von Lothringen haben noch einen guten Weg vor sich. Rainald hat sich mit Matthaeus bereits zu einem erneuten Besuch in Lothringen verabredet, er reitet aber nicht gleich mit.

Byzanz und Hadrian

Bis etwa Mitte Juli waren der Papst und der Kaiser gemeinsam in Tivoli. Hadrian bedrängte Friedrich, konnte ihn aber nicht halten, allein die kirchlichen der deutschen Fürsten hatte er auf seiner Seite, immerhin, bemerkenswert, das aber genügte nicht. Friedrich nahm dann den Weg über Spoleto, und dort gab es einen Kampf, denn die Stadt hatte Guido Conte di Guerra Il Vecchio gefangen genommen, und sie betrog, da sie das Fodrum mit Falschgeld geleistet hat. Der Kaiser handelte kurz entschlossen. Der Graf wurde befreit, die Stadt war hinterher wieder aufzubauen.

»Erneut der Weg nach Rom, die Rückkehr hin nach Leostadt, versperrt uns ist, da der von uns gekrönte Sohn gen Norden zieht, sein Schwert, es fehlt, was Rom sehr schnell erfahren und dann gegen uns hat umgemünzt, so, lieber Freund«, wendet sich Hadrian an Alberto di Morra, den er selbst zum Kardinalpriester erhoben hat, »der Deine Rat nach Benevent uns führt, hin in die freie Stadt, die Dir zudem einst Wiege war und sicher weiterhin vertraut noch ist … sich dieser Rat schon jetzt als wertvoll nur erwiesen hat.«

Der Austausch mit engsten Freunden findet in einem Palazzo in San Germano statt, in dem vor kurzem etliche Noble der umliegenden Güter dem Papst den Treueid geschworen hatten.

»Heiliger Vater, nichts mehr mich selbstlos denn erfreut«, antwortet Kardinalpriester Alberto, »es sollte auch gut weitergehen«, bekreuzigt er sich, »denn Stärke strahlt es aus, dass Eure Heiligkeit die Stadt, die ihres Standes sich bewusst verhalten darf inmitten des Normannenreichs, als Euer Domizil für jetzt Ihr habt gewählt.«

»Willkommen bisher jeder Ort uns heißt, den Eid die Herren haben uns erklärt ... und dennoch, frage ich, die Söldner, so sie werden denn gebraucht, sie werden ihren Dienst auch tun?«, stellt Hadrian in den Raum, nicht misstrauisch, nur vorsichtig, »denn einige der Herren da, sie schüren Streit und Kampf im Bunde mit Byzanz.«

»Es durchweg selbst Normannen sind, im Streit allein mit ihrem König liegen sie«, beschwichtigt Kardinalbischof Allucingoli, »das aber nur erklärt, den Streit nicht nimmt ...«, der Pontifex und die Eminenzen werden unterbrochen. Ein Diener öffnet die Tür, Kardinal Boso tritt ein.

»Mein Heiliger Vater, Eminenzen ... erlaubt die Störung bitte mir ... soeben eine Legation des Kaisers Manuel, nicht angekündigt ist sie uns, die Audienz durch Euch erbittet sich«, erklärt sich Kardinal Boso, der in dem Kreis schon hätte dabei sein sollen, der aber noch in seiner Funktion als Camerlengo beschäftigt gewesen war.

»Wenn das nicht Fingerzeig von oben ist, da über das, was Byzanz hier in unserem Lande treibt, eben wir uns tauschen aus«, sinniert Hadrian hörbar, und schaut in die Runde, »so lasst die Herren treten ein.« Boso gibt ein Zeichen nach hinten und fügt sich dann in den Kreis der Kardinäle ein, Schritte ertönen, die beiden Generäle betreten den Empfangssaal.

»Unermesslich große Freude, Eure Heiligkeit, ergreift uns, füllt uns aus, da nicht gemeldet wir Euch dürfen dennoch gegenüberstehen«, eröffnet Ioannis sein Begehr, »Ioannis Dukas bin denn ich benannt, aus der Familie der Komnenos stamme ich ... und hier«, zeigt er auf seinen Gefährten, »Michali Palailogos mir zur Seite steht ...«, so verbeugen sich nun beide, »aus Bari, jetzt besetzt durch uns, wir kommen her, da Nachricht uns von Eurem Weg nach hier versichert hat.«

»Ihr Bari eingenommen habt?«, stellt Alberto di Morra fest, fast schon polemisch, letztlich aber will er sich damit nur einen Übergang verschaffen, »so unrechtmäßig weiterhin Ihr einfach fremdes Land besetzt, mehr noch dazu als Euch die Eure Gier bereits gegeben hat.«

»Heiliger Vater, verehrte Eminenzen, bitte, lasst uns reden über ein Geschäft, das sich so dringend bietet an, wo doch der Deutschen Kaiser Euch im Stich gelassen hat«, erwidert Michali ignorant und bleibt weiterhin eben nur bei seiner Sicht der Dinge, »den Euren Stuhl beschützen Euch, das wollen wir, Geleit dazu wir bieten an, sodass in allen Ehren Ihr den Euren Platz in Rom zurückbekommt ... und ihn dann unbesorgt auch halten könnt.«

»Verzeiht, mein Herr, Ihr redet so, als keine Zeit Ihr hättet mehr«, kommentiert di Morra die Art und Weise des Generals, »dabei ... es sicher auch Beratung braucht, denn Folgen jeder Handel hat«, glättet er sogleich und verschiebt die Entscheidung, statt gleich ein Nein zu sagen.

»Wir bieten Gold in Pfunden hoch der Zahl, im Lande hier kein Einfluss Euch beschnitten wird, das Patrimonium Petri ebenso Euch sicher bleibt, das schwören und besiegeln wir«, umgeht Michali mit höchst attraktivem Angebot die Bemerkung und Taktik des Kardinals, »und wenn Euch der Senat nur

Ärger schafft, vertraut Euch nicht des Volkes Treue an, da oftmals römisches Gemüt ihr dürftig nur zugrunde liegt … vertraut nur uns, denn schnell in Rom die unsere Hilfe ist, kein Schutz kann besser sein als der … Apulia recht nahe liegt, zudem im Bunde stehen wir, so über Capua wie auch Molise sich der Weg noch mehr verkürzt, allein schon diese Nähe schafft Bedrohlichkeit, sie denn den Römern schon genügend sollte sein.«

»Eine jede Hand die andere wäscht, so immerfort sie gibt und nimmt«, fügt Ioannis nun auf griechisch ein Sprichwort an, sehr überzeugt davon, dass ein Nein bei diesem Angebot nicht kommen kann. Hadrian und seine Vertrauten schauen etwas überrascht.

»Was Ihr mit diesem Wort da sagt, in unserem Sinn nicht christlich ist«, erwidert Hadrian, durchaus noch freundlich, »denn, Verträge etwas anderes sind wie Hände, die sich gegenseitig waschen, stets nach einer Tat.«

»Um des Vertrages sind wir hier«, wendet Michali schnell ein, bemüht, die Wogen zu glätten, »die Hälfte eben doch nicht stets das Ganze ist«, deutet er eine Verbeugung an.

»Ihr edlen Herren, Eurem Kaiser treu und klug in Eurem Handeln Ihr Euch zeigt, da nur zu gut die Euren Worte sind gefasst, Lehre Ihr bei Circe wohl bezogen habt«,wendet Hadrian diplomatisch wie auch etwas ironisch ein, »allein, die Zeit, die Kardinal di Morra eingefordert und begründet hat, die bitte lasst uns doch … so schließen wir für heute denn, den meinen Segen bitte nehmt noch mit, und auf den Boten, bitte, wartet Ihr«, beendet Hadrian kurzerhand das Treffen, imaginiert höflich ein Kreuz und verabschiedet so die beiden Feldherren, die sich daraufhin etwas abgefertigt, dennoch respektvoll zurückziehen.

Wieder unter sich, ergreift Ubaldo Allucingoli als Erster das Wort, nachdem Hadrian mit einer Geste seine Berater aufgefordert hatte.

»Der Preis, benannt er wurde nicht, doch manifest vor Augen er mir dennoch steht«, spricht Ubaldo nur aus, wie es letztlich alle sehen, »was an Küste hin zur Adria schon dem Land entzogen ist, kaum dem Kaiser in Byzanz wohl weiterhin genügen wird ... dabei, allein das Meer um uns herum schon deutlich und nur dafür fließt, dass dieses Land nicht Völkern jenseits zugehören kann.«

»So ein Vertrag, wie hier er angetragen ist, aus unserer Sicht doch einfach nur misslingen muss, da er Verrat in alle Richtung in sich trägt«, äußert sich Uberto Crivelli, der Aristokrat aus Mailand, »ein Mehr an Krieg das eine ist, ja, arg genug dies Land bereits geschüttelt wird«, beendet er seinen Beitrag in Zurückhaltung, er ist der deutlich jüngste und zudem einzige im Kreise, der keinen Titel trägt.

»Im ärgsten Fall die Mutter Kirche ist sogar bedroht, so unvorstellbar mehr als wir es kennen schon«, schreibt Alberto die in den Worten von Uberto angelegten Sorgen fort, und damit aber ist dann auch alles gesagt.

»Die Eure Sicht, die freilich teile ich, der Preis nicht nur des Südens Länder sind, es geht um sehr viel mehr, das große Ziel bekannt ja ist, Byzanz nur trachtet nach Union, sein Dach es dafür breitet aus ... so sehr das Angebot verlockend ist, allein darum es scheitern muss«, resümiert Hadrian kurz und klar, »sodann, wir ohnehin ... und auch erneut, nach deutschem

Schwert wir würden fragen nach, dem seinen Eid der Kaiser hoffentlich doch sicher folgen wird, der auch nach eigenem Wunsch doch eher kommen mag als nicht, nur ... Zeit all das in Anspruch nimmt, und davon immer wieder doch zu viel uns schon verloren ging«, zieht Hadrian einen Schluss, »Sicilia, gesehen so, nicht einmal kleinstes Übel ist ... so stellen wir ihn her, den Weg zu König Wilhelm hin, dort in Palermo sicherlich uns alle Türen offen sind.«

Brautwerbung für Friedrich

Der Tod des Grafen Wilhelm hat das Leben auf dem Schloss in Mâcon verändert. Doch unabhängig davon, Beatrix bewegt sich freier und selbstverständlicher, eine Entwicklung, die auch von der Zuneigung der Schwester des Kaisers, der Ehefrau des neuen Vormunds, getragen ist. Beatrix, noch immer sehr jung an Jahren, hat eben die ihr schon gegebene Haltung gestärkt, ist gereift.

»Mein liebes Kind, was ich wohl bald nicht länger sagen darf, da Du so wunderbar gebildet und gar fraulich nun schon bist sowie der Grafenwürde zu Mâcon bereits seit Jahr um Jahr nur beste Rechnung trägst ...«, spricht Bertha, Gattin von Herzog Matthaeus von Lothringen, vormals Judith von Schwaben, liebevoll zu Beatrix, denn sie mag sie sehr, seit langem schon, also völlig ungeachtet der sich über den Besuch von Rainald von Dassel vor etwa einem Jahr angezeigten Aussichten, »mein Bruder und mein Ehemann, sie beide haben allen Unbill hinter sich, mit Gottes Hilfe und auch Freundes Hand, Matthaeus bald in meinen Armen wieder ist, dem Manne wieder wohl ich darf dann sein, das sehr mich freut ... mein Bruder nun, so denke ich, es könnte sein ... warte nur ab und offen halte dich, wie es im Leben stets nur wertvoll, nie von Schaden ist, wie auch ein wenig nachzudenken über das, was zu sagen, was zu tun sich bestens bietet an, wenn etwas schließlich dann geschieht, auf das man auch zu handeln hat, und wenn auch nicht es tritt so ein, ein Überlegen vorher deshalb nie vergeblich ist, ganz sicherlich es dennoch nützt.«

»Liebe Bertha, mein, wenn Du damit mir sagen willst, da bald den Herrn von Dassel hier wir werden wiedersehen ...«, geht Beatrix auf den unausgesprochenen Gedanken ein, ist dabei durchaus angenehm berührt, was aber auch auf ihr Vertrauen zu Bertha zurückgeht, »dass erneut ein Antrag wird gestellt, wie einst dem Onkel schon er vorgetragen war, Dir sage ich dazu, jetzt eher noch als wie zuvor, ihn wohlgesonnen meine Neigung nimmt schon an, der Prüfung ganz voran, die mir derweil und recht ein wenig mehr inzwischen zugewachsen ist ... bei auch der Sorge noch, Dir kann ich es gestehen, ob meine Jahre aber einer solchen Pflicht in Amt und Bett genügen schon«, kehrt sie ihr Innerstes noch aus, mit Worten, die nur dem gegenseitig bestehenden tiefen Vertrauen folgen.

»Für Dich, aus meinem Herzen kommt es mir, in einer solchen Welt durchaus Dich kann ich sehen schon, da ein Heute oder Morgen nicht erheblich Dich noch formen kann, Dich noch stählt für das, was auferlegt uns ist, was eine Ehe aber schaffen wird ... nicht rechter kann ein Zeitpunkt sein«, erwidert Bertha, Anfang dreißig, höchst einfühlsam, »der Zuversicht genug zudem Du hast, Vertrauen auch, das spüre ich, und sei gewiss, als Freundin nur hier spreche ich.«

Beatrix sieht sich denn auch nur verstanden und getragen, sie lächelt. Beide begeben sich nun auf den Weg in einen Empfangsraum, von den Blicken zweier Hofdamen verfolgt.

»Eigentlich ja noch ein Kind, und doch, so königlich sie tritt schon auf«, flüstert Catherine de Graincourt der Freundin zu, »was da wohl auf la jeune comtesse in Eilesschritten geht schon zu ...«, fährt sie fort und zeigt dabei auf drei Männer, die sich von der anderen Seite her nähern.

»Der König jetzt der Kaiser ist, doch, macht das stärker sein Gehabe um die Braut? Ist er denn fein genug dabei, statt väterlich?«, entgegnet Adelais de Viennois etwas spitz und frivol, dabei hat sie letztlich doch nur sehr lebensnah gedacht.

Beatrix und Bertha treffen derweil vor den Männern ein, sie warten nicht, betreten den überschaubaren Saal und werden von Matthaeus herzlichst begrüßt, begeben sich zu den noch freien zwei Stühlen und setzen sich, Beatrix in die Mitte genommen, auf einem vierten, außen, sitzt Erzbischof Humbert von Besançon, auf einem fünften, außen, Ponce de Thoire Bischof von Mâcon. Den Stühlen vis a vis und im Hintergrund des Saales steht eine kleine Gruppe von Damen und Herren des burgundischen Adels.

»Die Herren Rainald von Dassel, Ulrich Graf von Lenzburg und Erzbischof Anselm von Ravenna, wie sie avisiert uns sind, erbitten höflichst Audienz«, kündigt ein Diener mit dem Aufklopfen der Tambourstange die Delegation nun an. Die beiden Damen von eben, beide sind etwa Mitte zwanzig, folgen mit Abstand und gesellen sich schnell noch den bereits anwesenden Gästen hinzu. Diener schließen die Tür.

»Eure hochgeborene Beatrix, mit Dank vor Euch wir treten hin, mit tief empfundener Freude auch«, beginnt Rainald seine Aufgabe und deutet eine Verbeugung an, Matthaeus und Bertha lächeln dem Gast freundlichst zu, »erlaubt, dass Euch zunächst ich stelle vor, wer hier zu meiner Seite geht ... es Ulrich Graf von Lenzburg ist, seit langen Jahren schon als Freund dem Kaiser er sehr nahe steht«, zeigt Rainald dabei nach rechts neben sich,

»und Anselmus, der aus Lüttich Euch vielleicht bekannt ja dürfte sein, seit langem Bischof schon für Havelberg, seit kurzem nun auch Bischof von Ravenna ist, auch er dem Kaiser wahrlich nahe steht ... und schließlich meine Wenigkeit, die zu erinnern Ihr sehr freundlich seid.«

»Willkommen Herr von Dassel, und auch Ihr«, begrüßt Matthaeus die bekannten Gesichter, »in diesem Haus und diesem Land, beidem reichlich Schönheit doch zu eigen ist ... Euch alles äußerst wohlgesonnen nur erscheinen mag.« Die drei Herren danken mit Gesten für den herzlichen Empfang, die übrigen im Saal Anwesenden klatschen dezent, Matthaeus dreht sich und nickt väterlich liebevoll zu Beatrix hin, Beatrix nimmt den Blick an und wendet sich Rainald zu, mit freundlichem und sanftem, dabei unbewegtem Gesicht.

»Nicht lange her, Ihr hier schon ward, und nun, ich denke, in der Sache gleich«, beginnt Beatrix, ruhig und warm in der Stimme, ihren Anteil am Gespräch, »so einer Freude Ihr entgegenkommt, wenn der Besuch von Euch darin gelegen ist.«

»Ihr trefft es wohl und ganz und unbeirrt«, erwidert Rainald, durch diese Begrüßung freilich schon sehr angetan, »ein zweiter Winter macht seitdem sich auf, des Friedrichs Wunsch nach Eurem Ja dadurch gefestigt, nein ... recht stark geworden ist, sehr viel und herzensgern an Euch er denkt ... und hofft.«

»Was Euer Herr denn weiß von mir?«, fragt Beatrix nach, Bertha und Matthaeus halten sich weiterhin zurück, »und, über ihn, was denn Ihr preis mir geben wollt?«

»Von Eurer Schönheit, Eurer Bildung, Eurer Klugheit auch, von Eurer Sprache, Eurer Haltung, die so zauberhaft und königlich sich zeigt, von Eurer Herkunft auch und Eurem Sinn für

Recht und Religion ... all das ein Bild von Euch ihm hat erzeugt, das in sein Herz schon tief sich eingebettet hat«, wirbt Rainald weiter, macht nun eine kleine Pause, im Saal ist es ob der schönen Worte etwas quälend still, »Friedrich ... Herrscher durch und durch, sehr tugendhaft, sehr ritterlich, sehr ehrlich und gerecht, sein blondes Haar gekräuselt feinen Zügen heiter Rahmen gibt ...«, macht er eine weitere Pause, »Comtesse ... ansonsten, bitte, fragt nur nach, und ... seid versichert, wie es sich doch nur gehört bei einer Werbung solcher Art ... wiewohl dem meinen Kaiser voll und ganz ich nur ergeben bin, zu Eurer Frage keine Grenze mir besteht.«

»Das Eure Wort erfreut mich sehr, nicht einen Zweifel hege ich«, führt Beatrix die Verhandlung weiter, und sagt nun, etwas weniger distanziert, »ganz ungefragt sein Antlitz Ihr beschrieben habt, mit Frauen also Ihr Euch kennt wohl aus«, schmunzelt dabei ein wenig, Rainald lächelt höflich und deutet eine Verbeugung an, Beatrix fährt dann fort, »und gleich beim Wort Euch nehme ich ... so, bitte, wissen mich auch lasst«, lächelt sie weiter, doch noch ein wenig verschmitzter, »was Euren Herrn denn schwierig macht.«

»Da viel nicht ist, soweit ich sehen kann«, Rainald schaut fragend auf seine Begleiter, »ein wenig unduldsam, ja ungestüm schon einmal das Gemüt sich zeigt, vor allem dann, wenn Ungerechtes breit sich macht und Ehre ist verletzt«, antwortet Rainald bereitwillig, setzt eine kleine Pause ein und schaut Beatrix besonders verbindlich an, »ja, dann ... dem eigenen Alter sehr gemäß, dem Kaiser es höchst wichtig ist, dass Ihr nicht Frau allein ihm seid, Ihr daher werdet schon gekrönt, bevor in Würzburg zum Vertrag und dem Verlöbnis dann es kommt, so Ihr denn willigt ein … in seinem Namen also Antrag stellen darf ich nun, sich zu verpflichten Euch als Ehefrau und bald auch Kaiserin.«

»Die Antwort gibst alleine Du …«, meldet Matthaeus sich nun doch, allerdings eben an der Stelle, wo er als Vormund auch verpflichtet ist, und schaut dabei freilich hin zu Beatrix, erst dann nach vorn, »in ihre Hand es ist gelegt«, bekräftigt er mit einer Geste, Bertha scheint schon zu strahlen, reißt sich gerade noch so zusammen, vor Freude für Beatrix und ihren Bruder. Leichte Spannung löst die Stille ab. Die Augen der Anwesenden und der Delegation richten sich auf Beatrix, welche unbeeindruckt ruhig das vom Vormund eben gegebene Recht annimmt.

»So sagt denn Friedrich, wie mein Herz sich sehnt, von ihm in eine Ehe aufgenommen und geliebet wie geehrt zu werden ewiglich, wie es von einem Manne seiner Art und seines Standes sicher nur ich doch erwarten darf«, gibt Beatrix kund, »Bedenkzeit weiter nicht mir nötig ist, was euch als Procurator wohl auch ehrt, dabei, mein Ja, das gab ich vorher schon, wenn auch nur mir …«, gewährt sie lächelnd Einblick, denn nun ist auch sie entspannt und strahlt ein wenig alle an.

»So lasst denn uns den Tag mit Freude nur vollenden nun, so lasst uns feiern dieses Ja«, lässt Matthaeus seiner Freude jetzt freien Lauf, Bertha hält es ebenso, steht auf und wendet sich zu Beatrix hin, die Anwesenden jubeln, gerade noch dezent. Rainald, Ulrich und Anselm, das Pallium des Erzbischofs von Ravenna erhielt er anlässlich der Kaiserkrönung, verbeugen sich und reihen sich ein. Gleich am kommenden Tag verlassen sie Mâcon, um Friedrich und dem Hof schnellstmöglich berichten zu können.

Nachdem der Kaiser, weniger ambivalent, aber tatsächlich doch noch etwas abwägend, also etwas skeptisch einerseits, durchaus nachvollziehbar, wegen des Altersunterschieds, ansonsten nicht, nach alledem, in Erwartung dann aber eigenartig beglückend belebt, der Heirat zugestimmt hat, leitet Rainald umgehend die erforderlichen drei Ankündigungen zu der anstehenden Eheschließung ein.

Ein treuer Gefährte stirbt, Erzbischof Arnold von Köln, infolge eines dummen Unfalls, ein Sturz vom Pferd. Rainald von Dassel wird sein Nachfolger im Bistum und als Kanzler, für das deutsche wie das italienische Reich. Eine durchaus angestrebte, aber jetzt doch unerwartet schnell eingetretene Karriere beginnt.

Hadrian und Wilhelm

Wilhelm ist tatsächlich krank gewesen, so hatte sich der Zug mit dem Heer gegen die aufständischen Grafen und die Byzantiner sehr ungeplant verzögert, der dann endlich aber doch stattfand, und erfolgreich endete, und das, freilich, gibt dem König von Sizilien einen idealen Hintergrund. Als Wilhelm dann, in Benevent eingerichtet, zur Kenntnis kam, dass der Papst nicht unweit residiert, sandte er umgehend Boten aus, und schließlich auch schon Unterhändler. In einem Empfangssaal eines Palazzo in San Germano, nicht am augenblicklichen Sitz des Heiligen Vaters, findet nun ein Treffen statt.

»Ihr herzlich hier willkommen seid, so, bitte, näher doch kommt her und nehmet Platz an diesem Tisch, von dem Erfrischung sich auch bietet an«, winkt Kanzler Rolando Bandinelli freundlich den gerade Eingetretenen zu, und fährt fort, nachdem die Gäste nahe sind, »erlaubt, da Ihr vielleicht Euch nicht bekannt schon seid ... hier die Eminenzen Julius und Ubaldus, schließlich meine Wenigkeit, so mit Euch wir drei den casus loten aus, im Namen Seiner Heiligkeit«, beschreibt er wissend, im Worte aber offen den Sinn des Treffens, »Ihr uns wohl bekannt schon seid ... so, sagt zunächst, Euch bitte ich, dem Euren König gut es geht?«, beschließt er bewusst ehrerbietend, indem er den Titel und nicht den Namen verwendet. Alle nehmen Platz.

»Dank sei Eurer Freundlichkeit, der sehr gerne folgen wir«, erwidert Maio di Bari, »ja, unserem König geht es gut, nach einer schweren Krankheit zwar, von der vermutlich Ihr doch habt gehört, von der er Gott sei Dank sich hat erholt ... es wahrlich lag in Gottes Hand«, woraufhin die Normannen sich bekreuzigen.

»Gloria in excelsis Deo«, wirft Kardinalpriester Rolando ein und bekreuzigt sich ebenso.

»Nach Puglia wir zogen aus ...«, fährt Maione fort und lächelt dabei ein wenig in sich hinein, nun, Anteil daran hat er ja, »und von dort nur beste Nachricht bringen wir ...«, die Kardinäle horchen auf.

»Beendet nun der Aufstand ist, der lange schon uns hat geplagt, und was dazu besonders ist, die beiden Städte wie die Küsten auch, befreit sie sind, durch uns ... der Herrschaft von Byzanz nicht länger sie denn unterstehen ... dabei es höchstes Ziel uns war, mit Gottes Segen das uns auch gelang ... dass jede Kirche blieb verschont.«

»In alledem der König eine Fügung sieht, allein des Herrgotts Hand all das ermöglicht hat ... Deus coelestis ...«, fügt Romualdo Guarna an, Erzbischof von Salerno, bekreuzigt sich dabei, die Kardinäle und Wilhelm Bischof von Troja wie auch Maio folgen darin.

»Allmächtig ist der Herr in allem, was er tut und unterlässt«, spricht Kardinalpriester Giuglio di San Marcello und bekreuzigt sich erneut, »darum, gelobet sei der Herr, dass Bari wie auch Brindisi entrissen sind des Fremden Heer ... wie sehr denn diese Nachricht nur den Hüter Roms erfreuen wird, zu einer Messe sicher sie ihn denn bewegt ... die Römer aber eher es frohlocken und nach eigenem Vorteil suchen lässt«, wertet er den Sachverhalt gleich ein, schaut auf und ändert seinen Tonfall, »was griechisch ist, zu sinnen hat, und was arabisch ist, sein eigen Land genießen soll, es einfach nicht hierher gehört, so Eure Tat, ich denke schon, vielmehr als nur allein dem Euren Reich denn dient.«

»Die Eure Anerkennung ehrt, sie weitergeben wir, und Eure Sicht, nicht nur für heute große Hoffnung schafft«, bedankt sich Maio stellvertretend.

»Wie nun immer auch Euch Dank geschuldet ist ... seit Ruggero wir verhandeln schon, so, erneut nach Wegen lasst uns fragen nach, die vielleicht neu sich zeigen auf«, lenkt Kanzler Bandinelli nunmehr auf den eigentlichen Anlass des Treffens, und kommt der Delegation damit schon sehr entgegen.

»Der Krone Erbrecht weiterhin erbitten wir, der Krone Weihe in St. Peter auch, sie die höchste Ehre ist, dem König daher gottgehörig niemals sie infrage steht«, bringt Maio seinen Antrag ein, der tatsächlich ja in keiner Weise als neu erscheint.

»Ihr, di Bari, um das Recht des Kaisers wie denn den Vertrag von Konstanz sicher wisst ... habt Ihr Idee, wie das in neues und auch angemessenes Recht gegossen werden kann?«, fragt Rolando, mehr taktisch als in solchen Dingen unwissend, »dagegen, sicherlich, in Fragen der Investitur, soweit die Mutter Kirche angesprochen ist, der Kirche Ämter zu besetzen sind, die Einigung dazu wohl leichter fällt, da fremdes Recht nicht ist berührt.«

»Eure Eminenz, erlaubt, dass damit gleich beginnen wir«, bringt sich der Erzbischof von Palermo ein, »ein solcher Weg auch uns als zügig gangbar doch erscheint«, die Kardinäle werfen sich einen kurzen Blick zu.

»Die gleiche Sicht erfreut uns sehr, doch hier der Kern der

Sache zuvor aufzugreifen ist«, erwidert Ubaldo Allucingoli, Kardinalpriester für Santa Prassede, und zeigt so die päpstliche Delegation als gut vorbereitet, indem er den Ball erneut Maio zugespielt hat.

»Nicht nur den Schutz, den Rom Euch nötig macht, auch einen Zug hierher, all das der Kaiser nicht vollzogen hat ... so Konstanz doch wohl länger nicht viel Geltung hat«, stellt der Bischof von Troja etwas provozierend klar, »das Recht des Kaisers, ja, nun ja ... deshalb nicht gleich vergeben ist, doch schon verwirkt ein wenig wirkt.«

»Guglielmo Re Sicilia«, übernimmt Maione wieder das Wort, »Santa Sede tief verbunden ist«, schwächt er die kleine, aber kluge Provokation ab, »daher, bei Anerkennung durch den Bischof Roms, wonach der Krone Erbe er allein bestimmt, für die Familie immerfort es gelten soll ... er selbst zurückgezogen bleiben wird, so denn, bei Fragen zur Investitur, das Wort doch selbstverständlich einzig nur beim höchsten Bischof liegt, ein Recht auf Vorbehalt als Wunsch dann uns schon höchste Ehre ist, und so genügt.«

»Verzicht an Land gewährt nicht werden kann, ein Lehen aber schon«, bringt Kanzler Bandinelli es jetzt auf den Punkt, da Maio eine Brücke angeboten hat, »ein Mehr nicht zu erreichen ist.«

»Der Heilige Stuhl dem unseren König allerhöchst bedeutsam ist, jedoch, nach Eurem Wort, aus unserer Sicht, zu viel an Recht er tragen soll, denn, leisten wir den Lehenseid, den erblich ausgestalten durchaus könnten wir, das Recht jedoch ein beneficium bleibt, als ein solches eben es dann doch nur ist gewährt«, erwidert Maio, durchaus sehend, dass eine Einigung näher rückt, »es also sichert nicht das Königtum.«

»Nur helfen kann da ein Verzicht, von uns er ausgesprochen werden darf, dazu schon jetzt befugt wir sind«, geht Kardinal Bandinelli auf diesen Einwand ein, die Delegation Siziliens schaut höchst erwartungsvoll auf, »Verzicht der Art, dass niemand und in keiner Weise mischt sich ein, so, auf das Erbe, das die Krone selbst bestimmt, ob König oder Königin zudem, bemerkt das wohl, nicht eine Rede folgt, ein jeder Papst der Stimme sich enthält, zu der verpflichtet eigentlich er ist ... die Curia sich ebenso verhält, und somit dann das Königreich vererblich Euch besteht.« Erleichterung macht sich unter den Vertretern des Königs breit, sogar große Freude, nur verständlich, die von den Kardinälen gönnerhaft und zugleich aber auch ebenso erleichtert belächelt wird.

»Und was dagegen wird der König uns erfüllen?«, fragt Kardinal di Morra nach, mehr der Klarheit wegen, denn es war ja schon angesprochen.

»Allen Schutz von nun an Wilhelm schuldet Euch«, beschließt Maio des Königs Beitrag, »mit Schwert, Vertrag, was immer sonst, dem Heiligen Vater er allein nahe nun zur Seite steht, nicht nur als treuer Sohn, von nun an als ergebener Vogt ... mit seiner Truhe selbstverständlich auch, und das nicht einmal nur, jetzt schon, sofort.«

»Dem Heiligen Vater bitte sprecht den Dank des unseren Königs aus, in dessen Namen gern den Weg nach Leostadt wir geben Euch zurück«, darf Erzbischof Romualdo di Salerno noch in die Runde geben.

»Nisi Dominus aedificaverit ...«, segnet Kanzler Rolando Bandinelli die Absprache und zeichnet ein Kreuz vor sich hin, für alle Anwesenden. Wenige Tage später unterzeichnen der

Heilige Vater und König Wilhelm in Benevent den Vertrag, im Bistum dort, einem der ältesten Bistümer überhaupt, Erzbischof Enrico ist Gastgeber, nahe der Kathedrale Maria Santissima Assunta. Einen Tag zuvor fand in Deutschland eine Hochzeit statt. Der Senat in Rom kassiert etwas später fünftausend Pfund in Gold.

Beginn einer Ehe

Würzburg im Juni, kurz zuvor war ja Arnold von Köln verstorben. Bischofshut und Kanzlerwürde, die der treue Gefährte innehatte, waren bereits übertragen an Rainald von Dassel. Das Wetter spielt mit, es ist sonnig, trocken und nicht zu warm, das Volk säumt begeistert den Weg hin zu dem Platz vor dem Dom, die Klänge des prächtigen Geläuts umhüllen das Umfeld, Gebhard von Henneberg, Bischof der Stadt, Freund der ersten Tage, ist Gastgeber.

»Was für ein Tag«, strahlt Friedrich, begleitet von Bischof Eberhard von Bamberg, dem Bischof Günther von Speyer, dem Grafen Ulrich von Lenzburg, dem Erzbischof Wichmann von Magdeburg, schließlich seinem neuen Kanzler, und schreitet dem Eingang des Domes entgegen, Familien, Gefährten und Gäste folgen, die Menge wohnt links und rechts bei. Vor dem Portal wartet Gebhard, mit Dank und Stolz erfüllt, dass er diese Ehre erhalten hat, nun bald seines Amtes waltend.

»Te Deum laudamus ... te Dominum confitemur«, bekreuzigt sich Gebhard und öffnet hin zu den Ankömmlingen seine Arme. Friedrich steht nun vor ihm, einem seiner engsten Freunde, aus dem Hintergrund führen Matthaeus und Bertha von Lothringen ihr Mündel nach vorn an des Kaisers linke Seite, sie selbst verbleiben hinter beiden. Beatrix trägt selbstverständlich schon die Krone, die sie vor Kurzem durch Konrad von Steinach, dem Bischof von Worms, aufgesetzt bekam.

»Strahlend schön, schau nur hin, was für ein Paar«, spricht eine festlich gekleidete Edelfrau, Beatrix ging gerade direkt an ihr vorbei, zu ihrem Gatten, aus Respekt nicht in ihrer Muttersprache, sondern in Deutsch, »wie sie da geht ... ganz der Krone schon gerecht sie schreitet hier.«

»Ja, fürwahr, gemessen, fest und schwebend doch, so jeden Schritt sie geht, ganz ohne Regung im Gesicht, sie dennoch strahlt ... und lächelt jedem zu«, erwidert der Ehemann mit englischem Akzent, er ist Gesandter von Heinrich von England, dem ersten König mit diesem Titel. Beide wenden sich aber gleich wieder dem Ereignis zu.

»Dem Ruf wir alle sind gefolgt, im Angesichte unseres Herrn, der Schließung eines Bundes für das Leben beizuwohnen hier, und dieses zu bezeugen auch ... so lasst mich denn den Vortrag führen über das, was Bräutigam wie Braut ergeben und mit klarem Blick als rechtens ihrem Bund begründen mögen, was also schon sie haben sich erklärt«, beginnt Matthaeus den Vertragsschluss und wendet sich Beatrix zu, »Dir ... liebstes Mündel, eigen sei das Haus und auch ein jedes neue Leben, das aus Eurer Liebe Euch erwächst, ein Sohn jedoch dem Reiche auch gehört ... als Mutter wie als Frau Dir auferlegt auf ewig ist, zu lieben Deinen Mann, als Mittelpunkt in alle Welt nun ewiglich in aller Treue ihn begleitest Du, ihn auch in seinem Glauben zu der Kirche stärkst, der in größter Freude angehören wir, wie auch in seiner Pflicht, zu der die Krone ihn zum Wohl des Volkes allen überhebt, und bleibe darin schlicht wie mäßig, schweigsam folgend, aufrecht stets und frohen Mutes auch, da Heiterkeit so gut uns Menschen tut, wie stets Vertrauen auch«, Beatrix schaut ihren Vormund bejahend und festen Blickes an, »familia ante omnia ... doch manches Mal die Pflicht uns ihre bittere Seite zeigt, ein anderes Los uns abverlangt, auch dann noch bleibe stark bei Dir und Deinem Mann, der Herrgott immer helfe Dir dabei«, fährt Matthaeus fort und wendet sich dann zum Kaiser hin.

»Friedrich, Treue schuldest Du, für die Gemahlin allererst, doch auch als Vorbild für die ganze Welt, nicht also nur der Christenheit, sie sei das höchste Gut ... doch auch die Pflicht Du zu erfüllen hast, zu sorgen für das Haus, für Wasser und für Brot, als Oberhaupt sei tadellos darin, Dein Arm und Leben schütze Euch ...«, hält Matthaeus inne, damit die Worte wirken können, und fährt dann fort, »nun bindet Euch in diesem Sinn, so nichts aus Euch und niemand anderer sonst sich hier und jetzt dagegen stellt«, wendet sich nun der Menge zu und lässt etwas Zeit verstreichen. Stille, nicht ein Einwand wird erhoben.

»Gebt Euch das Ja, besiegelt den Vertrag«, beendet der Herzog somit seinen Anteil, und die Brautleute, sie bestätigen nun diesen Vertrag und versprechen sich unzerbrechliche Treue.

»Dominus vobiscum et cum spirito tuo ...«, übernimmt Gebhard nun und spendet den Segen, »Deus tu conversus vivificabis nos et salutare tuum da nobis«, wendet sich und betritt den Dom in Richtung Altar, die Brautleute, die engste Begleitung, Gefährten und Gäste folgen, schließlich auch Volk, soweit überhaupt noch Platz zu finden ist. Das Aerophonium setzt ein, mit dem Kyrie Eleison.

»Domine exaudi orationem meam ...«, beginnt der Bischof nun die Messe, was die Orgel sanft unterstreicht, »unter dem Kreuze Deines Sohnes und in Deinem Angesicht, zwei Deiner Kinder finden sich, zu binden ihrer beider Leben hier für immer denn ... Friedrich, der von Dir erhobene Sohn, der Deutschen und der Römer Kaiser nun, König deutscher Lande, König von Italien auch, aus freiem Willen, wie auch Beatrix, zu seiner Seite nun, die Grafschaft zu Burgund ihr eigen ist, geschaffen sind durch Dich und ganz erfüllt von Deiner Herrlichkeit ... für sie all Deinen Segen hier erbitte ich, durch ihn erfülle uns den Tag und alle Tage immerfort ... gloria in excelsis Deo«, wendet er sich dann zum Brautpaar, »auf dass Ihr seid Euch treu ergeben ewiglich in Achtung, Liebe, Zuversicht ... auf dass von Dir wie auch von Dir bis an der Tage Ende Euch Ihr immerfort verdient ... tempus fugit amor manet ...«, spricht Gebhard weiter und zeichnet einem jeden das Kreuz auf die Stirn, »benedicat vos Deus ... et custodiat corda vestra et intelligentias vestras ... pater et filius et spiritus sanctus ... und was der Herr zusammen hat gefügt, allein der Herr kann lösen auf ... amen.«

»Amen«, sprechen alle nach.

»Sodann versprecht Euch hier als Frau und Mann ... die Ringe gegenseitig Euch nun überstreift ... sodann die Hände Euch verbinde ich«, fügt Gebhard an, und tut es auch, mit einem weißen, goldgeränderten schmalen Seidentuch, »der Herrgott Euch vereint nun hat.« Erneut setzt die Orgel ein, jetzt sogar etwas lauter.

»An Jahren wohl noch Kind, so scheint es doch, an Haltung aber würdig schon dem Bild von einer Herrscherin«, entrutscht es dem Grafen von Biandrate, freilich dem engeren Kreis der Gäste zugehörig, angetan von der Erscheinung der Königin.

»Ihr seht es recht, und wieder nicht, denn Gottes Wille unergründlich ist«, erwidert der ebenso dastehende Bischof von Como, »fiat voluntas tua«, bekreuzigt er sich, »so möge dieser

Bund doch mehr als nur ein Bündnis sein, alleine dafür bete ich, allein das ist mein Herzenswunsch der Braut«, fasst sich dabei an das Kreuz auf seiner Brust und küsst es.

»Von Herzen ich mich schließe an«, erwidert Guido, und bringt noch einen großen Gedanken ein, »solch eine Hochzeit strahlt hinein in jedes Volk, auch wenn es nicht betroffen ist, sie trägt mit ihrem Glanz hinein in eine andere Welt, in eine Welt der Einzigartigkeit.«

»Die Einzigartigkeit darin besteht, so denke ich, dass Glaube wie auch Wirklichkeit in dem Moment unübertrefflich eine Einheit sind«, ergänzt Ardicio, und sogleich wenden sich beide wieder den Ereignissen zu.

Das Agnus Dei ertönt. Friedrich umhüllt Beatrix mit seinem Mantel, nimmt ihre Hand, sie verlassen den Dom, der Kaiser geht jetzt auf der linken Seite. Es folgt ein Ritt durch einen Teil der Stadt, denn das Volk hat Anrecht auf das frisch vermählte Paar. Auf der Burg findet dann die Feier statt, sie dauert bis in die späte Nacht hinein, Friedrich und Beatrix verlassen das Fest allein. Das Volk feiert in den Straßen, ähnlich ausgiebig, länger noch, denn viel an Hoffnung für ein besseres Leben hatte sich schon verbreitet, und das trägt zu der anlassgebunden schon guten Laune zusätzlich bei.

Manuel berät sich

Wie schon soll es sein, natürlich, das Wetter, es ist gut, der frische Vormittag wird genutzt, nachdem Boten aus Deutschland und Italien eingetroffen sind. Der Kaiser trifft sich mit Vertrauten. Alle genießen die angenehme Luft und die Kraft des beginnenden Tages. Der Gedankenaustausch findet im Stehen und in Bewegung statt.

»Sag bitte mir, berichte uns, was in Italia so vor sich geht«, eröffnet der Kaiser förmlich wie auch vertraulich das Gespräch, »sodann, was sonst in dieser Welt an Rädern sich so dreht, was hoffentlich nicht überrollen, gar zermalmen denn uns will.«

»Der Deutschen König, Kaiser nun durch Hadrian, nicht gewinnen konnten wir, dabei, das Angebot unwiderstehlich war, an Macht, an Truhe wie an Bett«, geht Alexios Axuch auf die aufgerufene Pflicht als erster ein, Sohn des vor kurzem verstorbenen Μεγάσ Θουμέστικος, des höchsten Generals unter Manuel, »der Kaiser ... in Italien Barbarossa auch genannt, seit den Aufstand Roms er niederschlug ... nur Gründen ist gefolgt, die schlüssig nicht erscheinen uns ... das Heer, es war dann freigestellt, und er, er von Ancona aus mit nur noch kleinem Trupp kurz darauf gen Norden zog.«

»Des Onkels Spruch, Thessaloniki gar Versprechen war, dabei, versprochen hat sich Konrad nicht ... zuwider dem, was Konstanz hat verbrieft, all das zudem den Banden der Familie auch nur Lasten bürdet auf«, bewertet Manuel den Bericht, zutreffend, aber noch nicht weiter wissend.

»Erlaubt, mein Kaiser, mir ein Wort«, bringt sich Theodoros Batatzes ein, ranghoher Militär und geschätzter Stratege, »in Deutschland … Führung fehlt, in Rom … das Capitol sich büstet auf, der Papst … er recht verlassen steht, das Bürgertum … an Zuwachs, zaghaft schon, doch weiterhin gewinnt, Milan das grobe Beispiel ist, Sizilien … nun, ja, bemüht um Erbrecht stetig ist.«

»Bei all dem Chaos, sag mir gleich, wie unsere Truppen stehen da«, fragt Manuel spontan, »die Deine Sicht ansonsten mich schon überzeugt«, fügt er anerkennend und etwas nachdenklich an, »so kurz, so trefflich, so genau.«

»Es leider zu berichten gibt, dass Bari wie auch Brindisi … stolz geschlossen hin die Küste bis Tarent sie war«, erklärt Theodoros die Lage, aufrichtig und bewegt, »doch, diese Linie länger nicht besteht, zertrennt sie ist, seit dem Palermo Kraft zurück gewann und beide Städte wieder an sich nahm … der Aufstand in Apulia, durch uns getränkt, er leider auch nicht weiter führt, er stockt … und das Gefecht um Bari dann, auf höchstem Punkte angelangt … entriss uns einen hohen Preis … so, voll der Trauer, Euch noch zu berichten ist …«, unterbricht sich Theodoros selbst, Manuel schaut ahnungsvoll auf, »Michali Palaiologos kommt nicht mehr zurück.«

»Der Segen Gottes sei mit ihm, dem Treue selbstverständlich war, und Freundschaft ohne Wenn und Aber auch … gebührend seiner denn gedenken werden wir«, spricht der Kaiser betroffen ob dieses Verlustes, schweigt und bekreuzigt sich, fährt dann mit belegter Stimme fort, »so Wilhelm also guten Stand jetzt hat«, reagiert er dann mehr klug als enttäuscht auf den Sieg des Königs, »nun sendet Boten hin, dem römisch-deutschen Kaiser zu, dass wir erfahren mehr«, wendet er sich nun Alexios zu, »und an Dich, der Auftrag gilt ab jetzt sofort, also beginne mit dem Plan, wonach im Jahr, das diesem folgt, dir unterstellt, die Flotte neuen Zug nach Puglia unternimmt ... Leiden beste Lehren sind.«

»Noch eine Sache zu berichten, zu bereden ist ...«, zögert Alexois ein wenig, sucht in sich nach Worten.

»Was hält Dich an, hält Dich zurück? Nur fahre fort«, reagiert der Kaiser recht kurz gebunden, er ist eben auch nur ein Mensch.

»Der Deutschen Kaiser wieder ist vermählt«, kommt es genauso kurz von Alexois. Stille tritt ein, auch diese nur kurz, der Kaiser lacht etwas verspannt wie durchaus auch erleichtert.

»Wenn Liebe ist allein im Spiel, nun ja, dann ist das eben so, und ist sie nicht dabei ... uns Griechen nie und nimmer Fragen sich da werfen auf«, stellt Manuel klar, mit einem Blick, dem nur höchstes Verständnis entnommen werden kann, »es eben anderes Ereignis braucht, dass unter Tränen wir denn lächeln ... doch nun zurück, des Kaisers neue Frau ... Du mehr noch weißt?«

»Sie eine junge Gräfin ist, sie fünfzehn Sommer hinter sich wohl hat, bereits zur Königin gekrönt sie ist, und auch geweiht ... Burgund als Titel ihr allein gehört, zu einem Königtum erneut, so spricht man schon, vielleicht es bald schon wieder dann erhoben wird, da es die Braut verehrt, den Stand erhöht und auch dem Kaiser eine weitere Krone bringt«, antwortet Alexois, recht gut also unterrichtet, »die junge Braut, vom Reichtum ihres Landes her in gutem Stande steht, schon jetzt des Kaisers Ritterschaft und Truhen reichlich aufgefüllt sie hat.«

»Bemerkenswert ... Burgund, ein schönes Land ... die Gräfin auch?«, fragt Manuel nach.

»Als schön sie gilt, und literat sie ist«, geht Alexois auf diese Frage ein, »und wirklich zugeneigt sich beide sollen sein, das aus dem engsten Kreis man hört«, fügt er ungefragt noch an.

»Burgund zudem auch gute Lage hat, des Kaisers Reich im Westen damit ist gestärkt, und guter Weg damit, gen Westen überhaupt, so in den Süden auch gegeben ist, Milan er somit in der Zange hat«, bringt sich Theodoros Batatzes wieder ein.

»Wer weiß, vielleicht es so auch allen besser ist«, beschließt Manuel, »da Tetrarchie ja ohnehin kein exemplum bildet ab, das heute sinnvoll taugen könnte uns in unserem Plan ... zwei Kaiser zwar sind weniger, doch heißt das nicht, dass alles leichter wär, denn zum Süden strebt auch er, so heißt es doch, und Streit darum in familiärer Enge nur entzweit, und der, mit Friedrich käme auf, da doch mit Konrad auch besprochen war, dass nach Eroberung Sicilia zu mir dann fällt.«

»Es schließlich Westen gibt, und Osten auch, all das doch klare Linien zieht ...«, merkt Theodoros etwas beschwichtigend noch an.

»Letztlich unser Reich nur so entstanden ist ...«, ruft Manuel ehrlich die Geschichte auf, was eine Leistung ist und daher hohen Respekt verdient, was auch für klaren Verstand spricht, »zum Heute und zum Jetzt noch eine Frage fällt mir ein, wie steht es um Venezia?«

»Diese Stadt, sie nicht nur baulich einzigartig ist, La Serenissima ist Republik, ganz frei von allem, was im Lande dort geschieht, die Republik den Frieden wie den Handel wie denn Künste liebt«, antwortet Alexois, »auch uns zum Wohl das nur gereicht ... all das Euch freilich ist bekannt ... zu sehen denn für heute ist, dass sie das Bündnis gegen das Normannenreich gerade nun verlassen hat und hin zum Kaiser neuerdings beste Bindung pflegt, jedoch ganz bündnisfrei, Geschäfte eben gehen vor, und sogar dieses dann auch uns denn nützt, da immer doch ein Teil der Truhe seinen Weg zu uns auch finden wird.«

»Das Feld dann uns bestellt auch ist, daher, den Plan, ihn beibehalten wir«, stellt der Kaiser daraufhin fest, »nun denn, gehabt Euch wohl, Euch danke ich, den Tag genießt«, die beiden Vertrauten gehen und Manuel kümmert sich höchst fürsorglich umgehend um seine Irene, was er immer gerne tut, nur heute kommt hinzu, dass sie sich nicht so wohl fühlt, ein wenig Sorge ist sogar schon aufgekommen.

Ein Morgen mit Beatrix

Noch immer auf der Burg zu Würzburg, gut drei Wochen sind vergangen. Die beiden Frischvermählten sitzen beisammen, sie sind für sich, denn sie sind bereits bedient. Der Frühstückstisch steht nahe zu einem Fenster, späte Morgensonne scheint ein wenig auf Essen und Getränke.

»Beatrix, geliebtes Weib, bitte sage mir, wie Dir es geht, Du meine schöne Königin, schon ohne Krone mir sie bist«, beginnt Friedrich recht liebevoll und einfühlsam ein Gespräch, eine morgendliche Begrüßung fand bereits statt, und nimmt etwas Brot, Beatrix greift gerade zum Saft von Obst.

»Mein lieber Gatte, Deine Schwester gut mich vorbereitet hat, und in allem recht sie lag, in all dem, was mir sie hat gesagt, was auf den Weg zu Dir sie liebevoll mir mitgegeben hat«, antwortet Beatrix, weich wie selbstbewusst.

»Schon jetzt dem Herrgott danke ich, dass Dich zur Frau ich habe nun ... und, die Jahre nur, die schon liegen hinter mir, nie Grenze mögen sie uns sein, der Herrgott möge helfen uns dabei«, bringt Friedrich bittend wie versprechend ein, und hat dabei einen Ausdruck von Verliebtheit in seinen Augen, freilich einen solchen mit auch einem gewissen Abstand, eben altersbedingt und auch aus seiner Erfahrung mit Macht heraus, das lässt sich nun einmal nicht unterdrücken wie verbergen. Hin und wieder sicher schon, doch nicht in einer Ehe.

»Sei versichert, lieber Ehemann, treu und folgsam Dir zur Seite stehe ich, was auch immer Dich bewegt, was Dein Herz begehrt und was der Krone Pflicht uns abverlangt, immer, stets die Deine Frau ich bin, die Ehe mich verpflichtet ja ... doch hier und jetzt, allein mein Herz nur spricht«, geht Beatrix lieb und fest auf ihren Gatten ein, »ja, freilich, diese Nacht, geschuldet schon dem Ehering, doch ebenso, nein, vielmehr noch, nein, einzig nur von unserer Liebe doch getragen war, und dennoch bete gerne ich dafür, dass unsere Liebe noch an Tiefe zugewinnt, und was dazu mit Gottes Hilfe nur mir möglich ist, das tue ich, und freilich ... dabei es wohl auch Momente geben wird, da als Frau Dir bin ich untertan, nur, sei gewiss, schon jetzt, das immer dann auch gern ich bin.«

»Die Deinen Worte durchaus mächtig sind, und dennoch ... maßvoll auch, sie viel an Hoffnung tragen in mein Haus, dass diese Ehe uns gelingt, dafür mein Bestes auch von mir nur kommen wird«, erwidert Friedrich, immer wieder beeindruckt von der klaren Linie seiner noch so jungen Frau, »jetzt schon, liebste Beatrix, immer wieder Du von mir es hören sollst, wie sehr mein Herz durch Dich bereits durchdrungen ist ... mein Herz gehört mehr Dir als mir.«

»Friedrich, mein getrauter Mann, so einfühlsam ... viel schulde ich dafür, da sogar mehr an Zeit wie uns die Kirche abverlangt, obwohl Du wahrlich voll im Recht Dich nur bewegst, Du seit der ersten Nacht bis heute mir gegeben hast, mein Herz in Tiefe damit ist berührt«, entgegnet Beatrix ungezwungen, steht auf, geht herum und gibt Friedrich einen Kuss, »wie gut das tut, mein lieber Mann, es meine Seele fast schon heiligend umhüllt«, gibt Beatrix leise in sein Ohr, »die Pflicht ... sie ruft, ich fürchte, bald, denn heute spät wir sind erwacht ... was, wenn ich fragen darf, was heute oder morgen auf Dich kommt denn zu?«, zeigt Beatrix eine ungemein bemerkenswerte Selbstverständlichkeit, kaum eine Frau, kaum eine Herrscherin, »oh ... lieber Mann, wenn das nicht steht mir zu, dann Nachsicht bitte übe aus, da doch so unerfahren noch ich bin«, hängt Beatrix flink an, leicht erschrocken über sich selbst.

»Liebstes Weib, Du bist die angetraute Frau, so ich vertraue Dir«, antwortet Friedrich, ohne nachdenken zu müssen, und umarmt dabei seine Beatrix, die ja noch neben ihm steht, »und auch die Königin ... und bald noch mehr«, wechselt er die Ebene, und auch wieder nicht, »wenn auch der Krone Last auf meinen Schultern letztlich liegt ... dem Volk, der Welt wir eines aber zeigen sollten nur, wie unerheblich nämlich es doch immer wieder soll denn sein, wer von uns und wo mit wem gerade denn auch spricht, nicht immer eben da der andere ist, daher wir tauschen aus und raten uns, damit dem anderen auch wirklich nichts verborgen bleibt, so stets die gleiche Botschaft eben haben wir, die Deine Frage also hat mich nur erfreut, und daher immer sage nur, was Dich bewegt. Nun denn, zur Frage hin, die Pflicht, nach Nürnberg mich sie ruft, des Kaisers Boten aus Byzanz dorthin sind unterwegs ... so schnell es aber geht, zurück ich werde sein«, und nun schmunzelt Friedrich noch dazu, »die Kissen also bitte halte warm.«

Beatrix lächelt etwas verschämt.

»Welch ein Versprechen in die Zukunft da in Deinen Worten liegt«, erwidert sie, ein wenig erleichtert, doch vielmehr aufgebaut, »es glücklich macht, es denn sogleich auch meines ist an Dich.«

»Und, ebenso gehört dazu, dass einen eigenen Hof Du um

Dich hast und Du allein ihn auch verfügst«, fügt Friedrich noch an, ja wohlwissend, dass Beatrix das Lesen und Schreiben beherrscht, also literat ist und auch von daher sicher eigene Wünsche hat, »als meine Frau nach meiner Sicht Dir das gebührt, als Kaiserin ja ohnehin, doch auch mein Wunsch besteht, dass nicht nur Schutz Dir damit dann gegeben ist, wenn mal nicht da ich bin, dass eben auch der Deinen Freude damit sei gedient und Deinem Wunsch nach dem, was Wissen in sich trägt, was Dir auch sonst gefällt, all das ein eigener Hof Dir geben soll.« Beatrix strahlt Friedrich an, wie eine liebende Frau ihren Gatten halt anstrahlt, sie fühlt sich verstanden und getragen.

Weshalb die Byzantiner kommen, das ist im Wohlbefinden beider nun völlig untergegangen, es läuft da auch nichts weg, wenn es um politische Dinge geht. Und das andere Thema, die Brautwerbung, über die Beatrix inzwischen freilich Kenntnis erlangte, interessiert nicht, ein solcher Vorgang ist eben zu banal. Und in diesem Wohlbefinden, und das letztlich zählt einzig und allein, ist beiden auch der formale Aspekt der zurückliegenden Nacht völlig unbedeutend, denn erst seit dieser nämlich ist der Ehevertrag gültig ... matrimonium consummatum est ... heißt es nun.

Hadrian spitzt den Stift

Endlich wieder auf dem Hügel derer dei Laterani. Der Kalender zeigt den Anfang des Dezember. Papst Hadrian trifft sich im Lateranspalast mit Kardinälen, es ist Vormittag, nach dem täglichen Gebet. Der so vertraute und geliebte Blick auf San Giovanni in Laterano, er ist wieder möglich, dank des Vertrags von Benevent.

»Der König denn die Krone nahm, ist Kaiser nun, allein aus Gottes Hand«, beginnt Hadrian die Sitzung, »danach, er schändlich hat versagt den Schutz, den zu gewähren aber er mit eigenen Worten sich verpflichtet hatte uns, mit Treueeid und mit Vertrag«, beschreibt er die Lage zwischen der Heiligen Kirche und dem Kaiser, klarer geht es nicht, »was er daheim an Pflichten hat, die er doch übertragen kann, genauso, wie es sonst geschieht, sobald ein eigenes Ziel nur wird verfolgt, weshalb sein Rückzug exculpiert nicht werden kann ... sodann, nicht eine Wahl uns blieb, nur die, die Benevent uns bot.«

»Darin wir mehr als stimmig zueinander stehen, und weiter noch dazu mich dünkt, dass Benevent ja sogar mehr als nur Ersatz uns ist, denn Wilhelm steht beständig nah, greift ein, wenn er gebraucht, und Friedrich, doch recht weit schon er es hat, und als getreuer Sohn doch niemals uns bedroht, so neuen Raum wir haben nun«, schaufelt Rolando Bandinelli weitere Bedeutung frei, schaut kurz zu den Anwesenden, dann wieder zu Hadrian, »und, wie es diesem Kreis hier auch gebührt, ganz ohne diese Folgsamkeit, die im Kopfe nichts als Wirrwarr schafft, des Kaisers Recht jedoch, das wir sehen, erheblich nun belastet ist, zudem, Milano neu sich richtet auf, gar viele Städte klagen schon, wir also, sicherlich, den Kaiser werden wiedersehen, doch eben nur aus dem heraus, was ihn für sich denn herbewegt.«

»So in der Tat, nicht einmal kleinstes Übel diese Wahl uns ist, da sie denn mehr als nur den Ausweg aus der Not uns bringt«, fasst es Alberto di Morra zusammen, alle nicken zustimmend, und voller Zuversicht.

»Die Lage, vieles spricht dafür, die wird der Kaiser auch so sehen, sobald er nur erfahren hat, was in der Lombardei sich bündelt neu«, bemerkt Hadrian beruhigend, »vergrößert unser Spielraum dadurch ist, genutzt er soll denn sein, den Frieden hier im Lande zu erhöhen, dabei der Norden uns ganz oben steht, die Lega ist nun einmal da, sie daher stärken sollten wir, das ist mein Wort, geschickt jedoch, damit ein jeder Streit mit Friedrich schon ab ovo ausgeschlossen ist ... zwingend, sage ich, die Regeln daher Geltung nur in unseren Reihen dürfen üben aus, das Werk allein die unseren Fürsten binden darf.«

»Dafür nur alles steht«, bestätigt Kanzler Rolando, die beiden übrigen Kardinäle nicken zustimmend.

»Und? Wie steht es mit der Zeit? Not von daher droht?«, stellt Hadrian eine neue Frage.

»Not aus Zeit nicht zu befürchten ist, denn bei allem, was schon gut geschah, weiterhin der Pflicht für Ausgleich, Ordnung und Gericht im eigenen Land nicht genug bisher entsprochen ist ... dem Kaiser nun Burgund noch kam dazu, Polonia vielleicht folgt ... ihm also recht gebunden alle Hände sind, ihm im Genick die engste Pflicht vor allen anderen sitzt«, antwortet nun Kardinal Boso, eben auch bestens unterrichtet, »schließlich Mannschaft erst zu stellen ist«, fährt er fort, »erheblich stark sie müsste sein, denn Mailand keine Ruhe gibt … das Bürgertum, es wächst und wächst, auf seine Art es rüstet sich.«

»Ein Bürgertum … es selbst in deutschen Landen stellt sich auf«, ergänzt Alberto, »vom Kaiser selbst auch Nahrung es erhält … seit kurzem nun in Worms, die Bürger frei vom Bischof länger schon, nun selbst regieren dürfen auch … und Augsburg auch ein Beispiel zeigt, zwar Stadtherr noch der Bischof ist, der Handel aber nun allein in Händen der Gemeinschaft liegt.«

»Die Marcha Austria, sie ebenso ein novum hat erlangt«, fügt Rolando an, »Herzogtum sie nunmehr ist, Bavaria im Osten Teile dafür gab, und auch Vererblichkeit sie nunmehr ziert, so selbst die Frau dem Sohn, der Tochter, einerlei, den Titel sie nun selbst vererben kann, Enrico Duca Austriae und Theodora, die Prinzessin aus Byzanz, sie damit Träger neuer Rechte, Wegbereiter sind.«

»Bella gerant alii … tu felix Austria … tu iustus vive«, bekundet Hadrian dazu.

»Bavaria nun länger keine Sorge ist, so denke ich, zudem, dem Kaiser Mailand unermesslich mehr ein Übel war, und länger auch noch bleiben wird«, schließt Rolando seine Antwort ab.

»Auch zum Kaiser hin in jedem Sinn dem Frieden wir verpflichtet sind, sofern die Kirche selbst nicht ist bedroht«, stellt Hadrian ostentativ fest, »sagt daher bitte mir, weil Ratschlag vorher immer nutzbar ist, weil so schon vor der Zeit man Einfluss nehmen oder einfach nur sich vorbereiten kann, wisst Ihr vielleicht ein Pfand für die Verhandlung, die da kommen mag?«

»In Dänemark es schwierig ist, da Sven im Rücken diesen Kaiser hat und das Primat dem Bistum Bremen gilt«, gibt Kardinalpriester Alberto di Morra als Angebot für eine Strategie her, »der Erzbischof zudem uns leider nicht gewogen ist ... obwohl, der Kirche Seite füllt er aus, doch auch dem Staufer ist er zugetan.«

»Doch gegen Bremen könnten wir, warum denn nicht, zumal, der Norden uns so wichtig wird«, resümiert Hadrian, »daher, wenn weiter nichts dagegen steht, wir Eskil, unseren treuen Sohn, seit Jahren schon, der ohnehin nicht Freund des Königs ist, ihm geben Recht, die Dinge neu und uns gefällig anzugehen ... er möge unser Gast bald sein, darum Ihr bitte Euch bemüht.«

Der Heilige Vater und sein kleiner Kreis sind zufrieden mit den Ergebnissen, man plaudert noch ein wenig über dies und das, danach geht jeder seines Weges, soweit dessen Richtung nicht kirchlich oder göttlich vorgegeben ist.

Wilhelm ist der neue Vogt

Dopo pasqua, kurz nach den Ostertagen, ein Morgen im Palast des Königs, bei schönstem Frühlingswetter, in einem Arbeitszimmer. Wilhelm schaut hinaus auf das Meer, es klopft, ein Diener öffnet von außen, Matteo di Salerno tritt ein und geht zu seinem König.

»Eure Majestät, der Morgen wie der ganze Tag, Euch nur viel an Freude bringen soll, und sonst nichts«, bietet Matteo sich an, noch recht jung und erst am Anfang einer möglichen Karriere, »Euch gefällig hier zu Diensten denn ich bin.«

»Dir danke ich, die Zeit ist recht«, erwidert der König, dreht sich zu dem einen seiner engeren Notare um und lächelt dabei, zeigt hinaus auf das Meer, beide schauen hin, »fehlt nur di Bari noch, weißt Du vielleicht, warum?«

»Verzeiht ...«, druckst Matteo herum, schaut verlegen auf seinen König, »ich fürchte ... höchste Nachsicht bitte übt an mir ... längst schon hier auch er doch sollte sein ... verwundert bin ich, dass er fehlt.«

»Nun sage doch, was Sache ist«, fasst Wilhelm nach, dabei hat er schon eine Ahnung und ist darum höchst amüsiert, »was denn schon kann heikel oder peinlich sein«, baut er eine Brücke.

»In Sorge um die Zeit, die Ihr uns aufgegeben habt, da einen Boten sandte ich, nachdem der Kanzler nicht am Treffpunkt war«, antwortet Matteo, noch etwas zögerlich, und wird unterbrochen.

»Der Grund dafür wohl einen hübschen Namen hat«, lacht Wilhelm, und hakt nach, »so spreche weiter nur.«

»Contessa Filangeri ... wurde mir gesagt«, schließt Matteo freundlich und heiter ab.

»Die Ricienza, ha, nicht nur der Name an ihr stimmt«, kommentiert der König diese Nachricht und legt dann beruhigend lächelnd seine linke Hand auf die Schulter des Notars. In dem Moment ertönt erneut ein Klopfgeräusch. Maione tritt ein und geht leicht gebeugt auf den König zu.

»Eure Majestät, verzeiht, die Uhr, sie meinem Blick entfallen war, das darf nicht sein, verfügt denn strafend über mich«, entschuldigt sich Maione mit schon durchaus eher vertrauten Tönen, und deutet dann, doch noch gehörig, eine ernsthafte Verbeugung an.

»La collina di venere, so nur hoffe ich, für jetzt und mich noch Kraft gelassen hat«, springt Wilhelm genießerisch in diese Art von Wortwechsel mit ein, und das entspannt, man ist sich eben durchaus auch ein wenig ähnlich, und Maio hat noch den kleinen Vorzug des Alters, des Älteren, »also ...«, wechselt er dann dennoch gleich das Thema, »des Vaters Wunsch erreicht nun ist ... daran zu denken, nie ich hatte je gewagt«, richtet den Blick nach oben und faltet die Hände, »Vater, mein, wie hattest Du, bei manchem Zweifel wohl, doch letztlich Recht, des Deinen Blutes eben doch ich bin ...«, wendet sich zurück, »es macht mich groß und schreibt mich ein ...«, bläst Wilhelm nun stolz um sich, wird doch aber gleich wieder König, »dank Deiner Feder auch«, schaut er kurz zu Matteo, der an dem Vertrag gearbeitet hat, ja, fast einzig er allein, »was gut erbracht, das Lob sich hat verdient«, wendet er sich dann zurück zum Ausblick auf das Meer,

»das regnum nunmehr erblich ist ... und sonst auch, hier im Land, der Kirche Einfluss gut für uns geregelt ist, dazu dem Papst den Eid wir sprachen aus, und noch zudem, ihm Schutzvogt jetzt wir sind ... des Vaters Auftrag nunmehr ist erfüllt«, so etwas wie glückliche Erleichterung liegt im Gesicht, und sich festigender Stolz, »was in die Bücher eben mich denn bringt, was für ein großer Tag«, dreht er sich wieder seinen Vertrauten zu, »Maione ... prächtig Du verhandelt hast«, höchst anerkennend geht er auf den Ammiratus zu, »und nun? Wie aber wird es weitergehen?«

»Der Kaiser, also denke ich, die Mannschaft nicht zustande bringt, die gegen uns vonnöten ist, zumal, nicht nur ein weiter Weg nach hier uns trennt«, beginnt Maio seinen Bericht über die Dinge, »dazwischen noch Milano liegt, das weiterhin nach Mehrung strebt, sich Städte nimmt und Burgen baut, ganz gegen das Gesetz, das Kaiser Friedrich neu erlassen hat, dazwischen Land noch liegt mit Hitze und Gefahr ... so er wohl alles übertönt, der Ruf nach Unabhängigkeit vom Bischof wie dem Kaiser auch, er nicht versiegt, er lauter wird.«

»So winzig oft der Anstoß ist, dass die Geschichte ungeahnt ganz andere Wege nimmt, und da nichts ist, nicht die geringste Kleinigkeit, die mit dem Anstoß uns verband, verbindet, binden wird«, resümiert Guglielmo durchaus klug, aber auch ein wenig frohlockend, und bringt dem Gespräch einen neuen Inhalt ein, »und nun die seine Königin ... die welche Sicht zu ihr Du hast?«, fragt Guglielmo weiter.

»Des Kaisers Frau, als schön sie gilt, doch sehr gering an Jahren noch, Gewinn hinein jedoch schon jetzt sie bringt, vermutlich wird es mehr, und literata ist sie auch ... da mag Byzanz recht schwer verärgert worden sein«, antwortet Maio mit einem durchaus schadenfrohen Blick, und fährt gleich darauf noch wesentlicher fort, »in seinem Lande selbst der Kaiser schon erfolgreich ist, doch, wie es scheint, von seinen Pflichten weiterhin nicht so befreit, von ihnen weiterhin wie unausweichlich er beschäftigt ist.«

»So unser Augenmerk derzeit allein auf das zu richten ist, was aus dem Osten uns noch blühen kann«, fasst Wilhelm beruhigt zusammen, »der Schiffe schon genug des Weges sind, und unser Heer, nicht nur bereit es bleiben, nein, auch aufgerüstet werden soll ... das allein für heute auf den Deinen Weg nur nehme mit, und gebe acht, dass auch ein Umweg diesen Auftrag nicht verloren macht«, beschließt der König das Treffen mit einem süffisanten Sprachspiel, er darf das halt, und lacht dabei, denn Maio zieht mit, Matteo bleibt bescheiden lächelnd, aber auch recht amüsiert, und so endet das Gespräch in bester Laune, Hierarchien verschwimmen da schon leicht.

Bisuntio infausta est

Am Hof in Besançon, es ist Oktober. Der Kaiser sitzt in einem kleinen Kreis und berät sich, Beatrix ist ebenfalls dabei. Im Hintergrund prasselt ein Kaminfeuer, auf dem Tisch stehen Gebäck, Wasser und Wein.

»Der erste Tag sehr gut verlaufen ist, da alle Fürsten unserem Wunsch gemäß sind investiert, nach allem, was nur möglich ist, um Einvernehmen herzustellen, und das so, dass auch Bestand es hat«, eröffnet der Kaiser die Runde, und wird dann leicht schwärmerisch, »das wunderschöne Land Burgund«, wirft er daher einen Blick auf Beatrix, den sie mit einem wundersamen Lächeln erwidert, »nun westlich unseren Stolz vermehrt ... auf den Vertrag hinzu sodann lasst kommen uns, den morgen sollen schließen wir ... all dem voran jedoch befinden wir Verrat an dem, was Konstanz einst uns hat verbrieft, wiewohl schon einsehbar es ist, der Hüter Roms sich im Dilemma sah, jedoch der Krone Würde nicht darunter steht, sie dadurch durchaus angegriffen ist, so einen Bruch jetzt sehe ich, den doch aus höherer Sicht durchaus denn ich ertragen kann, da unsere Kirche doch höchst nahe und mir heilig ist«, reagiert der Kaiser, empfindlich einerseits, da es um die Ehre geht, und klug andererseits, da er Verständnis hat und auch entlastet ist.

»Die Deine Milde, die dazu auch höre ich, sie hierzu richtig ist, als treuer Sohn der Kirche allemal, doch auch, da beide Seiten wussten schon, wie sehr das eine oder andere Wort mal so mal so gelesen werden kann, und nicht zuletzt, im Wort ein Stück weit doch auch waren wir«, bestätigt Eberhard, und macht es in der Sache noch verständlicher.

»Eberhard, Du eben wie aus meinem Mund gesprochen hast, die Einigkeit zu Dir mich immer wieder nur erfreut ... und trägt«, erwidert der Kaiser und nimmt beruhigt das eigentliche Thema nun wieder auf, »was aber morgen uns wird vorgelegt, das allein nur unserem Geist sich beugen soll.«

»Zwei Boten jetzt schon eingetroffen sind, die morgen vor uns sprechen vor ... ein Dokument schon auf den Tisch sie legten uns«, aktualisiert Rainald den allgemeinen Wissensstand und nimmt damit den ausgelegten Faden auf, »das einerseits der Vorbereitung dient ... wie denn auch der Freundlichkeit.«

»Ein Dokument, das sicher eine Antwort ist und uns womöglich regeln soll«, bemerkt der Bischof von Bamberg dazu, »so ... Rainald, bitte sagt doch gleich, welche Botschaft es enthält.«

»Und diese, wenn sie uns gefällt, vielleicht das Dokument dann Wert wie ein Vertrag bekommt«, ergänzt Friedrich.

»Der Papst, er durchaus freundlich schreibt«, ergreift Rainald sogleich das Wort, »jedoch auch ungemein erbost, sobald das Wort auf Eskil fällt, den als Legat mit freier Hand für Scandinavia er hatte ausgewählt, im Hinterkopf dabei auch Bremen sicher war bedacht ...«, von Dassel wird unterbrochen.

»Das gleiche Recht, es vor allem älter ist, liegt doch dem Hartwig in der Hand, was durch mich bestätigt ist«, wirft Friedrich ein, jetzt wieder leicht von Stimmungen gepackt, »doch, Rainald, bitte fahr erst weiter fort.«

»Was dem Legaten angetan, er sieht darin gewaltig viel an Frevel nur, den es zu rächen gilt, und wer das übersieht, der

Schande häuft für alle auf«, endet Rainald, »die Schuld damit ... uns zugewiesen ist.« Die Anwesenden reagieren, leicht verächtlich ob der Plumpheit, die sie darin sehen.

»Wenn vieles seine Spur verliert, wer wagt denn da den ersten Stein«, bringt Eberhard sich wieder ein, aber kurz nur. Des Lateinischen ja ebenso mächtig, überlässt er das päpstliche Schreiben weiterhin aber dennoch lieber dem Kanzler.

»Die Curia den Sätzen Gregors folgt, der Papst, der Kanzler, allen vor, auf einen Punkt so alles spitzt sich zu«, rekurriert der Kaiser und schaut in die Runde, »wer ist denn wem nun untertan ... das doch hier die Frage ist ... den Eskil gern man einfach vorgeschoben hat ... ganz offenbar ...«

»So zeigt es sich auch mir, geschickt man nimmt es hin, was an Enttäuschung über uns wohl sich angesammelt haben mag, und schafft mit Eskil einen anderen Grund«, wirft Otto von Wittelsbach nun fürstimmend ein.

»Ein weiteres jedoch, recht stärker noch, das Dokument beschwert«, führt Rainald die Aussprache fort, »es ist die Rede denn von einem beneficium.«

»Beneficium? Che idiomatico ... damit gar vieles doch gemeint sein kann«, bemerkt Friedrich, und erscheint damit schon wie vorbereitet, doch, ob das so ist, das interessiert in dem Kreise tatsächlich niemanden.

»Stellt Ihr es frei, so jeder Botschaft Sinn in diesem Brief von mir noch weiter wird geprüft, damit der Vortrag morgen deutlich Eure Sicht nur zeigt, die Ihr mit Eurer Frage eben deutlich vorgetragen habt«, bietet sich Rainald an, dabei ist es ja ohnehin seine Aufgabe, »wonach allein es darum geht, wer denn nun wem auch irdisch über steht ... wenn also Töne morgen kommen da, die unserem Ohr nicht tonisch sind, allein die unsere Vorbereitung darauf zählt, die jetzt wir führen durch, zu wissen also nur, das jetzt klären wir, wie dann der Fürsten Stimmung einzunehmen ist.«

»So soll es sein, Du legst es aus, getreuer Freund, die Hand dazu Du hiermit hast, sie frei Dir dabei ist, und da Du das Latein beherrschst, ein jeder Pfeil sein Ziel ganz sicher auch erreichen wird«, beschließt der Kaiser, »und, lieber Otto, darum noch es geht, der ersten Reihe morgen Dich doch finde ein«, gemeint ist der von Wittelsbach, der von Freising sitzt als Schreiberling im Hintergrund.

»Liebste Beatrix«, wendet sich Friedrich nun um und wirft einen zärtlichen Blick, sein Gesicht bekommt dabei einen Ausdruck von Wärme und Entfernung zu dem, was gerade besprochen war, schlagartig ist alles unbedeutend, was ein politisches Kalkül zu beachten hat. Beatrix erwidert seinen Blick auf eine Weise, dass Friedrichs Gedanken in die Zeit nach der Pflicht getragen werden, seine freudige Erwartung darauf sendet er wortlos aus, und kehrt sogleich zurück in den herrschaftlichen Auftritt, den die anstehende Aufgabe erfordert.

»Reverentia uns gegenseitig schulden wir, ein jeder seine Ehre hat, so, die Legaten schon mit Wohl empfangen wir, doch in Gewissheit auch, wie schwer es werden kann, die Haltung morgen zu bewahren uns«, beendet der Kaiser nun die Aussprache, und drückt damit auch aus, worauf sich ein jeder einzustellen hat, wohl bezweckt. Die Kaiserin und Otto von Freising gehen, der Tisch bleibt ansonsten noch zusammen.

Am kommenden Tag, die Großen der deutschen Lande und aus Burgund, Frauen sowie Gäste füllen sitzend wie stehend den länglichen Rittersaal, es fehlt an Bänken, Ritter und Diener finden sich freilich auch. Die Geräusche, die eine solche Gesellschaft verursacht, sie mögen nicht laut sein, sie sind aber da, und sie verstummen schlagartig, da ein Türwärter um Gehör klopft.

»Ihre Majestäten, der Kaiser und die Kaiserin«, ertönt es kräftig, das Paar tritt ein, Friedrich geht links, beide halten sich die Hand in der Mitte zwischen sich, dabei trägt Friedrich die von Beatrix und hebt sie hoch. Fanfaren erklingen, der Hof zeigt seine Ehrerbietung, die Herrscher gehen in Richtung Thron, wohin auch sonst, gefolgt vom Bischof Eberhard von Bamberg, dem Erzbischof Ubert de Besançon und dem Kanzler von Dassel. Über wenige Stufen betreten sie ein nicht ganz saalbreites, dennoch reichlich Platz bietendes Podest und setzen sich. Im Hintergrund stehen einige Ritter.

»Schaut, mein Freund, welch ein Bild«, wendet sich Herzog Berthold von Zähringen an den Herzog von Sachsen und Bayern, den er mit seiner Gattin Clementia von Zähringen neben sich hat, die seine Schwester, Berthold selbst ist noch ledig, »bei all der Zwietracht, früher schon und wieder jetzt, da diese Heirat Teile von Burgund mir ja entzog, der guten Zeiten aber waren ebenso, wie für Italien Mannschaft wie mich selbst ich stellte bei, was auch künftig weiterhin geschehen soll … dies Bild, von Glanz und Macht und Schönheit voll, es wird zu Recht in aller Munde sein …« Da treten auch schon die Legaten des Papstes ein und gehen vor bis hin zu den Thron- und anderen Stühlen.

»Eure Majestät, väterlichen Gruß und Segen Euch hoc loco überbringen wir … die Botschaft ist, dass Euer beider Wohl«, beehrt Rolando Bandinelli so auch die Kaiserin, die aber noch nicht geweiht ist, und verbeugt sich leicht, »dem höchsten Bischof sehr am Herzen liegt ... erlaubt sodann, für die erwiesene Gunst, hier Teil der Audienz zu sein, dafür wir danken wie aus Bruderherz.« Plötzliche Stille. Und dann, dann geht ein Raunen durch den Saal, ausgelöst durch das letzte Wort. Der ehemalige Professor des Rechts und jetzt Kanzler wie schon vorher Kardinalpriester von San Marco fährt jedoch unbeirrt fort.

»Bernardo heute mit mir ist«, zeigt Bandinelli auf den Kardinalpriester neben sich, »der Kirche San Clemente steht er vor.«

»Des Heiligen Vaters Gruß und Segen uns als seinen treuen Sohn mehr als nur willkommen sind, sodann, auch Ihr als Eminenz willkommen seid, doch, sogleich, uns bitte klärt nur auf, was mit dem Bruderherz Ihr meint«, antwortet der Kaiser etwas schroff, da er den Versuch der Gleichstellung zu einem Kardinal angedroht sieht. Rainald und Otto von Wittelsbach werfen sich einen Blick zu, Bandinelli schaut kurz auf die Kaiserin, die ohne Mienenspiel den Blick erwidert.

»Unsere Mutter Kirche, das sei rasch und gern erklärt, auf dass kein falscher Schlag gesehen wird, auf den Schutz, den Ihr ihr hattet zugesagt, geschwisterlich sie hat vertraut«, antwortet Rolando geschickt wie bemüht, »allein der Beistand ist gemeint, aus einem Bund, ganz ohne Rang, wie unter Brüdern eben halt.«

»Allein, den Bund die Kirche hat doch aufgelöst ... und mir auch schwer es fällt, in ihr denn einen Bruder uns zu sehen«, stellt der Kaiser dagegen, »doch fahret fort, denn, mehr zu sagen, sicher Euch man aufgetragen hat, ich nehme an«, fährt er beschwichtigend fort.

»Da etwas sich zusammenbraut«, murmelt der neue Herzog

von Bayern zu Gerold von Oldenburg, dem treuen Gefolgsmann, dem damit ein gelassen zustimmender Blick entlockt ist.

»Santa Sede recht erschüttert ist, da seinem Wunsch nicht einen Schritt Ihr seid gefolgt, so unser Bischof weiterhin in irgendeinem Kerker sitzt«, bringt Rolando die Sorgen um Erzbischof Eskil von Lund somit als Grund seiner Anwesenheit ein, »wie geht es nur, dass diese ungeheuerliche Tat, sie Frevel ohnegleichen ist, nur Schande Euch wie uns beschert, noch immer wirkt, ganz ungesühnt«, attackiert er klar und klug. Erneut geht ein Raunen durch den Saal.

»Räuber, die der Wege lauern auf, sie die Täter sollen sein ... nur um Lösegeld dabei es geht ... und, leider, mehr dazu ... derzeit nicht bekannt uns ist«, bemerkt Friedrich.

»Nur Respekt wir zollen Euch, Ihr an Dankbarkeit jedoch ...«, erwidert der Kardinal, von der Darstellung der Täterschaft nicht überzeugt, und hält die noch geschlossene Rolle hoch, Rainald bewegt sich auf Rolando zu und nimmt sie entgegen, Spannung liegt in der Luft.

»So, Rainald, tragt uns vor, was über die Legaten denn der höchste Bischof noch uns sagen will«, wendet der Kaiser sich so seinem Kanzler zu, Rainald rollt das Pergament auf, spricht aber frei.

»Eskil von Lund zu retten, war verlangt, und da das bisher nicht geschah, Undankbarkeit uns vorgeworfen ist«, fasst Rainald zusammen, »wo doch nur wohlgesonnen wir ... so Hadrian ... belehnt Euch haben kaiserlich.«

»Das Beneficium ...«, bringt Friedrich trocken heraus, damit auch jeder im Saal begreift. Ein weiteres Raunen ist damit ausgelöst, sogar ein weit aus tieferes. Und nun, nun ist die gewollte Stimmung geschaffen.

»Von wem denn sonst das Kaisertum an Euch gegeben ist«, legt Rolando gegenüber dem Kaiser ohne Abzuwarten nach, mit einem Blick von verwunderter Selbstverständlichkeit, »es doch allein der Hand des höchsten Bischofs hin zu Euch entstammt.«

»Ist das des logos etymon?«, fragt Rainald gerissen nach, und muss schon etwas lauter sprechen, denn die Stimmung im Saal steigt weiter an. Er bekommt aber keine Antwort, wozu denn auch, er braucht sie nicht, er hat bekommen, was er wollte.

»Ein Kaiser doch dem Papst nicht untersteht«, ruft Otto von Wittelsbach, zieht sein Schwert und läuft höchst erregt auf den Kardinal zu, nicht wirklich mit der Absicht einer Tötung, aber doch schon sehr bedrohlich, »die Krone, sie ist gottgewollt, genau wie jene, die zum König Friedrich hat gemacht ... die Weihe nur, sie Euch steht zu.«

»Bitte halte ein, mein Freund«, ruft der Kaiser, springt auf und stellt sich schützend vor den Kardinal, »die Kardinäle Überbringer sind«, beschwichtigt er, wohlwissend, dass Rolando maßgeblich an dem Brief beteiligt ist, »der Schreiber jener Bischof ist, der uns in Benevent verraten hat.« Otto, nicht beruhigt, wenn er es nicht spielt, dem Kaiser und Freund jedoch gehorsam, versenkt das Schwert zurück in seine Scheide. Rainald lächelt in sich hinein, wie gut doch alles vorbereitet ist ... der Kaiser wendet sich um.

»Dem Heiligen Vater Dank Ihr bitte dennoch sagt, doch sein Bemühen nicht gereichen kann ... die Krone, die Ihr seht«, unterbricht Friedrich sich selbst und schaut Kardinal Rolando fest, aber freundlich an, »von Gottes Gnaden mir gegeben ist ... die Weihe wie die Salbung auch, beides höchste Ehre uns doch war ... und ist, ein treuer Sohn der Kirche auch ich bin, so wahrlich heilig denn der Vater Roms mir ist ... das Land jedoch, die Völker auch, sie irdisch sind, von dieser Welt, der Bischof Roms, er höchster Hirte aller Seelen, Hüter anderer Welten ist, sein Recht jedoch damit nicht höher steht«, erklärt er sich und strahlt dabei ruhige Haltung aus. Die Kardinäle schweigen, der Kaiser hätte aber ohnehin das Wort erneut ergriffen.

»Das Los des Eskil sei uns aufgeteilt, das Leben Eskils werden schützen wir, dem Hüter Roms wie auch Clairveaux somit mein Versprechen gilt, den Sohn der Curia, ihn suchen und befreien wir«, verspricht der Kaiser nun noch, geschickt um einen guten Ausklang werbend. Die Stimmung insgesamt ist angespannt, und etliche Anwesende wirken überfordert.

»Seine Heiligkeit Euch jetzt schon dankt dafür«, verbeugt sich Rolando, verhalten höflich aber nur.

»Gehabt Euch wohl in Besançon und kommt gesund zurück nach Rom, für Euch mein Herzenswunsch das ist«, beschließt der Kaiser nun.

»Der Herrgott segne Euren Weg ...«, fügt Eberhard an. Die Kardinäle verbeugen sich und verlassen den Saal.

»Ein Graben kann nicht tiefer sein, wie der, der nunmehr vor uns liegt, die beiden höchsten Mächte dieser Welt, leider und erneut entzweit sie sind«, sagt Friedrich noch zu Eberhard, Rainald und Otto, alle drei stehen inzwischen für sich, vor dem Podest, Beatrix schaut ruhig hinunter, »und dieses Mal auf eine Art, die fast dem Krieg schon ähnlich ist.«

»Ein Dritter kann sich da nur freuen«, bringt Otto dazu ein, ohne die Tragweite des Gedankens wirklich zu überschauen und weiter verfolgen zu können.

»Pro domo unser Handeln war, wie einfach ein Moment dann ist ... die Folgen aber oftmals sind fatal, da Wirklichkeit verlangt viel mehr«, sinniert Rainald hörbar, und fragt sich dann selbst, in seinen Gedanken also, ob er womöglich einen Fehler begangen hat, ob diese Schmach, die letztlich ja doch vor allem der Heiligen Kirche angetan ist, nicht das Maß überschreitet.

»Ego sum ruina mundi«, murmelt Rainald, mehr für sich, fragend wie feststellend, Blicke der anderen zwei auf sich gerichtet spürend.

Mailand und das Wasser

Es ist November, bei dennoch gutem Wetter. Einige Konsuln der Stadt sitzen mit dem Erzbischof von Mailand zusammen. Galvano Visconti Herzog von Mailand hatte in seinen Palazzo geladen. Es herrscht gute Laune, denn der Stadt geht es gut, ihr geht es sogar besser als je zuvor.

»Der Kaiser viel an Arbeit hat, das eigene Land in Trab ihn hält«, gibt Konsul Amicus de Landriano dem Gespräch einen Anfang, »was wohl der neuen Frau so nicht gelingt ...«, schließt er seinen kurzen Kommentar in recht männlich dummfrecher Art ab, die Umstehenden lachen sogar darüber, jedoch in höflicher Tonart. Erzbischof Oberto da Pirovano, in gutem Alter stehend, bringt bei dieser Art von Humor eher kein Lächeln auf.

»Nun, ja, dabei erfolgreich sogar soll er sein, daher auf einem Reichstag, sagt man überall, an Anerkennung mehr als viel erreicht ihn hat, sein Ruf danach im Wert gestiegen ist«, fügt Galvano an, »doch hat ihn ebenso erreicht, was hier an neuer Macht nunmehr besteht, was untertan wir haben uns gemacht, wie prächtig alles neu ist aufgebaut, Tortona eine Blüte ist, ein jeder daran mitverdient, wogegen er gewiss sehr bald sich gegen uns erheben wird.«

»Zunächst jedoch der Kaiser in Burgund den Papst sich sehr zum Feind erhoben hat«, ergänzt Oberto da Pirovano, nicht nur als Vertreter der Kirche, »Bisuntio der Christenheit ein furchtbar schlimmes Zeichen setzt, das, nicht zum ersten Mal, der Zeit nicht mehr entsprechen mag, dabei, der Hüter Roms, dem Frieden nur gesonnen ist, es hinterher doch schnell zu richten hat versucht, obwohl auch er zutiefst beleidigt war«, führt der Erzbischof weiter aus, »höchst versöhnlich seine Botschaft war, und immer wieder ist, sie leider unerhört verhallt.«

»Wohltat, Lehen, Dankbarkeit, Gefälligkeit ... gratia, beneficium« gibt Konsul Visconti, auch Signore der Stadt, seine Sicht der Dinge kund, ohne sie weiter auszuführen, »so manches nur dem Gestern folgt, das Morgen aber, das sind wir ... Bisuntio also unserer Sache dient«, fasst er pragmatisch zusammen.

»Betrübnis löst das Ganze aus, ein jeder Christ sich sorgen muss, da diese Last nur schwer zu tragen und erst recht denn abzutragen ist«, gibt Oberto da Pirovano seine Gedanken dazu preis und hebt seinen Blick, »mein Herrgott ... bitte steh ihm bei«, bekreuzigt er sich, »dem Hüter Roms in dieser Zeit ... und gib Sicilia doch jene Kraft, die Santa Sede dringend braucht«, bekreuzigt er sich erneut und schaut in die Runde, »der Herr von Dassel«, fügt er noch an, wieder ganz auf dem Boden und auf eine Brücke hoffend, da er den Kaiser damit entlastet, »nur verderblich unserer Kirche mir erscheint.«

»Ihr also denkt, dass Barbarossa kommen wird«, äußert sich nun Oldradus de Basegapei mehr bestätigend als fragend, »hier wohl schon alle denken so«, sinniert er und fügt eine kleine Pause ein, »das könnte sogar schon beschlossen sein, wenn kein Gerücht es länger ist, was Reben in den Süden tragen uns.«

»Barbarossa also viel an Gründen hat, so eine Frage nur von Zeit es sollte sein«, nimmt Visconti einig mit allen den Faden auf, »und also klären sollten wir, recht rasch, was denn der Stadt an Schutz noch fehlt ... ich denke, nichts, die Mauern dick und reichlich hoch sie sind, die hundert Türme auch, und jedes Tor nur jene Breite hat, dass Handel es passieren kann.«

»Und außerhalb, im Land, zudem nichts geht, zu weich der Boden ist, was schon uns schützt, nicht nur vor Schleuder, Fuß und Pferd, vor allem vor dem Wandelturm«, bringt sich nun Amicus de Landriano ein, schließt sich de Basegapei somit an, »Zerstörung also kaum gelingen wird, dem Kaiser wenig auch an Nutzen bringt, so nur Belagerung ihm bleibt ... uns damit allerdings begrenzte Zeit.«

»Dem Kaiser Ehre wichtig ist, nun ja, das immer schon so war und ebenso ja uns auch gilt«, ergreift der Signore wieder das Wort, »doch Geld daher zuwider ist? Ich denke, nein, wiewohl ein Beispiel schon dagegen steht ... für einen Handel dennoch wir bereit doch sollten sein, bevor zu viel und sinnlos nur zugrunde geht ... intra moena atque in sinu urbis.«

»Auf das, was auf uns kommt hinzu, es nicht mehr hilft, das leider gilt«, wechselt Oberto de Orto das Thema, und auch wieder nicht, »das Bauwerk, meine ich, das ohnehin Gewinn und Zukunft nur verspricht, auch Schutz im Innen dieser Stadt erhöht ... so, diese Lage, wie sie sich uns zeigt, und wer schon weiß, wie oft denn noch, der Dringlichkeit nur Schub verschafft, so denn die Stadt dem Wasser endlich sich verbinden lasst ...«, greift Oberto auf ein Projekt zu, das ja schon im Gespräch ist, und genießt die Pause, die er einlegte, »des Ringes Bau daher beginnen sollte bald, auf dass die beiden Flüsse, die umgrenzen diese Stadt ... die, weiß Gott, Geschichte schreibt ... dem Meer wie auch dem See uns binden an, lasst die Kanäle bauen nun, da uns ein weiterer Grund gegeben ist, der nur beschleunigt also unseren Plan ... quindi edificiamoli ... i navigli.«

»Kanäle erst die Zukunft sind, eine nahe immerhin, Gott sei Dank, Gräben aber, die zu schaffen heute uns noch möglich ist, Anfang damit wär gesetzt, und zudem, mit einem Erdwall noch versehen, Hindernis dem Feind sie sind, um die ganze Stadt herum ... der cogitatio um Kanäle dennoch morgen gleich schon folge ich, auf dass Moneta wie Neptunus, beide uns gewogen sind«, fasst Galvano das Einvernehmen zusammen, Freude kommt auch auf, da auch für die Gegenwart somit eine Maßnahme beschlossen ist, »nun zu bereden bleibt die Sorge um das Wohl der Kinder, Mütter, freilich der Soldaten auch, und uns ... wenn abgeriegelt alle Tore sind und Nahrung uns zur Neige geht, kein Ausfall uns gelingt, und Krankheit uns noch überfällt, wer kennt das nicht ... so lagert zeitig ein, was Ihr nur könnt, an allem, was Versorgung trägt«, schließt er noch an, »und wenn all das nicht reicht, nur Unterwerfung dann noch retten kann.«

»Ein Wort dazu mir bitte noch erlaubt ...«, bestimmend bringt der Erzbischof sich wieder ein, zum alten Gegenstand, »auctores vielleicht brauchen wir ... dabei, dem meinen Blick sogleich mir fallen zu, wiewohl er Feind von uns nur ist, der Acerbus, der da aus Lodi stammt, als weiterer di Biandrate auch, da seine Wiege stand doch hier, und auch Lotterius mir noch fällt ein.«

»Der Conte Biandrate durchaus mein Vertrauen hat«, bringt Oberto ein, »wiewohl dem Rotbart er doch dient, die Heimatstadt er aber sicher nicht verrät ... doch, warten noch wir ab, denn, wie es heißt, auch Böhmen Kämpfer stellt, zu unserem Leid, da guter Ruf ihr Merkmal ist, und familiäre Bindung auch ... wir schon es werden sehen«, und damit ist der politische Teil für heute beendet, man unterhält sich noch bei einem Wein und löst sich dann allmählich auf, jeder geht an die seine Arbeit, in dem Bewusstsein zwar von Macht, denn Geld und Soldaten sind genug da, doch eben in Ungewissheit über das kommende Heer und den Zeitpunkt der Ankunft.

Beatrix überquert die Alpen

Es ist schon fast geschafft, und endlich ist das Klima wieder mild. Heinrich der Löwe und Beatrix sitzen abends im Castello di Sabbionara, oberhalb des Ortes Avio an der Etsch, schwer erreichbar dort und platzlos, geschützt am Berg, aber, unabhängig davon, Ritter und Tross lagern unten am Fluss, weil es auch zeitig weitergehen soll.

»Ihr gebt dem Haus besonderen Glanz, dem Tage heute an Gewand, Euch hier zu haben, sehr uns ehrt«, eröffnet Azzone Conte da Castelbarco seinen beiden Gästen höflich den Abend, und bindet dabei seine Gemahlin mit ein, »und Eure Majestät, den Weg, den Ihr schon hinter Euch gebracht, selbst Männer ihn nur ungern gehen, und das noch zu der Jahreszeit, allein dafür Ihr Ehrerbietung, höchste Achtung habt verdient«, fährt Azzone tatsächlich beeindruckt fort, nicht nur elegant, seine Gemahlin dagegen lächelt der Kaiserin so ein wenig wie eine stolze Mutter zu, dabei treffen sich alle das erste Mal.

»Lieber Graf, die Euren Worte schmeicheln nicht, sie nur zutiefst erfreuen mich«, antwortet Beatrix, mit einem Blick auf beide, dem freilich Selbstbewusstsein inne ist, aber auch gern noch etwas Töchterliches, und beginnt zu schwärmen, »wie wunderschön die Eure Burg gebaut sie ist ... und wie es scheint, dem Berg auf Ewigkeit sie ist vermählt«, fügt sie begeistert an, die Eheleute freuen sich über diese Anerkennung, »und dann, das Wachhaus, die Kapelle wie das Eure Haus, sehr viel an schöner Malerei die Wände tragen überall, allein zur Freude Euch und jedem Gast.«

»Ihr große Ehre löst uns aus, da diese Kunst Euch so bemerkbar ist«, bringt Gräfin Eleonora dankbar und liebevoll lächelnd ein, »diese Malerei, sie überwiegend venezianisch ist, al fresco man die Technik nennt, auf frischen Putz die Farbe kommt.«

»Das sehr nach Mühe und nach Sorgfalt klingt, damit ein jedes Werk denn auch gelingt«, gibt Beatrix ihren Eindruck kund, »die Technik bisher mir nicht war bekannt ... auf frischen Putz die Farbe kommt ... Begeisterung empfinde ich ... erzählt, wie kommt die Schule denn von dort hierher?«

»Wie Ihr doch sicher wisst ...«, beginnt Eleonora da Castelbarco höflich, »Trento, Avio, die Etsch, Verona bis zum Osten hin, sie, diese Region, sie einst Bavaria verbunden war, und immer noch es viel an Bindung gibt, doch mit der Zeit Venedig kam, es neue Achsen fanden sich, es viel an Handwerk hierher brachte uns ... Vermögen, früher schon, doch dann viel mehr, die Künste nach Venedig rief, Verona davon abbekam und wie Venedig weiter wuchs, und Trento wie auch Avio dem Bistum dort nun zugehörig sind ... ein guter Freund Viscovo Omnebonus ist ... allein aus diesem Grund die unsere Burg denn auch entstand, wiewohl der Ort schon dem Antiken Rom sehr förderlich und daher wichtig war«, erläutert sie weiterhin, und bittet nun mit einem Blick den Gatten, fortzufahren, übergibt so an den Hausherrn.

»Die Via Claudia Augusta unten an der Etsch verläuft«, übernimmt der Graf denn auch gleich den Ausflug zurück in die Geschichte, »so an Jahren mehr als tausend schon, Handel hin und her hier ging, der Großen Heere aber auch, in einer Fülle immerfort, die mehr als nur Bedeutung hat, das alte, große Rom nicht nur das Schwert, auch Sprache, Bauwerk und Kultur sowie die Kunst, zu regeln, zu verwalten, eben förderlich zu sein nicht nur dem Staat, all das es brachte mit und trug es sogar hin bis hoch nach Edinum.«

»Das zu erfahren, was Geschichte ist, bereichert mich, dafür Euch danke ich, und dann, zudem, Ihr passend mir auch eine Brücke baut«, lächelt Beatrix und wendet ihren Blick aufmunternd dem Herzog von Bayern und Sachsen zu, denn sie möchte nicht im Vordergrund stehen, »Boten heute kamen an, so lass doch bitte hören uns, was inzwischen alles war«, spricht sie Heinrich an und schaut dann wieder auf den Grafen, »Ihr sicher auch gern wissen wollt, was neu und diese Welt bewegt.« Graf Azzone nickt interessiert, höflich ohnehin.

»Dein Gemahl, er sehr auf Dich sich freut«, kann Heinrich formlos auf die Kaiserin eingehen, man ist ja miteinander verwandt, die freilich darüber nicht überrascht ist, denn etwas anderes als Freude aufeinander ist ohnehin nicht in der beiden Welt, »das die erste Botschaft ist«, lächelt er Beatrix an und wendet sich dann allen zu, »wir kommen nun, gefolgt von Welf auch bald, der mir wie auch dem Kaiser Neffe ist … wir schon allein mit großer Ritterschar sind unterwegs, damit all das gesichert wird und weiterführt, was an Erfolg schon ist erreicht.« Bescheidenheit klingt anders, denn mit dem Wir meint er sich selbst.

»Bevor nun weiter wir uns tauschen aus, erlaubt noch einen weiteren Blick in die Geschichte dieser Burg, den sehr, sehr gerne ich bekäme noch, wenn Ihr, mein Graf, gestattet das«, wendet der Herzog von seinen ersten Gedanken ab.

»Ja, freilich, fragt nur zu«, gibt Azzone den erneuten Blick zurück selbstverständlich frei, doch auch etwas überrascht über dieses Interesse, das sich aber gleich selbst erklärt.

»Verzeiht, wenn meine Frage Euch zu dreist erscheint«, legt Heinrich höflich vor, obwohl er als Herzog ja höher steht, wartet aber keine Antwort ab, »ein Vorfahr einst gesendet war nach Rom, die Kirche zu bewahren vor des Kaisers Heer, so also Euer Sinn allein dem Papst zur Seite steht?«

»Giovanni Castelbarco meint Ihr wohl … nun, ja, nicht damals nur, auch weiterhin dem Hüter Roms zur Seite stehen wir, warum auch nicht, da Christen doch wir sind … wie Ihr doch auch«, antwortet Azzone ausgesprochen souverän und zugleich auch geschickt, Eleonora schaut entspannt lächelnd den Herzog an, »was aber noch dazu gehört, was vielleicht nicht das Eure Ohr bisher schon hat erreicht, vermute ich, es damals schon zu Zeiten des antiken Rom so war, dass Handel eben war allein der Wert, der uns vor allem hat bewegt … und mittlerweile dann, Venedig uns sehr nahe steht, und ebenso auch umgekehrt … was dabei nur zu sehen ist, in Herrschaftsfragen diese Stadt schon immer eigen und unnahbar war, somit auch hier, die Macht, seit langem und viel stärker schon als anderswo, bestens auf die Welt und auf den Bischof teilt sich auf … den Widerspruch, den also Ihr im Blicke habt, den liefert eher Euch die Lombardei, und sonst wer noch … wie in Venedig so auch hier, man längst ihn überwunden hat.«

»Was Ihr da sagt, tatsächlich neu mir ist, und auch dem Kaiser wichtig sollte sein, daher, es zu bereden ist, habt Dank in seinem Namen auch«, gibt Heinrich dazu preis, bei aller Eigenliebe, er hat eben auch politischen Instinkt, und hält hier einmal angemessen die Form, »doch nun, wir kommen hin zu dem, was jüngst geschehen ist, dazu Bericht der Zahl ich habe zwei ... die Griechen endlich nun vertrieben sind, Ancona frei sich wieder leben kann, und das schon gut seit einem Jahr, was freilich Euch bekannt wohl ist, so denke ich ... inzwischen aber ganz und gar sie aus Italien sind weg, und das allein dem Herrn von Dassel wie dem Graf von Wittelsbach, soweit es um Ancona geht, beiden also zuzurechnen ist ... geschwächt, nun ja, der Süden stand dabei, so keinen Anteil daran hatte er, inzwischen doch im Süden Bari wie auch Brindisi zurückgewonnen er denn hat«, bringt Heinrich gezielt, hier einmal recht selbstlos, Glanz über seine deutschen Waffenbrüder und den König von Sizilien ein, »und dann, vom Streit in Besançon Ihr sicher ebenso habt schon gehört«, fragt er den Gastgeber, bevor er seinen zweiten Punkt angeht, der nickt, da er ja schon Dinge weiß, Heinrich fährt so also fort, »der Hüter Unserer Kirche, schon die Hand er immer streckte aus, jüngst auch hier in Modena ... allein um Frieden müht er sich, der Kaiser aber schwenkt nicht ein, was richtig ist, so denke ich, wiewohl, damit dem Kirchenbann womöglich sich er nähert auch ... Milano nun als nächstes kam, die Stadt man aber nur belagert hat, bisher ... an Brescia aber wohl sich tat, und somit dort exemplum nun besteht, wozu bereit der Kaiser ist«, unterbricht sich Heinrich selbst, mit einer kleinen Pause, sich ohnehin letztlich nur darstellend. Und der Gastgeber, der ist nur mäßig bewegt, denn freilich weiß er bescheid, zumal es seine Region betrifft. Ansonsten, ja, er ist kein Freund der Mailänder, aber eben Landsmann der nördlichen Regionen. Beatrix hört einfach nur höchst aufmerksam zu, nach mehr war und ist ihr nicht.

»Mailand tief gebückt daher dann kam, Vertrauen aber das nicht schuf, denn eben dort zu viel der Kaiser schon gesehen hat … doch zum Vertrag es dennoch kam«, fährt der Herzog fort, den angebotenen Wein hat er zwischenzeitlich freilich nicht übersehen, »und dann, aus dem Vertrag sein Recht der Kaiser nahm, er sandte seine Herren hin, von Dassel und von Wittelsbach, die letzte Wahl zum Konsul prüfend anzuschauen sich, das Volk der Stadt, aufgewiegelt sicherlich, jedoch es völlig anders sah, es beide unter Schimpf und Steinwurf aus der Stadt vertrieb.«

»Diese Sicht bisher recht fremd mir war, sie aber durchaus gut zu kennen ist … Durchlaucht, nichts Gutes weiterhin uns da erwächst«, gibt Azzone aber kurz und diplomatisch von sich, und hält kurz inne, »verzeiht … an Ceraino bin erinnert ich, Verona durchaus etwas schwankend ist, doch letztlich eher kaisertreu, es damals nicht beteiligt war, es wusste nichts davon, was Räuber hatten vor, jedoch, die eigene Ritterschar zuvor ein Fehler war, was schnell man hat bereut, erlaubt mir, zu versichern das«, nutzt er die Gelegenheit, »dabei, auch jene von Stadt für einen solchen Überfall nicht wirklich Auftrag haben sie gehabt.«

»Die Ehrerbietung folgte schnell, der Kaiser nahm sie an, es somit alles längst vergessen ist, denn eines war und ist bekannt, die Lage, die Verona hat, der Stadt auch vieles abverlangt«, erklärt Heinrich entgegenkommend, und wird unterbrochen, da die Tür sich öffnet und eine junge Frau eintritt.

»Verzeiht den Schwung, so ungestüm, das unsere Tochter kann nur sein«, beruhigt der Graf und dreht sich um, steht auf, öffnet seine Arme und lacht Maria da Castelbarco entgegen, »tesoro mio ...« Niemanden stört diese Unterbrechung, ganz im Gegenteil, der Abend lockert sich daher sodann, alle fühlen sich wohl dabei, und für Beatrix beginnt überraschend eine neue Freundschaft, zu einer jungen Frau genau in ihrem Alter.

Crema muss herhalten

Es ist Sommer, an der Adda bei Cassano, zu der Jahreszeit ein recht reißender Fluss, schlägt der Kaiser sein Lager auf, das Heer also steht somit im sehr nahen Westen Mailands. Friedrich lebt und residiert in einem prächtigen Zelt, dem Geschenk des Königs von England. Dort sitzt er mit Vertrauten zusammen, ein Stuhl bleibt frei.

»Werden und Sterben des Lebens Alltag sind, so Freude wie auch Schmerz hin bis zum letzten Tag begleiten einen jeden denn«, spricht Friedrich besinnlich, und schaut auf, »gerade jetzt, Schlag auf Schlag die Reihen dünnen sich ... so Wibald, wie Ihr wisst, beim Herrgott nunmehr weilt, er treu dem Onkel wie auch mir zur Seite stand, das Siegel für die Kaiserin ihn aber uns lebendig hält, dann, dicht darauf, es uns den Anselm aus den Reihen riss, der treuen Freunde einer mehr, Mailand daran schuldig ist ... aus Bayern dann die Nachricht kam, wonach der Herrgott Oheim Otto abberufen hat, ihn für die Welt die Gesta Friderici er noch schreiben ließ, die Rahewin an sie vollenden wird, und weiter nun, auch das trifft sehr, so, da nach Würzburg mein Gedenken nunmehr richtet sich, mein Herz das nie umgehen kann, besonders schwer es also trifft, dort Gebhard nicht mehr Bischof ist, er seinem Bruder Poppo folgte nach ...«, lässt er der Seele freien Lauf, tief berührt, »und noch ein Mann uns nunmehr fehlt, in Mainz, Arnold von Selenhofen, treu und darin stets bemüht ... vom Pöbel grausamst er ermordet ist, die

Stadt dafür bezahlen wird«, fügt er an und bekreuzigt sich, die Anwesenden tun es ebenso, und schweigen, jeder auf seine Weise, aber sie schweigen, und nach mehr als einer Minute ergreift Friedrich erneut das Wort, nun wieder nur als Kaiser.

»Hier und heute wir versammelt sind, da Mailand zu bestrafen ist, höchst schändlich es die Ehre des Imperiums missachtet hat, so also mich, der dessen Krone trägt«, beginnt Friedrich nun die Aussprache, »mein lieber Rainald, lieber Otto, alles bitte tragt uns vor.«

»Für den Vertrag, den Mailand für den Frieden schloss, viele von Euch Zeuge sind, so kurz denn mich ich fassen darf«, nimmt Rainald die Aufforderung selbstverständlich an, »durch ihn der Konsuln Wahl dem Volk ist freigestellt, das Resultat jedoch der kaiserlichen Anerkennung stets bedarf, daher, bevor das Amt der noch bestellten länger nicht besteht, wie der Vertrag es vorbestimmt, durch uns nur alles noch zu prüfen ist, die neue Wahl somit erst dann Vollzug vermelden darf«, bezieht er sich die Regel zitierend auf Vertrag und Ereignis, und wird kurz gefällig, »der Rotkopf neben mir«, zeigt er jetzt scherzhaft auf Otto von Wittelsbach, eben auch Vertrauter und Freund des Kaisers, »mich dabei treuevoll und stark begleitet hat ...«, der Kanzler wird unterbrochen.

»Rainald, Du? Festivitas von Dir?«, wirft Friedrich lachend ein, der schon seit einiger Zeit dabei ist, ein wenig mehr an lateinischer Sprache zu erlernen, »doch ... fahre fort«, schickt er noch immer amüsiert hinterher und wendet sich dabei an beide, Rainald schmunzelt, Otto lacht mit, die übrigen Herren schließen sich an, das Thema doch bleibt ernst.

»Die Bürger denn, das Recht der freien Wahl für sich sie riefen auf, beschimpften uns darauf und wurden mehr als laut ... des Kaisers Recht jedoch, nicht einmal wurde es erwähnt«, fährt der Kanzler denn auch gleich fort, den Ereignissen Rechnung zu tragen.

»Anselmus zeitig noch uns hat gewarnt«, gibt Heinrich von Leez, der Bischof von Lüttich kurz hinzu, in recht guten Jahren stehend, hochgeschätzt vom Klerus, bei der Krönung war er auch dabei, »man Mailand nicht vertrauen kann, genau die Worte mit auf unseren Weg er gab.«

»Das Volk uns dann vertrieben hat, dem Schlag von Steinen ausgesetzt, um unser Leben flohen wir«, ergänzt Otto bedeutsam den vertragsseitigen Anteil der Ereignisse, und macht ihn damit in seiner Schmerzhaftigkeit erst so richtig lebendig.

»Es unverändert sich hier zeigt, wie diese Stadt mit Hochmut und Gewalt das Land um sich macht untertan, selbst Klöster wie auch Kirchen werden nicht verschont, Lodi schwer verwüstet uns sich wieder einmal hat gezeigt ... wie diese Stadt Verträge hält mit Füßen tritt, wie Ehre nur sich selbst gewährt, dem Volk allein der Signoria abverlangt, nicht unbestraft das bleiben darf, den Handschuh hin zurecht ich warf«, ergänzt der Kaiser noch kurzerhand die Lage, und das durchaus zutreffend, »zudem, Undankbarkeit sich auch noch zeigt, da die Communitas wie auch die Wahl an sich nicht angetastet, nur gefördert haben wir«, erweitert er durchaus erbost den Gesprächsstoff, »im Amt die Signoria bliebe doch, mit freier Wahl und eigenem Gericht, wenn auch des Kaisers Krone weiter unterstellt ... die Stadt dann schon in hohem Maße sich doch hätte selbst regiert.«

»Darin Geschenk an Zukunft liegt, was Mailand aber nicht erkennt, und wenn dann doch, zu viel dazu doch einfach wollen sie, sehr unverschämt, und noch sofort«, nimmt Eberhard, der Bischof von Bamberg das Thema an, »es Ungehorsam blind für höchste Tugend hält und darin für sich Mittel sieht.«

»Die Stadt zerstören sollten wir, darin wir einig sollten sein«, wirft Otto ein, »an Mannschaft aber doch vielleicht es dafür fehlt, da Berthold wie die Böhmer und die Ungarn auch nach Unterzeichnung des Vertrags zu ihrer Heimat hin entlassen sind.«

»Hoc bellum iustum esset … nicht einen Zweifel hege ich, wenn nur ganz den Regeln des Decretum Gratiani folge ich, ein solches Recht auch durchzusetzen aber offenbar nicht immer überzeugend ist, da wie in diesem Falle Richtigkeit auch darin liegt, was dazu eben auch Ihr noch uns habt gesagt«, wendet sich Rainald an Otto.

»Heinrich wie auch Welf, sie viel an Hundertschaft uns haben zugesagt, jedoch, sie beide, wie Ihr alle wisst, noch nicht im Lager sind … wenn aber davon einmal weg wir sehen, wohl mehr vielleicht doch zählt, dass Mailand uns nur zahlen kann, wenn es in Arbeit wie im Handel steht«, ergänzt der Kaiser nüchtern, und der Kreis stimmt zu.

»Majestät, Ihr seht, der Stadt wir Frieden haben zugesagt, das als Bedingung des Vertrags, und ihre Demut reichlich uns zudem gezeigt sie hat, mit blankem Schwert und ohne Schuh, der Kniefall blieb dabei erspart, die schwerste Last Konsul Oberto trug, er um Vergebung bat … für unser Fest wir Monza dann noch wählten aus, was Mailand auch nur kränkend fand, so, wie durch uns jedoch gewollt«, bringt Daniel Bischof von Prag sich ein, und lächelt bei seinem letzten Wort, erfreut, dass auch diese Entscheidung den gewünschten Erfolg brachte, für Monza selbst ja auch, denn seit dem auch Kaiserpfalz es ist, »Frieden, Strafe, Gnade auch ... Ihr kaiserlich doch schon gehandelt habt.«

»Um unser Leben liefen wir ...«, wiederholt Otto von Wittelsbach, Rainald hält sich jetzt zurück.

»Das so gegebene Wort nicht brechen wir«, bestimmt Friedrich und schaut auf Eberhard und Guido, »doch Hochverrat bewiesen ist, dafür ein Urteil nun muss her, des Kaisers Recht zu statuieren ... wie gleich strengen Wert für heute wie für morgen aufzustellen auch.« Rainald lächelt.

»So also Crema bietet sich nur an«, schlägt Guido Conte Biandrate vor, »belagern wir doch diese Stadt, die ohnehin ein Stück schon selbst es hat verdient, und schauen, was dann kommen wird.«

»Dem Vorschlag ich mich schließe an«, unterstützt Wilhelm von Montferrat seinen Vorredner.

»Alea iacta est«, fällt der Kaiser daraufhin rasch sein Urteil, »Crema uns exemplum ist ... umschließt die Stadt, auf das sie schnell sich uns ergeben muss.«

Sechs Monate hat es dann aber doch gebraucht, bis Crema sich unterwarf, von Mailand schändlich allein gelassen, zu selbstbezogen ist diese Stadt eben. Das Streben des Bürgertums nach Selbstbestimmung ist das eine, es folgt dem Zeitgeist. Der Stolz dieser Stadt, das Umland zu beherrschen, ist das andere. Vielleicht aber war das Heer des Kaisers doch zu mächtig, oder, es wurde falsch eingeschätzt.

Eine Nacht der anderen Art

Beatrix freut sich auf Friedrich, denn sie hat ihn längere Zeit nicht gesehen. Im Juli erreicht sie dann endlich das Lager in der Nähe von Crema. Der Kaiser bedankt sich bei Heinrich dem Löwen für das sichere Geleit, dann führt er Beatrix auf dem Pferd sitzend herum, aus politischem Kalkül des Herrschens heraus, aber auch aus Stolz über die so junge, gebildete und schöne Frau an seiner Seite, die auch noch vermögend ist. Abends sind die beiden für sich, Kerzen erhellen dezent das zeltene Gemach, das Rauschen der Adda ist zu hören.

»Friedrich, mein geliebter Mann, Dich habe ich doch sehr vermisst«, ertönt Beatrix' Stimme sanft, sie hatte sich gerade umgezogen und steht nun vor dem Gatten, »die Zeit, sie Sehnsucht einer Frau tief in mir entstehen ließ.« Friedrich schaut gerne hin, geht auf Beatrix zu, nimmt sie in seine Arme und küsst sie auf die Stirn.

»Dein Alter unermesslich Glück mir war, es an Geduld so viel Dir gab, der Wochen drei, sie trugen und sie tragen mich«, lehnt sich Beatrix an die Brust ihres Mannes und genießt die Geborgenheit, die sie dabei empfängt.

»Diese Zeit auch mir im Herzen fest verankert liegt, voll erfüllt sie war, so wie sie war, nichts mir hat gefehlt«, antwortet Friedrich einfühlsam, dreht Beatrix zu sich, hält sie mit beiden Händen an der Schulter fest und schaut sie liebevoll lachend an, wird dann aber ernst, »sie aber nunmehr leider überschattet ist.«

Erschrocken schaut Beatrix auf.

»Nicht Du, nicht ich, sei unbesorgt«, beschwichtigt Friedrich sofort, »der Treuen einer ist gemeint, in Würzburg hat er uns vereint.« Beatrix versteht, und so zeigt sich schlagartig Traurigkeit in ihrem Gesicht.

»Der Gebhard nun beim Herrgott weilt«, fährt Friedrich fort, und die Erinnerung, sie berührt erneut, »seit gar nicht allzu langer Zeit, er ist dem einen seiner Brüder nun gefolgt, dem es nun wirklich viel zu früh erging.«

»Er wahrlich fest an Deiner Seite stand, und dort, die Lücke nicht zu schließen ist«, geht Beatrix darauf ein, streckt ihre Arme aus und nimmt Friedrichs Kopf in ihre Hände, sie, die noch so junge Frau, »in unseren Herzen aber eine solche sich nicht finden lässt, denn er, er war und ist des unseren Glückes Schmied.«

»Was für ein Segen Du mir bist …«, erwidert Friedrich dankbar, »die Parzen uns gesonnen sind … die Sterne sicher auch.«

»Die Sterne?«, fragt Beatrix nach und dreht sich in den Raum hinein, »Du weißt, im Bild des Taurus ich geboren bin …«, lacht sie ihren Friedrich an, steht etwa drei Meter weg, und dreht sich erneut.

»Das schon bekannt mir ist«, lächelt Friedrich amüsiert und angetan, »das Astrum aber über dem, das noch mir fehlt … mein Bild der Piscis ist, der zur Geburt im Taurus stand …«, und schaut aufmunternd.

»Mein Friedrich«, strahlt Beatrix beglückt, »vieles klar damit mir wird, denn beide Bilder fügen sich, zumal …«, schaut sie fast fassungslos, so überrascht und glücklich auch dabei, »mein Bild des Taurus … es im Piscis steht.« Friedrich ist darüber ebenso verblüfft, denn eine höhere Stufe der Inklination lässt sich wahrlich nicht wünschen.

»Ab ovo schon gleich wusste ich, dass sehr viel mehr als nur vermählt ich bin, was eine Frau in dieser Zeit höchst selten zu sich sagen kann, da oftmals Eheschließung nicht dem Herzen folgt, doch dem Verstand ... die Venus in mir wirken kann, im Taurus höchst und rein, all das uns beiden Schicksal ist, dem Alltag Geist und Seele gibt«, fährt Beatrix fort und dreht sich wieder, jetzt etwas kokett.

»Für wahr, mein Schatz, die Zeit es uns gebietet so, und anders kaum, wie also als ein Gottgeschenk muss es erscheinen uns, dass Du mit mir wie ich mit Dir, wir beide uns nur sind«, bekennt sich Friedrich, und wird jetzt etwas frivol, »den Anblick nun, den immer wieder wie grad hier und jetzt Du mir verschaffst ... nicht länger ich ertragen kann«, rabuliert Friedrich lächelnd, wird dann aber sogleich wieder nur herzgetreu, »was da an Stoff in hellem Ton Dich zart umhüllt, dazu Dein Haar so lockig lang, Du mir erscheinst wie unberührt, all das in eine Welt mich trägt, die nicht und niemals ist von hier, die kann denn nur zugänglich sein, wenn völlig ohne Pflicht und Eigensinn zwei Herzen sich denn geben sich.«

»Allein so steigt man zu den Sternen auf ...«, ergänzt Beatrix besonders liebevoll, sie kennt den Satz freilich auch auf lateinisch, lässt ihn aber so in ihrem Kopfe ruhen, »Dir, lieber Friedrich, alles gilt ... unendlich frei und ehrlich meine Liebe ist, sie weder fragt noch fordert sie ... auch, wenn wir nicht beisammen sind, sie einfach da für Dich nur ist«, hängt Beatrix leiser werdend an und löscht nun die letzte Kerze.

Am kommenden Tag, die Pflichten eines Herrschers kommen

immer wieder und rücksichtlos auf, die Dinge warten eben nicht, begleitet Friedrich Beatrix zur Kutsche nach Lodi, wo alles vorbereitet ist zu ihrem Wohl, und zu ihrem Schutz, denn der Kaiser befindet sich ja im Krieg.

»Mein Herz Dich fort nicht gehen lässt, die Kaiserin in mir doch schon«, ruft Beatrix noch aus dem Wagen heraus, lacht und winkt, und weiß, ganz wundersam, dass neues Leben in ihr entsteht.

Habemus Papam

In Anagni, zwischen Frascati und Frosinone, näher zum letzteren Ort hin, in einem schon größeren und gut, letztlich aber doch noch bescheiden ausgestattetem Haus des Bistums, direkt neben der Kathedrale Santa Maria Annunziata, einer Basilika Minor, findet ein Abschied statt.

»Kommt näher, bitte, Ihr, die meiner Seite treu und stets den Schutz und Beistand habt erbracht, den ich gebraucht, bei aller Hilfe Gottes, die mir war und ist gewährt«, kommen Hadrian Worte nur noch leise über die Lippen, »der Herrgott bald mich zu sich nimmt ... so mich die Frage drängt, was er wohl von mir halten wird.« Der Camerlengo tupft die Stirn des Heiligen Vaters trocken, Kardinal Rolando Bandinelli und Romaldo Viscovo di Anagni stehen etwas im Hintergrund.

»Ihr als erster aller Hüter Roms als Vicarius Christi seid benannt ...«, erlaubt sich Camerlengo Kardinal Boso zu sagen, Hadrian schaut dankbar auf, »Ihr als erster auch der Ketzerei begegnet seid, und das mit starker Hand, Ihr denn auch zum Süden hin und überhaupt mit viel Geschick das Patrimonium gesichert habt, das zeigt doch wahrlich auf, was Euren Dienst der Unseren Mutter Kirche wertvoll macht.«

»Mich immer noch umher doch treibt, der Streit zum Kaisertum ... der einfach wertig sich nicht zeigt ... warum, die Dinge, die da weltlich sind, von jenen, die zu hüten nur die Kirche in der Lage ist, warum denn sie nicht endlich trennen wir. Warum, mein Herrgott, gibst du Zweifel auf, statt sie zu nehmen mir?«, schaut Hadrian dabei nach oben und faltet seine Hände, »das Deiner Prüfung Ende nie wohl ist erreicht«, schaut er erschöpft, den Toren schon recht nahe, nach Zeichen der Bestätigung aus, wendet seinen Blick dann aber gleich zurück, »nun sage noch, was denn der Kaiser derzeit tut.«

»Brescia recht zerstört, Crema eingekesselt ist, Strafe nun auch Mailand droht, so in der Stadt, Stolz ohnehin, jetzt viel an Sorge geht auch um«, antwortet Rolando Bandinelli, gebürtig aus Siena, »doch denke ich, wir alle denken so, der Kaiser sich den Alpen wieder wendet zu, da viel im eigenen Land geschieht, und regeln das, das mag er selbst ... und weiter hier? An Gutem durchaus auch geschah, die Griechen nun vertrieben sind, der Kaiser sogar Anteil daran hat, und folglich dann zurück er zog, nicht ein Soldat mehr da noch ist, zuvor er aber Rom und Arnold uns gegeben hat, was einiges an Sorgen nahm, so bleibt das Regno di Sicilia, im Bund mit uns zudem kein schlechtes Bollwerk auch es ist, noch unberührt ... es anzutasten derzeit nicht er wagt, wohl auch nicht kann, vielleicht auch überhaupt nicht will.«

»Wie sehr sein Wort an uns er brach, so er von Gott gelenkt auch gute Tat uns hat vollbracht, wobei, sehr wohl, er selbst auch Nutzen daran hat, nun ja, das auch den Dingen oftmals einfach inne ist«, wertet Hadrian den Bericht, ist ein wenig beruhigt, und auch wieder nicht, so hat er eine weitere Frage, »und, sage bitte mir, zu meinem Angebot, ein Wort dazu er gab?«

»Er Rom als Stadt der Kaiser sieht, da Rom der Menschen Hand entstammt, die Stadt, sie also irdisch ist, und was denn irdisch ist, doch nur des Kaisers Krone untersteht ... die Bischöfe im Lande hier, sie frei er stellt, doch nur, wenn die Regalien sie geben her, und alles andere lehnt er ab«, fasst Kardinal Rolando zusammen.

»Was maßt sich dieser Mann nur an, nach Willkür zu bestimmen dieser Welt, wer Hirte denn den Menschenkindern sei ... der Bann sodann, der angedroht, er weiter zu erwägen ist, so fürchte ich, denn Herrscher einer nur kann sein ... quod solus romanus pontifex iure dicatur universalis«, zitiert Hadrian einen der Leitsätze Gregors des VII aus dessen Dictatus Papae, »da also diese Welt in toto unseres Herrgotts Schöpfung ist, getrennt nichts werden kann, und wer das dennoch will, der setzt nur seinen Glauben unserem Zweifel aus ... pleni sunt coeli et terra gloriae tuae«, haucht er mit noch scheinbar guter Kraft, tatsächlich aber scheint er an den Widersprüchen zu ersticken, »das Paradies sich öffnet mir? Gerechtigkeit mir widerfährt?«

»Im Antlitz unseres Herrn Ihr jeder Sorge Eurer vita nunmehr ledig seid, Gerechtigkeit, die Frage stellt sich nicht, das Paradies verdient Ihr habt ... der Segen Euch nun hiermit sei erteilt«, spricht Bischof Romaldo und nimmt dem Heiligen Vater die Beichte ab, »so tretet vor den Schöpfer hin, in nomine patris et filii et spiritus sancti te absolvo ... amen.«

Romaldo tritt zurück, die drei Kleriker bekreuzigen sich.

»Et nunc ascendit in coelum sedet perpetuo ad dextram patris«, fügt Kardinal Boso treu ergeben an, zeichnet dazu ein Kreuz in die Luft und waltet dann seines letzten großen Amtes als Camerlengo, indem er dem Vicarius Christi die Augenlider schließt und den Ring des Bischofs abstreift, den es ja nur einmal gibt. Die Beisetzung findet in St. Peter statt, das ist gut siebzig Kilometer entfernt, und so kommt es erst einige Tage später zur Wahl des Nachfolgers Alexander.

Wilhelm in bester Laune

In einem herrschaftlichen Haus in Palermo, es ist schönster Sommer, in den schon etwas späteren Vormittagsstunden. Das Gemach ist vom Tageslicht durchaus erhellt, da einer der Vorhänge schon leicht zurückgezogen ist. Unaufdringlich und etwas verklärend belichtet ist dabei das prächtige Möbelstück der Nachtruhe, da es neben dem noch zugezogenen Fenster steht.

»Mon cher, Du musst denn gehen?«, räkelt sich Sica d'Eboli zwischen Decken und Kissen hervor und schaut auf Maio, den es schon außerhalb des Bettes umtreibt, »in Deinen Kleidern gegen mich Betrug Du spürst vielleicht und daher gleich zur Nächsten gehst?«

»Wenn überhaupt ich einer Frau gehörig bin, dann doch nur Dir«, antwortet Maio elegant, geht dabei zum Bett und küsst Sicarina zärtlich auf die Stirn, »Du doch die klügste bist von allen hier ... und ... schau Dich an, dazu die schönste noch«, hängt er geschickt wie zutreffend mit einem überzeugenden Lächeln an, wendet sich dann zurück in den Raum und legt das noch fehlende Gewand um, »allein des Königs Ruf mich ruft«, erklärt er noch, »nur das allein doch meiner Sehnsucht Einhalt schaffen kann.« Sica lächelt liebevoll zurück und winkt, Maio verlässt nun das Gemach.

Der Weg zum Normannenpalast ist nicht weit, di Bari betritt das große Gebäude. Im Gang hin zum König trifft er Matteus von Salerno. Sie begrüßen sich, Matteo schmunzelt respektvoll.

»Wenn ein Verbrechen es denn ist, zu sein in sie verliebt, die Schönheit einer Frau, dann doch allein die Schönheit nur gerecht die Strafe dann zu tragen hat«, bemerkt Maio so zwischendurch, Matteo bestätigt das mit Gestik und Lächeln, schließlich sind beide schon am Ziel, treten in einen kleinen, doch geräumigen und recht prächtig möblierten und geschmückten Saal ein.

»Gerade noch die Zeit Ihr trefft«, empfängt Wilhelm die beiden und bittet sie zu einer Sitzgruppe mit kleinem Beistelltisch, »mi corazon«, wendet er sich denn gleich zu seiner Frau, »die Pflicht, sie drängt, verzeihe mir ...«

»Sicher doch«, lächelt Margarita di Navarra ihren Gatten an, küsst ihn kurz, schaut auf die eintretenden Herren, nickt sie mit einem dezenten Lächeln nett an und verlässt anschaulich weiblich, dabei elegant wie unaufdringlich den Saal.

»Eure Majestät, verzeiht«, ergreift Maione eine Initiative, »ein mancher Morgen voller Tücken ist, umschifft die ihren Klippen aber nunmehr alle gütlich sind.« Ahnungsvoll lächelt der König, denn er kennt ja seinen Kanzler, le roi des plaisirs.

»Nun denn, Ihr Herren, lasst uns reden über das, was dort zu Rom und was zu Mailand alles zu bereden ist«, beginnt Guglielmo nun sehr nüchtern, »wie ging sie her, die Wahl, damit beginnen wir.«

»Es heißt, dass una voce abzustimmen war, doch das genau sich nicht ergab, da auch ein Lager stark sich hat gemacht, das nicht wirklich auf des Kaisers Seite steht, das jedoch des Gregors Lehre nicht in allem folgen will«, gibt Maio seinen Eindruck über die Ereignisse wieder, »sodann, die Mehrheit, sie doch immerhin recht deutlich war, dem neuen Bischof Roms den Mantel dennoch hatte umgelegt, de Montecello ihm doch diesen gleich entriss ... Tumult entstand, der nicht mehr zu beherrschen war, so Bandinelli, er den Namen Alexander nunmehr trägt, in die Engelsburg entfloh.«

»Das durchaus macht mich fassungslos, was denn der Kaiser nur sich dabei denkt, da sicher er doch hinter allem steckt ... für uns jedoch es keinen Zweifel gibt, Rolando Bandinelli, er allein rechtmäßig Santa Sede inne hat, so Alexander Oberhaupt der Kirche ist«, gibt Guglielmo die politische Linie Siziliens wieder, »so Streit als unausweichlich dieser Welt sich kündigt an.«

»Zunächst im Worte nur, doch sicherlich recht bald auch auf dem Feld«, nimmt Maio den Faden auf, »der Kaiser, nur erbost, ja zornig gar, in einem Brief er machte klar, was er von all dem hält, darin er an den Kanzler Bandinelli schrieb und sich der Seite Victors hatte zugesellt, zu dessen Blut, und wohl recht nah, Verwandtschaft auch besteht ... die Ladung, die dem Brief im Kern noch inne liegt, von Alexander ohnehin verwiesen war ... die Schuld am Schisma nun, darauf sogleich, er daher einzig bei Rolando sieht.«

»Der Kaiser denn in Alexander Gregor nur erblickt ...«, sinniert Wilhelm, »so fahrt denn bitte fort.«

»Es im Collegium Cardinalium vorab, so also zeitig vor der Wahl, die Stimme gab, die Warnung sprach, wonach denn eine Gegenwahl ... so erfolgen sollte sie ... ein Schisma nur löst aus, ab ovo also daher schon de Montecello stand als jener da, der in der Lage sei, der Kirche Frieden doch noch zu bewahren«, fügt Matteo an, »ob nun Auftrag oder Eitelkeit, de Montecello nicht zurück sich zog, er einzig eben damit schuldig nunmehr ist.«

»Dictatus Papae ... Besançon ... fürwahr ... ein wirres Bild, nichts davon wirklich leuchtet ein, so Alexander vielleicht besser doch nach Pavia gegangen wär ...«, kommentiert der König erneut, jetzt besser hörbar.

»So denkt ein Mann im deutschen Land, Gerhoh von Reichersberg genannt, er sich als Reformator sieht ... als theologus einflussreich, er letztlich auch die Seite Alexanders teilt, und damit nicht alleine steht, und weil da eben manch ein Fürst der Kirche in des Kaisers Kreis sich hinter Alexander hat gestellt, des Kaisers Macht erscheint geschwächt«, berichtet Maio weiter, zieht einen Schluss, und fährt fort, »und so ... es kaum der Welt zu klären ist ... dem höchsten Bischof nun des Kaisers Acht ist auferlegt ... und Victor Alexander schloss der Kirche aus wie Alexander später dann den Kaiser wie den Victor auch, es wahrlich wirre ist ... nach Rom derzeit sich keiner traut ... das Capitol, es residiert.«

»Der meinen Sprache fast beraubt ich sehe mich«, kommentiert der König den Bericht, »nur fast, Dir, Herrgott, danke ich, denn etwas auch die Klarheit zugewinnt ... wo nämlich jeder jeden mit dem allerletzten Mittel straft, es allenfalls noch gibt den Krieg, Gerechtigkeit jedoch sich niemals findet über ihn ... und letztlich auch kein Sieg.«

»Dabei, zum Frieden hin, schon unter Hadrian, der Hände viele oft doch waren ausgestreckt, der Kaiser doch nahm keine an«, fügt Matteo hinzu.

»Des Heiligen Vaters Vogt seit Benevent wir sind, zu dessen Namen es daher für uns nicht einen Zweifel gibt, und daher Freude nur bereitet es, dass große Länder dieser Welt, so wie auch wir, im Weiß nur Alexander sehen«, bekräftigt der König seine Linie, »summa summarum also denke ich, dass unser Königreich derzeit und morgen auch bedroht nicht wirklich ist ... dem Kaiser beide Hände viel zu sehr gebunden sind ... und einen Waffengang gegen Seine Heiligkeit ... nein, soweit sicher nicht der Kaiser geht, er letztlich ist ein treuer Sohn, und außerdem, er damit dann auch uns den Krieg erklärt.«

»Nun, ja, zu dort ... ganz ohne Vorbehalt ich stimme zu«, pflichtet Maio bei, »Byzanz jedoch, das fürchte ich, wenn auch verjagt bis hin zum letzten Mann derzeit es ist, den Deutschen durchaus Dank dafür gebührt, doch weiterhin im Spiele ist, wenn auch zur Zeit mit Manuel im Stillen wir verbunden sind und er den Norden auch noch unterstützt, es morgen kann schon anders sein.«

»Ihr seht es recht, jedoch zur Zeit der Blick auf den Vertrag uns sicher wohl genügt, genügen muss ... zu Mailand noch ein Wort, obwohl es vor dem Hintergrund nur Rand der Bühne bildet ab«, fordert der König seine Berater noch einmal auf, »der Kaiser dort schon lange weilt, es sicher Blut gekostet hat.«

»Majestät, Ihr wisst, dort oben einer ist des anderen Feind, allein die großen Städte sagen an, sie zwar nicht kämpfen gegen sich, doch Einigkeit ... sie zuverlässig steht doch aus«, berichtet Matteo, »sodann, Milano bisher nur belagert ist, Crema aber zahlte schon ... es grausam war, was dort geschah.«

»Und keiner hilft der Lombardei?«, fragt der König nach.

»Mailand schon Gefolge zählt, der Staufer aber auch, zudem, ein starkes Heer denn auch schon so um sich er hat, das Land herum und damit jeder Acker, jeder Baum wie jede Rebe, jeder Fluss ... allein vom Kaiser sind beherrscht«, übernimmt Maio wieder, »die Stadt allein schon mächtig ist, doch Durst und Hunger ebenso es sind, wie jeder weiß, der Kriege führt ... was unsere Sache nur betrifft, es wahrlich wenig dafür spricht, dass Barbarossa Zeit und Kraft für einen Zug hierher denn finden wird, wie sehr das Heer auch derzeit Mannschaft zeigt, die Städte doch, die diese Mannschaft haben aufgefüllt, sie nur dem Feind in Nachbarschaft sich letztlich wenden zu.«

»Und auch der deutschen Fürsten Lust sich immer doch in Grenzen hielt, was daran soll jetzt anders sein ... uns wahrlich viel gelungen ist«, beschließt Wilhelm die Aussprache, »Ihr Euren Anteil daran habt ... und Unser Herrgott freilich auch ... so jetzt vertreibe jeder sich den letzten Rest von Sorgen, wenn überhaupt noch welche stehen an.« Maio und Matteo ziehen sich daraufhin höflich zurück, unterhalten sich noch ein wenig, schon in freundschaftlicher Art.

Urteil den Verruchten

Es ist Frühjahr, nach über einem Jahr, der Kaiser hält nun Lager bei Lodi. Erneut sind die Mailänder vorgeladen. Dieses Mal kommen drei der Konsuln, angeführt vom primus inter pares der Signoria, sie betreten und bewundern das Zelt des Kaisers, das Geschenk von König Heinrich, einem aus der Familie der Anjou-Plantagenet.

»Edle Herren, seid begrüßt«, eröffnet Rainald als Erzkanzler Italiens heute die Verhandlung, »fühlt Euch wohl und kommt heran … und Eurem Kaiser huldigt dann«, Letzteres zu sagen, ist eigentlich nicht nötig, es soll nur gleich einen Tenor vorgeben. Die Herren treten denn auch vor, bleiben dabei aber aufrecht, der Kaiser sieht darüber hinweg.

»Majestät«, ergreift Galvano Visconti, Herzog von Mailand und Graf von Angera, im Namen der Delegation das Wort, »Oberto Consul Mailands ist, in gleichem Amt Oldrado de Basegapei steht, und ich, sehr wohl bekannt es dürfte sein, der Signoria stehe vor.«

»Euer Begehr so tragt denn vor«, verhält sich Rainald von Dassel weiterhin höflich.

»Majestät«, beginnt Galvano seinen Vortrag, »wo immer nur der eine Schlag dem anderen folgt, und dem dann wieder einer folgt, des Teufels Kreis dann nur entfesselt sich, ein circulus vitiosus der Erbarmungslosigkeit sich über allem breitet aus und lähmt Vernunft, daher Bedauern immer noch uns füllt, dass gut vor einem Jahr, im Bistum Mailand Eure Unterhändler trafen wir«, wirkt er durchaus überzeugend, schaut auch auf den Bischof von Bamberg und den von Prag, beide sind auch der italienische Sprache gut mächtig, »das Angebot von uns das Eure Ohr jedoch nicht fand«, löst er nun eine leichte Anspannung aus, »dann in Marengo die Deditio, die Euch sogar als Schuld wir boten an, sie Euch wohl nicht genügend war ...«, Galvano wird unterbrochen.

»Besondere Strenge anzuwenden ist, wo bei besonderem Vertrag doch weiterhin nur Ungehorsam wird gelebt«, wendet Rainald ein, »zudem, genügend Kenntnis Ihr doch habt, zumindest dann, sobald nur jede Seite Euch beleuchtet ist, darüber, dass nach altem wie auch Kirchenrecht, was uns Bologna hat belegt, Roncaglia Euch doch neue Pflicht geschaffen hat ...«, lässt sogleich eine kleine Pause zu, »doch ... sagt uns nur, die Eure Stadt, wenn lieber Euch das ist, dass sie in Rauch und Trümmern und in Leid wiederfinden sich denn soll ...«, zieht er geschickt den Ton an.

»Die Mauern, Türme, Tore ... schleift sie nur ... und wenn auch noch ein jedes Haus durch Eure Hand zu Asche wird, Mailand daran sicher nicht zugrunde geht«, erwidert Galvano stolz und kämpferisch, »dabei, Euch boten wir schon an, die Tore selbst wir brechen ab, damit das Eure Heer genug an Eingang für sich hat ... und unsere Bürger sind verschont.«

»Die Eure Stadt wir machen glatt«, wirft Pfalzgraf Konrad bei Rhein ein, »denn Euer Frevel an dem Land um Euch herum und auch an uns«, er zeigt dabei auf Rainald und Otto, »und Euer Hochmut ... selbst noch hier ... was an Verdienst denn Ihr Euch ehrlich noch erdenken könnt?«

»Die Wahlen uns sind freigestellt ...«, wirft de Basegapei ein, wird aber schroff unterbrochen.

»Das nun nicht länger gilt«, wirft Rainald ruhig, doch energisch ein, taktisch auch, denn vom Kaiser weiß er ja, dass der Vertrag Bestand haben soll.

»Das Übrige betrübt uns sehr, der Pöbel Tat auch uns hat überrascht, zutiefst remissio so erbitten wir«, beschließt Galvano recht bemüht und mit Andeutung einer Verbeugung.

»Die Eure Demut nicht als wahr erklingt dem unseren Ohr«, erwidert Rainald kurz, »fallt auf die Knie, dann Gnade Euch vielleicht ergehen wird.«

»Majestät, die Unterwerfung unser Auftrag ist, es keinen Zweifel daran gibt ... und geben darf, und die Bedingungen dafür, die Ihr doch selbstverständlich nennt«, wendet sich der Herzog von Mailand mit Verbeugung nun direkt an den Kaiser.

»Der darauf nächsten Ladung nicht gefolgt zudem Ihr seid«, möchte Bischof Heinrich von Lüttich etwas beschwichtigen, »und Crema? Werft uns das nicht vor, die Stadt sich Euch geopfert hat, barmherzig nur der Kaiser war, wo Ihr die Bruderstadt im Stich gelassen habt«, und versucht dann, etwas abzulenken und zugleich auch neuen Druck aufzubauen.

»Erneut wir schlagen einen Frieden vor«, übernimmt Konsul Oberto de Orto wieder das Gespräch, »nachdem ein Handel auch danach uns leider nicht zustande kam, dabei, an Hoffnung wie an Willen auch es weder uns noch Euren Herren ...«, unterbricht sich selbst und wendet sich den Grafen Ludwig von Thüringen und Konrad bei Rhein zu, »wahrlich nicht gemangelt hat«, wendet sich zurück, »zu gutem Ton auch Theobald und Friedrich trugen bei, die Herzöge aus Böhmen.«

»In Not Ihr seid, das alles ist, denn nicht ein Wort der Demut klingt da an«, wendet Berthold von Zähringen ein, der mit frischen Rittern wieder dabei ist, »so, mir sich zeigt, inmitten eines Flusses Ihr jetzt steht, und dennoch nach dem Fluss Ihr sucht.«

»Not an Wasser, Brot und Fleisch, Fisch und Gartenfrucht, Tod durch Krankheit ... nicht nur Mailand trifft, das nur wohl bedenkt«, wendet Visconti grundsätzlich zutreffend ein.

»Mit Sorgfalt haben wir bedacht, was an Vertrag Ihr kürzlich uns gesendet habt«, erhebt der Kaiser nun das Wort, »dem beigestanden wir doch sind.«

»Die Wirklichkeit jedoch zu mächtig war, der Krieg dem Land erneut die Ernte nahm, weshalb nur dieser Weg uns bleibt«, übernimmt Oldradus de Basegapei, »so, jetzt erneut wir stehen hier ... nach Eurem Recht verfügt doch nun ... dabei, allein für unser Volk Barmherzigkeit erbeten ist, den Bürgern Mailands wir doch Diener sind, und nun gewiss die Euren auch ... kein Betteln und kein Flehen das verbirgt.«

»Ihr seht es recht, ein Hochverrat jedoch den Tod verlangt«, urteilt Friedrich, »des Kaisers aber ebenso die Gnade ist ... und diese sei Euch hier gewährt ... doch bleibt bei Eurem Wort, bedenkt nur jederzeit, des Kaisers Recht Euch überwacht, so unter meinem Mantel Mailand wieder blühen kann, doch bitterlich verbluten auch.« Die Konsuln sind damit entlassen, sie ziehen sich rückwärts gehend und mit leichter Verbeugung auch sogleich zurück.

»Wie geht es weiter nun, was ratet Ihr«, wendet sich Friedrich an die Getreuen.

»Cremona, Como, Lodi oder Pavia, sie alle voll der Racherufe sind, sie Rauch und Trümmer wollen sehen«, bringt Otto von Wittelsbach ein, Rainald nickt bestätigend.

»Erlaubt, dass ich für Gnade bin, nicht nur, weil diese Stadt mir Wiege ist«, entgegnet Guido Conte di Biandrate, »denn, schaut doch hin, sie ohnegleichen schon am Boden liegt, die Consuln sich mit blankem Schwert und barfuß vor Euch warfen hin, die Euren Füße küssten sie, und künftig, Silber fließen soll doch weiterhin.«

»Der Rat des Grafen durchaus deckt sich doch mit dem, was schon zuvor wir tauschten aus, dem Rat so also könnten folgen wir, mit ihm die Ziele alle durchaus sind erreicht«, meldet sich Heinrich der Löwe zu Wort, »der Welt jedoch ein Zeichen höchster Einfachheit ... ebenso zu geben ist.«

»Quod principi placuit ... legis habet vigorem«, bestärkt Rainald den Löwen, wobei er es in diesem Fall freilich nur auf die Sache bezieht, nicht auf die Person, »so ein exemplum sehr vonnöten ist, fürwahr.«

»Allein in unserer Hand das alles nunmehr liegt, warum jedoch auf Zeit nicht setzen wir?«, beteiligt sich nun der Bischof von Bamberg.

»Dein Gedanke mehr mir liegt, doch allen Euch hier danke ich«, fasst der Kaiser für sich zusammen, »den Consuln also gebt doch auf, dass sie die Bürger siedeln aus, dass nur Soldaten noch dem Stein der Stadt zur Seite stehen, und später dann, den Mauern unser Heer sich zeigt ... nur eines zwingend haltet ein, nicht eine Kirche fallen darf «, bestimmt er weiterhin, »zuvor die Unterwerfung Mailands soll vollzogen sein, und Ort dafür gerechtsam Lodi ist.«

Die deutschen Fürsten folgen dem kaiserlichen Wort, untertan wie einsichtig, die italienischen aber nicht. Unter den Augen Friedrichs wird Mailand entgegen der kaiserlich erteilten Order gnadenlos in Asche gelegt. Gefeiert wird dennoch, in Pavia, im dortigen Palast des Bischofs. Frühen Herbstes macht sich der Kaiser dann auf den Weg zurück in die deutschen Lande.

Alexander ist zurück

Rolando Bandinelli, einst Professor des Rechts in Bologna, Kanzler unter Anastasius, und Kardinalpriester von San Marco, nunmehr eben Pontifex Maximus Alexander, jedoch bestritten und daher ja in Auseinandersetzung mit Kardinal Ottaviano de Monticelli als Gegenpapst Victor, einem Freund des Kaisers, er, Alexander, floh nach Frankreich und ist nun zurück aus dem Exil, zurück auf dem Lateran. In einem Arbeitszimmer des Palastes dort warten vier seiner engsten Freunde und sein Kanzler. Die Tür öffnet sich, Camerlengo Kardinal Teodino de Arrone tritt ein und hält dem Heiligen Vater die Tür auf. Beide nähern sich dem Kreis aus Stühlen, die dort Wartenden erheben sich, der Papst hat freilich einen besonderen Stuhl, come sempre, er setzt sich.

»Liebe Freunde, treu Ihr mir zur Seite steht, dafür nie genug des Dankes schulde ich«, begrüßt Alexander die Versammelten, »an jenem Ort endlich wieder residieren wir, zu dem der Herrgott einst geraten hat.« Die Anwesenden lächeln erfreut und ehrerbietend.

»Nun denn, der Dinge Lauf ist eben gottgelenkt, für jedes Menschenkind so es sich fügt, so also auch für uns … in meinem Herzen weiterhin nur Schmerz und Trauer sind, da unser Sohn, in Rom gekrönt, der uns versprach, ergebener Vogt der Heiligen Kirche stets zu sein, sich offenbar von Gott gewendet hat, und auf dem seinen nun gebannten Weg wohl eher weiter noch sich uns entfernt«, fährt Alexander fort und schaut bei diesen Worten tatsächlich sehr besorgt aus, »es keine Wahl uns aber damals blieb, nachdem er jede Hand von uns höchst ungehörig abgewiesen hat, auch schon zuvor, und dann danach ... wo uns Versöhnung mehr doch als nur Auftrag ist, sie wie die Gnade unserem Glauben höchst zutiefst nur inne wohnt, für uns sie eben über allem steht, gerade über dem, was irdisch ist und ewig lockt mit Glanz.«

»Der Herrgott uns Geschichte schreibt, dabei, nicht alles unserer Hand entzieht, er klug an Tat uns vieles überlässt, so Glück wie Sorge, Schmerz wie Freude aus uns selbst entstehen auch«, ergänzt Ubaldo Allucingoli, Kardinal im höchsten Rang.

»Weil damit denn auch wir nun aufgerufen sind, wie denn die Welt erneut sich nun uns zeigt?«, nimmt Alexander den gebotenen Faden auf.

»Euch allen ist bekannt, was hoch im Norden so im Großen vor sich ging ... was einzeln aber sich ergab«, läutet Kardinal Ermanno, Kanzler des Heiligen Stuhls, ein und schaut fragend auf Alexander, der nickt, »nachdem der Kaiser also abgezogen war, in Mailand Chaos schnell sich machte breit«, legt er einen Atemzug ein, »Heinrich von Lüttich, als Praefectus eingesetzt, zurück sich zog und alles Petrus de Cumino überließ, der unbarmherzig hart dem Volk nur gegenüber trat, ein Federico daher dann das Amt erhielt, doch auch nur kurze Zeit, denn sein Geschick noch kleiner war, seitdem ein Graf von Grumbach, Brescia wie auch Bergamo als Podestà schon vorgesetzt, Mailand kaiserlich regiert, zudem der Lombardei Praefectus auch geworden ist, allein sein Ruf genauso schäbig kommt daher ... seit Kurzem nun ein Graf von Diez die Last auf seinen Schultern trägt.« Die Kardinäle sind ob der Einzelheiten schon interessiert, und durchaus auch entsetzt.

»An einem guten Mann es also fehlt, wenn nicht des Kaisers Auftrag dafür schuldig ist, doch, sicherlich, das Mailand zürnt nur auf«, kommentiert Alexander.

»Das Chaos auch im Land besteht, dort, wo Legaten pressen aus, was nicht mehr üblich ist«, ergänzt Kardinalpriester Alberto di Morra, »siebenfach an Maß, so wird geklagt, und wer nicht gibt, der wird bestraft, indem, wenn etwas noch zu holen ist, dann doppelt gleich verlangt es wird ... wer weiß da schon, ob alles in des Kaisers Truhe fließt, was schlimm genug doch wär.«

»Nun wissen wir, wie schwer es ist, wenn Herrscher sind zu weit entfernt und Macht in vielen Händen liegt, denen aus der Ferne dann den eigenen Sinn von Urteil in Gerechtigkeit hineinzugeben jedes Mal, und wie unmöglich dann es ist, die Klage, die dann stets zurecht ergeht, an dem vorbei, dem eigentlich anzutragen sie doch ist, nach Recht und selbst nach Gnade auch, im Guten zu beschließen ... wo also Grund dafür allein in der Tat des Herrschers eigenen Fürsten liegt, da also Richter wie auch Täter nicht mehr trennbar sind ...«, gibt Kardinaldiakon Giacinto Bobone mit ein wenig Verständnis allgemein und somit auch für die Lage des Kaisers hinzu, »ein Herrscher letztlich alles tragen muss, da er denn seinen Namen gab für das, was immer denn gesagt und auch getan ... so überlege gut den Auftrag selbst und treffe beste Wahl über den Mann, den Du mit Vollmacht stattest aus und sendest hin, wie allemal wir pflegen es.«

»Der Veroneser Bund darum besteht, selbst kaisertreue Städte er für sich benennen kann, da diese Herrschaft so nicht annehmbar dem neuen Zeitgeist und ex iure auszuschließen ist«, rundet Alexander den Gegenstand ab, »der Bund, er von Venedig derzeit ist geführt ... Vitale Michiel ... er für uns Bischof in San Pietro di Castello ist, und für Venedig Doge ... wie Mailand steht dazu, was meint denn Ihr?«

»Es nicht mehr länger zaghaft heißt, dass weiterer Bund entstehen wird«, antwortet Kardinal Ermanno, »und vieles dann für Mailand an der Spitze spricht.«

»Zurück zum Kaiser, dem wohl kaum zu helfen ist, wenn immer das nur Wunsch sein mag«, wechselt Kardinaldiakon Boso das Thema, »die Schmach, sie ist zu groß, die Barbarossa dort erlitten hat, da er dem Heer des Bundes gegenüber stand und kampflos dann den Rückweg nahm ... Vertrauen er zu jeder Stadt der Lombardei wohl sicher jetzt verloren hat ... und noch zuvor, de Monticelli aufgerufen war ... bei alle dem, was er der Kirche angetan, in Frieden nun er möge ruhen«, bekreuzigt sich Boso, »der Kaiser ... wider vieler Fürsten Rat den Weg der Gegnerwahl zu Euch jedoch sofort erneut beschritt, di Crema sich Paschallis nennt, wie unser aller Ohr das schon erfahren hat, er einst ...«, wendet Boso sich hinüber zu Giacinto, der sogleich Zustimmung signalisiert, »sich Santa Sede sogar hat verdient gemacht ... wie Octavianus aber auch, der, unerklärlich mir, sich später dann hat umgedreht, was geht nur vor, in Gottes Haus ... der Kaiser nun, allein dadurch, geschwächt im eigenen Land erneut er wieder ist.«

»Wie unerklärlich nur, und bitter, wenn auch einzig solche Abkehr ist, wie schmerzlich aber, wenn dann einer von den besten geht, der Eberhard ... ein ganz besonders treuer Freund uns da verließ«, fügt Alexander ein, und erinnert so an den kürzlich verstorbenen Erzbischof von Salzburg, »er gar dem Kaiser wertvoll war, als Teil des Reiches hoch geschätzt ... ihm also schon ein Wert im Wesen liegt, da ihm der Wert bei anderen erkennbar ist, und doch, zugleich, ihm auch der Blick fataliter durch seine Ziele scheint getrübt«, beendet er den Brückenschlag und zeigt weiterhin Traurigkeit über die Entwicklungen, fängt sich aber freilich wieder, »und ... wer denn noch sich stellte auf?«

»Wichmann von Magdeburg, Hillin von Trier, Konrad von Mainz wie Uldarich di Aquileja ... diese Großen beispielhaft benenne ich«, benennt Ermanno die Erzbischöfe und den Patriarchen, »sie alle anerkennen Eure Wahl, dabei, durchaus auch treu zum Kaiser stehen sie, nur einer nicht, der Konrad seinen Eid dem Kaiser gab zurück ...« und wird unterbrochen.

»Das Dank und auch Respekt verdient, den Namen merken wir ...«, schiebt Alexander eben dazwischen.

»Und auch die Weltlichkeit sich Euch bekennt, als einer dieser Welf benannt mir ist, er Conte della Marca di Tuscia und Duca di Spoleto ist ... dem Kaiser sonst auch nur er nahe steht, verwandt sogar ihm ist.«

»Wie England und wie Frankreich auch, das alles Gottes Wille ist«, bezieht der Papst auch noch Länder ein, was zur Beruhigung beiträgt, ohne jene Zusprüche hätte sich die Rückkehr nach Rom wohl auch nicht so ohne Weiteres jetzt schon wieder eröffnet, »nun, noch ein Blick hin nach Sicilia sei uns erlaubt, der Aufstand dort, zu einem Mord hat hingeführt, Maio di Bari ihm zum Opfer fiel, all das schon wieder Jahre liegt zurück, doch, Wilhelm, Vogt noch immer uns denn ist, dabei, er eingefangen war, grazie a Dio, nur ganz kurz und ohne Folgen für sein Wohl«, wendet er die Gedanken um und schaut in seinen Kreis.

»Der König hat sein Land zurück, von der Verschwörung nun befreit, dazu man sagt, dass deren Widerstand ja nun dem Heer des Kaisers beigetreten und somit final gebrochen ist«, übernimmt nun Odo einen Anteil am Diskurs, Kardinaldiakon für San Nicola in Carcere, »di Raviscanina, di Loritello und di Capua die Grafen sind, das Ziel des Kaisers nunmehr unterstützen sie, ob dessen Kraft für einen Zug zum Süden hin jedoch genügt, die eigenen Fürsten er zudem auch braucht, und Unterstützung hier im Land, so, ob er kann und will, dazu es weiterhin nur Zweifel gibt, die Grafen also, so gesehen, trotz feinsten Rechenstabs verrechnet haben sich … dem König von Sizilien, derzeit, genau gesagt, der Königin, nun auch Matteo di Salerno zugetan an erster Stelle jetzt zur Seite steht.«

»So handeln wir, es zeigt sich an, Iohannes bitte sendet hin«, legt Alexander fest, »dem Königshaus er sich recht gut versteht … und, wen nach Mailand könnten senden wir?«, fragt er schließlich noch um eine Empfehlung nach, bevor der Tisch nach allen ruft.

»Zu Galdino della Sala rate ich, so denn ich darf, das Zeug er hat, das dort vonnöten ist … und Mailand Vaterstadt zudem ihm ist«, bringt der Kanzler einen Vorschlag ein, der vom Heiligen Vater sofort angenommen wird.

»Nun eines noch, sprecht bitte über Bischof Eberhard erneut den Kaiser an, wie sehr uns daran liegt, in Gott zu lieben und zu ehren ihn als wäre nichts geschehen«, wiederholt Alexander sein Bemühen um Friedensschluss, schaut hin zu Alberto di Morra, und der nimmt den Auftrag entgegen, nicht wirklich gern, aber einsichtig und pflichtbewusst, »denn Liebe und Barmherzigkeit uns ja höchste Güter sind.«

Beatrix wird zum dritten Mal Mutter

Es ist Winter. In Nymwegen, einst eine Pfalz Karls des Großen, unter Kaiser Friedrich inzwischen umgebaut und ausgebaut zu einer Burg, gut einhundert Kilometer nordwestlich zu Köln gelegen, sitzt der Kaiser mit Getreuen zusammen, man beredet sich. In einem naheliegenden Gemach erwartet die Kaiserin eine Geburt.

»Rainald, Christian, beiden Euch an Dank recht viel ich schuldig bin, vor allem Eurer Freundschaft, und erst dann dem Amt«, spricht Friedrich und hebt symbolisch einen Weinbecher, »die aber immer treuen Städte … ganz entgegen Euch, Vertrauen haben nur zerstört, dabei, an Rechten für den Handel, für die Selbstregierung auch, aus großem Herzen gaben wir, doch schändlich dann aus dem Gewand das Messer immer wieder dennoch kam.«

»Der Norden in Italia nur stärker wird, die Bürger nehmen uns die Macht, jetzt hat der Veroneser Bund ein Parlament sich eingesetzt, das über Krieg und Frieden und auch alles sonst entscheidet selbst, frei von uns und auch von Rom, auch in Fragen der Gerichtsbarkeit«, fasst Rainald das Drama der Ereignisse zusammen, »verschließen wir die Augen nicht, der Zeiten Wende großen Schrittes naht, Verrat jedoch, das einigt uns, doch nie und nimmer Rechte hat … iniquitas numquam regnat perpetuo manent.«

»Wenn das so weiter um sich greift, gemeint ist diese Einigkeit, die Last dann immer schwerer fällt, die auferlegt des Kaisers Krone ist ... wie leicht aus dieser Sicht doch alles wog, was Kaiser Heinrich einst zu tragen hat gehabt«, gibt Friedrich hinzu, »es mehr denn je geht hin und her, da einer gegen jeden ist und jeder gegen jeden tritt ... ein regnum selbst der kleinste Ort nun ist, ein Bund jedoch, Vergangenheit daraus er macht?«

»Anselmo di Dovara, Ezzelino di Romano auch, besonnen beide ihre Männer und das Land doch haben gut verschont, wie wir das taten auch«, lockert Christian von Buch die Stimmung auf, schon auch Erzbischof von Mainz und Kanzler für Italien, möchte dem Drama ein wenig das Gewicht nehmen, »der edlen Ziele es doch viele gibt, und diese eben auch des Kaisers sind ... wer also zeigt, wie Du«, wendet er sich ausdrücklich Friedrich zu, »dass in der Zeit er steht und somit Zukunft prägt, dass ein Klein-Klein nur Nebel schafft und nicht ein Reich, er dadurch seiner Pflicht wie keiner sonst nur wird gerecht.«

»Wenn also unvermeidbar das das Morgen ist, das Reich dann nur zurück erworben und gehalten werden kann, wenn Macht wir geben her?«, zieht Friedrich treffend einen Schluss, doch schon weniger fragend, als es den Anschein hat.

»Dabei, das unbedingt gehört dazu, es achtsam zu geschehen hat, damit die abgegebene Macht darunter nicht nur einer Hand gehört, sie unbedingt zur Seite wie nach unten hin sich weiter aufzuteilen hat, damit nicht Dummheit oder Eigensinn noch beides denn regiert«, mahnt Rainald ergänzend an, »und das allein doch letztlich dann Gemeinsinn trifft, auf den die Bürger gerne sich beziehen.«

»Entscheidungen von dieser Art uns ja schon gelungen sind«,

resümiert der erneut bald Vater Werdende zufrieden, »sie schaffen Raum, Gewinn so beiden sind ... der Bürger mehr zu tragen hat, doch dabei sich er besser fühlt, entlastet dann die Krone ist ... und Silber fließt doch wie zuvor ... Sizilien jedoch damit noch lange nicht erworben ist.«

»Mehr Kummer also haben wir, da Friede mit der Kirche nicht besteht«, bringt der Bischof von Bamberg es mahnend auf den Punkt.

»Eberhard, Du meine Meinung bestens kennst, Ihr alle auch, vertraut in Eurem Ohr sie liegt ... kein Kaiser darf dem Bandinelli unterstellen sich«, wirft Friedrich dazu ein, »des Gregors Sätze ihm zu wichtig sind.«

»Und über sich ein jeder Pontifex doch ganz allein den Herrgott sieht«, bringt Eberhard mehr vernünftig als parteiisch ein, wie ein wenig sanft beeinflussend, »Du weißt, zu Dir ich stehe fest, doch ist der Klarheit wegen das zu sehen ... nach vorne führt nur eine Sicht, in Einvernehmen jeder jedem seine lässt, und einer solchen Haltung offenbar wir näher sind.« Friedrich schaut auf.

»Schwer ich tue mich, doch alles zerrt und nagt ... die neue Zeit, sie pflügt und pflügt, unaufhaltsam ihren Weg sie geht.«

»Manche Dinge einfach aufzulösen sind, wenn man die Doktrin des Pendels nur zugrunde legt ... oder mit den Griechen sieht, wie sehr zwei Pole ziehen sich nur an, doch ebenso, in einem Dritten können finden sich ...«, bemerkt Rainald dazu, ungefragt.

»Rainald ... jetzt verstehe ich ... wie eben schon getauscht ... wir geben ab, und halten doch, ein anderes sich letztlich auch nicht bietet an«, reagiert Friedrich, eher ahnend, denn wirklich alles überschauend, immerhin. Rainald schweigt freundlich, denn da ist noch Denkarbeit zu leisten.

»Ein Wort noch zu Sicilia«, bringt Christian sich wieder ein, »so, wie es steht, das Schwert allein nach dort das große Reich im alten Geist vollenden wird, wenn überhaupt ...«, kann aber nicht fortfahren, denn die vier Herren werden unterbrochen. Mit aufdringlichem Schwung öffnet sich die Tür, und Bertha, die Gemahlin des Matthaeus von Lothringen, tritt ein, was letztlich niemanden überrascht, nur, wann das wohl geschehen würde, das war doch höchst unklar.

»Bruder mein, erfreue Dich, es ist geschafft, ein Zipfelchen, ein zweiter Sohn Dir nun geboren ist, mein Herz dafür Dir spendet alles Glück, was es aus sich heraus zu geben nur vermag ... so freue Dich, und danke Gott ...«, sprudelt es aus Bertha nur so heraus, die Schwester, sie trat nicht ein, nein, sie eilte höchst aufgeregt in den kleinen Rittersaal hinein und steht nun in nur noch kleinem Abstand vor dem Bruder.

»Welch eine gute Botschaft das mir ist und welchen Segen damit doch der Herrgott meinem Haus beschert«, stellt Friedrich fest, er hielt es freilich auf dem Stuhl nicht mehr aus, war auf die Schwester schon zugeeilt, die sich schon immer fast schon wie eine Mutter um Beatrix kümmert, umarmt sie nun, lässt sie wieder los, »und wie, wie geht es ihr, wie geht es ihm?«

»Sie beide sind wohlauf, und jetzt ... sie beide jetzt Du könntest sehen«, erwidert Bertha strahlend, denn man hat schon einiges erledigt.

»Das ist das größte Glück ...«, freut sich der wieder frisch gebackene Vater, und in diesem Hochgefühl eilen beide denn gleich in das Gemach der Frau wie der Freundin.

Margarita von Navarra

König Wilhelm ist seit etwa einem halben Jahr tot, sein erster Sohn Roger schon seit Jahren, und sein zweiter, der auch Wilhelm heißt, ist viel zu jung, daher hat die Mutter interim das Regiment übernommen. Das Jahr nähert sich dem Ende, es ist kühl, aber sonnig, die Königin trifft sich mit ihren drei engsten Beratern.

»Majestät, ein Gutes gleich doch zu berichten ist«, wendet sich Richard Palmer, gebürtiger Engländer und engster Vertrauter der Familie, an die Regentin, »der Vorwurf, nie er wirklich überzeugend war«, bindet er diplomatisch und auch überzeugt ein, »der gegen Euch und den von Mandra einst erhoben war, er final, Gott sei Dank, als Gerücht nunmehr ist aufgelöst … es denn Schande höchsten Grades auch den eigenen Kreisen denn bereitet nur, dass gegen Euch mit solchen Mitteln schamlos zugegriffen war.«

»Immer schon ein Narr der war, der Schlechtes dabei dachte sich, denn ungeachtet früher Haltung gegen uns, des Gatten Leben hat gerettet er, und das ganz ohne Rücksicht auf das eigene Wohl, dem allerhöchsten Preis voll ausgesetzt … maximo privatim periculo«, gibt Margarita de Navarra durchaus erleichtert dazu preis, »wie dafür denn den Mann soll hassen ich?«

»Ihr wisst, ma Dame, das immer meine Sicht der Dinge war, dass überhaupt es Männer solcher Art noch gibt«, erlaubt sich Richard zu erinnern, »nur gut, dass alles Böse daran nun sein Ende hat.«

»So denn ... die Lage uns erörtern lasst«, übernimmt die Königin erfreut, »die ihren jüngsten Anfang gut vor einem Jahr jetzt hat gehabt, wo denn des Kaisers Truppe nördlich der Campania stand, ein Erzbischof von Mainz dem Heer dort die Befehle gab, doch schlugen wir sie ab, sie alle zogen sich zurück ... noch unter meinem Gatten das geschah ... welch eine große Tat er damit hinterließ, und nun, jedoch mit einem Heer, dem sehr viel mehr der Kaiser abverlangen kann, erneut die Alpen hat er überquert, was machen wir, was ist zu tun?« Der kleine Wilhelm sitzt daneben.

»Der Veroneser Bund erst einmal zu besiegen ist, wofür, dass das gelingt, gar äußerst wenig spricht, denn kaisertreu ein jedes membrum will nur sein, wenn aufgehoben alle Regeln dieses Reichstags bei Roncaglia sind, genau gesagt, allein der Zustand wie davor Bedingung neuer Treue ist«, erklärt Matteo di Salerno der Königin die Lage, im Kreis sitzt auch Étienne du Perche, seit Kurzem Kanzler, er schaut amüsiert, nein, eher überheblich zu, »darin sehr viele einig sind, was denn der Lega Heer entsprechend viel an Zustrom gibt.«

»Kaisertreue sicherlich nicht findet sich, da denn Bereitschaft auf des Kaisers Seite zu Verzicht, das doch nur alleine naheliegt, keine ist in Sicht«, bringt die Königin es in ihre Worte, »der Bund vielleicht zuviel verlangt, und damit nur für Dritte etwas zu gewinnen ist ... in diesem Falle sind das wir.«

»Majestät, Ihr seht es recht«, antwortet Matteo kurz und sicher darin.

»Wie dem auch immer sei«, kommentiert Étienne nun die Worte des Matteo, vertraulich im Ton, denn er ist mit der Königin verwandt, »danach es geht um Rom ... der Kaiser aber wirklich weiter letztlich bisher niemals kam«, fährt er lasch in der Sache fort und zupft dabei sein Gewand zurecht.

»Sich wieder einmal zeigt, wie Einzelherrschaft einsam macht, wie eingeschränkt der Herrscher oben ist, wenn unten niemand Macht sonst hat, wie alle Macht in einer Hand nur Trugbild ist, da diese Freiheit letztlich keine ist, wenn er das Wort von unten nötig hat, was mehr als häufig gilt«, gibt Richard, auch Elekt von Syrakus, also ausgewählt und wohl schon vorbestimmt für mehr, kurz staatsphilosophisch von sich.

»Ein anderes kommt da noch hinzu«, ergänzt Matteo, schaut dabei auf Richard, die beiden verstehen sich, »ein jeder, ob er Herrscher oder nicht, dem casus oft nur Spielball ist, die Kunst so also darin liegt, präsent zu sein am rechten Ort zur rechten Zeit und zu erkennen die Gelegenheit … und dann die Wahrheit auch, am besten schon zuvor.«

»Wohl das zu Unserem Herrgott führt«, greift die Königin diese Gedanken auf, »dem Heiligen Vater Vogt wir daher voll von Liebe sind, so helfen wir, was uns nur möglich ist, wenn Hilfe ist gebraucht … Matteo, bitte, sorge Du dafür«, beschließt sie, und fährt fort, »ich durchaus weiß …«, lächelt sie dabei, »wem ich vertrauen kann.« Étienne freilich bezieht diese Worte nicht auf sich, er sieht nur, höchst erfreut, dass er keine Arbeit aufgetragen bekommen hat, und doch, ein wenig macht er sich schon Gedanken über seine Zukunft, denn in Nachfolge zu Riccardo di Mandra, auch Conte di Molise, wurde er ja nur Kanzler wegen des Geredes um die Affäre.

»Der Kaiser in der Lombardei mit vielen Klagen rechnen muss, dabei, die Städte klagen die Legaten an, da sie das Land in einem Grade pressen aus, was doch des Kaisers Wille nicht entsprechen kann ... wenn aber dennoch dem so ist, und daran denn im Großen wie im Ganzen ohne Einzelheit in dieser Welt kaum Zweifel jemand in sich trägt, doch ungeachtet dessen gar, dem Kaiser reichlich es an Unterstützung fehlen wird ...«, rekurriert Matteo sachkundig und durchdacht noch einmal auf den Norden, und das Lob, das übergeht er gefällig, da er es schon richtig eingeordnet hat, »besondere Schwere dann noch darin liegt, dass denn der Kaiser Richter wie Beklagter ist und kaiserliches Recht als überwunden angesehen wird, wo die Gewohnheiten am Ort als älteres Recht entgegen stehen.«

»Das klingt gar wenig gut, schon ohne Kenntnisse des Rechts das durchaus klar erkennbar ist, ein Urteil also kommen wird, das an Frieden keinen fördern kann, uns dagegen schützt, indem durch es der Kaiser ist ein weiteres Mal geschwächt«, schätzt die Königin die Lage ein, »ein anderes noch aber mich bewegt ... dem Heer des Kaisers auch die Grafen sollen zugehörig sein, die gegen uns zu Felde schon gezogen sind, darin jedoch an Unterstützung einiges doch liegen kann.«

»Das sehr wohl es trifft ... Raviscanina, Capua und Loritello diese Herren sind, de Fendi vielleicht auch ... sie kennen hier das Land und wissen sonst auch was, das schon dem Kaiser Vorteil schaffen kann«, bestätigt Matteo, »doch, wie gesagt, die Kraft bis hier erst einmal reichen muss.«

»Unser Ehrwürdiger Vater, erneut im Lateran er residiert, wo nur er ja auch hingehört, er Mailand einen neuen Bischof gab, Galdino della Sala, uns als Kardinal seit Kurzem ist bekannt, auf das die Stadt er baue auf und hin zu neuer Blüte führt, als mild und klug und zielgenau sein Wesen uns beschrieben ist«, bringt Richard Palmer ein, mit guter Aussicht eben, bald einmal Parisius als Bischof von Syrakus folgen zu können, »und, wenn ich das noch sagen darf«, fügt er an, recht unbeeindruckt durch die Anwesenheit des Comte du Perche, »der Graf von Diez, Praefectus für den Kaiser dort ... er, immerhin, hat guten Ruf, doch wenig Heer, so also was dem Bund kann er da schon entgegen stellen.«

»Das dann ebenso wohl spielt uns zu«, bemerkt die Königin kurz, und inzwischen auch schon wieder erleichtert, »in anderer Sache Rat von Euch noch brauche ich ... das Bistum in Palermo, wie Ihr wisst, vacant seit Jahren nun schon ist ... doch wen, wen investiere ich?«

»Majestät, dass Ihr da keinen Fehler macht, allein das wünsche ich, und hier und jetzt versichert seid, mich kümmert dabei nur das Eure Land«, empfiehlt Matteo wenig präzise, das Schlimmste befürchtend, da er schon das Amt des Kanzlers hatte abgeben müssen.

»Dem schließe ich mich an«, kommt von Richard unterstützend hinzu.

»Wie meint Ihr das?«, fragt Margarita nach.

»Es stets die Frage ist, was Ihr damit erreichen wollt«, hält Matteo sich geschickt bedeckt, und die Königin lässt das so im Raum stehen, ahnend, wie Matteo es meint.

»Und, Richard, Du?«, fragt Margarita in die andere Richtung ihres Vertrauens.

»Einen Mann des Glaubens auf dem Stuhl dort sehe ich«, beginnt Richard recht unverfänglich, »auf den die Menschen gerne schauen, wenn es um all das geht, was Unseres Herrgotts ist, wenn es zudem um all das geht, was unser Land betrifft ... Vertrauen also steht hier vor dem Schwert, vor einem Mann, dem das Schmarotzen sehr zu eigen ist, gar ohnehin.«

»Das eigene Land so halten wir, damit von dort kein Ärger droht, und rüsten auf für jeden Fall«, beschließt die Königin, »und was das Bistum denn betrifft, das eben zu bedenken bleibt«, entlässt sie somit die Herren und wendet sich ihrem Wilhelmchen zu.

Beatrix besucht Maria

Zeit hat der Kaiser freilich nicht, aus Liebe heraus aber macht er Rast bei Avio, damit Beatrix die Freundin besuchen kann, die sie dort während der Alpenüberquerung mit Heinrich dem Löwen unerwartet gefunden hatte. Es ist an einem Vormittag, kühl, wie es sich für den Dezember gehört, bei wolkenlosem Himmel aber, das Kastell jedoch liegt noch im Schatten.

»Majestät, welch einen Glanz erneut dem Hause Ihr vergönnt, und welche Freude noch dazu ...«, begrüßt Azzone Graf von Castelbarco die Kaiserin, gerade von der Freude seiner Tochter einfach nur mitgerissen, wird er sogleich überrollt.

»Beatrice ... oh wie schön ...«, läuft die junge Gräfin strahlend auf die Kaiserin zu, und stockt dann kurz, »verzeih, die Freude ungestüm mich macht«, Beatrix lächelt nur und nimmt ebenso herzerfreut die Freundin in die Arme, beide schauen sich schwesterlich liebevoll an.

»Liebe Gräfin, lieber Graf, für den Empfang Euch danke ich«, wendet Beatrix sich nun an die Eltern, die sich nur und wortlos dabei verbeugen, denn sie sehen sich ja als beschenkt an, obwohl sie ja überhaupt nicht der Grund des Besuchs sind.

»Nun denn, was wohl hast Du da mitgebracht?«, schaut Maria neugierig wie wissend auf ein Körbchen, darinnen räkelt sich wohlig ein kleines Kind, sie beugt sich leicht nieder, lacht es an und krabbelt dabei spielerisch mit ihrer Hand in der Luft, »ein süßes Kerlchen wächst da wohl heran.« Heinrich ist gemeint, er fühlt sich wohl, räkelt sich erneut und lacht zurück, auch die Mutter sendet ein Lächeln, und setzt den Korb dann ab.

»Ach, schau, wer kommt denn da«, schaut Maria nun auf ein plüschiges Kätzchen mit von Sandgelb über Caramel zu etwas Bernstein changierendem Fell, das sich katzentypisch unhörbar genähert hat und nun in das Körbchen schaut, »sei unbesorgt, da nichts geschieht«, fügt sie dem Kindlein zugewandt schnell an und streichelt zugleich ihren felligen Liebling, was zu Lauten eines tiefen Wohlbefindens führt.

»Ganz ohne Sorge auch mein Heinrich ist, die Augen auf, sie einfach schaut er an, und da … er seinen Finger streckt«, beschreibt Beatrix amüsiert die Lage, »das Kätzchen ihn beschnuppert jetzt … auf welchen Namen es denn hört?«

»Simba allen uns er ist, so majestätisch ruhig, so gemütlich auch, wenn immer er sich nur bewegt, wenn also überhaupt, ja, diesen Namen fanden wir, nein, besser noch, er flog uns zu«, gibt Maria preis, und derweil, so unhörbar wie er kam, zieht Simba sich zurück, da er ja nun weiß, was da so vor sich geht, und Heinrich schließt zufrieden seine zuvor weit geöffneten Augen, die beiden jungen Frauen erheben sich.

»Majestät, erlaubt, Euch gern allein jetzt lassen wir, da sicher viel zu reden ist, was aber nicht in unser Ohr gehört«, spricht Eleonora und zieht sich mit ihrem Gemahl zurück, sie schließen von außen die Tür. Die beiden jungen Frauen fallen sich erneut in die Arme, sie drehen sich, halten dann inne, schauen sich an und verschnaufen.

»Es füllt mich aus, dass endlich wir uns wiedersehen«, wendet Beatrix mit sogleich doch auch etwas betrübtem Blick ein, »doch, leider, wenig Zeit uns dafür übrig ist … es schon an

Wunder grenzt, dass mein Gemahl, da Plan und Ort kein Lager wirklich lassen zu, dem Heer zu einer kurzen Rast doch immerhin Befehl aussprach«, zeigt sie wieder Heiterkeit und wendet sich verzaubert um, »wie schön das Land hier ist, die Wälder, Berge und der Fluss ... die Burg, Dein Heim, Du einfach zu beneiden bist.«

»Gefällt es Dir? Wie freut mich das, sehr glücklich auch hier lebe ich, doch Du, die Königin Du bist ... und auch Burgund an Schönheit sicher nichts vermissen lässt, so fühle ich«, erwidert Maria, eben gleichen Alters.

»Königin? Hier nicht, bei Dir ... da bin ich, wer ich bin, hier kann ich Beatrice sein«, kommt es Beatrix spontan aus dem Herzen. Beide gehen zu einem Fenster und schauen in das wirklich wunderschöne Tal der Etsch, Hand in Hand.

»Was nach Italien denn Euch führt, den Kaiser wie auch Dich? Stets, fürchte ich, um Macht es jeweils wieder geht, im Norden, leider oft, die Klingen kreuzen sich, die Mitte ist vor allem ja durch Rom geprägt, zum Süden wenig denn ich sagen kann, zudem, von ihm zu hier ein wahrlich langer Weg es ist ... «, fragt Maria anteilnehmend wie klug skizziert, und beruhigt damit auch die Stimmung.

»Durchaus recht Du alles siehst, den Nagel auf den Kopf Du triffst«, bestätigt Beatrix, und lacht über ihren eigen Scherz mit dem Nagel, wird dann ernst, »der Veroneser Bund, das Schisma mit dem Pontifex, das Regno di Sicilia ...«, fokussiert Beatrix den Grund der Reise mit konkreten Begriffen, belässt es aber dabei, wie willkommen, und wird gleich wieder heiter und unbeschwert, »doch auch Erfreuliches sich zeigt, denn eingereist in Rom zur Kaiserin die Krone wie die Weihe werden mir zuteil, ein großer Tag das ist ... und liebend gern dabei Dich hätte ich.«

»Ob aber meine Eltern ließen mich, und soweit weg?«, schaut Maria auf die Freundin, sie ähneln sich sehr in ihrer Art, sie sind seelenverwandt, und wissen das voneinander, »dabei sind Streit und Krieg und Räuberei ja leider diesen Zeiten nur vertraut, es zwischendurch ganz ruhig ist, doch auch nicht überall.«

»Es einerseits schon sicher ist, denn hier, hier schützt der Kaiser Dich, und Schlachten werden auf dem Feld und vor und um die Stadt geführt, doch andererseits, es wenig einfach ist, von Ort zu Ort im Zelt zu leben, hin und wieder Gast in einem Haus zu sein, Tage auf dem Pferd zu sitzen nur, der Hitze ausgesetzt, und noch dazu, in Sorge um Malaria ... dieser Gedanken voll ja ich schon bin«, lässt Beatrix mit ernsterem Ton ihr Innerstes sprechen, »und nicht zuletzt, der kleine Wurm ... bei also allem Wunsch nach Dir, die Sorge doch viel größer ist, daher, nach Deiner Eltern Wort zu fragen denn nicht wage ich.« Beide schauen sich nun etwas traurig an.

»Wie schade, aber, ich verstehe das, und eine Last Dir freilich nicht ich möchte sein«, antwortet Maria verständnisvoll und selber pflichtbewusst.

»Du niemals Last mir bist, doch, sicherlich, wenn Deiner Eltern Wort erbäte ich, und sie Dich übergäben mir, davon ich ginge aus sogar, dann schon Verpflichtung träfe mich, daher erfreut es mich und gibt mir Ruh, da Du das auch so siehst«, erklärt sich Beatrix ihrer Freundin weiter.

»Und wie, wie schaffst denn Du all das?«, fragt Maria nun mit Besorgnis nach.

»Als Frau und Königin, bald Kaiserin, alles ist doch Pflicht, daher, zu jedem meines Gatten Weg ganz ohne Fragen da ich bin und kleide mich, ja, selbst das eine oder andere Kind, wie Du siehst, auf der Reise um uns ist, ob denn mit Wagen oder Pferd, und er, der immerhin die höchste Krone trägt, selbst er den Weg nur allzu oft ja selber nicht entscheiden kann, auf ihn hinauf er oftmals nur getrieben ist, zudem, nicht selten an Vernunft es fehlt, was denn um uns herum geschieht, und aber zwingt.«

»Das Kreuz des Herrschens ist das wohl ... und wie, wie fühlst Du Dich im Muttersein?«, wechselt Maria den Gesprächsinhalt, womit sie auch die Freundin erfreut.

»Kinder reinster Segen sind, doch das Leben dieser Welt selbst vor einer Kaiserin Halt es letztlich keinen macht, und so besorge ich, mit Hilfe zwar, doch oft dabei in Zelten nur, an deren Anzahl nunmehr drei ... wie den Enrico dort«, antwortet Beatrix gern und zeigt auf den schlafenden Heinrich, »mein nunmehr jüngstes Würmelein, ein ganz besonderes davon ist, so ahne ich ... und Du?«, wendet sie sich der Freundin zu, »Du gerne liest und zeichnest auch?« Beatrix geht durch den Raum, schaut sich um, als Freundin darf sie das.

»Ja, hier, schau her, mein liebstes codex das hier ist, in Pergament«, aufgeregt wendet sich Maria um und zeigt auf zusammengefädelte Blätter, »nicht nur Latein beschäftigt mich, Du weißt, so ... hier«, ergreift sie weitere Pergamente, einzelne Blätter, wird darin aber lieb unterbrochen.

»Atque ... quid agis hodie?«, lächelt Beatrix Maria an.

»Magno modo sum«, antwortet die Freundin, überrascht, und doch recht flott, beide lachen sich an.

»Me quoque«, erwidert Beatrix darauf, und wechselt wieder

das Thema, »ja ... welch ein schön geschmücktes Holz die Blätter bindet ein.«

»Es ein Geschenk der Eltern ist«, wirft Maria dazwischen, strahlt dabei.

»Wie schön und edel Pergament sich immer zeigt, doch etwas neues über Spanien kommt, ja, eigentlich aus Asia, Papier es heißt, es ein Gemisch aus Seide, Hanf und Rinde ist, mit mehr an Weiß und dünner auch und leichter herzustellen noch dazu, es also anders denn als das papyrus oder liber ist«, bringt Beatrix ein, »doch, zeig mir nun, was noch Du hast.« Maria, durchaus interessiert an dem Thema, folgt aber zunächst der Bitte und zeigt weitere Blätter vor, Beatrix greift zu.

»Na, schau, was sehe ich ... «, dreht sich Beatrix, ein Blatt in der Hand, neugierig zur Freundin hin und lacht sie kokett und zugleich fragend an, »schon gleich fast oben auf, der Kopf des jungen Burschen da ... gesteh ...«

»Nur ein Kopf ... mehr doch nicht«, erwidert Maria ehrlich und hebt dabei ein wenig die Schultern, »und weil ein Kohlestift sehr schnell verstaubt, mit Rötel er gezeichnet ist.«

»Und ... sieht der Kopf auch weitere Farbe noch?«, fragt Beatrix weiter.

»Wenn ja, dann blau die Augen sind, und blond das Haar ... da manches aber auch sich noch verändern kann ... vielleicht auch kommt ein weiterer Kopf?«, antwortet Maria lächelnd, wie etwas erwischt, dabei ist da wahrlich nichts, und nimmt die Blätter wieder an sich.

»Maria, liebste Freundin mir, diese Blätter schon besonders sind, Du führst den Strich mit viel Geschick und Sinn«, spricht Beatrix, ehrlich beeindruckt, »daheim, die codices bei uns, soweit illuminiert sie sind, mit Feder oder Pinsel zwar, Vergleich sie aber dennoch bieten an, so dass ich sagen kann, die Meister unserer Zeit, sie schon noch immer vor Dir sind, doch nicht so weit ... wo diese Fertigkeit nur hast Du her?«

»Dein Lob an Freude viel mir gibt, dafür Dir danke ich, doch sicher vieles noch ich lernen kann, und muss, wenn nicht am Ende schon ich bin«, antwortet Maria so bescheiden wie auch klug, wie sie eben ist, »sag bitte mir, damit ich eben lernen kann, an welche Meister Du so denkst.«

»Nicht einen Namen leider Dir ich sagen kann, denn, wie Du sicher weißt, ich denke schon, die codices bislang das Werk von Klöstern sind«, antwortet Beatrix, »der Mönch, der also diese Kunst der Malerei mal besser, mal besonders gut beherrscht, Verzierung wie auch Bilder wie auch Schrift in Form und Farbe setzt, gemeinsam er ein jedes Werk mit anderen schafft, so niemals wird ein einzelner benannt.«

»So auch geschieht es wohl, wenn die Kanzlei einmal der Schöpfer ist«, ergänzt Maria.

»Ja«, lacht Beatrix dazu, »auch das kommt vor ...«, hält sie kurz inne, »der Kopf ... die anderen Blätter auch«, wendet sie sich nun wieder der Hand der Freundin zu, »mit Erstaunen sehe ich, wie sehr Bemühen Dich auch trägt, den Fluchtpunkt in der Tiefe auch zu sehen ... das ist neu, in keiner Handschrift das bisher ich konnte sehen ...«, bringt sie weitere Begeisterung über die Fertigkeiten der Freundin zum Ausdruck, »die Tiefe, ja, sie ist es, die den Einblick in den Raum ergibt, die uns zeigt, wie es ihn nach hinten dehnt ...«

»Es ehrt mich sehr, wie Du das siehst, dabei, nur einzig schaue ich darauf, dass das von mir gemalte Bild dem Bilde der Natur sehr nahe kommt«, erklärt sich Maria, und beide lachen sich wieder an.

»Genau das es ja ist, und das Dir wahrlich gut gelingt, die Bilder einen Standort zeigen außerhalb, sich Licht und Schatten danach bilden ab, so noch mehr deutlich wird, was näher und was weiter liegt ...« Beatrix wird unterbrochen, denn völlig unerwartet, und freilich auch ansonsten viel zu früh, geht die Tür auf.

»Eure Majestät, verzeiht, der Kaiser Euch durch mich bittend nun zum Aufbruch mahnt ... den Plan der Reise Ihr ja kennt«, erfüllt devot und freundlich Herzog Berthold von Zähringen seinen Auftrag, Azzone und Eleonora stehen im Hintergrund, bereit, die Gäste mit großem Bedauern zu verabschieden.

»Tempus fugit ... viel zu schnell die Welt sich ohne Halt stets weiter dreht«, nimmt Beatrix die Freundin in den Arm, beide drücken sich, wollen nicht voneinander lassen, Tränchen kullern, »auf dass ein Wiedersehen bald uns solche Freude wieder schafft.« Maria schaut den Gästen nach, wie sie beide das Zimmer mit den Eltern verlassen, eilt dann an das Fenster, um noch möglichst viel zu sehen, besonders auch das Pferd, und der Freundin noch zuwinken zu können.

Alexander ist erneut zurück

Trotz kluger Gedanken auf beiden Seiten, eine Verständigung kam bisher nicht zustande, wiewohl der Papst immer wieder die Hand ausstreckt. Doch weiterhin gibt es den vom Kaiser inthronisierten Gegenpapst, und weiterhin erhält Alexander die Exkommunikation daher aufrecht, jetzt wieder vom Lateran aus, denn eben das Geld aus Sizilien, es ging an die Kommune, hat die Rückkehr dorthin erfolgreich unterstützt, wie auch die Schwäche des abwesenden Kaisers tatsächlich ein wenig dazu beitrug.

»An Schmach der Kaiser reichlich jetzt erlitten hat, womöglich nun sein Traum vom Reich am Ende ist«, kommt Alexander gleich zur Sache, er und die Gäste werden vom Camerlengo unauffällig mit Erfrischungen versorgt, es ist noch Vormittag, doch ist es schon angenehm warm, »das Volk in dieser Schmach die Strafe Gottes sieht, was uns den Weg hierher schon sehr geebnet hat, doch einer Schadenfreude mehr als fern wir dabei sind ... ja, Gott sei Dank, nicht ohne Glauben denn er ist, nur weiter darauf setze ich, Versöhnung Gottes Auftrag ist ... Galdinus«, wendet er sich dem kürzlich auch zum Erzbischof geweihten Kardinal zu, was eine ungewöhnliche Reihenfolge ist, »unseren Blick erhelle doch.«

»Societas Veronensium ... die ihre Gründung wie ein Blitz schlug ein ...«, lächelt Galdino, etwas fürbittend, immerhin, er hat auch das Prädikat des Alters, »das Bild, verzeiht, doch auch es passt ... in allerhöchstem Maße denn erbost, der Kaiser rief die Großen seines Landes an, und kurz darauf, mit wirklich großem Heer, der Kaiser zog im Norden dieses Landes ein, verhandelt wurde allemal, unglaublich viel an Freiheit jedem zugesprochen war, jedoch, verändert nichts dadurch sich hat, der Bund vereint und ritterreich dem deutschen Heer dann gegenüber stand.«

»Dabei, im Sachsenland es reichlich Unruh gab und gibt«, verstärkt Konrad von Wittelsbach die eben gegebene Begründung für den Feldzug, der sich wegen des Schisma sehr enttäuscht vom Kaiser abgewandt hatte und in der Kuria Karriere machte, er ist nun Kardinal, »so, da der Kaiser dennoch überquert die Alpen hat, uns ist gezeigt, wie sehr um sein Imperium er bangt.«

»Ja, dann, zum Kampfe auf dem Feld im hohen Norden keiner angeblasen hat ... der Kaiser überrascht wohl war, von Stärke und Entschlossenheit«, setzt Kardinal Giovanni Conte da Anagni, ebenfalls mit dem Prädikat des Alters ausgestattet, den Bericht fort, »ja, letztlich er zu viel an Wagnis denn für sich wohl sah ... der Bund, sich so auch schonend, klug nur einfach abgewartet hat.«

»Ein weiterer Rückhalt halt dem Kaiser war versagt, zudem, an Raum ihm ohnehin schon viel nicht blieb«, bringt Kardinaldiakon Hyazinth noch ein, »die Klagen schließlich galten ihm, in seinem Namen doch die Fürsten waren unterwegs, das Land zu pressen aus.«

»Einerseits ... der Kaiser klug entschied, nicht in den Kampf er zog, dafür zurück, doch andererseits ... er böse wohl beritten war, da diesem Land er Fürsten ließ, um auszuquetschen, was nur geht, wenn das denn wahrlich inne seinem Auftrag lag«, ergänzt Kardinalpriester Alberto di Morra, recht wohlwollend noch, »dass nur dem Kopf nie jede Hoffnung schwinden mag, dem Großes nur Bedeutung bringt, und Kleines dann nur widerfährt.«

»Dass Blutvergießen fand nicht statt, doch beiden Seiten anzurechnen ist, zumal, wenn Kräfte so sehr gleichen sich, Krieg ja ohnehin nie wirklich Sieger kennt«, munitioniert nun Alexander den Fortgang des Gesprächs.

»Kaum war der Kaiser bergweit fort, in der Abtei Pontida man sich traf, und dort, dem Bund sich noch mehr Städte schlossen an ... sogleich der angewachsene Bund nicht länger denn Venedig untersteht, dem Dogen Michiel das nur entgegen kam, ex quo die Führung unter Ezzelino da Romano steht, Anselmo da Dovara ihm im gleichen Stand die Seite hält, und nur freudvoll wird erzählt, dazu Opizo Malaspina man zurückgewonnen hat«, nimmt nun Kardinal Galdino den Faden auf, »im Rücken seiner Majestät die Gegenmacht nun neu versammelt ist.«

»Quid hoc rei est ... was das wohl zu bedeuten hat«, resümiert Alexander, »die neue Zeit, sich ihren Pfad sie weiter bahnt und einen Weg daraus sich macht, daneben doch, das Leid noch sehr lebendig ist, das unser ehemals so treuer Sohn der Kirche hat denn angetan, und jüngst, mit neuem Heer er vorwärts drang, bei Tusculum die Römer er geschlagen hat und Leostadt dann übernahm, als Kaiser dann den seinen Bischof dort in Rom inthronisiert er hat, und der, der die Gemahlin krönte dann ... das Maß an Treuebruch unsäglich ist erhöht, an Frevel all das nicht und nie es überboten werden kann«, aufgewühlt bringt der Papst seine Gedanken dazu zum Ausdruck, er ist dabei auch an die Flucht nach Benevent erinnert, die so unumgänglich und daher so schmerzlich war. Stille.

»Gottes Urteil folgte gleich ... laudamus te ... benedicimus te«, fährt Alexander fort und bekreuzigt sich, »ein Fieber raffte viele Recken hin, vergib mir Gott, Dich bitte ich ...«, schaut er nach oben, »vielleicht Befreiung das auch mit sich bringt, denn unter jenen der von Dassel auch dabei gewesen ist ... dem höchsten Punkt der Fall zutiefst doch immer wieder mal sehr nahe steht.«

»So retten, was zu retten war, das alleine noch oblag«, übernimmt Kardinal Hyazinth kurz und nickt dem Heiligen Vater gleichzeitig verständig zu, dem noch eine Frage offen ist. »Der Kaiser dann, wie kam er weg?«, stellt Alexander sie sogleich.

»Ein Hinterhalt bei Pontremoli war gelegt, und dann in Susa auch«, klärt Kardinalbischof Ubaldo auf, »man sagt, des Nachts im Kleid als Knecht der Kaiser stahl sich fort, daher ... die Geiseln waren nun befreit ... der Kaiserin man ihren Weg denn ließ.«

»Die Schlinge weiter sich zusammenzieht«, sinniert Alexander erneut und hörbar, »was noch denn zu geschehen hat, damit der Kaiser sich besinnt.«

»An Alessandra auch vorbei er kam, die Gründung dieser Stadt er sicher nur als Stachel fühlt«, gibt Alberto hinzu, »da solch ein Recht allein des Kaisers ist ... und sie noch Euren Namen ehrt.«

»Galdino, dieses neue Band bei Dir in besten Händen liegt«, bemerkt der Pontifex dankbar, der Erzbischof bedankt sich mit einem dezenten Kopfnicken, »diese Anerkennung jetzt schon steht Dir zu, bei alledem, was schon für Mailand ist getan ... sie, diese Stadt, wie keine andere sonst gelitten hat als Sinnbild einer neuen Zeit ... die dritte Kraft, sie mehr als Ausweg bietet an, sie auf die Zukunft zeigt, womöglich gar die Rettung ist, und Caput Rerum wieder nun als Kaiserstadt betitelt ist ... das der Preis den Bürgern war, sich selber zu regieren.« Alexander faltet seine Hände.

»Um jedes Lamm wir immerfort bemühen uns, so um des Kaisers Wohlsein auch, ganz abgehängt davon, denn Wille zur Versöhnung sendet er ... qui tollis peccata mundi, suscipe deprecationem nostram agnus dei qui tollis peccata mundi dona nobis pacem ... amen«, fährt Alexander fort und bekreuzigt sich, die Anwesenden tun es auch.

Dubium non est

In Mailand, der Wiederaufbau macht mehr als nur gute Fortschritte, dank der Arbeit des neuen Erzbischofs Kardinal Galdino della Sala und der Konsuln der Stadt, treffen sich die Vertreter der Städte des Veroneser und des Lombardischen Bundes, letztlich allein der Lega Lombardia. Es ist Post von Papst Alexander gekommen, über die zu reden ist.

»Die Gründung unserer Städte Bund, sie hat den Kaiser sehr erbost und wie erwartet auch erneut hierher in unser Land geführt«, erinnert Oldrado de Basegapei, einer der Konsuln Mailands und Rector der Lega, die Anwesenden sind darüber erfreut und stolz, zeigen sogar Häme, »doch dann, die Schlacht, wie hat der Kaiser sie gescheut, und wir, erspart sie haben uns, denn Blut genug schon floss ... Opizo, sagt, was hielt den Kaiser denn wohl ab? Der weite Zug, der etwa da noch war geplant?«

»Gewiss, das war der Grund, denn Rom, der Papst, Sizilien auch, der Kaiser sicher sehr in Sorge war, wie seine Mannschaft alledem genügen soll«, antwortet der Markgraf Malaspina, der nun tatsächlich wieder auf der Seite Mailands steht, »und, aus der Nähe auch ich weiß, dass er mit einer solchen Macht, mit einem Heer so stark wie dann es war, nicht wirklich er gerechnet hat. Das eigene Heer, ja, eigentlich recht gut stand da, viel stärker allerdings es hätte sollen sein, der deutschen Fürsten aber alle waren nicht bereit, den Sinn in einen solchen Zug sie so des Lobes voll nicht mehr erkennen an, sie immer mehr im Zweifel sind, zumal successus letztlich nur sich darin zeigt, dass Titel, Lob und Güter werden neu verteilt ... das, immerhin, hinzu noch kommt, der eine wie der andere hin zu Alexander mehr sich neigt, und nicht zuletzt, wo Ordnung fehlt im eigenen Land und Streit an eigenen Grenzen droht, da steht genau in diesem Land genügend auf dem Spiel ...«, führt er aus und schließt gekonnt eine kleine Stille an, »vor allem einer fehlt, erneut, Enrico di Leone ist gemeint, versagt er seine Ritter hat, für diesen Zug dem Kaiser viel damit an Rückhalt nahm, und für daheim ihm weitere Sorge bürdet auf, denn dort an Macht recht nah schon er dem Kaiser steht, und Zeichen darauf stehen hin, dass di Leone noch nicht hat genug, jedoch, dass er die Krone dabei jagt, davon bei niemandem die Rede ist«, füttert er auch Stimmung an, und richtet dann den Blick doch zurück auf die eigene Welt, »wir, wir stärken uns ... das Land der Väter schützen wir, so unserer Arbeit Lohn, so Frauen wie die Kinder auch, sie sorgenfreier um uns können sein ... der Barbarossa nur, er weiterhin verdasselt ist, und immer noch und viel zu sehr Vergangenheit zu edlem Vorbild hebt, dabei er übersieht, wie sehr das Rad der Zeit sich nichts als vorwärts dreht.« Die Umstehenden sind ob dieses Vortrags schon beeindruckt.

»So in Tusculum aus Gottes Zorn nur Strafe sprach«, gibt Galdino della Sala hinzu, der Erzbischof von Mailand, »und da unser Herrgott der Versöhnung unermüdlich immer wieder Vorschub gibt und nicht ein Lamm er nie verloren sieht, der derzeit offenbar verlorene Sohn, erneut doch nun er aufgerufen ist, sich mehr und mehr und endlich zu bewegen hin, zurückzuwenden in der Kirche Schoß.«

»Venedig sieht es ebenso«, äußert sich Bischof Vitale Michiel,

Doge der Stadt der Kanäle, »daher, Papst Alexander unsere Stimme hat ... und wenn der Kaiser nicht begreift, dass hier in dieser Welt ein jeder Anteil haben soll, weil das allein den Wohlstand und den Frieden wahrt, dann wird er einst die Hölle sehen«, treibt er die Stimmung weiter, und die Vertreter der übrigen Mitglieder des Bundes, sie stimmen nur begeistert zu, ja, ein Jubel ertönt, »Gerechtigkeit dort findet er, ganz sicherlich.«

»Nicht lange her danach, da dieser Rote Bart mit ziemlich letzter Kraft von Rom herauf an uns vorbei sich stahl, in Susa fast es dann geschehen wär, dass er sein letztes Lager hat gehabt«, kommt Galvano Visconti Herzog von Mailand zum Zug, nachdem er mit Armbewegungen etwas Ruhe geschaffen hatte, »und eine zweite Freude uns sich dann eröffnet hat«, hält Galvano kurz ein, genießt den Moment, wie es sich für einen geschickten Politiker eben gehört, »Castello Trezzo an der Adda nunmehr uns gehört, und damit alles, was an Münzen dort dem Deutschen angesammelt war«, löst dann bei den Herren der Städte des Bundes Schadenfreude aus, »und nun ...«, erhebt Galvano ein wenig seine Stimme, hebt auch ein Pergament in die Höhe, »Galdino ein decretum überreicht uns hat, verfasst von dem, dem unserer Stimme nach der Stuhl in Rom von Gott und aus dem Recht der Wahl heraus allein gebührt, nicht einen Zweifel daran diese Welt nur haben kann, des Herrgotts Segen über allem steht ... in dessen Namen uns die Seine Heiligkeit, der aller Väter Heiligste, hier festgehalten hat, was ab sofort für jeden Bischof und Legaten gilt.« Neugier drückt sich daraufhin aus, in Respekt.

»Bündnistreue so an erster Stelle steht«, beginnt Ezzelino da Romano, einer der Rectores der Lega Lombardia, vereinfacht die Aufzählung der Regeln, »ist sie verletzt, dann Bann wie Exkommunikation die Folgen sind ... und gleich danach, wenn eine Stadt den Bund verlässt, das Recht auf einen Bischof sie verliert.«

»Gehorsam den Rectores gilt«, setzt der Erzbischof und Kardinal della Sala die Aufzählung fort, weil es nun um die Führer des Bundes geht, »Zuwiderhandlung Bann und Interdict löst aus.«

»Sodann, bei Streit der einen mit der anderen Stadt, Eintracht und Frieden herzustellen wie auch einzuhalten höchste Pflicht für alle ist, und so ein Konsul das nicht schafft, der Gottesdienst wird eingestellt und Bannspruch folgt bis der, der angestiftet hat, die angetragene Pflicht dann endlich hat erfüllt«, bringt Anselmo da Dovara eine der weiteren Regeln zu Gehör, ebenfalls einer der Rectores der Lega, »und schließlich noch, wenn weiterhin ein Land dem Bund nicht schließt sich an, mit Tuszien zu meiden jeder Handel und zudem ein jeder Durchgang zu behindern ist.«

»Recht streng die Regeln sind, die Alexander jedem Bischof somit auferlegt«, ergreift de Basegapei wieder das Wort, »und auch zu uns die Regeln greifen ein, das mag geschickt und so verrufen sein, doch, Gutes nur sie schaffen uns, daher, ich bin dafür, dass alle sie befolgen wir«, empfiehlt er, schaut sich um, und bemerkt keinen Widerspruch, »für diese Einigkeit Euch danke ich, sie unser aller Wohl erhöht«, beendet er und schaut auf Herzog Galvano Visconti.

»Dem Heiligen Vater somit großen Dank wir sprechen aus, dem Ehre mit der neuen Stadt auf ewig schon erwiesen ist, und nun, der Bund bedeutsam neue Werte setzt, Res Publica nun wieder Stimme hat«, spricht daraufhin der Herzog, stellt sich in die Mitte und breitet die Arme wohlwollend gebieterisch aus, »von nun an auch kein Silber länger fließt ... selbst das nicht, was noch vor Roncaglia üblich war«, schenkt er allen damit Freude, die Stimmung entspannt sich, sie wird etwas hörbarer, man zeigt Stärke und Einigkeit dabei, »die Hand dem Kaiser war gereicht, ihm aber war es nicht genug, so ganz die Truhen daher schließen wir«, ruft er noch in die ansteigende Heiterkeit hinein.

»Verknüpft wir dank der Regeln sind, die neue Kraft nun bilden wir«, ruft auch Ezzelino da Romano ein Wort in die aufsteigende Freude hinein, »doch, Euer Ohr noch einmal gebt, es nämlich wichtig ist, zu wissen auch ...«, kämpft er jetzt schon an, »dass nun erneut in Rom der Heilige Vater residiert, so, bitte von der Ruhe, die vorher gegeben war, davon erneut doch bitte gebt hierher«, gestikuliert er nun, bittet die Herren um Stille, was denn auch gelingt, »Galdino, bitte unterrichte uns, aus Rom direkt ja her Du kommst.«

»Der Bischof Roms höchst dankbar und gerührt Euch seinen Segen spendet auch dafür«, spricht der Kardinal und zeichnet vor sich gen oben ein Kreuz in die Luft, »dass eine Stadt gegründet ist, die seinen Namen ehrt ... so Ihr nach Rom gebt Zuversicht, die dringend auch vonnöten ist, da nun zum dritten Mal ein Gegenpapst in Folge steht, und alle Hände hin zu einem Friedensschluss, die sogar ausgestreckt nicht nur von Rom aus sind, bisher vergeblich reichten hin ... doch nun erneut, obwohl auch mit dem Bann belegt, doch weiterhin geschätzt, der Bischof Eberhard wohl auf dem Weg zu unserem Bischof ist, worin uns neue Hoffnung liegt.«

»So er, der Bambergs Bischof ist, die Lombardei betreten wird, dann dieses Mal Geleit und freien Weg er haben soll, auf dass der Sache dienlich sicher er sein Ziel erreicht«, mahnt Opizo Malaspina an und wartet, bis die Konsuln zustimmend nicken, »nun denn, zu Rom ... die Herren auf dem Capitol, sie eher sind dem Kaiser zugeneigt, damit jedoch nicht kaisertreu sie wirklich sind, es eine Frage stets des Preises ist, so ehrenwert man handelt dort ... den Bischof Roms, sie ehren ebenso ... vereint dagegen stehen wir nun da, daher uns weiterhin nichts droht, ja, ganz im Gegenteil, Versöhnung mit dem Kaiser uns nur Auftrieb gibt.«

»Lasst weiter feiern uns den großen Bund, den niemand mehr wohl beugen kann«, beflügelt Anselmo da Dovara jetzt die Herren, hebt ein Glas und prostet allen zu. Die Rectores sprechen sich danach noch ab, denn sie wollen gemeinsam mit dem Herzog von Mailand dem kaiserlichen Podestà Heinrich Graf von Diez wieder einmal einen Besuch abstatten, dieses Mal nur in neuer Eintracht.

Privatissimum mit Eberhard

Kurz nach Ostern verweilen Kaiser und Kaiserin in Worms, Gastgeber ist der der Familie nahestehende Konrad von Sternberg, Bischof von Worms, zu Gast ist auch der Bischof von Bamberg. Konrad zeigt den Gästen die Baustelle am Dom, die Kaiserin aber ist bei dem Treffen nicht dabei.

»Friedrich, Eure Majestät, besonders mir am Herzen liegt, Ihr sicher Euch es denken könnt, dass dieser Dom vollendet wird«, beginnt Konrad die Führung und zeigt auf die recht spärlichen Anfänge des Anbaus, »dazu das Westwerk fehlt, das hier entsteht.«

»Ihr eine gute Lage habt, kein hohes Wasser Euch bedroht«, beteiligt sich Eberhard von Bamberg sogleich, der schon früh Erfahrungen im Ausbau solcher Gebäude erworben hat und über das Bistum mittlerweile Herr von zehn Burgen ist.

»Fürwahr, das auch gewiss der Grund gewesen ist, dass man für diesen Ort entschied, die Römer taten das, sie hier ein forum bauten einst, und erst viel später dann, Ihr sicher das auch wisst, den Dom der Burchard baute hier … im Westchor beigesetzt er ist«, ergänzt der amtierende Bischof Konrad die Geschichte. Man schaut dann noch in die Zeichnungen, tauscht sich über einige der architektonischen Details aus und wendet sich dann dem Sitz des Bischofs zu. Im Haus angekommen, trennt man sich, bis zum gemeinsamen Essen. Friedrich und Eberhard betreten ein Arbeitszimmer und sind für sich. Auf einem Beitisch finden sich Obst und Getränke.

»Lieber Freund, Dich gerne hier ich seh, für den Besuch schon jetzt Dir danke ich«, eröffnet Friedrich das Gespräch, »wie sehr ich Dir verbunden bin, das schon Du weißt, als Freund, ja auch als Sohn ... an Jahren jetzt genau es zwanzig sind, dass Du mir treu zur Seite stehst«, lächelt Friedrich dankbar, fast ergeben, »ist das der Grund? Was führt Dich her? So öffne Dich, mein lieber Eberhard.«

»Nun ja«, beginnt Eberhard zögerlich, in sich ruhend und mit einem kleinen, liebevollen Lächeln sogar, »von Bamberg her nicht weit es ist, und hier in Worms Du gern verweilst, so ein Geleit ich stellte auf, und nahm den Weg direkt hierher, nicht ohne Grund, das schon trifft zu.«

»Besorgt Du schaust ... das sehr mich rührt«, bietet Friedrich sich an und blickt dem etwa zwanzig Jahre Älteren erwartungsvoll und in Erwiderung auch ein wenig besorgt in die Augen.

»Zum dritten Mal ein Gegenpapst, in unserer Zeit, die Reihe doch zu lang schon ist, doch, was besonders mich zum dritten jetzt bedrückt, ist diese Eigenheit, die Eigenmächtigkeit, die da zutage trat, da diese Wahl ganz ohne jedes Wort von Dir geschah, Dir nicht einmal bekannt sie war«, benennt Eberhard sehr deutlich, was er um des Freundes Wohl in seinem Herzen trägt.

»Nichts davon man vorher mir berichtet hat, so jede Ehre hier auch wieder ist verletzt, selbst der, der dann gewählt, ja durchaus uns vertraut ja ist, di Struma, aus Arezzo stammt, er uns nur angeschwiegen hat ... man sehr mit Absicht alles mir verborgen hat, welch ein Verrat«, klingt neben Stolz auch Enttäuschung in des Kaisers Stimme mit, zumal, aus andere Ecke auch, denn Tuszien, nun schon seit zwanzig Jahren, untersteht als Lehen dem Markgraf Welf, einem Fürsten aus des Kaisers engerem

Kreis, ein Verwandter zudem, dem das vermutlich auch bekannt gewesen war, »das so geschaffene factum dann zu Anerkennung hin uns zwang ... was Deinen Weg, den oft genug mit Christian Du hast versucht, mit neuen Hürden nur versah ... vor kurzem erst Du warst in Rom, vertraulich, nur zu zweit, solange er jedoch, Rolando Bandinelli, nur sich höher sieht, sich dem Kaiser über stellt, es aber keinen Frieden geben kann.«

»Wer weiß, vielleicht die Zeit schon weiter ist, wonach kein Kaiser dann nicht einen Bischof richten darf, und ebenso kein Pontifex den Kaiser dann, nur davon man noch sprechen wird, dass beide gleicher Höhe sind«, bringt Eberhard sein Kernvorhaben zum Ausdruck, »in diesem Sinne nicht das erste Mal Gedanken dieser Art wir tauschen aus, ich meine nur, der Weg, er dahin führen muss.«

»Sein Amt zu rufen ist, nicht umgekehrt, und ebenso ... zu richten ist, nicht umgekehrt«, zitiert der Kaiser sinngemäß das Selbstverständnis des Heiligen Stuhls, »jedoch ein Gleiches gilt dem Kaiserstuhl ... wer also hat die Pflicht, den ersten Schritt zu tun, wenn nicht denn der, der diese Regel wohl als erster hat verletzt, daher, der Anfang doch von Bandinelli kommen muss, obwohl, auch sehe ich, wenn alle immer reden nur so für und vor sich hin, das wohl zur Genüge schon geschehen ist, es unserem Wesen zu sehr leider inne wohnt, ein Weiterkommen schwerlich nur geschieht, wenn überhaupt«, bewegt sich Friedrich zaghaft somit hin zu der Einsicht, dass ein ewiges Beharren nie zu einer Lösung von Konflikten führt und Verluste durchaus auch Gewinn sein können, »vielleicht auch viel zu oft nur auf den Zeitpunkt schauen wir, wiewohl ... doch immer wieder ein Zuspät wie ein Zufrüh dabei ein jeder wird beklagen, wenn das denn nicht der Strick von einem Galgen ist, zu dem es nur aus falschem Denken kommt.«

»Was Du da sagst, es öffnet eine Tür ... die Zisterzienser aus Citeaux wie aus Clairveaux, Abbe' le Grand und Abbe' Pont, wie sehr sich beide haben hier bemüht ... ja, deren Sicht vielleicht doch folgen könnten wir, wonach die Regeln Gregors keine Regeln sind, da nur sich selbst er sie gegeben hat ... in Recht, das alle bindet, keiner sie denn goss, und niemand das im Schilde führt ... und auch, was sonst sie haben uns erklärt, nicht wirklich fremd uns sollte sein«, erinnert Eberhard, und zitiert, »das Recht auf ein Konzil nur Recht allein der Kirche ist, und dann, zudem, in nomine Domini freilich doch nur wählen darf, wer dem Purpur ist geweiht ... all das doch könnten Brücken sein, die wir womöglich besser sollten gehen, denn unsere Zeit, für morgen das noch weitaus mehr denn gilt, nicht länger die des Carlus Magnus ist, ja, letztlich, niemals sie es war.«

»Purpur einst des Kaisers war.«

Friedrich lächelt seinen Freund und Gefährten auffordernd an, etwas verspielt, nicht ernst, und erbost sich dann leicht, »des Gregors Brief jedoch wie eine Regel, wie Gesetz verwendet er ... sie also gilt, sie anzuwenden ist, wozu verpflichtet er sich sieht, also Berechtigung er führt nur an, und diesen Brief so meiner Ehre über stellt, dabei, er ist Jurist, gilt Recht denn also nur, wenn es so passt?«, holt er sich aber gleich wieder ein, denn es ist ja der Freund, der hier im Raume weilt, »die Zeit, jawohl, die Zeit ... auch die des siebten Gregor länger nicht besteht, darin sogleich Dir folge ich ... und auch an dessen vita sich nur wieder zeigt, wie stumpf sich leider vieles gerne wiederholt ... im Streit auch er, der Gregor lag, mit Rom, dem Kaiser und dem

Gegenpapst, ein Spiel der Spiele, ohne Sinn«, nähert sich Friedrich einem neuen Begreifen und ist dabei, das teuflische System der ewigen Rechtfertigung zu durchschauen, was wahrlich und leider immer nur Wenigen gelingt, »ach, die Krone immer einsam macht, und wenn die Besten du noch überlebst, die Einsamkeit in Unerträglichkeit sich wandelt um«, wechselt er das Thema, na ja, nicht wirklich, er versinkt halt ein wenig, weil er noch nicht so recht weiß, wie er mit all dem umgehen soll.

»Doch weiterhin um Dich herum Du beste, treue Streiter hast, Freunde gar, Verlass auf alle ist, Du also lange nicht allein mit Deiner Krone bist«, spricht Eberhard Trost aus, wiewohl er weiß, dass Friedrich den nicht wirklich braucht, er spricht ihn dennoch aus, denn irgendwo, irgendwann braucht ihn dann letztlich doch ein jeder, es geht zudem auch darum, die Stimmung zu halten, die er für die Fortführung des Gesprächs für nötig erachtet, »der Teufelskreis, jawohl, er endlich zu durchbrechen ist«, schließt er etwas drastisch.

»Die Macht, sie allzu gerne doch du jagst, weil immer schönste Augen sie dir macht, und du, du denkst, nur dir … erst später also klar es wird, dass eine Hure nur sie ist, die schlimmste ihrer Art«, bringt Friedrich fast schon weise hervor, Eberhard lächelt, »wer also immerfort nach Macht nur strebt, der immerfort auch findet neuen Grund und neues Wort, dabei, in seinem Ich er badet nur.«

»Wo wenig Inhalt, aber viele Worte sind, da oftmals mehr es darum geht, zu zeigen, dass an Schuld man niemals eine trägt, dass aber das, wovon man spricht, sehr richtig ist … und dennoch man entschuldigt sich«, umschreibt Eberhard, was Rechtfertigung ist und taugt, »απωλογία stets verkleidet sich, mal sehr geschickt, mal einfach plump, verkleidet aber stets ... der Kopf das Herz betrügt, so nur sich selbst, so arg dem Geist verbirgt, was einzig richtig ist, auch diese Neigung eines jeden Menschen Seele inne liegt, die Mehrheit nur davon nichts weiß, sie manches Mal recht oft im Käfig sitzt und dennoch keine Gitter sieht«, fasst Eberhard das Gehörte und Verstandene in neue Worte, »und wieder, wieder, immerfort, wie eine Leier müde Dich sie leiert denn, am Ende dann nur sehen wir, dass zwei und zwei nicht länger machen vier, es viel zu oft verdreht, missbraucht, mal weniger, mal mehr denn im Ergebnis ist«, die beiden Männer schauen sich tief in die Augen, und schweigen einen Moment.

»Ein Berg an Lügen also häuft sich immer wieder auf«, resümiert Friedrich, »der Unsinn aber, der daraus sich immer wieder neu ergibt, nur allzu oft zu einem Teil sodann sich formt, dem böse Absicht inne ist, als Folge freilich dann, die selber man nicht zu vertreten hat, und muss ein Schuldiger denn her, der immer findet sich, wenn nicht die Willkür ihn schon bietet an.«

»Dabei, man durchaus schlüssig schließt, und evident, höchst löblich logicus, in verum aber ... eine Lüge nur die nächste schafft, und diese, wie Du sagst, nicht immer denn als solche ist erkannt, sogar als solche ist gemeint«, ergänzt Eberhard, der sich auf dem richtigen Weg sieht, dem Freund etwas zu hinterlassen, denn er weiß um sich, sagt es aber nicht, »so prima vista alles dann vernünftig klingt, tatsächlich aber Folgen in Bewegung sind gesetzt, die nur fatal den Menschen wie dem Land, dem eigenen Leben sind ... ex falso quod libet ... nicht allein dem Worte gilt, auch Handlung also nichts erheben kann, wenn denn die Absicht falsch schon ist.«

»Ehre, Ruhm, das alles Schall wie Rauch nur ist?«, fragt Friedrich nach, mehr polemisch, »warum wir jagen dem nur nach, wenn es nur Hülle ist, nur leerer Raum.«

»Ehre, Ruhm, das wird gebraucht, nicht unnütz all die Klänge sind, die davon strömen aus«, erwidert Eberhard, »Lob tut gut … dabei, dem Volk es mehr an Fülle, also Deutung hat … wenn also Massen sind im Spiel, gar vieles andere Richtung nimmt, Begriffe schnell sich wandeln um, so es durchaus geschehen kann, dass ein consensus neu sich bildet aus, dass ebenso er sich verliert, und letzteres stets sehr viel schneller geht … Ehre wie Ruhm, nun ja, das eben ganz besondere Normen sind … ein anderes ist, und wieder nicht, das Streben überhaupt, so, wer schon hat, er mehr schon haben kann, und vielleicht sogar braucht, so seiner Hände Arbeit Quelle für das Mehr nur ist, nichts weiter sonst, und darin es dann auch genügt … doch, irgendwann, er hat so viel, selbst, wenn es nur der eigenen Hand entstammt, dass nimmer alles er erleben kann … die Schraube, so sie so sich dreht, für wahr, sie immer inhuman sich dreht … mit bestem Grund daher, ein Beispiel nur, über gerechten Preis es einen Kanon gibt.«

»Mein lieber Freund, verzeih, ob gleich in allem Dir ich folgen kann, ex tempore nicht sicher mir ich bin, doch nunmehr eingepflanzt es ist, und wachsen soll, dies Wort mit großem Dank Dir gebe ich«, bittet Friedrich so um einen Abschluss, greift nach der Hand des Freundes, genießt die Wärme, die er so erlebt, und freut sich auf noch lange Zeit. Beide stehen auf, nehmen sich seitlich in den Arm und wechseln das Zimmer, denn der Gastgeber wartet nun mit dem Abendessen.

Alexander wieder als Reisender

Das Jahr neigt sich seinem Ende zu. Papst Alexander weilt mit seinem Hof in Ferentino. Dort gibt es ein Kloster, schon seit dem vierten Jahrhundert, einen Dom, nämlich SS Giovanni e Paolo, und eine bemerkenswerte Kirche mit dem Namen Santa Maria Maggiore. Gastgeber ist Bischof Rudolfo. Alexander, der auf ein schon beachtlich lang andauerndes Pontifikat mittlerweile schauen kann, mit allerdings schon dem dritten Gegenpapst, sitzt mit einigen seiner Vertrauten zusammen.

»Frankreich, Rom, dann Benevent, und interim Veroli, Rom und Segni, dann Anagni ... wie jetzt Ferentino auch« seufzt Alexander, »den Sitz, den unser Herrgott einst uns hat bestimmt, wir jemals werden ihn denn wiedersehen?«, wendet er sich mehr rhetorisch denn zweifelnd nun an die anwesenden Freunde, er, in einem schon recht guten Alter, weit über dem Durchschnitt der Zeit liegend, gut doppelt so hoch, »seit Jahren nun, und immer noch, ein Handel mit dem Kaiser nicht zustande kam und sich nicht zeigt, und jetzt, uns Eberhard aus Bamberg fehlt, ein guter Mittler war er schon, dem Kaiser treu wie keiner sonst, dem Herrgott aber auch ein braver Sohn ... eines Gedenkens hier und jetzt er mehr als würdig ist«, bekreuzigt er sich, bittet um den Moment des Andenkens und kommt dann erst in der Sache auf den Punkt, »hier sitzen wir, da nun zum fünften

Mal des Kaisers Heer in unser Land ist einmarschiert, erneut der Kaiser damit Rechte schaffen will, jedoch, so scheint es weiterhin zu sein, allein die seinen nur.«

»Zuvor in Tuscia des Kaisers Äcker wurden gut bestellt, ein Erzbischof von Mainz die Zügel dort den Pferden hat geführt«, meldet sich Uberto Crivelli zu Wort, Archidiakon nun auch für Mailand, »vom Namen her bekannt, Graf Christian von Buch, vom Kaiser investiert, die Weihe ihm Paschalis gab, er Kanzler nunmehr ist«, beendet Uberto die Parenthese und kommt sogleich auf den Gegenstand zurück, »das sehr nahe zu uns war, so nach Veroli gingen wir, derweil, Calixt in Leostadt sich päpstlich abgegeben hat ... die Römer, ja, so kaisertreu sie denken nicht, sich selbst nur lieben sie, sie wieder einmal nur sich haben freigekauft.«

»Das Bistum Mainz uns auf der Liste immer wieder steht ... Heinrich, Arnold, Rudolf, Konrad, Christian ...«, stellt Alexander formaliter fest, und fährt ansonsten doch mehr umgreifend fort, »so also sein Erfolg den Kaiser noch ermutigt hat ... dabei ich sicher bin, es keinen Ausschlag hat gehabt.«

»Beschlossen schon der Zug in Fulda war, wo der von Buch sich auf dem Rückweg denn vom ersten noch befand«, bestätigt Kardinalpriester Alberto di Morra kurz.

»Und ... wie, da oben in der Lombardei, wie ging und geht es zu?«, führt Alexander das Gespräch weiter.

»Der Kaiser wie im Plan dann los er zog, aus Rache wohl er über Susa ging, die Stadt, danach sie brannte lichterloh, dabei, sie damals nur mit Hinterhalt, nicht also wirklich grausam sich verhalten hat, zumal, die Kaiserin man doch ließ gehen«, beteiligt sich Kardinalpriester Boso, »Turin gesonnen sich dem Kaiser hat gezeigt, danach, die Deutschen Asti nahmen ein ... nun fürchtet Alessandria das deutsche Heer, doch tapfer sie bisher sich wehrt, die Stadt, sie wenig ja an Festung hat ... die Gräben sind es, um die Stadt, und der Männer Mut, ganz wundersam daher ihr Stand sich hält.«

»Die Stadt auch Gottes Segen hat«, bemerkt Alexander zutreffend, »und was, was denn an Kraft der Kaiser dieses Mal so mit sich führt?«, fragt er dennoch nach, denn die nackte Wirklichkeit auf Erden hat eben auch Bedeutung, »und wie, wie sonst im deutschen Land es steht?«

»Das Heer, man sagt, ist weder schwach noch stark«, beginnt des Papstes Legat für die Lombardei, Kardinalpriester Giovanni Conte da Anagni, eine Antwort, »der Rückhalt denn im eigenen Land, er weiterhin nicht überzeugend ist, und Grund dafür der schon kann sein, und weitere ganz sicher auch, dass allzu oft im eigenen Land die Hand des Kaisers man vermisst, so eine Ordnung schleichend sich gestaltet hat, die nicht durchweg des kaiserlichen Segens sich wohl sicher wähnen darf ... vor allem denn Enrico di Leone zu benennen ist, der durchaus mit Geschick, doch fast schon überheblich auch, die seine Macht hat ausgebaut, und über Heirat, wie Ihr wisst, dem König Englands nunmehr nahe steht ... in Salzburg ... Streit es um den Stuhl des Bistums gibt, der ungestüm noch bis hierher wohl dringen wird ... und auch sonst an Stühlen viele neu es zu besetzen gab ... darum auch Erbgut hier wie Erbgut da, wenn es dem Kaiser fiel nicht zu, was reichlich sogar ihm geschah, so friedvoll wie nur möglich zu verfügen war ... der eine denn erfreut nur ist, der andere denn weniger, was erst einmal nicht viel Bedeutung hat, doch, wie gesagt, zu oft der Kaiser weilt entfernt, daher ... der Fürsten Rückhalt so mehr bröckelt denn, als dass er wächst ... die Meinung ist, dass Wohlstand wie auch Macht daheim zunächst zu schaffen sind, dass Heimat stets den Vorrang einzunehmen hat.«

»Höchst fraglich ohnehin es ist, uns überhaupt, weshalb ein Mehr zustande kommen soll, das nicht der Hände Arbeit nur erwächst, sich nur im Griff nach fremden Gut ergibt, ein Griff, der mordet und den Wohlstand nur zerstört«, wendet Alexander ein, und fährt dann leicht verbittert fort, »befragst das Volk du denn, nicht einen findest du, den es zum Kriege zieht ... den Narren, freilich, lieber frage nicht, ja, die es immer wieder gibt, die voll von Ehrgeiz alles tun, die nie ein Leid, die nie Ruin, die immer nur ihr ego sehen, die nicht begreifen ihren irren Weg.« Bedrücktes und wissendes Schweigen stellt sich ein.

»Wo denn der eigene Acker liegen bleibt, damit der fremde dann erobert werden kann, kein Sinn darin zu sehen ist«, bestätigt Alberto di Morra das gegebene Wort, »fürwahr.«

»Auch andere Bilder zeigen auf, wie Leben halt so ist«, ergreift Kardinal Giovanni wieder das Wort, »die Leere, die der Tod dem Kreis der Engsten um den Kaiser denn hat zugefügt, allmählich nur sie füllt sich auf, sie tut es immerhin ... und dann«, lächelt er jetzt etwas verschmitzt, »in Landen hier und da man hört, man scherzhaft sagt, der Kaiser nur im Sattel sitzt, die Kaiserin denn somit auch, und dennoch ... Kinder sie gebärt.« Ja, selbst hier in diesem Kreis ist somit ein Schmunzeln ausgelöst, doch mit viel Respekt, und Mitgefühl.

»Wie steht es um der Lega Halt, kommt sie den Pflichten nach, zu denen sie sich hat bekannt?«, holt Alexander seine Getreuen zurück und wendet sich erneut an seinen Legaten für die Lombardei, »ihr Handeln uniter sich weiterhin nur zeigt?«

»Galdinus Unseren Herrgott ehrt, er Santa Sede treu und ohne Rast zur Seite steht, doch der Erfolg, der seiner Stimme Arbeit folgt, unglaublich viel schon ist geschafft, er vielen Städten wieder Sorge macht, da Mailand hin zu alter Größe viel zu schnell schon wieder wächst ... und Ausgleich fehlt auf dem Podest, denn Sebastiano bringt so stark sich nicht mehr ein, Venedig also, eigen immer schon, sich mehr auf sich zurück besinnt«, gibt Giovanni kund, »durchaus ein Hin und Her es gibt, der Bund mal wächst, mal schrumpft, da allen nicht und jederzeit die große Republik so sehr gefällt, weil ohne Rücksicht, ohne Maß sie ihre Regeln manchmal breitet aus ... und ohnehin ein jeder gern sein eigener König bleibt ... die Lega aber doch es hat geschafft, nur, jämmerlich es war, der kurze Weg nach Alessandria, er Wochen hat verzehrt, bis endlich beide Heere fanden sich«, legt Giovanni ahnungsvoll doch eine Pause ein, die auch sofort genutzt wird.

»Der Bund, er mein decretum doch hat anerkannt, und selbst ... wer weiß, wie Dinge manchmal sich verdrehen ... hier jedoch, so es schaut aus, nicht einmal der eigenen Sache treu und ganz in Eintracht alle sich verstehen ... ein Licht, das schon und wiederholt die seinen Strahlen nur auf Mailand wirft«, äußert sich Alexander dazu, etwas empört wie resignierend.

»Es hat genügt«, ergreift Ubaldo das Wort, »es nicht zu einem Kampfe kam, der Kaiser nämlich in der Zange war, im Süden Alessandria, im Norden der Lombarden Heer.«

»Bringt Schwäche denn allein Vernunft? Nun, ja, es klug in solchem Fall ja ist, man besser schnell sich zieht zurück, doch, immerfort, es zeigt sich schon, wie sehr dem einen wie dem anderen auch das Kräftemessen offenbar ein Mehr verspricht als das, was schon im Frieden ihm gegeben ist ... umher so viele irren nur, wie eben ausgetauscht, ich knüpfe an«, bewertet Alexander das Ereignis mit einem Blick nach oben und einem Rückschluss auf die Verantwortlichen.

»Ja, Drohung oft nur das erreicht, was zu vermeiden sie sich nur bemüht«, bringt sich der Kardinalbischof Ubaldo Alucingoli erneut kurz ein, »doch hier, das eben zeigt sich auch, sie letztlich nur Theater war, da, wie besprochen insgeheim, ein Lohn sich keinem pries denn an.«

»Und, schlüssig dann, ein Handel war gesucht ... in Pavia«, ergreift nun Giacinto das Wort, Kardinaldiakon Bobone Orsini, »Galdinus dabei ging sehr weit, dem Kaiser nämlich er die Herrschaft über alle Welt hat zugesagt, so er doch nur die Eure Wahl und Alessandria zum Wohl des Friedens anerkennt, dabei, ihm schon all das halbwegs war recht, ihm fehlte nur Roncaglia, ein zweites Treffen statt dann fand, Castello Montebello nun als Ort gefunden war, di Monferrato wie Opizo Malaspina nun zudem dabei, doch, furchtbar das Ergebnis war, die Städte unterwarfen sich, ganz ohne Frieden und Papyr.«

»Pacta sunt servanda ... wir also Pavia umgangen sind«, stellt Alexander beruhigend fest, »der Lega Regeln gaben wir, die einzuhalten denn auch wir verpflichtet sind ... wenn doch nur alle immer hielten sich an das, was im contractus ausgeschrieben und ihm Sinn und Wesen ist ... wozu denn nur das Recht geschaffen ist, wenn niemand daran sich dann hält? Es leider immer wieder Seelen gibt, die wider jegliche Vernunft pro domo reden nur daher, mit Füßen also treten dann, was einst an Recht und Gutem hatten sie gelernt.«

»Und der, der jedes Ding, der jeden Satz und jedes Handeln

auch sogleich versieht mit einer Eigenschaft, er oftmals darauf legt nur an, dich aufzuwecken, zu erregen gar, auf dass du redest ungefragt, auf dass du aufgeladen wirst, auf dass du Herrschaft über dich verlierst, auf dass du nur willfährig bist«, ergänzt Kardinalpriester Boso gleichwertig weise die Klage Alexanders über eine der Schwächen der Menschen, »die Leute also meide nur, die allzu schnell um sich herum gleich viel an Gut und Böse namentlich verteilen, die alles gleich adiunctum sehen, denn oft und meisterlich sie haben nur versäumt, der Dinge Sinn und Wesen mit Geduld und freiem Geist tatsächlich göttlich zu erschließen sich.«

»Wir weiterhin doch dieser Welt zum Wohl der Kirche Spaltung Ende nur ersehen, so weiterhin die unsere Hand wir reichen hin, auf dass der höchste Fürst gleich neben uns sie auch ergreifen kann, sobald dazu bereit er ist«, setzt sich Alexander, darin unermüdlich, wieder ein, »nur eines sei noch gleich verfügt, zum Wohl von Alessandria ... erhoben hiermit diese Stadt zu einem Bistum ist.«

»Und Como wie auch Pavia?«, fragt Kardinalbischof Paolo Scolari nach, Alexander schaut auf, »nicht unbestraft sie dürfen sein.«

»Wie Recht Du hast, mein Freund, Dir danke ich«, geht Alexander verbindlich auf den Rat ein, denkt kurz nach und legt dann fest, »getreu all dem, was im decretum ist verfasst ... dubium non est ... gebannt von nun an Como ist ... der Bischof, nun, von Pavia, das Pallium abzulegen hat ... und nicht zuletzt, erbitten wir des unseren Vogtes Hilfe her, denn weiterhin zu fürchten ist, dass der von Buch sich nähert uns.«

Gewollt und bedrängt

Im Sommer des folgenden Jahres, in Pavia, hat der Kaiser seine engsten Berater um sich versammelt. Friedrich hatte eine schon schwere Krankheit zu durchstehen, danach eine weitere, die den Tod schon sehr nahe brachte, Friederich war im Kampf vom Pferd gefallen. Genau diese beiden Erfahrungen waren es wohl, die über den langen Vorlauf seit der Exkommunikation, über viele Gedanken, Gespräche und Zweifel nun zu einer gemäßigten Haltung geführt haben. Nicht zuletzt, der Kaiser war und ist kein Feind des Glaubens und der Kirche, und er sieht die Sehnsucht der Menschen nach Eintracht und Friede.

»Mein lieber Freund, nur mit Erfolg Du bist zurückgekehrt«, eröffnet der Kaiser die Runde voll des Dankes an den Erzbischof von Mainz, »des Königs Heer, es wollte gegen Tuszien ziehen, doch Deiner klugen Führung sehr zum Dank, es einen Weg nur fand, den Weg zurück in das Normannenreich«, spricht Friedrich und hebt das Glas, die Runde klopft den Tisch, und Graf Christian von Buch erwidert mit Freude, »Guglielmo di Sicilia nun endlich einmal hat gespürt, wie gegen uns er sich erleben kann«, fährt der Kaiser fort, die Fürsten applaudieren, »besonders wertvoll dieser Sieg sich zeigt, da er ganz ohne Sachsen uns gelungen ist, und nicht ein Sieg, ob zwei, ob drei, kein Sieg nicht uns vergessen lässt, dass Heinrich mehr als einmal nun uns keine Mannschaft hat gestellt ... doch, freilich, nicht darum wir sind denn hier, nicht seinetwegen uns beraten wir ... es um die

Eintracht geht, die den Christen dieser Welt so fehlt, so wie auch mir ... und wie Euch allen ist bekannt, die Zisterzienser waren wieder hier, der Äbte diesmal drei, so eins zum anderen sich richtet auf ... und so auch mir allmählich doch ein Frieden näher steht als neuer Krieg«, macht er einen Zwischenstrich und schaut hin zu Christian, »so war es klug, besonders warm dafür Dir danke ich, dass du dem Heer nicht bist gefolgt und jede Nähe zu Anagni hin vermieden, Dich zurückgezogen hast ... doch, weiterhin, es kann nicht sein, dass sich ein Kaiser unter stellt.«

»Wie auch ein Papst sich nur dem Herrgott denn zu fügen hat«, ergreift Christian von Buch gleich den ausgelegten Faden, und das recht ungeschminkt, »meine Sicht ja wohlbekannt Euch allen ist, die Wahl mir nicht infrage steht, und jetzt, dazu, wie sehr auch unser Harnisch strahlt, ein Zug, der gegen Alexander geht, er ohnehin den Weg verfehlt, er keinen Sieger bringt hervor, wer immer auch das Schwert am Ende in der Hand noch hält, so lasst uns knüpfen an, wo Bischof Eberhard schon hat uns hingeführt.«

»In meinem Sinn er immer treu verhandelt hat, und immer wieder Zugang fand, er sehr geschätzt der Curia von daher war«, ruft sich Friedrich den verstorbenen Freund zurück, Wehmut zeigt sich in seinem Gesicht, »viel an Gedanken mir noch mit er gab, wie ein Vermächtnis nunmehr sie erscheinen mir, danach, die meine Vollmacht nur zu eng er ständig hat gesehen, die meine Haltung eben auch«, schaut er nun zur Seite, auf den Nachfolger in Bamberg, »welch eine Freude, Hermann, dass wir fanden Dich, die Deine Hand die seine führt uns fort.«

»In einem Punkte wahrlich wirklich Widerspruch zu sehen

ist«, holt Graf Wichmann von Seeburg, Erzbischof von Magdeburg, geweiht noch von Papst Hadrian, die Gedanken der Anwesenden zurück, »da diese Weihen, die Rolando denn als Papst vollzogen hat, doch auch als solche können nur bestehen … zum einen Ja, zum anderen Nein, der Raum für Handel also eng schon war … doch, auch«, entschärft Wichmann sogleich ein wenig, »ein Maß an artificium gern dem Handel doch zu eigen ist, womöglich sui generis ihm inne wohnt … nur, wenn Bewegung wollen wir, dann liegt es auch uns, dann lasst doch ernsthaft uns erfragen, was denn der Andere wohl höchstens kann ertragen, und dazu sicherlich gehört es nicht, die Gültigkeit der Wahl noch länger zu versagen, dabei, vielleicht jedoch verirrt geschaut, das fast allein schon nihil ist, denn Urteil, also auch Bestätigung, so ein jeder Papst klärt auf, nicht die Sache eines Kaisers ist … so jedoch gedacht, was schon dann Anerkennung kann denn noch bedeuten.«

»Kurz gesagt, ein Streit verbleibt, bleibt aus, das meine ich, wenn Papst und Kaiser einfach ebenbürtig zueinander stehen«, bringt Berthold von Zähringen kurz und knapp, doch höchst verständlich ein.

»Dagegen nur recht viele Sätze Gregors stehen«, wirft Kanzler Gottfried von Spitzenberg das cantus firmus ein, aber nur aus rhetorischem Grund, »die Curia jedoch sie binden nicht, so auch Rolando Bandinelli sich ja eigentlich bewegen kann … und endlich denn auch muss.«

»Die Zeit dazu jetzt ist gereift, da voller Zuversicht ich bin«, bekräftigt der Erzbischof Philipp von Köln den Ausblick, den Wichmann und Gottfried eröffnet haben.

»Die Trennung von der Lega wie dem Königreich Sizilien,

beides auch zu jenen Punkten zählt, auf die wohl zu verzichten ist«, ergreift Guglielmo Conte di Monferrato das Wort, »die Jahre doch Vertrauen haben aufgezehrt, ein jeder affirmatio sucht, und was hier oben in der Lombardei, ob es gefällt uns oder nicht, ganz unabhängig doch vom Schisma und dem Kaisertum uns allen widerfährt ... es ist die Zeit, die selbst sich nicht mehr wehren kann, die dritte Kraft, sie bäumt und bäumt sich immer mehr, ein Schisma da nur schädlich ist.«

»Die Heere wieder einmal trafen sich, und siehe da, der eine siegt, der andere auch«, bringt sich von Spitzenberg erneut ein, »da Landriano und da Guissano, beide man befrage nur, die Gegner selbst der Kämpfe müde sind ... wir allemal, da doch allein der Weg dem Heer schon vieles abverlangt ... mit Blick zurück, so, auf die Felder nur geschaut, es wahrlich wohl bewiesen ist, wie sehr das Heer den Weg zu einem Handel hier und jetzt nicht mehr erreicht ... wie Christian das sehe ich.«

»Ganz allgemein, bei einem Vordersatz der falschen Art, an Irrtum nur ergibt sich noch viel mehr, da Falsches Falsches nur erzeugen kann«, gibt Kanzler Philipp von Heinsberg kund, Erzbischof von Köln, geweiht aber von Calixt, »so lasst uns Großes tun, lasst uns den einen Schritt nur gehen, den diese Kirche braucht, und so auch wir ... die ganze unsere Welt nach dieser Eintracht nur sich sehnt, dabei uns nichts abhanden kommt, da Haben stets dem Sein nur mehr als unterlegen ist.«

»Zur Lega wie Sicilia, die Gleichheit doch zum Kaiser fehlt, und sie, die eine, neue Kraft, sie letztlich bürgerlich doch ist und daher ebenso denn unter steht«, setzt Friedrich dazu ein, »im eigenen Reich so gilt es, zweifelsfrei, und selbst sie fehlt, wenn eines fremden Reiches König gegenüber steht, was hier jedoch der Fall nicht ist ... ansonsten, ja, das Wahre einfach nur zu sehen ist, das Leben aber immer wieder gern es uns verbirgt.«

»Da noch ein Grund sich deutlich zeigt, denn König Heinrich nur in Rom zum Kaiser wird«, gibt Notar Wortwin bescheiden zu bedenken.

»Auch diese Zukunft, ja, auch sie, sie eines Vaters wie denn Kaisers Pflicht bewegt ... bewegen muss«, bestätigt Friedrich diesen Hinweis, »und nahe mir der Wunsch nach Frieden ja auch deshalb liegt, da diese Kirche ja die meine ist, sie liebe ich, mein Glaube nie erschüttert er denn war ... allein, der Frevel, der uns angetan in Besançon, noch immer mich beleidigt er ... wohl an der Zeit es aber ist, die Mutter Kirche nur zu sehen und meine Sehnsucht hin zu ihr, und eben meine Pflicht ... wer nicht, wenn wir, der Papst und ich, die höchsten Fürsten dieser Welt.«

»Das öffnet uns doch jeden Weg«, spricht der Erzbischof von Köln mit Erleichterung für letztlich alle Anwesenden diese Worte aus, »der Mensch, er irrt, das Amt des Hirten aber nicht, für alle da der Hirte ist.«

»So geht denn hin, Euch bitte ich, auf die Reise sofort Euch macht auf«, wendet sich der Kaiser nun an Christian, Wichmann, Konrad und Wortwin, »hin zu Alexander denn, dem allein doch nur das Weiß zusteht, zu berichten ihm, wie sehr von ganzem Herzen denn nur noch bestrebt ich einzig bin, dass beide Häupter unserer Christen Welt in jedes Haus den Frieden endlich wieder bringen ein ... und all das auszuhandeln uns, die Vollmacht dazu unbeschränkt Euch sei.« Der Kaiser hat sich überwunden, und spürt schon unmittelbar Erleichterung allein dadurch, der versammelte Kreis freut sich erheblich mit.

»Das Vertrauen ehrt uns sehr«, erwidert Wichmann, »wir sicher kommen schnell zurecht, Anagni also bald Ergebnis uns belegt und frohe Botschaft wird auch senden aus.«

»Die Krönung unserer Kaiserin, wie damit gehen wir denn um?«, bringt Wichmann einen recht heiklen Punkt noch ein, »sie ja bereits geschehen ist, es also keine zweite geben kann.«

»Auch das mit großer Sorgfalt abzustimmen ist«, ergreift Friedrich auch diesen Hinweis höchst dankbar, »wie vieles andere sowieso, der Fragen viele sind gestellt und weitere sicherlich auf Euch noch kommen zu, daher ein jeder Schritt, selbst wenig nur, der Ämter Würde nicht erreichen darf ... und bitte, hütet Euch dabei, so Ihr dann hütet uns und meine Beatrix, so, ohne jeden Vorbehalt, nur deutlich und sehr klar, bis hin zum kleinsten denn, ein jedes auszuhandeln ist.«

»Und noch ein Punkt zur Rede steht, die Rückkehr Eurer Majestät in der Kirche Schoß«, Konrad von Sternberg, der Bischof von Worms, eben einer der besonders engen neuen Freunde, denkt Gott sei Dank noch an dieses ebenso heikle Thema, »sie üblich ihre Regeln hat, danach ein Sünder Reue zeigen soll, im Angesicht der ganzen Welt vor dem, von dem der Bann einst kam.«

»Was ja auch des Kaisers ist, wenn eine Acht genommen werden soll ... daher ein Weg für mich nicht kann es sein, so also Ihr den anderen zu finden habt, den beide festes Schrittes können gehen, und dabei nur, darauf Ihr bitte achtet auch, er nicht Canossa gleichen darf, nicht im geringsten Maß, ein Friede dann nicht möglich wär«, reagiert der Kaiser nachdenklich und zugleich dezidiert, »Dir danke ich, dass daran Du noch hast gedacht«, spricht Friedrich, und in dem Moment erhält er noch eine Idee, von oben wohl, »die meine Rückkehr in der Kirche Schoß, den Augen aller Welt befreit und daher vorher zu erfolgen hat, vor allem, was in höchster Festlichkeit der Christenwelt an Eintracht dann geboten wird, denn nur als Sohn der Kirche erst dem Vater unserer Christenwelt ich gleichberechtigt gegenübertreten kann ... und so dann dieses Euch gelingt, dass beiden Seiten gleichermaßen Lob zuteil nur wird, dann will ich jede Ehrerbietung, die dem Papst gebührt, aus freiem Herzen gern erbringen«, öffnet sich Friedrich nun recht aufgemuntert seinem Kreis, »nun ... so denn ... Rolando Bandinelli auch für uns nun bald der wahre Vicar Christi ist.«

»Im Leben eines Herrschers, eines Kaisers allemal, es immer etwas für die Nachwelt gibt, doch hier, so Bandinelli mit Dir geht, was sicherlich geschehen wird, entsteht Geschichte ganz besonderer Art«, rundet der Graf von Montferrat die Stimmung ab, »so also dieser Handel gut gelingt, und dafür vieles jetzt schon spricht, dann beiden Euch nur an Gewinn daraus erwachsen wird, und davon auch viel mehr sogar als ohne Schisma wohlgesonnen jemals möglich Euch gewesen wär«, Friedrich schaut auf, ahnt ein wenig die Bedeutung dieser Worte, und freut sich.

»Nun denn, bevor zu meinem Weibe es mich zieht, was Ihr versteht, so hoffe ich, der Tag mit bester Laune nun er soll beendet sein, ja, freilich später denn als jetzt«, leitet Friedrich so den abschließenden Teil des Treffens ein, den alle nur genießen sollen.

»Ein Wort noch, bitte, Friedrich, uns sehr wichtig ist«, fragt der Freund Erzbischof Christian noch nach und nimmt dabei eine etwas mahnende Haltung an, »den Eid man fordert sicher ab, den Eid, für den wir als Person dem Papst wie jedem Fürsten auch mit unserem Namen gegenüberstehen, solange denn, wie der Vertrag noch nicht besiegelt ist, so, darf ich sagen das mit aller Deutlichkeit, wir nur verwenden uns dafür, wenn dem Vertrag auch sicher nichts im Wege steht ... ich denke schon, ein Handel geht ja in die Tiefe auch, so viele Fragen tauchen auf, doch sei gewiss, die Vollmacht, die Du uns gegeben hast, sie ohne Wenn und Aber nur dem einen Ziel wird eingesetzt.«

»Die klare Sprache lobe ich, und, so Gott will, Euch alle bald ich sehe wieder hier, und was auch immer Ihr dann ausgehandelt habt, für mich es so besteht, so also ohne Sorge denn Ihr Euren Namen geben könnt«, bestätigt Friedrich seine Vollmacht so auch noch im besonderen, recht kurz angebunden zwar, doch für die Legaten war dies freilich noch sehr bedeutsam, und so zählt jetzt vor allem, dass Friedrich den ausgeübten Druck ohne Einwendungen hingenommen hat und sich damit nun wirklich ein Ende des Schisma anbahnt.

»Eberhard, mein treuer und geliebter Freund, wie sehr Du heute mich getragen hast ... für Deinen Frieden bete ich«, spricht Friedrich zu sich selbst, nachdem er später für einen Moment allein ist.

Friede ist die höchste Macht

Der Antrag des Kaisers ist auf mehr als nur auf offene Ohren getroffen. Alexander bat sofort um die Legaten, die auch unverzüglich nach Anagni reisten und dort Verhandlungen führten. Überraschend schnell war man sich einig, mit gut austarierten Ergebnissen. So begab sich Friedrich über Modena und Ravenna nach Chioggia, wurde dort vom Bischof Marino Ruibolo versorgt und am folgenden Tag von den zwei Söhnen des Dogen abgeholt, zu einem standesgemäßen Empfang und Quartier am Sitz des Dogen, dem gegenwärtig gerade im Umbau befindlichen, zum Teil schon neu errichteten Palazzo Ducale, was Sebastiano Ziani, nunmehr Doge, aus eigener Tasche bezahlt.

Alexander residiert ebenfalls direkt am Canal Grande. Auch er wurde von den Söhnen in die Stadt hinein begleitet, auch er erhielt ebenso standesgemäßen Empfang auf dem Platz vor dem Dom, dem einzigen als Piazza benannten Platz in der Stadt. Quartier erhielt auch er am Canal Grande, aber freilich nicht weltlich fundiert, sondern im Palast des Patriarchen, bei San Silvestro gelegen, sehr nahe westlich der Kanalpassage nach Rialto. Es ist Vormittag, die Festlichkeiten der vorangegangenen Tage prägen noch die Stimmung.

»Ein ganzes Menschenleben fast der Christen Welt gespalten war, die Kirche in sich weiterhin es noch ein wenig ist, da einer, uneinsichtig noch, das Gegenamt nicht niederlegt, und ... wer weiß denn heute schon, ob da nicht in ebenso sehr blinder

Selbstgefälligkeit ein anderer darauf denn noch folgen wird«, spannt Alexander einen Bogen aus dem bekannten Heute und einem möglichen Morgen, »das erstere, gelobt sei Unser Herr, nun endlich wieder Einheit ist, das zweite bald sich fügen wird, so hoffe ich ... Domine exaudi me et clamor meus ad te veniat«, bekreuzigt er sich, schaut dabei nach oben und vollzieht eine dezente Verbeugung, »nun denn ... der Kaiser avisiert uns ist, was große Freude nur mir bringt.«

»Zutiefst berührt auch ich noch bin, obwohl Anagni unerwartet rasch zu Einvernehmen fand und somit viel an Zuversicht schon hatte ausgelöst«, darf Boso sich anschließen, der an dem zugrunde liegenden Verhandlungserfolg guten Anteil hat, »und, diese Tage ... gestern und davor ... noch alles übertrafen, was dadurch schon unermesslich angelegt uns war ... des Kaisers Ehrerbietung vor dem Dom und zu der Messe auch, zu der er bat, ganz einzigartig Euch und dieser Welt, dem Herzen frei entflossen, ungestört vom Kopfe her, dem Wert der Buße geben neuen Sinn.«

»Eure Heiligkeit«, wendet sich Sebastiano Ziani, der eben derzeitige Doge Venedigs, an den nun über jeden weiteren Zweifel erhabenen einzigen Defensor Fidei, den er ja nie infrage gestellt hatte, »der Heiligen Mutter Kirche wie der Weltlichkeit der Friede hier in dieser Stadt ein Zeichen setzt, das weit und ewig strahlen wird, das einen Glanz verstrahlt, den diese Welt doch hat noch nie gesehen, was keineswegs dabei die Wirklichkeit verklärt, wiewohl der einen wie der anderen Seele auch es ruhig so erscheinen mag.« Alexander freut sich ob der großen und so lieben Worte.

»Mit diesem Glanz, mit dieser Pracht, der Welt auch ist gezeigt, wie Friede jeden doch nur glücklich macht«, fügt Enrico Dandalo an, der Patriarch von Grado, »allein der Friede allen Lohn der Hände Arbeit von der Pflanzung hin zur Blüte bis zur Frucht, der Frau, dem Kind, dem Reich zum Wohl gedeihen lässt, ein Krieg nur immer wieder nimmt und nimmt, was oftmals mehr als mühsam vorher angeschafft.« Derweil hatte sich Kardinal Graziano da Pisa von hinten dem Kardinal Boso genähert und ihm etwas in das Ohr geflüstert. In dem Moment öffnet sich aber schon die Tür und ein Diener tritt ein.

»Heiliger Vater, Eminenzen, Fürsten auch, verzeiht«, verbeugt sich der Diener entschuldigend, da er meint, zu stören, öffnet die Türe ganz, stellt sich seitlich in den Hintergrund und hält sie fest, »die Euren Gäste, sie sind da ... ho l'onore di presentarVi l'imperatore tedesco e romano ... con piccola scorta ... benvenuti qui.« Kaiser und Gefolge treten ein, Kanzler Konrad von Sternberg, Graf Christian von Buch, Erzkanzler und Erzbischof von Mainz, Markgraf Dedo von Groitzsch und Graf Wichmann von Seeburg, Erzbischof von Magdeburg. Der Diener schließt die Tür von außen, Kardinal Boso und der Camerlengo treten etwas zur Seite, die Venezianer auch, der Papst lächelt Friedrich an, woraufhin er direkt auf den Papst zugehen darf.

»Mein lieber Sohn, es sehr mich freut, dass Du erneut den Weg zu mir genommen hast, und heute sogar ohne Grund«, begrüßt Alexander herzlich den Gast und hält den Rücken seiner rechten Hand entgegen, »vermisst Dich habe ich, denn das, was in Venezia hier schaffen wir, nicht nur des Unseren Herrgotts Sinn entspricht, es Sache auch der unseren Herzen ist.« Friedrich ergreift die Hand und küsst den Bischofsring.

»Erneut ich voll der Tränen bin ... pax summa res est ...

amen«, fährt Alexander fort, hebt mit der freien Hand den Kopf des Kaisers, holt den Sohn zu sich auf und öffnet beide Arme breit, »zurückgekehrt Du bist, Du, der Fürst, der ohnegleichen ist, nun wieder mir die Seite füllst, wie neben Dir sie fülle ich.« Friedrich lässt sich in die Arme nehmen und erwidert die Umarmung, unerwartet eigentlich setzt nun Stille ein ... zwei schon recht alte Männer, die sich lange kennen, die etwas begriffen haben, spät, doch nicht zu spät, die sogar zueinander gefunden haben, über ihre Pflicht hinaus, sie bestimmen den Raum.

»Den Weg, den Du genommen hast«, zieht sich Alexander aus der Umarmung zurück, behält des Kaisers Schultern noch in seinen Händen, schmunzelt etwas, »ihn ohne Hilfe Du gefunden hast?«

»Es unserer Herzen Sache ist, mein Vater, ja ... und da nun wieder Vater Euch ich nennen darf ...«, lächelt Friedrich entspannt und dankbar einen ehemals ärgsten Feind an, »zu Euch kein Weg sich in den Weg mir stellt, das nimmer mehr, der Glaube, der mir nie genommen war, zu Euch mich sicher immer führt«, antwortet er herzlich ernst, was Alexander wortlos erwidert, »doch Gottes Hand mir auch noch Spielraum ließ, und ihn in dem Gewimmel enger Gassen, stets im Wechsel mit Kanälen, Bögen, Brücken auch, zu nutzen sicher hin zu Euch und dem Palast, so ganz allein, mir doch nicht war vergönnt«, löst er nun Heiterkeit beim Papst und den Umstehenden aus, »denn diese Stadt, aus einer frühen Gabe eines Privilegs mir freilich schon bekannt sie ist, doch jetzt und heute nun, tatsächlich sie zum ersten Mal betrete ich.«

»Eure Majestät, greift bitte zu, zu einem Schluck«, dient Graziano da Pisa, Camerlengo, sich aus Freude nun dem Kaiser und dann allen an, Alexander lässt es gern geschehen, »denn diese Region, wie keine sonst, die Becher Euch erlesen füllen kann.«

»Sagt bitte, Eure Majestät, wie diese Stadt denn Ihr erlebt«, führt Kardinalpriester und Kanzler Alberto auf die Aussage des Kaisers zurück, »natürlich ... Rom uns Caput Rerum ist ... und das ewig denn, doch diese Stadt, Venezia, es doch zuzugeben mir nur bleibt, und wem denn nicht, doch auch sehr einzigartig ist ... ex eo septem saeculi.«

»Die Eure Frage ehrt uns sehr, gespannt auch wir der Antwort sind«, wirft Aurio Maistro Piero kurz ein, der als Berater beider Seiten auch einen Anteil an dem Gelingen der Versöhnung hat, ein Aristokrat, der sich schon oft als Gesandter bewährt hatte, der eigentlich schon Doge hätte sein können, der sich aber noch als zu jung ansieht und daher Ziani den Vortritt ließ.

»Roma sine dubio aeterna est«, glänzt Friedrich ein wenig, er hat eben schon gut dazu gelernt, »allein, dass diese Stadt das auch erlebt, in ihrem Wert, das wünsche ich, denn sie, in ihrer Art wohl Einsamkeit in höchstem Sinne kennt«, bringt er klug und überzeugt hervor, »und auch genießt, ich denke schon, denn klug dem Handwerk und dem Handel mehr halt zu sie wendet sich ... wie zu den Künsten auch ... sie einfach eine Perle ist.«

»Sorge hat uns hergeführt, da auf dem Land doch allzu oft zum Schwert des Neids der Nachbar greift ... hier jedoch, ob eigenen Fußes oder nicht, der Sumpf dem Ehrgeiz leicht den Sieg versagt«, greift Bischof Domenico di Contarini, Mitbegründer von San Nicolò, wo dem Kaiser vor seiner Einreise nach Venedig die Exkommunikation genommen wurde, in die Historie, »als nächstes dann das Handwerk uns die Schiffe gab, so auf dem Wasser wir gerüstet sind, die Schiffe dann den Handel schufen uns ... Banken erst danach sich bauten auf ... Künstler dann im Bau wie der Skulptur, der Malerei, hier stetig Arbeit finden sie ... und eines noch uns zeichnet aus, da unter uns nicht einen Kampf je haben wir gehabt, nicht eine Spaltung diese Stadt jemals in sich erlitten hat, wenngleich die Chronik auch von schweren Zeiten spricht.«

»Ein jeder sollte handeln so, wie diese Stadt es allen hat schon vorgemacht ... allein, das ja Regieren hier als Sache aller gilt, Res Publica ... dann diese Welt wohl etwas besser wär«, erhebt sich Alexander als ein recht Aufgeklärter, dem aktuellen Wandel höchst aufgeschlossen, und geht über zu einer mahnenden Botschaft, »wenn jeder doch nur schaut auf das, was er schon hat, was oft genug genügend ist, und wenn es einmal nicht genügt, dann setze er die Arbeit ein und nicht das Schwert.«

»Damit wir bei den Bürgern sind, wo jeder Wohlstand kommt doch her«, greift Boso den Gedanken des Heiligen Vaters auf, »man schon auch herrscht, das braucht die Welt, an freiem Raum jedoch man sehr viel mehr von oben bis nach unten hin, gemessen hier, gewogen da, den Menschen dabei überlässt, und siehe da, welch wunderbare Kräfte dadurch werden frei, da nicht allein das Neue nur von oben kommt.«

»Das ja schon Gegenwart, erst recht wohl Zukunft ist«, nimmt sich nun auch Friedrich der Gedanken an, begreift sie ebenso, »doch weiterhin es Eure Heiligkeit wie Fürsten braucht, dabei, schon sehe ich, wie schwer der Adel denn dabei sich tut, da er doch immer schon dem Volk bestimmt, doch nun die Frage nach der Eignung drängt sich ein, nun aber steht es wieder einmal auf, das Volk, doch jetzt mit vollen Truhen hinter sich, die

Mitte wächst mit jedem Stein, und wer noch nicht zur Mitte zählt, der über sich nun Vorbild hat, das mit Idee und Fleiß erreichbar ist.«

»Majestät, Ihr also gut versteht«, bezieht sich Sebastiano Ziani auf den Kaiser, und zeigt mit Gesten stolz zum Fenster hinaus, »woher sie kommt, die Schönheit dieser Stadt ... der Hände Arbeit sie erwächst, in Freiheit, Freude, Einigkeit, ihnen ganz entstammt, sich immer wieder neue schafft, mit Gottes Segen über uns.«

»Dass das jedoch auch ohne Bürgertum entstehen kann, das alte Griechenland uns zeigt wie auch Aegyptus und Arabia ...«, bringt sich Domenico di Contarini wieder ein, gleichnamig dem Erbauer des Domes, »damit ich aber Euch nicht widersprechen will ... und auch nicht kann, denn Aristokratie war dort zu ihrer Zeit ja völlig anders ausgeformt, sie so sehr deutlich völlig andere Züge trug wie denn die unsere sie heute zeigt, in diesem Teil der Welt, der Welt der Christenheit.«

»Die Ausgelassenheit, in Schönheit und in Demut auch, die diese Menschen hier uns leben vor, sie uns den Tag nur weiterhin befehlen soll«, bekräftigt Alexander die gute Stimmung, was auch gelingt, dabei, die Gegenstände haben schon alle interessiert.

»Disponsamus te mare ... in signum veri ... perpetuique dominii«, meldet sich der Doge gleich zurück, »ein jedes Jahr dem Meere wir vermählen uns, da immer schon dem Handel mit dem Schiff die Menschen hier verbunden sind ... la Festa della Sensa die Vermählung schmückt, das Fest zurück auf Pietro Orseolo geht, der nicht nur hat besiegt, was an Piraterie vom Jenseits unserer Adria doch immer wieder auf uns kam ...ein neues

Staatsverständnis uns auch schuf, seit dem Byzanz wir nämlich Fremde sind, und also nicht mehr untertan, ein Stück Geschichte, das schon wichtig ist, denn Griechen selbst hier oben waren lange schon ... und nun, erlaubt, zum Jetzt ich komme dann zurück ... San Nicolò, was Ihr nun kennt, der Ort der Benedictio für uns ist ... Ravenna, damals la Nobilità, dem Aufbau dieser Stadt den Schutz hergab, und aus Byzanz nicht Obrigkeit nur kam, der Handel war das Element, er beiden immer schon bedeutsam war, und Fertigkeit und Kunst, sie kamen reichlich ebenso hinzu ... so darf es wundern nicht, dass ebenso auch unser Dom, wie er sich heute zeigt, auch griechisch und islamisch wirkt, obwohl der Christenheit er ist gebaut.«

»Der Bauherr, er nicht hieß wie Ihr jetzt heißt?«, wendet sich Alexander neugierig an Domenico.

»Mein höchster Bischof, ja, der Doge, der den Dom erbaut, vor nunmehr dreiundachtzig Jahren eingeweiht, auch er den Contarini zugehört ... er in San Nicolò ist beigesetzt«, erhellt Domenico mit seiner Antwort zugleich Bezüge zur Gegenwart, »den gleichen Namen darf denn tragen ich ... der Welten Rufe doch, ob Handel, auf dem Land wie auf der See, ob Handwerk, Kunst, Architektur, mir nicht so stark erklungen sind ... dabei, an ius, administratio auch, vorbeigegangen nicht ich bin ... nun ja, Ihr seht es, Eure Heiligkeit, der Seele eines Menschen Heil zu geben, ihr zu dienen, ihr zu helfen, sie zu schützen und zu retten auch, das für mich Bestimmung ist.«

»Am rechten Platz Du also stehst, mein Sohn, und auch von dort viel Ehre du dem Namen gibst«, lobt Alexander höchst erfreut und spendet dezent Gottes Segen.

»So lasst uns denn zum Tisch hin gehen«, ruft Sebastiano Ziani nun auf, »an Speisen und Getränken dort gerade frisch uns aufgetragen ist.«

»Ja, lasst uns speisen und auch fröhlich sein ... und du, mein Sohn«, wendet sich Alexander an Friedrich, »verloren lange Zeit der unseren Welt Du warst, gefunden nun, uns nicht mehr tot, zu meiner Rechten Dich ich sehen mag, auf dass gemeinsam wir erfreuen und auch stärken uns, damit dem Pergament die unsere Feder morgen nicht versagt«, mischt er noch Ernsthaftigkeit und Scherz miteinander, Friedrich freut sich und bringt das Ereignis für beide Männer und die Welt auf einen Punkt, »auf dass ad unum omnes unser Schulterschluss als Vorbild einzigartig und als heilig nur gesehen wird.«

»Ehrwürdiger Vater, Pater Spiritualis ... Sicilia dem schließt sich an«, wirft Erzbischof Romualdo di Salerno erfreut ein, einer derer, der sich von nun an sehr für die Anbahnung friedlicher Kontakte seines Königs zum Kaiser einsetzen wird. Der Papst erwidert mit einem Lächeln und wendet sich wieder dem Kaiser zu.

»Den frommen Sinn, den Du uns zeigst, als solchen auch erkennen wir, und wie die Mutter Kirche Dich, den totgeglaubten Sohn, nun wieder hat, unter den rechten Fürsten Du nun gläubig wieder weilst, so sehr in ihren Reihen auch die Kaiserin und König Heinrich wiederfinden sich ... hic uterque in absentia sunt ... Du wieder, Ihr denn alle in den Schoß der Kirche aufgenommen seid«, anerkennt Alexander somit auch sehr elegant Beatrix und Heinrich, zeichnet ein Kreuz in die Luft und spricht dazu, »hic nunc pax et concordia solum regnant.«

Am folgenden Tag findet die Unterzeichnung des Friedensvertrags statt. Das Ereignis des Jahrhunderts liegt seit dem hinter allen, den Beteiligten wie dem Volk wie dem Rest der Christenwelt. Der Kaiser macht sich nun auf den Weg nach Rovigo, das liegt kurz vor Chioggia, denn dort ist Beatrix untergebracht, bei den über den Neffen Welf verwandten d'Este.

Mit Gemahlin nach Burgund

Beatrix steht am Fenster und schaut in den Hof des Castello Gaibana, nachdem Fanfaren hohen Besuch angekündigt hatten. Es kann nur der Gemahl sein, er ist es auch. Der Kaiser wird von Obizzo d'Este und Bischof Pellegrino begrüßt. Sogleich jedoch wendet er sich ab und eilt in das Gebäude, was mit großem Verständnis hingenommen wird. Man sieht sich ja später auch wieder. Derweil dreht Beatrix sich in den Raum hinein. Es dauert nicht lange, da öffnet sich schon die Tür und der Gatte tritt ein.

»Mein lieber Friedrich, mein Gemahl ...«, läuft Beatrix auf Friedrich zu, sie fallen sich in die Arme, »immerfort an Dich nur habe ich gedacht, nun bist Du da, mein Herz, also erfüllt ich wieder bin, und so erleichtert auch.«

»Auch ich Dich habe sehr vermisst, in meinen Armen nun Du wieder liegst, nichts will ich mehr, dabei, die Pflicht, wie auch in diesem Fall, und diesem sehr besonders gar, ja freilich ging sie vor«, Friedrich hält Beatrix ein Stück von sich, lächelt sie wie verliebt an und küsst sie auf die Stirn, beide umarmen sich wieder, dabei erscheint er schon wie von einem anderen Stern, was Beatrix freilich spürt.

»Ja, selbstverständlich ging sie vor, daran an Zweifel nie doch kam und kommt uns auf, doch nun, nun bist Du endlich hier, dabei, die ganze Zeit im Herzen bei Dir weilte ich ... inzwischen denn, gar viel von Pracht der Feste und der Einigkeit hier schon geredet wird, zu der die Welt geladen war, zu der Ihr beide endlich nun gefunden habt ... mein Friedrich, caro, rede schon, gespannt ich bin, wie nicht ein Bogen könnte sein«, hält die geliebte Frau erwartungsvoll nun inne und schaut mit großen Augen auf.

»Der Welt es war ein großer Tag, so denke ich, so denkt der höchste Bischof unserer Kirche auch, so also alle denken wohl«, strahlt Friedrich seine Beatrix an, »ein jeder Schritt gelang, da zuvor alles bestens ausgehandelt war, der Würde eines jeden also nichts zu nahe kam, es strahlte nur Gerechtsamkeit ... und auch die Herzen schwangen mit, die unseren Augen tränten gar ... von großem Glück erfüllt ich bin, entlastet wie noch nie, und spüre Kraft in mir und Zuversicht ... wie wunderbar doch Gottes Segen ist.«

»Friedrich, mein Gemahl«, legt Beatrix klug gewollt einen Atemzug ein, zeigt ihrem Gatten dabei Ernsthaftigkeit wie Heiterkeit, »die Leute sagen, alle hier, dass Deine Macht nun größer ist als wie zuvor, und mit Dir die des Papstes auch, dabei, die Deine Krone strahlt viel mehr, da ja der Weltlichkeit sie angehört.«

»Dann alles ist erreicht, wenn niemand Schwäche sieht und niemand Dominator ist genannt, ein finis, das darüber geht, es einfach nicht ist vorstellbar, welch eine Fügung uns der Herrgott damit hat gewährt«, schwärmt Friedrich, durchaus ehrlich gemeint, und kommt dann in die Welt zurück, »und ... dabei auch dem Boso viel an Dank gebührt, gern auch an Hyazinth ich denke gleich, so wenig auch er um Venezia beteiligt war, doch in San Nicolò er war dabei, er stets versöhnlich uns sich hat gezeigt ... und viele andere löblich sich verdienten uns, davon vor Ort nicht alle waren hier ... ja, freilich«, fügt er ein, da Beatrix ihm einen ermahnenden Blick zuwirft, »den meinen Freunden gilt dies auch«, fährt er daher fort, »die Dankbarkeit, die ihnen in mir liegt, in Worte fassen kaum ich kann ... und eines auch zu sagen ist, ob Poggibonsi, Crema, Alessandria, ob Parma, Lucca, Mantua, wohin Dein Blick auch immer schweift, eine jeder Ort in diesem Land sein eigen Königreich wie immer schon nur weiterhin will sein ... Venezia jedoch, es diesem Land schon zugehört, wie auch wieder nicht, es weder Rom noch einen Kaiser braucht, ein eigenes Reich es wahrlich ist«, spricht er belobend wie nachdenklich weiter, gelassen durchaus, wendet sich nun aber etwas suchend um, »was eigentlich der Sohn jetzt macht? Wo denn er ist, der junge König, der der Eltern Stolz schon immer wieder nährt?«

»Verzeih dem Heinrich bitte noch, im Spiel er ist, und dabei übt«, befreit Beatrix den Knaben, der ja gerade elf Jahre alt ist, »das Ritterliche gut ihm steht, er später, wenn soweit es ist, Dir keine Schande machen wird ... dahinten aber, da im Korb, den jüngsten Sohn Du findest dort, in Somnus Armen Philipp aber liegt.« Friedrich geht hin und schaut mit warmem Blick auf das schlafende Kindlein, das ja kurz vor Venedig in Pavia gerade erst zur Welt kam, er wendet sich zurück, da Beatrix sich nähert.

»Caro, carissimo, nun bitte sage mir, wie es mit uns hier weiter geht, denn in unseren Landen man doch freilich Dich erwartet sehr, und nach Dir ja auch die Kinder sehnen sich, Friedrich, Otto, Konrad und Giselle, die wahrlich selten nur Dich sehen«, gibt Beatrix zu bedenken.

»Die Kinder, ja, die Krone auch, die nun Dein Land uns anvertrauen wird, all das mich auch sehr freudig stimmt«, drückt Friedrich doch etwas ambivalente Gefühle somit aus, da er auch schon wieder an sein Amt erinnert ist, »der Herzog aber, der in Bayern eine Stadt gegründet hat ... wie sehr er Treue hat gezeigt, doch einzig nur, sich unabdinglich jetzt das zeigt, es bitter auf der Zunge liegt, wie ein Verrat es schmeckt, bis hin zu dem, dem seine Absicht galt, seit dem er Treue nur noch hat versagt ... daheim kommt also Schweres auf mich zu.«

»Die Deine Wahl zum König er denn auch nur hat gestärkt, weil das begehrte Herzogtum nur eines Königs Dankbarkeit entwachsen kann«, schließt Beatrix schlüssig.

»Was oftmals aber Handel beider Seiten ist«, fügt Friedrich beschwichtigend an, »doch jetzt, zunächst zurück zu dem, was gegenwärtig zu bewegen hat«, frischt Friedrich die eigentliche Frage auf, »da Welf mir Tuszien zurückgegeben hat, so nach dem Rechten dort ich sollte sehen ... es nicht mehr weit von hier auch ist, und nicht zuletzt, so wunderschön, es also Dir und mir an Freude auch bereiten wird, zuvor jedoch, ich möchte einfach leben nur mit Dir«, wendet er sich wieder zurück, und spontan entflieht dem Herzen Beatrix ein Lächeln, »nach Umbria der Weg zunächst uns daher führt«, fährt Friedrich fort, »im Frühjahr dann nach Pisa, dann nach Genua, nach Pavia, vielleicht Torino auch, zu jeder Stadt mit Glanz und höchster Festlichkeit die Tore werden uns geöffnet sein ... und dann, die Deine Heimat höchstes Ziel uns ist, die Richtung nach Burgund uns einzig dann nur noch bewegen soll.«

»Die Kinder, ja ... und unsere Krönung auch, Burgund ist wieder Königreich, das Land erwartungsvoll und stolz schon ist ... die Zähringer und andere wohl eher nicht«, fühlt Beatrix tiefe Sehnsucht, aber auch Blick für bestehenden Rivalitäten, die mittlerweile aber verlässlich milde verlaufen, wenn es um die

Zähringer geht, »ein weiter Weg bis dahin da noch vor uns liegt, doch jetzt zunächst, auf nach Umbria, mich freut das sehr, Perugia wir dann wiedersehen«, nimmt sie nun noch liebevoll dem Gespräch die Schwere.

»Geliebtes Weib ...«, spürt Friedrich etwas an Traurigkeit in sich aufkommen, »Du wunderbare Frau, was alles schon Du mitgetragen hast, mein höchstes Glück auf Erden bist.«

»Friedrich, Deine Frau ich bin«, erwidert Beatrix, durchaus ein wenig geschickt, letztlich aber darin nur ehrlich, »Dich ewiglich doch liebe ich, und den meinen Pflichten dabei sehr bewusst ich bin, von Anfang an, so glaube mir, es keines Wortes da bedarf ... ein jedes dennoch meinem Herzen sehr willkommen ist«, lächelt sie.

»Mein Engel, ja, ich weiß ...«, bestätigt Friedrich, und fährt einfühlsam fort, »und, da, verborgen noch, womöglich Dir allein, ein Wunsch in Deinen Worten liegt?«

»Oh, nein, mein Friedrich ... lieb von Dir, dass Du so fragst, nichts aber fehlt, mein Glück und meinen Sinn ich immer finde neben Dir«, antwortet Beatrix strahlend und lehnt sich dabei an die Brust des Gatten, schließt genießend die Augen.

»Das Amt, sehr wohl, in diesem Reich, vom Norden bis zum Süden hin, es viel an Reise immer wieder abverlangt«, lenkt Friedrich anerkennend ein, »und Du, wie tapfer und wie stark, an meiner Seite immer bist«, nimmt seine Frau in die Arme, »zurückgeschaut, unsäglich viel an Jahren schon, ein halbes Leben fast für Dich«, leiser werdend, da sich bedrückende Gedanken aufrichten, »nur in Italien immer wieder oft wir sind ... im Zelt, im Sattel, fremder Burg ... Dir sicher fehlt ein Heim ... so also Dir, mein größtes Glück, und unseren Kindern auch, Euch viel ich gab, so hoffe ich ... jedoch kein Heim ... wie sehr mich das betrübt, ja unverzeihlich schuldig macht ... dem Reiche nur in einem alten Glanz ich immer jagte nach ... wo andere Herrscher dieser Welt an einem festen Ort mit Schloss und Hof das Amt und Leben füllen aus, da reite ich umher ... des Kaisers Krone, sie entwurzelt einen Mann ... warum denn nur, denn Glück und Frieden immer nur bei Dir ich fand und finde noch.«

»Geliebter Mann, ich klage nicht«, antwortet Beatrix liebevoll und nimmt Friedrichs Kopf mit einer Hand, in seinen Armen liegend, »denn Deine Pflicht ab ovo war doch mir bekannt, und ich entschied aus freiem Stück, das Los, das eines Kaisers ist, mit allem, was an Kraft der Herrgott nur gewähren kann und aus der Kraft der meinen Liebe hin zu Dir, dass dieses Los ich trage mit ... doch auch an mir nicht alles ohne Spur vergeht, so hoffe ich für mich und ja, die Kinder auch, dass nimmer mehr die Alpen zu bereisen sind.«

»So jung Du doch noch bist ... und wunderschön«, bemüht sich Friedrich, und lügt damit auch nicht, »wenn Du nur kannst ... verzeihe mir.«

»Geliebter Mann, es zu verzeihen eben gar nichts gibt, doch gibt es das, Dir jederzeit und ungefragt verzeihe ich«, schaut Beatrix aufrecht und treu auf, »Du weißt es nun, es ist bald Zeit, doch sicher sei, es nur die Mutter ist, die geht, die Frau und Kaiserin, sie weiterhin, geschmückt durch Dich, die Deine rechte Seite schließen wird.« Beide drücken sich. Nicht ganz ein Stundenglas später gehen sie in den Speisesaal, wo sie bereits erwartet werden.

Wilhelm und Constanza

Es ist einmal mehr ein schöner Tag, nel Palazzo dei Normanni a Palermo, der Sommer steht schon bald vor der Tür. König Wilhelm hat drei seiner Gefährten aus dem familiaren Kolleg zu Gast, es wird zudem Damenbesuch erwartet. Ein Diener öffnet die Tür, und da kommen sie schon, zwei Damen betreten das sehr schöne Arbeitszimmer, das in einem angenehmen Licht liegt.

»Oh, dear, light of my love«, geht Wilhelm höchst erfreut auf seine junge Frau zu, Johanna von England, Tochter des Königs Heinrich und seiner Frau Eleonore, Schwester von Richard Löwenherz, »amore mia, ti senti bene?«, fügt er an, beide umarmen sich, Johanna spendet einen lieben Kuss.

»Zia mia, benvenuta«, wendet sich Wilhelm nun der Tante zu, und dann zu beiden, »herzlichst willkommen beide Ihr denn seid.« Seine Frau, freilich, die hatte Wilhelm heute schon gesehen. Die Herren, die beidseitig stehen, die verbeugen sich angemessen und werden dafür mit freundlichen Blicken entlohnt.

»Ganz liebe Grüße Dir ich übergeben darf«, lächelt Costanza etwas kokett, »dal Castello Maniace Bronte ...«, und wird von Wilhelm unterbrochen, »de ma mére ...«, kommt es aus Wilhelm fast heraus geschossen, »ja«, erwidert Costanza, »viel an Dich sie denkt, für Dich zu Gott hin betet sie, und was dazu durch mich sie Dir noch sagen lässt, das ist, wie gut es geht mit der Abtei ... und noch auf baldigen Besuch von Dir sie schon sich freut.«

»Genau das schon im Plane steht, und weit von hier ja nicht es ist ...«, geht Wilhelm darauf ein, »nun, bitte sage mir, die Zeit mich leider drängt, wie Dir es geht, dem Deinen Herz, dem Deinen Bett.« Johanna steht bescheiden daneben, obwohl ja sie die Königin ist.

»Wilhelm, reichlich frech Du bist«, lacht die Tante den König an, »was nur aus Dir noch werden soll ...«, lachen nun alle, »doch, ja, es schon beschäftigt mich, denn ohne einen Mann die Welt ganz anders fühlt sich an ... genau gesagt«, schaut sie nun etwas zurückhaltend, »die Deine Frage schon den Punkt berührt, ein Mann mir recht willkommen wär, und schon, er sollte passen mir, ein solcher aber einfach nicht zu finden ist ...«

»Mir aber kommt ein Mannsbild in den Sinn ... doch, ob es mag, ob seines Vaters Frage je nur wird an uns gestellt ... so also Ungewissheit über allem liegt«, leitet Wilhelm sein Vorhaben so ein, dass Neugier entsteht.

»Da schau doch einer her ...«, reagiert Costanza amüsiert, und natürlich neugierig, »dann mich lass wissen, jetzt sofort, an wen Du da nur denken kannst, denn, ja, wie Du, sehr wohl auch ich denn weiß«, führt sie im Wissen um ihre Erscheinung aus, »dass meine Schönheit keine Schlange von Bewerbern schafft.«

»Es keine Schlange braucht, begehrenswert Du durchaus bist, von wenigen zudem doch einer schon genügt«, reagiert Guglielmo charmant wie humorig, und lächelt dabei verschmitzt, schon an den Namen denkend, den er jetzt freilich gleich verrät, »Enrico Re Germania für Dich vor meinen Augen steht«, alle schauen sich an, Wilhelm fährt fort, »recht jung, gut von Statur, energisch, gut geschult in allen Dingen schon, die er als Kaiser dann, der er ja werden wird, ob mit dem Wort, ob mit dem Schwert, täglich zu entscheiden hat.« Eine von Überraschung getragene und dann anerkennende Sprachlosigkeit setzt sich noch kurz fort.

»Enrico, keine schlechte Wahl«, kommentiert Costanza, fühlt sich sogar recht wohl bei dem Gedanken, hat aber auch Zweifel, »er fraglos aber jünger ist, was also bitte er dann an mir finden kann?«

»Prinzessin, danach bitte fragt doch nicht, da Ihr in allerbestem Alter stehst, gescheit zudem, und weiblich wunderbar«, bringt Matteo di Salerno ein, nunmehr schon langjähriger Vizekanzler und Vertrauter, beteiligt an Benevent, was für die Krone so erfolgreich war, »doch zu bedenken freilich ist, dass eine Heirat bringt den Staufer uns ins Königreich.«

»Fürwahr, das zu bedenken ist«, schwächt Wilhelm den Einwand ab, »doch haben wir seit langem Frieden schon, und noch dazu, der Kaiser, gar nicht vor zu langer Zeit, er selbst uns eine Tochter angeboten hat ... und seine Macht, die einmal übergeht, sie seit Venedig noch gewachsen ist, auch durch den Sturz des Leo dort im eigenen Land, und auch, da die Toskana redlich er erworben hat, all das des Heinrich Zukunft gut nur prägt.«

»Ja, könnte das genau nicht auch verführen hin zu einem Zug hierher und gegen uns?«, wendet Matteo dazu ein, »Gualtiero«, wendet er sich nun hin zu dem Erzbischof von Palermo, »was, bitte, Ihr denn dazu sagt?«

»Ja, bitte, Walter, sprich«, verstärkt Wilhelm die Aufforderung, obwohl er genau diesen Aspekt freilich auch schon bedacht hat.

»Wenn überhaupt das Wollen Friedrichs darauf noch gerichtet ist, genau die Heirat dann uns schützt«, geht Walter von Palermo der Aufforderung nach, er kennt die Familie als ehemaliger Erzieher besonders lange und gut, »daher, für sie viel mehr noch spricht als ohnehin schon zu erkennen ist ... und wenn erlaubt es ist, an dieser Stelle gern den hochverdienten Romualdo darf benennen ich, zum Kaiser nämlich ihn ein gutes Band verbindet schon, so keine Fragen sicher würden plagen ihn, ihn also binden wir dazu doch ein.«

»Majestät, verzeiht ... es wahrlich fällt nicht leicht«, ermahnt Matteo erneut, nicht wirklich skeptisch, doch aus dem Amt heraus einfach angehalten dazu, »doch auch der Fortbestand des Königreichs hier anzusprechen ist.«

»Das wahrlich höchst gewichtig ist, es daher hergehört«, geht Wilhelm auf den Einwand ein, »kein böser Sinn sich also darin zeigt, auch sicher nicht verborgen ist, so spreche denn und drücke Deine Sorge aus.«

»Wenn Unser Herrgott Euch beschert, was unser aller Wunsch ja ist, dem Land ein Erbe dann gegeben ist«, gibt Matteo also noch zu bedenken, führt den Gedanken aber nicht weiter aus.

»Die Heirat dennoch stärkt das Königreich, denn keinen Unterschied es macht, ob weiterhin mein Haupt es ist, ob später dann des Erbes Haupt, allein aus meinem oder denn der Tante Blut, verwandt dem Kaiser dann, die Krone unser ist und also fortbesteht ...«, erwidert Wilhelm, denkt dann noch kurz nach, sucht nach Worten, denn er möchte sich und seiner Frau nicht zu nahe treten, »doch sollte Unseres Herrgotts Plan ganz ohne Freude solcher Art uns nur bestehen schon, uns, die rechten Glaubens wir doch sind ...«, unterbricht er sich selbst und umarmt Johanna von der Seite her, küsst sie, »sie das Königreich erst recht dann stärkt, ja, sie allein, sie sichert dann der Krone Fortbestand.«

»Iure uxoris aber dann womöglich auch der Staufer unsere Krone trägt«, erlaubt sich Matteo einen weiteren Hinweis, »das Recht vermutlich anzuwenden ist, wonach all das, was Erbe ist der Ehefrau auch übergeht ... exemplum dafür gibt es schon.«

»Soweit nicht bisher ich habe nachgedacht ... doch, wenn das gilt«, nimmt Wilhelm den Hinweis an, »den Fortbestand des Königreichs nur stärken sollte es, so denke ich, was meinst denn Du?«

»Das Königreich, es fortbesteht, das ist ja auch der Sinn, und Euer Blut, es bleibt dabei, wenn nur die eine wie die andere Ehe einen Erben bringt«, bestätigt Matteo, König Wilhelm nickt beruhigt, »gesehen so, kein Unterschied besteht.«

»Matteo, Freund, die Deinen Worte abgewogen und sehr klug Du vorgetragen hast, sie halfen somit sehr, so alle Fragen sind berührt, selbst die, dafür Dir danke ich, die vorher keiner von uns sah«, spricht Wilhelm nun den wohlverdienten Dank aus.

»Ist nicht Byzanz noch auch der Rede wert?«, bringt Costanza einen weiteren Aspekt ein, denn sie weiß freilich sehr wohl, dass Fragen der Macht für und gegen etwas eben stets von Bedeutung sind, »dabei, mich bitte nur nicht falsch versteht, nicht einen Griechen suche ich, was nur zu sagen ist, dass doch Byzanz noch weiterhin auf unser Land wohl aus doch ist.«

»In diesem Fall verstärkt wir sind«, kommentiert Wilhelm den Gedanken, »was auch den Vatikan im Guten dann nur trifft, ein Reich bis hier in einer Hand doch viel an Frieden gibt dem ganzen Kontinent, und sichert uns das Königtum, und Du«, er wendet sich hin zu Costanza, »egal, was auch geschieht, Du einst bist Kaiserin.«

»Durch mich zu England auch noch wir verbunden sind«, meldet sich die junge Königin zu Wort, »das wohl auch noch Beitrag hat.«

»Majestät, Ihr seht es recht, erheblich das Bedeutung trägt, denn ist der Kaiser hier, dann eben nicht im eigenen Land er ist ... doch, Gott sei Dank, der Sachse recht entmachtet steht, zumal die seine Bindung hin zum Hof das keineswegs begleichen kann, so mehr der Kaiser wäre denn gestärkt«, bringt sich Richard Palmer ein, gebürtiger Engländer, inzwischen auch Bischof von Syrakus und Erzbischof von Messina, »Byzanz dabei, seit Manuel verstorben ist, sich eher unbeständig, also angeschlagen, leider auch verwerflich zeigt ... von Übergriffen auch gesprochen wird, die gegen Leute unseres Landes richten sich, das könnte, ja, es sollte doch den Kaiser wie auch uns zu neuer Nähe führen hin«, baut dann eine Perspektive auf, »Europa fände mit der Ehe eine Einheit wieder wie so ähnlich sie ja schon bestand, wenn auch doch in Teilen nur, und leider oft mit wenig Sinn für die Gegebenheit und Recht auf Region.«

»Auch lasst bedenken, dass die Lega Lombardia mit dem Kaiser eher doch zu Frieden findet als zu Krieg, nach dem der Eid auf Friede schon gesprochen ist«, bringt Wilhelm ein, bestens über das jüngste Ereignis unterrichtet, »denn der Verhandlung gab der Kaiser mit, er werde alles tragen, was in seinem Namen ausgehandelt ist, das schon allein nur gibt doch kund, wie sehr der Waffen Ruhe gegen Friede auszutauschen Ziel des Deutschen ist.«

»Bleibt noch der Papst«, rundet Matteo das Gespräch ab, »Schutz vor Rom vor allem doch er immer wieder suchen muss, und ist der Kaiser kirchentreu, was er ja ist, dann rundet sich das Bild genügend auch dem Vatikan ... in Einheit wir der Vogt dann sind.«

»Cara Costanza, che mi sei zia ... ora per cortesia fammi infine sentire«, bindet Wilhelm seine Tante wieder ein, nachdem ausgelotet ist, dass der politische Aspekt weit mehr Vorteile als Nachteile zu bieten hat, »wie klingt der Plan in deinem Ohr?«

»Wie Du mich kennst, sehr pflichtbewusst ich bin, und sehr zu schätzen auch ich weiß, dass hier an diesem Tisch mit Anteil neben Dir ich sitzen darf ... was damit hier geschieht, ist eben keine Selbstverständlichkeit«, tritt Costanza souverän und zu ihrer Rolle auch angemessen auf, »doch abgesehen von all dem, geneigt noch mehr als vorher jetzt ich bin, so fädelt ein, wo eine Möglichkeit dazu sich bietet an, und preist mich aus, auf das Enrico ebenso die Hochzeit sich nur wünschen kann«, beschließt sie, während sogar ein Strahlen in ihr Gesicht huscht.

»Wilhelm, mein Sohn ... als Bischof so ich reden darf ... Dein Vater sicher stolz jetzt ist, ein gutes Herz Du zeigst, und klug Du bist ... und Du Costanza, Stolz des Vaters und der Mutter immer schon Du warst, ich sicher bin, wiewohl Dein Vater leiblich hat Dich nie gesehen, zu seinem Schmerz ... ostende nobis Domine misericordiam tuam et salutare tuum da nobis«, spricht der Erzbischof von Palermo, zeichnet dazu ein Kreuz in die Luft und segnet damit die Aussprache.

»Domine exaudi nos«, schließt Wilhelm an und bekreuzigt sich dabei, wendet sich dann an alle, »wie auch der Herrgott uns erhört, er einen großen Tag uns hat gewährt, ihn uns er nunmehr überlassen hat, auf dass gebührend ihn wir setzen fort«, spricht er, nimmt seine Frau in den Arm und lädt mit einer Geste alle in den Nebenraum ein, wo für eine Feier schon alles vorbereitet ist.

Ad abolendam

Alexander war noch ziemlich genau vier Jahre Herr der Kirche. Trotz des großen Friedens waren es ausgesprochen unruhige Jahre. So hatte sich tatsächlich, nachdem Calixt sich Alexander unterworfen hatte, noch ein vierter Gegenpapst aufgestellt, nicht lange hielt er aber durch, und Rom, nun ja, schon kurz nach der unter Geleit des Erzbischofs von Mainz besorgten und willkommenen Rückkehr nach Rom hatte Alexander die Stadt schon gleich wieder zu verlassen gehabt, residierte dann an verschiedenen Orten. Sodann folgte Uberto Allucingoli als Lucius auf den Stuhl Petri. Auch er hatte keinen Sitz in Rom, schon die Weihe fand südöstlich außerhalb in Velletri statt. Der neue Heilige Vater sitzt nun mit langjährigen Gefährten zusammen, in einem Palazzo in Verona, der Bischof der Stadt ist ebenfalls dabei.

»Diese Römer«, schimpft Lucius, einst Kardinalbischof von Ostia, wendet sich dann sogleich zu seinem Herrn und bekreuzigt sich, denn ihm ist freilich selbst das nicht entgangen, was sein Wächter des Glaubens auf Erden eben unterlassen hatte, zu sagen, »ob sie nun Freunde einer Republik«, fährt er erleichtert fort und blickt wieder zurück in seinen Kreis um sich, »ob sie zudem, ob sie allein den Arnoldisten noch zur Seite stehen, ja, welche sind, wo hört es auf, wo geht es hin, ein Strom wie Ketzerei sich zeigt, da diese Römer immer wieder diese Stadt dem Schatten ihrer Spiele liefern aus, dabei, die Bürger weniger bis kaum wohl angesprochen sind, sie aber immer wieder blenden und verleiten lassen sich ... so wie die Noblen ganz im Glanz der Tage von Venezia des Heiligen Vaters Rückkehr in die Leostadt höchst willkommen mit Gepränge, großen Worten, schön pompös in Anspruch nahmen, angelegt wie eigener Schmuck, vielleicht auch das Geleit allein sie abgehalten hat, das Schwert des Erzbischofs von Mainz ... ja, ohne Wenn und Aber gleich erneut sie Alexander haben weggejagt, zwei Jahre lang er residierte überall, doch nicht im Lateran, selbst letzte Ruhe er nur außerhalb gefunden hat ... ja, diese Römer, ihm, dem höchsten Bischof mehr sie haben nicht gegönnt, welch eine Schande sie damit sich selbst, der Stadt, der Stadt der Christenheit, schon wieder einmal haben auferlegt.«

»Ja, dieses Rom ... auch gegen Euch nur sündig schon sich nur es zeigt ... etiam atque etiam«, ergänzt Uberto Crivelli, gebürtiger Mailänder, Bischof von Vercelli und Kardinalpriester von San Lorenzo in Damaso, »die Eure Weihe in der Euren Stadt, selbst diese nicht sie ließen zu ... der Berg an Schande wächst und wächst, er nicht mehr abzutragen ist.«

»Sie freilich toben gern und feiern sich, wie schmählich, ja unchristlich sich die Stadt dann zeigt, wenn Eitelkeit sich immerfort im Kreise dreht, sich selbst beweiht und nicht bemerkt, wie dabei Seele wird zerstört ... es höchste Zeit gegeben ist, dem Treiben, dem auch anderswo des Glaubens Friede ist wohl nicht genug, dem Einhalt höchster Strenge endlich aufzulegen ist«, bestätigt auch Kardinalbischof Paolo Scolari die Einschätzung des Heiligen Vaters, »und wo haeresis uns noch nicht erkennbar ist, dennoch sie womöglich dort schon längst besteht ... und wie im Lauten so im Stillen auch sie wächst und wächst heran.«

»Es wahrlich unvorstellbar ist, dass, ad exemplum, schon Erkenntnis zu Erlösung führt, ad exemplum, ganz allein, so also einzig nur das eigene Sein, allein das Ich Sitz von Geist und Seele sei«, erhebt sich Lucius mit Worten, leicht entrüstet, »ja, ungeheuerlich die eine Lehre dann vor allem darin ist, wonach denn nicht der Herrgott diese Welt erschuf, und eine andere es erlaubt, davon sie lebt, dass Laien Recht zur Predigt üben aus ... es freilich abzugrenzen ist, was denn schismatisch äußert sich«, fährt er fort, was ein zustimmendes Raunen auslöst, »der Schritt, der also bald in Eintracht mit dem Kaiser folgt, er einzig und nur so denn richtig ist«, fügt er dem Faden an, zufrieden auch über die schon dazu einstimmig gefundene kuriale Anschauung, die hier im kleinen Kreis noch einmal aufgegriffen ist, »und höchste Zeit zu Einhalt auch geboten ist, denn Haeresi, sie oft genug der Christenwelt doch schon und nur geschadet hat ... causa nunc finita est«, beschließt er den Gegenstand und wechselt hin zum Praktischen, »wie lang denn noch des Kaisers Weg wohl uns hier weiter warten lässt? Die Alpen doch schon überwunden sollten sein.«

»Zu Ohren kam so einiges, weshalb dem Kaiser wohl der Aufbruch früher denn nicht schon gelang, wie es ja eigentlich auch war geplant, doch nun, in Mailand doch er angekommen und gar festlich dort empfangen ist«, klärt Uberto Crivelli auf, »sein Weg hierher nun sehr erheblich viel an Kürze zugewonnen hat.«

»Dann die Synode wie besprochen findet statt«, stellt Lucius erfreut fest, »ad abolendam diversam haeresium pravitatem ... dann erklären wir.«

»Der unseren Welt so eine Strenge auferlegt nun endlich ist, wie ihr noch nie es widerfuhr«, erlaubt sich der Camerlengo

Gerardo Allucingoli, Kardinaldiakon, noch einmal zurückgreifend anzufügen, er ist dem Heiligen Vater verwandt, »allein, dass nicht nur Strafe gilt auf Haeresi, dazu auch Regeln als Verpflichtung auferlegt der Kirche Fürsten sind, wie ein Verdacht entsteht und zu ergründen ist, wie also alles an Verderbtheit schon im Schatten, im Entstehen aufgespürt und aufgehoben werden kann, zudem, der Milde Unseres Herrn gemäß, die Reinigung vom Bösen immer möglich ist, sie über einen Eid erfolgt und so dem Willigen Befreiung schafft.«

»Das Decret allein dem Guten also folgt, es Regeln uns zusammenfasst, denen allein es um den Schutz der anvertrauten Seelen geht«, bestätigt Omnebonus, der Bischof von Verona, er hat Anteil an dem Werk und ist Gastgeber für die Synode, »wer also rechten Glaubens ist und predigt nur, wenn auch geweiht er ist, er weiterhin nicht wird belangt, wer aber, ob im Haus, ob außerhalb, dem rechten Glauben predigend mit Absicht sich entgegenstellt, wer schon im kleinen denn zuwider handelt nur, wer dabei hilft, wenn auch ein wenig nur, das Maß nicht zählt, der nur zu Recht vom Bann dann ist bedroht.«

»Erfüllend ist die Einigkeit, die hergestellt zum Kaiser war so schnell ... als wahrer Sohn der Kirche sich gezeigt er hat«, greift Lucius nun seinerseits zurück, »was sonst noch hat dem Kaiser denn den seinen Aufbruch früher nicht gewährt?«

»Uns allen schon bekannt ja ist die Krönung, die in Arles Burgund erneut zum Königreich erhoben hat ... der Kaiser und die Kaiserin, beide dann danach an so ersehnter Zeit mit sich und der Familie viel sie haben noch verbracht«, ergänzt Crivelli das, was schon berichtet ist, »sodann es Federico mit dem seinen Sohn, die Kaiserin in Besançon verblieb, in Anspruch heftig nahm, was da seit langem schon im Lande rötlich glimmt ... da geht es um den Sachsenfürst ... der Kaiser Heinrich alle Titel, alle Güter nahm, nachdem die Acht und auch die Aberacht ihm für Absenz, hoch an der Zahl, schon ausgesprochen war, so ihm und seiner Frau allein der Weg nach England gnadenvoll geöffnet blieb, wohl aus dem Dank zu früher Treue nur heraus und auch, da blutsverwandt die beiden Männer sind, doch das, das nun schon wieder liegt zurück ...«, legt eine kleine Atempause ein und wechselt dann zu den Dingen, die noch nicht so bekannt sein dürften, »die Kaiserin ... den Kaiser und den Sohn dreimal sie hat besucht, vor allem dann nach Mainz, wo jeweils prächtig Feier stattgefunden hat, zweimal, zum Tage fünfzig ehrenvoll, und dann ... genau in diesem Jahr ... zudem den beiden Söhnen Ritterwürde übertragen war, und nebenbei, erneut sich wieder zeigt, der Kaiser mehr an Zeit sich nahm, der Frau, den Kindern da zu sein.«

»Der Friede von Venedig und der Friede mit dem Bund, Legnano und das neue Königtum, es anderes noch geben mag, all das vor allem wohl das Bild von sich dem Kaiser nur zum Guten hin sich segenvoll verändert hat«, kommentiert der Papst erfreut, aber kurz, letztlich auch zutreffend, und kommt dann zum Schluss, »ad abolendam, sage ich, und gebe aus die Strenge, wie die Welt sie hat noch nicht gesehen ... consentimus in illo«, bekreuzigt sich Lucius noch dazu, mit einem Blick nach oben, die Anwesenden folgen darin, »benedictus es ... Domine ... in firmamento caeli.«

Treffen mit Guido von Guerra

Florenz, es ist sommerlich, der Kaiser befindet sich auf einer Reise, die ohne Heer stattfindet, die ausschließlich friedlich geplant ist, und auch so verläuft. Friedrich ist schon seit einigen Tagen Gast in einem Palast der Palavicini, die verwandt mit den d'Este sind, die eben wiederum selbst auch eine Linie zu Friedrich haben, über den Neffen Welf. Heute erwartet der Kaiser einen besonderen Besuch, derweil steht er am Fenster und schaut hinaus.

»Dass nur dem Kopfe nie die Hoffnung schwinde«, spricht Friedrich vor sich her, mit unbewegtem Gesicht, »Herr, über mir, die meine Kraft ...« Friedrich wird unterbrochen, von der Tür her, Guido Conte Guerra Il Vecchio tritt ein, Friedrich dreht sich um, die Tür schließt sich, er geht sehr erfreut auf den Gefährten zu, beide umarmen sich innig, und schweigend.

»Willkommen bist Du, liebster Freund, wie mich es freut, dass einen Weg hierher Du aufgenommen hast«, begrüßt Friedrich den Gast.

»Mich erfreut es ebenso, ein Wunsch des Herzens führte mich, wie wunderbar, dass wir uns wiedersehen«, erwidert Guido, beide lösen sich voneinander, halten sich aber noch an der Schulter, »doch, voll des Leides Dich ich treffe an, mein Herz darum für Dich es blutet so sehr mit«, kondoliert er und zieht Friedrich mit Herzlichkeit an sich heran, drückt ihn und hält darin inne, dann lösen sich beide, halten aber noch aneinander.

»Das kaum ich überwinden kann ...«, bringt Friedrich hervor, Tränen zeigen sich, »und wie es schmerzt, das Bild, das immerfort sich drängt mir auf, vor allem das, wo meine Beatrix hinübergeht und nicht bei ihr ich bin ...«, und fällt so um die Schulter des Gefährten, bewegt von Trauer und weiterem Tränenfluss, »wenn das gewesen wäre absehbar, um jeden Preis geblieben wäre ich«, bringt er geschüttelt von Erregung noch hervor, Guido nimmt es an und gibt allem Zeit, »doch großen Trost erfahre ich darin, dass sie im Himmel aufgenommen ist, zumal sie ohne jede Schuld den Kindern wie denn mir wie anderen auch stets voller Fleiß und Liebe wahrlich selbstlos nur zur Seite immer wieder war, und unbeirrt in ihrer Treue sie zur Kirche stand, sie nur verdient es hat, zu leben jetzt im Mittelpunkt des Christus Herrlichkeit ...«, Friedrich fängt sich dann nach einigen Minuten, die Männer lösen sich nun ganz, bleiben aber seitlich umarmt, und gehen schweigend einige Schritte.

»Und Deine junge Frau, wie geht es ihr, als wunderschön von allen sie gepriesen wird, gar schöner als die Stadt, die ihr die Heimat, uns Hospiz gerade ist«, lächelt Friedrich ein wenig, er ist Dank des Freundes neben sich auf dem besten Wege, sich zu beruhigen.

»Es geht ihr gut, und so auch mir, ein Schatz zudem sie ist, von ihrem Wesen her, beschenkt ich also bin, wie von Beatrice Du es kennst«, antwortet Guido, so diskret, wie es halt geht, aber auch so ehrlich, wie es sich unter Freunden gehört, und plötzlich, wird er von einem guten Gefühl durchflutet, und bringt den Grund dafür auch gleich in Worte, »an Corrado oftmals denke ich ... besonders gern, da er das Licht der Welt in Modigliana erstmals sah.«

»In den Mauern Deiner Burg«, erwidert Friedrich, »und auch Spoleto wie San Quirico, Milano sehr verbinden uns«, setzt er besinnlich fort und kommt dann erfreut zurück, »dem Jungen gut es geht, mit Enrico er den Ritterschlag bekommen hat, in Mainz, im letzten Jahr.«

»Von diesem Fest man redet viel, an Pracht es wohl Venedig schon recht nahe kam ... soweit im Angesicht der Stadt sowie vom Anlass her denn überhaupt so etwas möglich ist«, geht Guido kurz, aber herzlich und würdigend darauf ein, und dann, er denkt kurz nach, »Spoleto hat mich sehr geehrt, noch immer es mich ehrt, dass ohne Zaudern Du mich hast befreit ... die Strafe, die die Stadt jedoch bekam, vielleicht sie war zu hoch, und ich, ja, ganz im Zufall doch war ich nur da.«

»Die Schuld der Stadt war mächtig hoch, denn, wie Du Dich erinnern magst, das Fodrum nicht nur war zu knapp, allein darin ein Frevel ja schon liegt, zudem in falscher Münze auch es war belegt ...«, erinnert Friedrich die damalige Lage, »und, dass man Dich, bei aller und nur eigenen Schuld, dazu als Geisel auch noch nahm ... die Deine Frage aber durchaus macht auch Sinn, denn nicht die Bürger trugen Schuld, die Noblen den Verrat doch übten aus«, nähert er sich dem Gedanken Guidos an, und schaut dann aufrichtig den Freund an, »Gefährten nicht im Stich man lässt, wie Du mich nie im Stich gelassen hast ... und heute ... wer denn noch ist unter uns, von damals, nur noch Du, der Sachse nicht mehr zählt, zu sehr der Gier nach Macht er nur verschrieben war, seit Rom jedoch ich Schuld noch trug, so ein Exil allein als Ausweg bot sich an, die Schuld, sie somit ist getilgt ... der Berthold noch, der Zähringer, nun ja, doch treu er stets zur Seite stand, und dann der Wichmann noch, der von den dreien mir am liebsten war, und ist ... fünf Päpste kenne ich, von Eugen an bis Lucius, und Kaiser Manuel ich habe überlebt, jetzt reichlich Chaos in Byzanz regiert ... und sonst in meiner Zeit, Sizilien inzwischen schon den dritten König anerkannt bekommen hat ... ja, neue treue Männer kamen dann hinzu, der einzige jedoch aus erster Zeit, treuer Freund seit dem, der noch mit mir verweilt in dieser Welt, der einzige, der steht jetzt neben mir, der einzige Du eben bist.«

»So bleibt es auch, mein Freund, so bleibt es bis zum letzten Schlag, so bleibt es, bis der Flamme Docht kein Futter mehr bekommt«, gibt Guido zurück, und wechselt hin zu Fragen, die letztlich nicht minder persönlich sind, »ein anderes nun gestatte mir, was aber sicher Deinem Ohr schon ist bekannt, mich aber noch bewegt, um Mailand geht es mir, der Erzbischof von dort, er seit kurzem einer der Crivelli ist, er damit doch zu jenen zählt, die kaum Dir wohlgesonnen dürften sein.«

»Nun, Gott sei Dank, so zeigt es sich, mir Mailand Anlass dazu gibt, dass seit Venedig das, was damals war, nicht weiter Wirkung hat«, geht Friedrich darauf ein, »es die Crivelli besser auch so sehen, da keine Stimmung gegen mich besteht ... Mailand, ja ... nun endlich der Vertrag von Konstanz uns den Frieden schuf, den zu Venedig leider niemand konnte schaffen schon, die Stadt mit Glanz mich jetzt empfangen hat, und noch dazu ... so halte Dich, wo Du nur kannst ... erbeten hat, fast flehentlich, dass doch in Mailand Heinrich seine Hochzeit halte ab ...« Friedrich wird sofort unterbrochen.

»Heinrich? Hochzeit? Wann und wen?«, platzt es aus Guido so heraus, »das alles neu mir ist, erzähle doch ... mein Freund, Du spannst mich an ...«

»Mit Wilhelm durchaus gutes Band gewachsen ist, schon vor Venedig es begann, dabei an Romualdo di Salerno dankend denke ich ... im letzten Jahr so schafften wir, dass ein Vertrag zustande kommt, sehr kurz bevor«, verklingt Friedrichs Stimme, wird etwas leiser, »der Herrgott das mir Liebste übernahm ... so denn, zu Sant' Ambrogio wir kamen überein ... ein Kloster, wunderschön, romanisch durch und durch ... im Januar dann wird es sein ... die Braut«, lacht er jetzt ein wenig verschmitzt den Freund an, macht es so noch spannender, »Costanza di Sicilia heißt.«

»Das eine große Nachricht ist, mein Freund, die mir Erstaunen auch ringt ab«, schaut Guido überrascht wie auch freudig aus seiner Wäsche, und denkt gleich männlich weiter, »Dein Leben lang Du nun schon jagst nach dem, was unter Rom einst Kaiserreich gewesen ist, und nun, Dein Sohn, er ohne Krieg sich nähert dem ... wenn Du erlaubst ...«

»Fürwahr ... dabei, was mich besonders trägt, es nicht die Krone wie auch nicht das Reich, es vielmehr nur der Friede ist ... und sonst ... mein liebster Freund«, lächelt Friedrich auffordernd, »wenn noch Du Fragen oder Beitrag hast ...«

»Nun ja ...«, beginnt Guido, dabei ein breites Schmunzeln auflegend, »auch ihr ... er nähert sich? Denn, gut zehn Jahre weiter sie wohl ist.«

»Das eine ungewiss ja ist, denn Wilhelm ein junge Frau doch als Gemahlin hat, wir aber im Vertrag durchaus es hielten fest, das Erbrecht auf den Thron, wenn also kinderlos das Paar verstirbt, die Krone ihres Vaters sie dann erben soll«, erklärt Friedrich zuvor, »zum anderen, was weiß denn ich, doch in dem ersten Jahr und auch dem zweiten noch, na ja, das Alter von

Costanza doch dem Jungen auch Gewinn kann sein ... und schließlich, beiden ist doch klar, wie sehr das Königreich denn ist bedroht, wenn weiterhin ein Erbe fehlt.«

»Selbst, wenn Costanza nicht die Krone erben wird, es ist ein guter Zug, so Gutes beiden wünsche ich«, beschließt Guido, er ist ganz bei seinem Freund, »wir aber leben jetzt ... und wie, daher, wie also denkst denn Du, wie es für Dich kann weiter gehen?«

»Lieber Freund, schau doch nur, wie ich Du weißt, worum es immer wieder geht, an Jahren Du ein wenig auch, schon immer, älter bist ... viel bewegt wir haben doch, genauso aber vieles uns bewegt auch hat, oft ungefragt und oftmals ungewollt ... ja, manches Mal, da hast du wirklich freie Hand, doch meistens nicht, und Trug kommt hin und wieder auch dazu ... nicht selten dann, wenn keiner sonst den seinen Kopf in einer Schlinge sehen will, und manches Mal, ja meistens doch, wenn Fürsten, die du brauchst, gar viel für sich und ihren Beutel sich ersehnen nur, die deine Macht, sie also mehr als häufig doch nur eingebunden ist, nicht wirklich über allen Dingen steht«, resümiert Friedrich über die Regeln des Herrschens, »wenn also du, getreu dem Eid, dem hohen Ziel nur folgst, dann droht dir schon die Einsamkeit, die Freunde dann, allein sie zählen nur, dass du in einem Meer nicht untergehst.«

»Das hohe Ziel, wenn es denn klar und überzeugend ist, wenn es von allen denn getragen wird, ganz ohne Zwang, ganz ohne Kauf ... es keinen Herrscher braucht, es selbst sich doch erfüllt«, erwidert Guido, der im mittleren Italien recht mächtig ist, »nun ja ... schon durchaus sehe ich, dass immer doch es einer ersten Botschaft auch bedarf, und immer wieder auch Erinnerung, damit auch morgen noch als weiterhin erstrebenswert es uns besteht.«

»Und wenn es doch ganz ohne Procuratio nicht geht, das allgemein so dürfte sein, dann vor der Frage stehen wir, ob nicht es wirklich besser ist, dass einer nur und unbeschränkt das letzte Wort zu sagen hat, bevor denn viele, manches mal nur wenige sogar, ein hohes Ziel zerreden oder mit ganz anderer Sicht betrügerisch ummanteln sich ...«, ergänzt Friedrich den Gedanken des Freundes, »das Ziel jedoch, es Einigkeit in Mehrheit haben muss, und oben eben treu dem Ziel allein zu handeln ist ... doch leider, immer wieder, überall, ob oben, unten, sonst wo auch, es sicher einen Narren gibt.«

»Und wie, wie stehst gerade Du ... Du, der Du der Kaiser bist, zu dem, was hier in diesem Land der alten Welt sich gegenstellt?«, wendet der Conte diskret ein, schließlich steht ein Friedrich eben doch vor anderen Aufgaben, und durch das Wissen darum ist er selbst freilich vor Vermessenheit geschützt, zu der sein Wesen ohnehin nicht neigt, »wenn Du in deinen Landen bleibst, dann geht es Dir doch gut, ein Mehr jedoch in der Idee vom Kaiserreich und seiner Neugeburt Dich immer hat gelenkt, nun, immerhin, durchaus, am Ziel Du bist, so zeigt es sich, und wenn nicht Du, dann doch Dein Sohn.«

»Ja, was an Vorbild auch mich immer trug, in diese Zeit es nicht mehr passt, mir einen Leitstern aber stets es gab, und das noch immer tut ... wiewohl ... wie nur ... wie, nur wie ...«, ringt Friedrich um diese Frage, und löst dann den Knoten wenigstens für sich und für diesen Moment, »denn was, was könnte größer sein, als dass Europa einig ist.«

»Hat Karl der Große das gewollt?«, fragt Guido nach, »er

durchaus ja der erste war, der hier im Abendland des Kaisers Krone trug, das unbestreitbar ist, kriegreich jedoch sein Weg uns auch sich zeigt, dabei, das eine andere Seite hat, er als Europas Vater gilt, zu Lebzeit schon der Kaiser so betitelt war ... doch wen, wen denn hat er gefragt?«

»Einigkeit zu diesem Ziel zu keiner Zeit bisher bestand, was doch das Ziel nicht wertlos macht«, weiß Friedrich dazu noch zu erwidern, denn er versteht den Einwand und sieht schon selbst die Frage noch nicht als gelöst an, und fährt so fort, »die Kaiserkrone trage ich, das Reich jedoch Europa nicht umschließt, die Grenzen, die es immerhin jetzt hat, mein Freund, der Weg dahin, er war recht lang, und Krieg dabei mehr Hindernis als Beitrag war, so die Idee sich dennoch breitet aus, das hoffe ich, es friedlich sollte nur geschehen, das heute denn die meine Sicht der Dinge ist ... und nun ja, auch im Alltag schon Bedeutung für das Große liegt ...«, verändert er den Blickwinkel, »im Gericht, da vieles sich geändert hat, ja ändern muss, denn, wie Du selber bestens siehst, nicht überall und jederzeit der Herrscher denn aus eigener Hand kann und will es richten stets, so eben eigenes Blut und Freunde sehr vonnöten sind, vielleicht sogar ein Magistrat, mitzutragen denn der Krone Macht ... Gesetze aber unbedingt vonnöten sind, ein Regelwerk, das denn für jeden gilt, so auch für die, die oben kümmern sich, das eben sollte gelten überall ... und in Italia, da gibt es die Besonderheit, die durchaus wertvoll mittlerweile mir erscheint, gerade, wenn von etwas Großem reden wir, das alles Land zusammenführt, was also in Italia so anders ist, auf jedem Hügel wie an jedem Fluss, ein jeder Ort als erstes sich nur kennt, das durchaus schafft Gemeinsinn ganz besonderer Art, sogar der Ort viel höher als der Name steht, gefragt man wird: Wo kommst du her ... Gemeinsinn großer Art doch erst danach sich bildet aus, und wo ein Bündnis neu sich findet oder wieder löscht, vielleicht genau das Hinweis auch von Suche ist, doch niemand dabei sich gibt auf ... Europa so sich finden soll.«

»Die Zeit, sie Summe von Momenten ist, sie alles widerspiegelt, was an Einzelheit geschieht, sie aber Abbild auch des Wandels ist, der immer sich vollzieht«, schwenkt Guido ein, »in diesem, unserem saeculum, ein Wendepunkt ganz großer Art sich also deutet an, allein der Kaiser wie der Papst, sie beide nur betroffen sind, da nun ein Dritter sich dazugesellt, gleich obenauf, Du weißt, ich rede von der Bürger Macht.«

»Das trifft es haargenau ... der Bürger Macht«, spricht Friedrich es nachdenklich nach, sehr aufmerksam hat auch er zugehört, »darin seit Jahren ich gefangen bin, vor allem hier, wie schon mit Worten, nicht so klar, es nicht erst heute schon beschrieben ist, ja, auch im deutschen Land dafür es Zeichen dazu gibt ...«, wechselt er nun Ton und Inhalt, »mein Freund, Du heute einmal mehr mir zeigst, dass in Dir mehr als nur der Führer eines Heeres steckt, dass mehr als nur Soldat Du bist, von denen Du ja ohnehin ganz vorne, wenn nicht einsam vorne stehst«, lächelt er angenehm, erhebt das inzwischen servierte Glas roten Weines, Giudo ergreift sich ebenfalls eines, die beiden prosten sich zu, »in einem Punkt die neue Welt ... sehr unumgänglich, denke ich ... sich reichlich schon konstituiert, wie eben schon erwähnt, in Sachen der Gerichtsbarkeit ... sehr deutlich schon, denn nunmehr nicht des Kaisers Recht noch länger über alles reicht, die Lega gegen mich es setzte durch, und wenn dem Sinne nach Gerechtigkeit ich folge nur, dem sehr verbunden ja ich bin, dann ist es recht, denn da ein Reich zum einen auch nur immer Summe ist, es stets für den, den Klugheit zeichnet aus, ganz wichtig ist, zu übernehmen das, was an dem Ort viel Geltung hat und möglichst auch der eigenen Macht nur dient, wenn nicht allein damit, dass Geltung man dem Orte gibt, dass man Respekt den Regeln zollt und der Vergangenheit, das Meiste nicht schon ist getan ... der andere Punkt ist sicher der, dass niemand kaum sich selber richten wird, das Recht daher zu sichern hat, dass nie Parteilichkeit den Vorgang reguliert, Gerardo Cagapista darin mich hat überzeugt, wobei, sehr offen dafür schon ich war ... ein Ganzes offenbar sich findet nur, wenn wirklich es ein Großes über allem gibt und Tägliches und jeder Ort dadurch bleiben unberührt.«

»Der Welt ich wünsche sehr, dass einst sie nur und so es sieht«, freut sich Guido über diesen Gedanken, beide schauen sich einig und hoffend an, »welch eine Freude Du bereitest mir ... es also wichtig wär, dass Tun wie Unterlassen daher nicht den alten Pfaden folgt, und höchste Vorsicht anzuwenden ist, vor allem dann, wenn mit sirenengleichem Ton dein höchstes Glück doch immer nur dem Nachher zugewiesen ist, denn Tägliches allein die höchste Wahrheit birgt«, zieht Guido einen Schluss.

»Da einen Punkt es doch noch gibt, den viele unzureichend schätzen ein«, ergänzt Friedrich dann seine Ausführungen doch noch ein wenig, »Du weißt, das Recht, ich mag es sehr, doch davon abgesehen eines gilt, was schmerzlich auch zu lernen war, Verträge halten und verletzen zwingend ja Bedeutung hat nicht nur für die, die über Unterschrift als Partei ausgezeichnet und verpflichtet sind, sie große Wirkung auch für jene faltet aus, die dem Vertrage nicht gehören an ... Verträge halten, Festigkeit dem Ganzen gibt, das Einzelne schon das Gefüge trägt, auch wenn es noch so klein nur ist ... Verträge brechen, bis hinunter in das Tal, nur die Gerichte stärkt, das Wohl der Menschen nicht.«

»Wer also den Vertrag nicht hält, er Anfang großen Übels schafft damit, und, wenn dann immer mehr es sind, Vertrauen sich in Nichts auflöst, ein Reich, selbst, wenn es guter Haltung war, es nur zerbrechen kann daran ...«, wiederholt Guido mit eigenen Worten den vorgetragenen Sinn, und ist bewegt dabei, Friedrich auch, denn solche Gespräche hat auch er nicht jeden Tag, wenn überhaupt, seit Eberhard und Rainald nicht mehr da sind, »wie einfach es doch ist, die Lanze und das Schwert zu schwingen für Gerechtigkeit, die selten eine solche ist, wie schwer dagegen sehr, den Frieden zu erreichen und zu halten dann, ganz ohne Neid, in Freude nur an dem, zu dem der Herrgott uns hat zugesellt.«

»Verträge halten, Schuld zu tragen, sogar ungefragt, allein das schafft schon viel, wenn diese Frage um das Wohl, die Freude, den Erfolg, die Zukunft eines Volkes uns bewegt ... und auch der Wohlstand dadurch nicht verliert, dass Unterhand ein wenig Eigennutz sich sucht, was menschlich doch nur ist ... ein Krieg, weiß Gott, doch sehr viel teurer ist ... schon ohne Blick auf das, was viel mehr zählt, der Menschen Leid«, hängt Friedrich noch an.

»Des Volkes Mund uns sagt, ein Fisch nur stets vom Kopf her stinkt ...«, bringt Guido dazu ein, etwas deftig, aber zutreffend, »wer also oben keine Regeln hält, der sich nicht wundern darf, wenn unten werden sie verfehlt, das Oben dann nur ist fatal ... das zu erkennen, höchst bedeutsam ist, da sonst ein Drama schon beginnt und folgendes Ereignis hin zu schlimmstem Ende führt«, Friedrich nickt zustimmend.

»Und was, was, weiter noch, von einem Magistrat Du hältst«, fragt Guido zu einem Gegenstand noch nach, zu dem auch schon Gedanken ausgetauscht sind.

»Administratio im alten Rom schon wichtig war, das alte Rom sie recht genial gestaltet und verwendet hat ... wie ehemals die Römer also dachten schon, so denke ich, dass Macht nur über sie, doch unter Regel nur und gut verteilt, ein Höchstmaß an Gerechtigkeit uns allen weltlich schaffen kann ...«

»Was denn dem Adel kaum bis nicht gefällig dürfte sein«, fügt Guido an, und zeigt sonst nur Zustimmung.

»Was denn dem Adel nicht gefällt, ihm aber sicher bleibt genug, und Handel jedem offen ist«, wiederholt Friedrich, »administratio jedoch, das sehe ich, ein Merkmal denn des Bürgertums wird sein.«

»Gerechtigkeit«, ergreift Guido auf einer Welle aufkommender Lockerheit den Begriff etwas humorig, dabei ist er treuer Katholik, »wie leicht die Kirche im Vergleich es damit hat, denn was der Mensch davon zu wenig halt erfährt, zu wenig anderen gewährt, das dann am letzten Tag geregelt, einem jeden ausgeglichen wird, die Weiche hin zum Himmel oder her zur Hölle führt.«

»La cena è pronta ...«, ertönt es aus dem Hintergrund, ein Diener öffnete zuvor unbemerkt die Tür.

»Noch habe ich zu tun, Verhandlung in Spoleto wie in Tuszien sonst erwartet mich ...«, wechselt Friedrich, durchaus auch angenehm angetan vom Stimmungswechsel, zu dem es gerade kommt.

»Sie alle sicher doch gelingen sollten gut«, unterbricht Guido den Freund.

»So auch denke ich … und dann … die Freude durchaus mich schon jetzt durchfließt, die Braut begrüßen werde ich, so, bei Foligno wird es sein, und dann, der Jänner nicht mehr ferne ist, auch nicht mein Sohn, den Weg nach Mailand schon beschreitet er … und Deiner führt doch auch dahin?«, verändert Friedrich noch die Richtung und blickt dabei schelmisch, soweit ein Mann in dem Alter dazu noch in der Lage ist, geradezu nun auf den Freund.

»Wie Deine Seite immer gern ich fülle aus, und das zu meiner Freude nur, für Heinrich auch es Ehre nur mir wäre schon, und, sicher auch ich bin, dass zu Costanza meine Hilfe er nicht braucht, der Ladung aber folge ich, mein Innerstes dafür sich sehr erfüllt Dir gerne zeigt«, bemerkt Guido warm, denn die Einladung ist mehr als nur gefällig, sie ist höchst persönlich, »so also herzgetragen liebend gern nur komme ich.«

Die beiden Männer lächeln sich wissend und verstanden an, und eine nicht nur große, eine allerhöchst seltene Klarheit und damit auch Zufriedenheit erfüllt den Raum.

***

Glossar

Wenn nicht anders vermerkt, geht es um Latein. Einige Wörter, Begriffe oder Redewendungen sind hier nicht aufgenommen, weil sie entweder geläufig oder aus dem Kontext heraus verständlich sind.

ab ovo – von Anfang an
ad abolendam diversam haeresium pravitatem – zur Niederschlagung unterschiedlicher Lehren von Ketzerei
a deo coronatus a deo reges regnant – von Gott gekrönt regieren Könige durch Gott
adiunctum – wesentliches
ad unum omnes – samt und sonders
alla fine (ital) – abschließend
ambo veri filii ecclesiae sunt – beide sind treue Söhne der Kirche
ammiratus ammiratorum – höchster Würdenträger Siziliens nach dem König
Archiepiscopus Cantuarensis – Erzbischof von Canterbury
arengo – Volksversammlung in Venedig
arrogatio – Adoption eines Mündigen
astrum – Sternkonstellation
atque quid agis hodie – und also, wie geht es Dir heute
apud Londinium – bei London
bella gerant alii tu felix Austria tu iustus vive – Kriege sollen andere führen, du glückliches Österreich, du lebe
benedicat vos Deus et custodiat corda vestra et intelligentias vestras – Gott segne euch und beschütze eure Herzen und eure Gedanken

bene mecum agitur – man geht gut mit mir um
benedicamus patrem et filium cum sancto spiritu – lasst uns preisen den Vater und den Sohn mit dem Heiligen Geist
benedictio – Segen, Weihe
benedictus qui venit in nomine Domini Osanna in excelsis – hochgelobt sei der da kommt im Namen des Herrn, Osanna in der Höhe
beneficium – Wohltat, Lehen
Bisuntio infausta est – Besançon ist unheilvoll
caput rerum – hier für: Rom
cara Costanza che mi sei zia ora per cortesia fammi infine sentire (ital) – teure Konstanze, die du mir Tante bist, nun bitte lass mich endlich hören
Castra Regina – Regensburg
causa nunc finita est – der Fall ist damit abgeschlossen
cogitatio – Überlegung
communitas – Gemeinde, damals auch Bewegung gegen die Herrschaft von Klerus und Krone
communitas romana – römische Bewegung
consensus et concordia – Übereinstimmung und Eintracht
consentimus in illo benedictus es Domine in firmamento caeli – wir sind darin einig, gepriesen bist du, Herr, in der Feste des Himmels
Consul Dei – Gesandter Gottes (Papst)
coram omnibus – vor allen
Crac des Chevalliers (franz) – Name einer Festung in Syrien
credo in unum Deum patrem omnipotentem et in unum Dominum Jesum Christum – ich glaube an den einen allmächtigen Gottvater und an den einzigen Herrn Jesus Christus

cum clave – hinter verschlossener Tür
cum sanctu spirito in gloria dei patris – mit dem Heiligen Geist in der Herrlichkeit des Gottvaters
cura recursat – die Sorge kehrt zurück
cura posterior – spätere Sorge
Currentium Insula – Insel südlich von Sizilien
cupiditas potentiae – Verlangen nach Macht
dal profondo dei nostri cuori, Domenico ti auguriamo tutto il bene del mondo (ital) – aus tiefem Herzen, Domenico, wünschen wir Dir alles Beste der Welt
deditio – Unterwerfung
Defensor Fidei – Verteidiger des Glaubens (Papst)
Deus coelestis miserere mei – Himmlischer Gott erbarme dich meiner
Deus tu conversus vivificabis nos et salutare tuum da nobis – Gott, wende dich zu uns, belebe uns und gib uns dein Heil
dictatus papae – Regeln des Gregor VII.
disponsamus te mare in signum veri perpetuique dominii – Dich, Meer, wir heiraten im Zeichen wahrer und beständiger Herrschaft
Dominus vobiscum et cum spirito tuo – der Herr sei mit euch und mit deinem Geist
Dominus per singulos dies benedicimus te – Herr, Tag für Tag wir preisen dich
Domine exaudi me et clamor meus ad te veniat – Herr, erhöre mich, und möge mein lautes Rufen dich erreichen
Domine exaudi nos – Herr, erhöre uns
Domine exaudi orationem meam – Herr, erhöre mein Gebet
Dominus vitae necisque dimitte nobis debita nostra – Herr über

Leben und Tod, vergib uns unsere Schuld
dubium non est – Zweifel gibt es nicht
Edinum – Edinburg
ego sum ruina mundi – ich bin der Untergang der Welt
ego testis sum – ich bin Zeuge
eques – der Ritter
etiam atque etiam – und immer wieder
et ideo etiam caesar designatus est – und somit ist auch der Kaiser bestimmt
et nunc ascendit in coelum sedet perpetuo ad dextram patris – und nun ist er aufgefahren in den Himmel und sitzt ewig zur Rechten des Vaters
et nunc paulo vino debet liberare nos omnium quaestionum saltem eodem pro hodie – und nun soll ein wenig Wein für heute uns aller Fragen hier und jetzt befreien
et rege eos et extolle illos usque in aeternum – und trage und erhebe sie in Ewigkeit
episcopus noster – unser Bischof (Papst)
exemplum – Beispiel
ex eo septem saeculi – seit dem siebten Jahrhundert
ex falso quod libet – aus Falschem folgt Beliebiges
ex illo – seit damals
ex libero arbitrio – aus freiem Willen
ex quo (tempore) – seit dem
fac mecum Domine signum in bonum – setze mit mir, Herr, ein Zeichen für das Gute
familia ante omnia – Familie vor allem
fautores – Befürworter
festivitas – gute Laune

fiat voluntas tua – dein Wille geschehe
fidelitas – Treue
filium dei unigenitum – Gottes eingeborenen Sohn
fodrum – Kriegssteuer
Francoforte sul Meno (ital) – Frankfurt am Main
Gesta Friderici – Dokument über die Taten Friedrichs
gloria et gratia – Herrlichkeit und Gnade
gloria in excelsis Deo – Ehre sei Gott in der Höhe
Hiberniae – Irland
hic locus idoneus est – dieser Ort ist geeignet
hic nunc pax et concordia solum regnant – hier herrschen jetzt nur noch Frieden und Einigkeit
hic uterque in absentia sunt – beide fehlen hier
ho l'onore di presentarVi ... con piccola scorta ... benvenuti (ital) – ich habe die Ehre, Euch anzukündigen, mit kleinem Gefolge, seid willkommen
hoc bellum iustum esset – dieser Krieg wäre gerecht
hoc loco – an diesem Ort
honor imperatoris violatus est – die Ehre des Kaisers ist verletzt worden
honor papam vulneratus est grandis – die Ehre des Heiligen Vaters ist erheblich verletzt
il corno ducale (ital) – Kopfbedeckung des Dogen von Venedig
i navigli (ital) – die schiffbaren Kanäle Mailands
iniquitas numquam regnat perpetuo manent – nie regiert Ungerechtigkeit auf ewig
in nomine patris et filii et spiritus sancti – im Namen des Vaters, des Sohnes und des Heiligen Geistes
intacta et incorrupta – unberührt und unversehrt

interdum – mitunter
intra moena atque in sinu urbis – innerhalb der Mauern wie im Herzen der Stadt
iure uxoris – aus dem Recht des Ehestands
ius iurandum fit – der Eid ist erbracht
la collina di venere (ital) – das Hügelchen der Venus
lapis angularis – Eckstein
lapillus – Steinchen
laudamus te benedicimus te – wir loben dich, wir preisen dich
legis habet vigorem – es hat des Gesetzes Kraft
Leonina – Leostadt (Vatikan)
le rois des plaisirs (franz) – König der Freuden
ma quindi alla fine (ital) – so also letztlich
magno modo sum – mir geht es großartig
matrimonium consummatum est – die Ehe ist vollzogen
maximo privatim periculo – unter größter persönlicher Gefahr
me quoque – mir auch
miserere nobis Domine fiat misericordia tua super nos – erbarme dich unser, Herr, lasse deine Gnade über uns ergehen
montes – weltliche Vereinigung, die vorbei am Zinsverbot Geld für Geschäfte sammelt
necesse est – es ist nötig
mundus vult decipi – die Welt will betrogen sein
nihil in terra sine causa fit – nichts auf Erden geschieht ohne Grund
nisi Dominus aedificaverit – wenn nicht der Herr es (Haus) hat erbaut
non aliter scribo atque cogito – nichts anderes schreibe ich als ich denke

non nos inducas in tentationem sed libera nos a malo quia tuum est regnum et potestas et gloria in saecula saeculorum – führe uns nicht in Versuchung, sondern erlöse uns von dem Übel, denn dein ist das Reich und die Kraft und die Herrlichkeit von Ewigkeit zu Ewigkeit
non ob aliam causam – aus keinem anderen Grund
non omne quod nitet aurum est – nicht alles, was glänzt, ist Gold
nulla poena sine lege – keine Strafe ohne Gesetz
nulla ratio – nicht begründbar
nunc agerite vos – nun schert euch weg
nunc vino nos transi tempum – nun vertreibe der Wein uns die Zeit
nunc vino pellite curas – der Wein nun verjage die Sorgen
ostende nobis Domine misericordiam tuam et salutare tuum da nobis – erzeige uns, Herr, dein Erbarmen, und gib uns dein Heiland
pater et filius et spiritus sanctus – Vater und Sohn und Heiliger Geist
Patrimonium Petri – der Kirchenstaat (Ländereien)
pax et concordia – Friede und Einigkeit
pax pecuniam auget – Friede vermehrt das Geld
pax summa res est – Friede ist die höchste Macht
per esempio (ital) – zum Beispiel
però Italia non c'è (ital) – Italien aber gibt es nicht
pleni sunt coeli et terra gloriae tuae – Himmel und Erde sind erfüllt von deiner Herrlichkeit
podestá (ital) – Bürgermeister
praesidium – überwachendes Geleit
procuratio – Verwaltung
promissio regis – das Versprechen des Königs

propellamus causam nostram – lasst uns unsere Sache vorantreiben
propella causam – treibe die Sache voran
quaestiones nisi quaestiones – Fragen, nichts als Fragen
qui tollis peccata mundi suscipe deprecationem nostram agnus Dei qui tollis peccata mundi dona nibis pacem – der du der Welt die Sünden nimmst, nimm unser Flehen gnädig auf, Lamm Gottes, das der Welt die Sünden nimmt, gib uns Frieden
quid hoc rei est – was bedeutet das
quindi edificiamoli i navigli (ital) – bauen wir sie, die Kanäle
quod ius est enim ius semper manet – was Recht ist, bleibt auch immer Recht
quod principi placuit legis habet vigorem – was der Herrscher billigt, hat Gesetzeskraft
quod solus possit uti imperialibus insigniis – auf dass er allein (Papst) die kaiserlichen Zeichen von Herrschaft verfügt
quod solus romanus pontifex iure dicatur universalis – auf dass nur der höchste Bischof Roms als universal benannt ist
re (ital) – König
rector – Stellvertreter des Königs
regnum – Königtum
remissio – Vergebung
renovatio senatus – Erneuerung des Senats
requiescat in pace – Ruhe in Frieden
Roma locuta est hoc satis – Rom hat gesprochen, das genügt
Roma mundo aeterna est – Rom ist der Welt ewig
Roma sine dubio aeterna est – Rom ist ohne Zweifel ewig
Santa Sede (ital) – der Heilige Stuhl
sanctus Deus emitte lucem tuam et veritam tuam ipsa me deduxerunt et aduxerunt in montem sanctum tuum et in tabernacula

tua – Heiliger Gott, sende dein Licht und deine Wahrheit, die einst mich schon leiteten hin zu deinem heiligen Berg und hin in dein Zelt
Scotia Maior – Irland
sed omnes una manet nox et calcanda semel via leti – aber jedem bleibt die eine Nacht, und der Weg des Todes, der einmal nur betreten wird
sedes regni – hier für: Aachen
semper mors certa sed hora semper incerta – der Tod ist immer gewiß, die Zeit aber nie
sex saecula – sechs Jahrhunderte
sic denuo habemus regem – so also haben wir wieder einen König
sid tibi terra levis – die Erde sei dir leicht
sine dolo et insidiis – ohne Betrug und Hinterhalt
sine ratio – ohne Grund
Somnus – Gott des Schlafes (Hypnos)
sull´ Italia – (Anspruch) auf Italien
superbia – Hochmut, Überheblichkeit
tabula consanguinitatis – Stammtafel
te Deum laudamus te Dominum confitemur – dich, Gott, loben wir, dich, Herr, anerkennen wir
tempus fugit amor manet – Zeit vergeht, Liebe bleibt
tibi ad manum esse – Dir zur Hand sein
triregnum – Name des Papsthutes (Tiara)
ungo te in nomine patris et filii et spiritus sancti – ich salbe dich im Namen des Vaters und des Sohnes und des Heiligen Geistes
ungo te in regem – ich salbe dich zum König
uniter – in eins verbunden

ut hoc in transitu addam – wie man flüchtig hinzufügt
vicarius christi in terra – Vertreter Christi auf Erden
vicino a Le Briccole (ital) – nahe bei Le Briccole